Über dieses Buch In einer Zeit, in der junge Mütter und Väter von allen Seiten verunsichert werden, informiert Prof. Dr. med. Hellbrügge in sachlicher und praxisnaher Form über die Probleme, vor die Eltern heute gestellt sind, und plädiert eindringlich für die Beachtung der natürlichen Bedürfnisse des Kindes in unserer hochzivilisierten Gesellschaft – Schlaf, Bewegung und Freizeit kommen heute in der Erziehung immer noch zu kurz. Die Ergebnisse seiner reichen Erfahrungen sowohl als Kinderarzt als auch mit dem Kinderzentrum München und der Montessori-Modellschule faßt er in diesem verständlich geschriebenen Ratgeber für alle Eltern zusammen: »Die Anforderungen, die Schule und Umwelt heute an unsere Kinder stellen, sind zu groß ... Wir glauben, daß Eltern und Erzieher ihre Aufgabe hervorragend gelöst haben, wenn sie eine geistig und körperlich gesunde, aufnahmefähige und bewegliche Jugend heranbilden. Zu diesem Ziel möchten die in diesem Buch niedergelegten Erfahrungen beitragen.«

Der Autor Prof. Dr. med. Theodor Hellbrügge, geb. 1919 in Dortmund, ist seit 1960 Professor für Kinderheilkunde an der Universität München. Sein Hauptforschungsgebiet ist die soziale Pädiatrie, die Wissenschaft von der Beziehung zwischen Kind und der von der Gesellschaft geprägten Umwelt. Mit dem Kinderzentrum in München, das er mit Hilfe der »Aktion Sonnenschein« aufgebaut hat, begründete er einen neuen Weg in der Behindertenhilfe, der weitgehend auf Erfahrungen mit gesunden Kindern beruht – in den von ihm begründeten Schulen und Kindergärten werden gesunde und behinderte Kinder gemeinsam gefördert.

Prof. Dr. Theodor Hellbrügge

Das sollten Eltern heute wissen

Über den Umgang mit unseren Kindern

Fischer
Taschenbuch
Verlag

Den Müttern der Familie Hellbrügge gewidmet

Fischer Taschenbuch Verlag
Januar 1984
Umschlaggestaltung: Jan Buchholz/Reni Hinsch
Foto: Art Reference/K. Köhler
Fischer Taschenbuch Verlag GmbH, Frankfurt am Main
Lizenzausgabe mit freundlicher Genehmigung
des Kindler Verlages GmbH, München

Satz: Hanseatische Druckanstalt GmbH, Hamburg
Druck und Bindung: Clausen & Bosse, Leck
Printed in Germany
1280-ISBN-3-596-23331-3

Inhalt

TEIL I
Das Kind braucht Schlaf 13

KAPITEL 1
Schlaf im Säuglingsalter 15
Mutter und Kind in der Klinik 15
Das Neugeborene kann noch nicht eine ganze Nacht durchschlafen 16
Die innere Uhr bestimmt Schlafen und Mahlzeiten des Säuglings 17
Stäupchen sind keine Krämpfe 19
Eine nächtliche Familientragödie: Das Kind schreit, der Vater tobt 19
Erziehung zum Nachtschlaf 20
Viele Krippenkinder leiden unter Schlafstörungen 21
Wiege und Schnuller – altbewährte Schlafmittel 22
Die typische Schlafhaltung des Säuglings 23
Es ist nicht leicht zu beurteilen, wann ein Säugling wirklich schläft 24
Ein Säugling ist auch im Schlaf aktiv 26
Ein hungriger Säugling schläft nicht – er schreit 27
Hier irrte Pawlow 29
Kommt das Kind taub auf die Welt? 30
Die Reaktion des Neugeborenen auf Licht und Farben . . . 31
Tast- und Geschmackssinn sind bei der Geburt bereits hochentwickelt 32
Das Märchen vom ständig schlafenden Säugling 32
Jeder Säugling schläft anders 34

KAPITEL 2
Schlaf im Kleinkindesalter 36
Mit Pedanterie hängt das Kleinkind an seinen Einschlafzeremonien 36
Wieviel Schlaf braucht das Kleinkind? 37
Das Kleinkind schläft im Schlafsaal ebenso gut wie im Einzelzimmer 39
Jedes Kleinkind ist nach dem Mittagessen schläfrig – auch wenn es das Gegenteil behauptet 40
Leidet der Nachtschlaf unter dem Mittagsschläfchen? . . . 40
Das Kleinkind bewegt sich im Schlaf viel mehr als der Erwachsene 41

KAPITEL 3
Schlaf im Schul- und Jugendalter 43
Wieviel Schlaf braucht das Schulkind? 43
Es stimmt nicht, daß ein zehnjähriges Schulkind täglich 10 bis 11 Stunden schläft 44
In Kalifornien dürfen die Kinder länger schlafen 45
Geistige Arbeit am Abend vertreibt den Schlaf 46
Zu hohe schulische Anforderungen wirken sich negativ auf den Schlaf des Kindes aus 46
Angst und Streß sind die ärgsten Feinde des Schlafs 47
Auch das Schulkind wird um die Mittagszeit müde 48
Der Berufsalltag läßt dem Jugendlichen nicht genug Zeit zum Schlafen 49

KAPITEL 4
Eigene Untersuchungen zum Schlafen und Wachen im Kindesalter 51
Der Schlaf in der 1. Lebenswoche 53
Der Schlaf in der 2. und 3. Lebenswoche 54
Der Schlaf im Säuglingsalter 55
Der Schlaf im Kleinkindesalter 57
Der Schlaf im Schulalter 59
Zusammenfassung der eigenen Ergebnisse 61
Praktische Schlußfolgerungen für Kinderärzte und Eltern 62
Das Neugeborene kennt noch keinen Unterschied zwischen Tag und Nacht 63
Schlafstörungen beginnen in der Klinik 64
Die Erziehung zum Nachtschlaf kann erst im zweiten Vierteljahr beginnen 64
Das Kleinkind ist ein leidenschaftlicher Frühaufsteher . . . 65
Das Schulkind entwickelt sich vom Abend- zum Morgenschläfer 66

TEIL II
Das Kind braucht Bewegung 67

KAPITEL 5
Die Ursachen des kindlichen Bewegungsdrangs 69
Die Bewegungen des Kindes im Mutterleib 69
Reagiert das ungeborene Kind schon auf ungewöhnliche Geräusche? 70
Die Aktivität des Neugeborenen ist erstaunlich 71
Bestimmte Bewegungsmuster dienen dem Kinderarzt zur Diagnostik 71
Dämmerlicht und Geräusche beruhigen das Neugeborene 72

Ein Säugling bewegt sich etwa dreimal so oft wie ein Erwachsener 74
Selbst im Schlaf verhält sich der Säugling noch außerordentlich aktiv 75
Auch die Aktivität des Kindes richtet sich nach seiner inneren Uhr 76
Wie sich die innere Uhr des Kindes an die 24-Stunden-Uhr der Erddrehung anpaßt 78
Im Alter von einem halben Jahr hat das Kind gelernt, seine Aktivität vorwiegend am Tage zu entfalten 78
Die Bewegungsfreude des Kleinkindes ist nicht immer gleich 81
Im Spiel lernt das Kleinkind seine Umwelt kennen und begreifen 83
Für das Großstadtkind ist intensives Spielen besonders wichtig 83
Wie lange kann das Schulkind dem Unterricht aufmerksam folgen? 84
Auch das Schulkind braucht ausreichend Zeit für Spiel und Bewegung 86
Wie erholen sich unsere Kinder am besten? 87

KAPITEL 6
Spiel und Bewegung sind Grundelemente der kindlichen Entwicklung 88
Beim Spielen lernt der Säugling das Sitzen, Stehen und Gehen 88
Die Einschränkung des Spielraums führt zu Pferchungsschäden 89
Die Welt des Kindes hat sich verändert 91
Beim Spielen kann das Kind die Ursachen seiner Verhaltensstörungen aufdecken 92
Spielen kann auch Therapie sein 94

KAPITEL 7
Mangel an Bewegung führt zu ernsthaften Entwicklungsschäden 96
Großstadtkinder wachsen schneller 97
Warum trugen unsere Großmütter lange Röcke? 98
Ist es normal, wenn heute ein Achtjähriger schon so groß ist wie ein Vierzehnjähriger? 99
Bewegungsmangel ist schuld an den Haltungsschäden unserer Kinder 99
Kreislaufschäden – eine ernste Gefahr für unsere Kinder . . 101
Wie können wir unseren Kindern helfen? 102
Der Turnunterricht darf dem Kind nicht die Freude an der Bewegung verleiden 103

TEIL III
Das Kind braucht die Familie 105

KAPITEL 8
Elternarme Kinder 107
Immer mehr Mütter arbeiten im Büro oder in der Fabrik . . 107
Immer mehr Kinder werden außerhalb der Familie erzogen 108
Wir geben Heimen viel mehr Geld als der Mutter 109
Je jünger das Kind ist, um so mehr braucht es die Mutter . . 110
Eine Säuglingsschwester kann nicht vier Säuglingen die Mutter ersetzen 112
Was ist ein Deprivationssyndrom? 113
Die Münchener Funktionelle Entwicklungsdiagnostik kann Entwicklungsschäden beim Säugling messen 114
Bei zuwenig Mutter wird die Sozialentwicklung gestört . . 115
Geben Sie Ihr Kind nur im Notfall in fremde Hände! 117
Heimkinder bleiben in ihrer gesamten Entwicklung zurück 117
Das Kleinkind ist ein Spiegelbild seiner Umwelt 120
Viele Kleinkinder leiden schon an Verhaltensstörungen . . 120
Akademikerkinder stottern häufiger 121
Schlüsselkinder haben es schwerer, in der Schule mitzukommen 123
Durch Fernsehen lernen Kinder Gewalttätigkeit 124

KAPITEL 9
Die Chancen der Heimkinder im Lebenskampf sind gleich Null 126
Infektionen kann die moderne Kinderheilkunde erfolgreich bekämpfen 127
Aber gegen die psychischen Schäden von Heimkindern gibt es kein Patentrezept 128
Kinder ohne Mutterliebe verkümmern 130
Jugendkriminalität – eine Folge frühkindlicher Vernachlässigung 133
Wen hat Ihr Kind am liebsten? 134
Im Lebenskampf sind die Chancen der Heimkinder gleich Null 135
Werden unsere Kinder mehr vom Erbgut geprägt oder mehr von der Umwelt? 137
Bernhardiner und Masthähnchen kann man züchten, aber Kinder nicht 138
Selbst die Gefahren des Krieges übersteht ein Kind leichter an der Seite der Mutter 141

KAPITEL 10
Probleme der Frühsexualität 143
Die Pubertät setzt heute ein bis eineinhalb Jahre früher ein 143
Ist unsere Jugend seelisch und geistig unterentwickelt? . . . 144
Veränderte Moralbegriffe bedeuten noch nicht sexuelle Hemmungslosigkeit 146
Die meisten Jugendlichen suchen einen festen Partner, kein flüchtiges Abenteuer 149
Allzu junge Mütter kommen meist aus gestörten Familien 150
Wer klärt Ihr Kind auf? 153
Die Auflösung der Familie – eine ernste Gefahr für die Sexualentwicklung unserer Kinder 156

KAPITEL 11
Das Kind in der Ersatzfamilie 158
Keine Angst vor der Adoption 158
Der schematische Massenbetrieb in unseren Heimen muß verschwinden 160
Hinweise für die natürliche Säuglingspflege 161
Richtige Kindergärten und Spielplätze für unsere Kleinkinder 162
Die beste Betreuung der Tageswaisen nach dem Unterricht 162
Wochenendfamilien für Jugendliche 163
Wir dürfen keine Mühe scheuen, um unseren Kindern zu helfen 164

TEIL IV
Das Kind braucht freie Zeit 167

KAPITEL 12
Das Mißverhältnis von Belastung und Erholung bei unseren Schulkindern 169
Die Anforderungen an unsere Kinder sollten von Jahr zu Jahr allmählich ansteigen 170
Schelten Sie nicht, wenn Ihr Kind »herumtrödelt«! 172
Unsere Kinder werden durch Umweltreize und Schule extrem belastet 172
Unsere Zehnjährigen haben einen längeren Arbeitstag als Industriearbeiter 174
In der Oberschule werden die jüngeren Kinder besonders benachteiligt 175
Für Spiel und Erholung bleibt kaum noch Zeit übrig 176

KAPITEL 13
Eigene Untersuchungen zur Beanspruchung unserer Kinder durch die Schule 179
Unsere Schulkinder haben eine körperliche, geistige und nervöse Belastung 179
Wie viele Stunden am Tag verbringen unsere Kinder in der Schule? 180
Unsere Kinder werden durch zuviel Hausaufgaben überfordert 182
Auch am Wochenende kommt die Erholung zu kurz 183
Die Schulwege sind zu lang und zu gefährlich 185
Trotz des hohen Zeitaufwands brauchen viele Kinder die zusätzliche Hilfe Erwachsener 187
Beunruhigend viele Kinder leiden unter Nervosität 188
Die Achtundvierzig-Stunden-Woche für elfjährige Kinder 189
Der Schichtunterricht ist beseitigt, aber der Nachmittagsunterricht kommt mit der Ganztagsschule wieder 190
Der Unterricht am Nachmittag liegt während des Leistungstiefs von Schülern und Lehrern 192

KAPITEL 14
Die Schule mißversteht ihre Aufgabe – zum Schaden unserer Kinder 197
Das Abitur konkurriert mit dem Staatsexamen 197
Der Unterrichtsstoff muß drastisch gekürzt werden 197
Max Planck und die gute alte Zeit 199
Wissenschaft sogar im Musikunterricht 200
Humanistische Bildung – einst und heute 201
Unsere Kinder haben Angst vor dem Leben 203
Die Rationalisierung in der Schule ist eine ärztliche Forderung 204
Schulbücher sollen dem Kind das Lernen erleichtern – nicht erschweren 205
Die Anforderungen der Schule sind zu hoch 206
Es gibt international eine kindgerechte ärztliche Pädagogik 207

KAPITEL 15
Auswege aus der Schulkrise 209
Erholung in der Pause 209
Vorschläge zur Verteilung der Schulpausen 210
Die Fünftagewoche in der Schule 212
Verlängertes Wochenende – ja, mehr Unterricht an den übrigen Tagen – nein 213
Die Reformen der Schule haben unseren Kindern wenig genützt 214

Die Zahl der Schulversager wird immer größer 215
Die Ganztagsschule hat viele Gefahren für unsere Kinder 217
Die Verlängerung der Schulzeit ist unbiologisch 218
Die beste Lösung für die Fünftagewoche ist eine Konzentration des Unterrichts 219

TEIL V
Das Kind braucht den Kinderarzt 221

KAPITEL 16
Die Entwicklung der Kinderheilkunde 223
Die Tötung von Neugeborenen gehörte einst zur Tagesordnung 223
Erst Kaiser Konstantin verbot im Jahre 318 n. Chr. die Kindestötung 224
Noch im 18. Jahrhundert starb fast die Hälfte aller Kinder vor der Pubertät 225
Die Einführung der Pockenimpfung war eine Wende in der Medizin 226
Vorbeugen ist besser als Heilen 226
Geringere Sterblichkeit unter den jüdischen Kindern . . . 227
Kinderkliniken sind eine Errungenschaft des 19. Jahrhunderts 227
Der Kampf gegen die Rachitis 228
Der Schutz des Kindes wurde Gesetz 229
Kinder als Arbeitssklaven des 19. Jahrhunderts 230
Der König brauchte Soldaten 231
Die Charta des Kindes 232

KAPITEL 17
Ärztliche Fürsorge im Säuglingsalter 233
Die Säuglingssterblichkeit ist der beste Maßstab für den Lebensstandard eines Volkes 233
Vorsorgeuntersuchungen während der Schwangerschaft verhindern viele Störungen beim Neugeborenen 235
Kindervorsorgeuntersuchungen ermöglichen eine frühzeitige Diagnose angeborener Schäden oder Behinderungen . . . 237
Risiko-Kinder müssen besonders intensiv untersucht werden 239
Mit Hilfe der Entwicklungsdiagnostik können Säuglinge getestet werden 240
Einige Beispiele aus unserer Praxis 241

KAPITEL 18
Verbesserung der Fürsorge für Kleinkinder 247
Kleinkinder sind schwierige Patienten 247

Das gesunde Kleinkind lernt täglich etwas Neues hinzu . . 248
Die rechtzeitige Hilfe für hörgeschädigte Kinder ist dringend 249
Der richtige Zeitpunkt zur Behebung von Sehstörungen . . 251
So können Sie Schwierigkeiten in der Schule rechtzeitig vorbeugen 251
Sollen unsere Fünfjährigen in die Vorschule? 252
Nicht alle gesunden Kleinkinder sind wirklich gesund . . . 254

KAPITEL 19
Die Gesundheit unserer Schulkinder 256
Nicht jedes schulpflichtige Kind ist auch schulreif 256
Die Anforderungen an das Schulkind sind stark gewachsen 257
Wir müssen dem Kind den Übergang in die Schule erleichtern 258
Der erste Gestaltwandel des Kindes und das Philippinermaß sind keine Maßstäbe für die Schulreife 259
Wie man die Entwicklung bei Schulanfängern beurteilen kann 261
Die körperliche Entwicklung sagt noch nichts über die Schulreife aus 262
Wann sollte Ihr Kind sich selbst an- und auskleiden können? 263
Die Schulanforderungen müssen dem Alter des Kindes entsprechen 264
Das Schulalter ist der gesündeste Lebensabschnitt, aber nicht der leistungsfähigste 267
Welche Aufgaben der Schularzt hat 267
Turnen und Spielturnen beugt Haltungsschäden vor 268
Die Gesunderhaltung der Zähne 269
Die ärztliche Betreuung des körperbehinderten Kindes . . 269
Sehbehinderte Kinder können in die Normalschule gehen . 270
Auch das sprach- und hörgeschädigte Kind wird unter sprechenden Kindern besser gefördert 271
Selbst das geistig behinderte Kind sollte weitgehend gemeinsam mit gesunden Kindern erzogen werden 272
Das anfallskranke Kind gehört in die normale Schule . . . 273
Das mehrfach behinderte Kind ist ein besonderes Problem 274
Ein paar Ratschläge zum Schluß 275

Nachwort 278

Literaturverzeichnis 279

Namens- und Sachregister 294

TEIL I
Das Kind braucht Schlaf

KAPITEL 1

Schlaf im Säuglingsalter

Richtige Ernährung und ausreichender Schlaf sind Voraussetzungen für Wachstum und Gesundheit des Kindes. Die Bedeutung des Schlafs für das Gedeihen unserer Kinder kann kaum überschätzt werden. Instinktiv wacht jede Mutter mit besonderer Aufmerksamkeit über den Schlaf ihres Kindes. Bei den geringsten Unruheerscheinungen, erst recht bei Schlaflosigkeit, sucht sie Rat.
Häufig wird der Arzt in der Sprechstunde vor die Frage gestellt, wie lange ein gesundes Kind schlafen soll. Es ist nicht ganz leicht, darauf die richtige Antwort zu geben. Man muß wissen, daß der individuelle Schlafbedarf von Kindern recht unterschiedlich ist. Und man muß auch wissen, daß der Schlafbedarf in der kindlichen Entwicklung allmählich abnimmt. Mütter geben sich mit diesen beiden Antworten aber selten zufrieden. Sie wollen genau wissen, wieviel Stunden ihr Kind nachts schlafen soll, wann sie es abends hinlegen müssen und ob ihr Kind einen Mittagsschlaf braucht.

Mutter und Kind in der Klinik

Erste Schlafschwierigkeiten treten häufig schon in der Neugeborenenperiode auf. Nach der Entbindung hat die junge Mutter in der Klinik nur zu den Fütterungszeiten Gelegenheit, sich mit ihrem Säugling zu beschäftigen. Jedesmal, sobald es gestillt ist, wird das »kleine Bündel« wieder in die Kinderstation getragen und der Obhut der Säuglingsschwester anvertraut. Das Verhalten ihres Kindes außerhalb der Mahlzeiten erlebt die Mutter zum erstenmal, wenn sie die Klinik verlassen hat. Dann macht sie die Erfahrung, daß sich ihr Neugeborenes keineswegs immer ruhig verhält, und ist besorgt darüber. War es in der Klinik auch so? fragt sie sich und ist vielleicht geneigt, die Unruhe auf den Klinikbetrieb zurückzuführen.
In den USA hat man versucht, die Schwierigkeiten der Umstellung von der Klinik auf das Familienmilieu, von der Schwesternpflege auf die mütterliche Pflege, durch das »Ein-Zimmer-Programm« zu beheben. Mutter und Kind werden in der Klinik nicht getrennt, sondern sind gemeinsam in einem Raum

untergebracht. Die Mutter hat damit Gelegenheit, sich frühzeitig an ihr Kind zu gewöhnen. Sie erlebt dessen gesamtes Verhalten bei Tag und Nacht und lernt seine physiologischen Eigenarten – Unregelmäßigkeiten der Atmung, Röcheln, Würgen, häufiger Schluckauf oder Niesen – frühzeitig kennen. Außerdem übernimmt sie von Anfang an einen wesentlichen Teil der Pflege. So bedeutet der Übergang in das häusliche Milieu für das Kind eine nur geringe Veränderung, und die Mutter findet sich zu Hause mit ihrem Säugling schneller zurecht.

Das »Ein-Zimmer-Programm« hat sich so bewährt, daß auch in unserem Lande in den vergangenen Jahren in allen fortschrittlichen Geburtshilfekliniken die Möglichkeit der Pflege des Neugeborenen durch die Mutter intensiviert wurde. Daneben hat sich das sogenannte »Kontaktprogramm« bewährt, das vor allem in der Hamburger Frauenklinik erarbeitet wurde. Zwischen zwei Mütterzimmern liegt – durch Fenster jederzeit einsehbar – das Säuglingszimmer. Die Mütter haben Gelegenheit, das Verhalten ihrer Kinder ständig zu beobachten, bei der Pflege zuzuschauen, sich selbst an der Pflege zu beteiligen, ohne in den Tagen der Schonung nach der Geburt jedesmal das Geschrei des jungen Erdenbürgers voll zu erleben.

Die Gemeinsamkeit von Mutter und Kind schon in den ersten Lebenswochen hat sich auch als bedeutsam für die Entwicklung der Mutter-Kind-Beziehung herausgestellt. Keine Mutter wird durch den Geburtsakt allein schon zur Mutter. Erst durch die innigen Beziehungen, die bei der Pflege zu ihrem Kind entstehen, und durch Lernprozesse, die von dem Kind auf die Mutter übergehen, wird die Frau zur eigentlichen Mutter. Darüber soll später noch näher berichtet werden.

Das Neugeborene kann noch nicht die ganze Nacht durchschlafen

Nach der Rückkehr aus der Klinik wird mit dem Einzug des Säuglings oft der Schlaf der gesamten Familie empfindlich gestört. Manche Eltern erwarten, daß ihr Kind am Tage wach ist und nachts schläft. Andere Eltern meinen, in den ersten Lebenswochen müsse ein Kind Tag und Nacht schlafen. Was ist richtig? – Nun, ein Säugling hat einen anderen Aktivitätszyklus als der Erwachsene. Bei ihm sind Ruhe und Aktivität noch in gleicher Weise über Tag und Nacht verteilt. Man spricht

deshalb von einem polyphasischen Aktivitätszyklus. Der Übergang zum monophasischen Aktivitätszyklus des Erwachsenen, bei dem die Aktivität in die Tages- und die Ruhe in die Nachtstunden fällt, vollzieht sich erst allmählich während des ersten Lebensjahres.
Der berühmte deutsche Kinderarzt Adalbert Czerny machte in seinen klassischen Arbeiten über den kindlichen Schlaf bereits 1892 darauf aufmerksam, daß der Säugling nicht wie der Erwachsene je eine große Schlaf- und Wachperiode zeigt, sondern über »mehrere Schlaf- und Wachperioden« verfügt. In den zwanziger Jahren haben Charlotte Bühler und Hildegard Hetzer in Wien den Schlaf von Neugeborenen beobachtet. Sie stellten fest, daß die Kinder zunächst immer nur in kurzen Perioden schliefen. Von Woche zu Woche wurden die einzelnen Schlafabschnitte allmählich länger. Die längste Schlafperiode betrug im 1. und 2. Lebensmonat etwas mehr als 3 Stunden. Frühestens im 7. Monat schliefen die Kinder nachts 9 bis 10 Stunden ohne Unterbrechung.
Ein interessantes »Experiment« führte der amerikanische Kinderarzt Arnold Gesell durch: Er ließ einen Säugling seine Tageseinteilung selbst bestimmen. Das Kind durfte schlafen, wenn es müde war. Zum Füttern wurde es nicht geweckt, sondern es erhielt seine Mahlzeiten nur, wenn es schrie. Es wurde trockengelegt, sobald es sich wegen feuchter Windeln unbehaglich zu fühlen begann, und falls es danach verlangte, wurde es unterhalten. Im Alter von 4 Wochen war dieses Kind nachts noch beinahe ebenso häufig wach wie am Tage. In den späteren Lebenswochen verschob sich das Verhältnis immer mehr zugunsten des Nachtschlafs. Aber erst vom 6. Monat ab schlief das Kind nachts durch.

Die innere Uhr bestimmt Schlafen und Mahlzeiten des Säuglings

Weitere Untersuchungen bei Säuglingen, die ihre Tageseinteilung und ihre Mahlzeiten selbst bestimmen durften, wurden in den Vereinigten Staaten von den Rhythmusforschern und Kinderärzten Franz Halberg und Arthur Parmelee, in Europa von dem Genfer Kinderarzt Martin du Pan, dem Freiburger Biologen Morath sowie durch mehrere meiner Doktoranden in München durchgeführt. Sie deckten auf, daß nicht nur die Mahlzeitenverteilung, sondern auch Schlafen und Wachen

beim jungen Säugling weitgehend von der inneren Uhr bestimmt werden. Diese innere Uhr ist beim jungen Menschenkind aber noch keineswegs auf die 24-Stunden-Periodik der Erdumdrehung eingestellt. Bei jedem Kind individuell verschieden, weist sie einen Rhythmus auf, der nur ungefähr mit unserer 24-Stunden-Uhr übereinstimmt. Deshalb wurde dieser inneren Uhr der Name Circadian-Periodik (von circa = herum, dies = der Tag) gegeben.
Die Circadian-Periodik bewirkt, daß z. B. beim Schlafen immer kleine Verschiebungen eintreten. Eine Schlafphase, die am vorhergehenden Tag vielleicht nachmittags um 2 Uhr lag, beginnt am nächsten Tag kurze Zeit später, vielleicht um ½3 Uhr. Das gleiche ist auch bei den Mahlzeiten der Fall. Wenn man genau registriert, dann wird die Mahlzeit, die am Tage vorher vielleicht um 6 Uhr früh begehrt wurde, am darauf folgenden Tag etwas später verlangt. Wenn das Kind eine 25-Stunden-Periodik hat, dauert es genau 24 Tage, bis die gleiche Mahlzeit bzw. die gleiche Schlafportion wieder zur gleichen Uhrzeit stattfindet.
In der Regel werden die Eltern diese Besonderheiten der inneren Uhr ihres Kindes kaum bemerken, denn die meisten Kinder haben eine Tagesperiodik, die nur wenig über 24 Stunden, etwa bei 24,2 oder 24,4 Stunden, liegt.
Es dauert einige Wochen, bis die innere Uhr des Säuglings sich unter dem Einfluß von Umweltfaktoren, »Zeitgeber« oder »Synchronisatoren« genannt, auf die 24 Stunden der Erdumdrehung eingestellt hat. Auch dies ist bei jedem Säugling verschieden. Bei einigen Kindern ist dies bereits nach 4 Wochen, bei anderen nach 6 Wochen der Fall; wieder andere benötigen 2, aber niemals mehr als 3 Monate, bis die innere Uhr und die 24-Stunden-Zeituhr übereinstimmen. Dann zeigt sich, daß der junge Säugling ein ganz pünktliches Wesen ist. Auch wenn der Säugling von Geburt an nur dann gefüttert wurde, wenn er schrie, verlangt er nach wenigen Wochen mit äußerster Präzision zur gleichen Tageszeit seine Nahrung und schläft ebenso pünktlich ein und wacht ebenso pünktlich auf (Hellbrügge, 1960, 1965, 1967, 1968, 1975).
Die Einstellung der inneren Uhr mit der äußeren Uhr ist verbunden mit einer Verlagerung vom Wachsein auf die Tagstunden und vom Schlafen auf die Nachtstunden. Wenn also sich die innere Uhr des Säuglings auf seine Umwelt eingestellt hat, dann hat er gleichzeitig gelernt, nachts durchzuschlafen (Hellbrügge, Lange, Rutenfranz).

Aus diesen Erkenntnissen sollten die Eltern die Schlußfolgerung ziehen, ihren Säugling nicht – wie noch in vielen Anweisungen zur Säuglingspflege steht – von Geburt an pünktlich zu bestimmten Zeiten zu füttern, sondern besser die innere Uhr ihres Säuglings zu beachten und dem Säugling täglich nur dann eine Mahlzeit zu geben, wenn er unruhig wird und danach verlangt.

Stäupchen sind keine Krämpfe

Wenn die Mutter nachts besorgt in das Kinderbettchen blickt, beobachtet sie unter Umständen recht eigentümliche Bewegungen des Säuglings. Manche Kinder verzerren im Schlaf das Gesicht und schneiden regelrechte Grimassen. Das sieht zwar bedrohlich aus, ist aber völlig harmlos. Schon 1913 beschrieb der Kinderarzt Zipperling einen solchen Anfall, der häufig auch »Stäupchen« genannt wird: »Das Kind liegt zunächst ruhig da, plötzlich werden die Augen verdreht, vollständig nach innen gewendet, dann wieder in alle nur denkbaren Stellungen verdreht, zwischendurch gibt es einen kurzen Lidkrampf, eine blitzschnelle Zuckung des M. orbicularis oculi. Außerdem bei manchen Kindern ein Verziehen beider Mundwinkel für einige Sekunden. Die Anfälle können vereinzelt auftreten, sich aber auch oft wiederholen.«
Erschreckt beobachtet die Mutter mitunter halbseitige oder doppelseitige ruckartige Zuckungen bei ihrem Kind. Diese krampfartigen Entladungen haben keine krankhafte Bedeutung. Sie dauern etwa 3 bis 5 Sekunden, lassen sich vor allem beim Einschlafen feststellen und führen nicht zum Erwachen. Aus Angst, ihr Kind habe Krämpfe, eilt die Mutter zum Arzt, der ihr beruhigend versichern kann, daß es sich lediglich um die Entladung motorischer Zentren handelt und nicht etwa um ein Krampfleiden.

Eine nächtliche Familientragödie: Das Kind schreit, der Vater tobt

Wenig erfreut und oft recht temperamentvoll reagiert die Umgebung, wenn der Säugling nachts nach einer kurzen Schlafperiode aufwacht und schreit. Wiederholt sich das Nacht für Nacht, so kann leicht eine »Familientragödie« entstehen, wie sie von dem deutschen Pädiater Albrecht Peiper treffend geschildert wurde: »Der Vater hat den ganzen Tag über gearbeitet und möchte des Nachts ruhig schlafen, damit er am nächsten Morgen wieder frisch zur Arbeit gehen kann. Hat er von Natur Geduld – eine Tugend, die nicht jeder besitzt –, so gibt er sich vielleicht die erste und zweite Nacht noch zufrieden. Wenn es aber so weitergeht und das Kind ihm Nacht für Nacht seine Ruhe fortbrüllt, so macht der Mangel an Schlaf selbst einen sonst friedlichen Menschen gereizt und ärgerlich.

Das Familiendrama, das sich jetzt im Dunkel der Nacht entwickelt, vollzieht sich stets in einer bestimmten Reihenfolge: Zuerst brüllt das Kind, dann schimpft der Vater, und schließlich weint die Mutter, die sich nicht mehr zu helfen weiß. Dies ist der gegebene Augenblick für die Nachbarn, an die Wände zu klopfen und um Ruhe zu bitten. Der Aufstand, der sich so erhebt, ist keineswegs geeignet, das Kind zu beruhigen, das im Gegenteil erst recht tobt. Am meisten zu bedauern ist die Mutter, deren Versagen von allen die Schuld beigemessen wird und die sich womöglich selber schuldig fühlt. In solchen Fällen ist es schade, daß die Erinnerung des Erwachsenen nicht bis in seine eigene frühe Kindheit zurückreicht.«

In den ersten zwölf Lebenswochen sollte die Mutter das Kind nachts füttern, wenn es besonders unruhig ist. Aus zahlreichen Versuchen wissen wir, daß der Schlaf des jungen Säuglings weitgehend davon abhängt, ob das Kind satt ist. Im ersten Vierteljahr schlafen die Kinder am besten, wenn sie alle drei Stunden gefüttert werden. Je länger der Säugling in der Nacht auf Nahrung verzichten muß, um so unruhiger wird er. Man spricht deshalb auch von einer ausgesprochenen Hungeraktivität. Diese Hungeraktivität haben wir untersucht bei den Neugeborenen in einer Münchener Frauenklinik, die nachts zehn Stunden lang keine Nahrung erhielten. Die Kinder wurden von Stunde zu Stunde unruhiger, am frühen Morgen schrien sie um die Wette. Die Säuglinge in der Kinderpoliklinik wurden dagegen nachts ein- bis zweimal gefüttert und waren in der Regel ruhig.

Erziehung zum Nachtschlaf

Erst am Ende des ersten Vierteljahres lohnt es sich, den Säugling zur Nachtruhe zu erziehen. Von diesem Lebensalter an übt nämlich die Verteilung der Mahlzeiten keinen wesentlichen Einfluß mehr auf den Schlaf des Säuglings aus. Jetzt

sollte man das Kind möglichst nicht mehr im Schlafzimmer der Eltern übernachten lassen.
Die Erziehung zum Nachtschlaf ist im Prinzip überflüssig, wenn die Eltern ihren jungen Säugling in Ruhe nach seiner inneren Uhr leben lassen. Mit anderen Worten: Sie füttern ihn, wenn er schreit; sie legen ihn schlafen, wenn er schläfrig ist; sie spielen mit ihm, wenn er nach Spielen verlangt; sie geben ihm Zeit und Gelegenheit, seine Tagesbedürfnisse entsprechend seiner Entwicklung allmählich auf den Rhythmus der Familie einzustellen.
Eine Erziehung zum Nachtschlaf wird dann notwendig, wenn die geschilderte nächtliche Familientragödie zu Lasten der Mutter geht und diese ihren Säugling regelmäßig aufnimmt, wenn er schreit. Ohne sich dessen bewußt zu sein, reagiert sie nämlich so, daß sie regelmäßig das Schreien ihres Säuglings belohnt: Der Säugling schreit oder stößt einige Locklaute aus, die Mutter eilt an sein Bettchen, und so bekommt das Schreien die größte Belohnung, die es für ein Kind gibt – sie nimmt es auf den Arm. Wenn die Mutter das Kind in das Bett legen will und es wiederum schreit, nimmt sie es wieder auf, d. h. sie belohnt erneut sein Schreien. Wir haben viele Kinder erlebt, die durch diesen falschen Lernprozeß schon als junge Säuglinge zu Haustyrannen wurden. Sie hatten gelernt, daß ihr Schreien regelmäßig belohnt wurde, während sich niemand um sie kümmerte, wenn sie ruhig waren.
In solchen Fällen hilft nichts anderes, als dem Säugling zu zeigen, daß sein Schreien konsequent nicht beachtet, sein Ruhigsein dagegen durch systematische Zuwendung regelmäßig belohnt wird. Meist dauert es nicht länger als zwei bis drei Nächte, bis der Säugling – unter vorheriger Verständigung der Nachbarn – umlernt. Er merkt, daß auf ärztlichen Rat hin die Eltern gelernt haben, sein nächtliches Geschrei konsequent nicht zu beachten und damit zu löschen und sein Ruhigsein durch Auf-den-Arm-Nehmen bzw. Zuwendung zu verstärken.

Viele Krippenkinder leiden unter Schlafstörungen

Ausgesprochen schlafstörend wirkt jeder Wechsel in dem geregelten Tagesablauf des Kindes. Diese Beobachtung entspricht der alten Erfahrung, daß Säuglinge auf Reisen stets unruhig sind und erst nach mehreren Tagen der Eingewöhnung wieder regelmäßig schlafen.

Solche Schlafstörungen sind besonders häufig bei Krippenkindern zu finden, die den Tag in der Säuglingskrippe verbringen müssen und nur nachts zum Schlafen heimgeholt werden. Neben dem ständigen Wechsel wirkt sich hier auch noch das Fehlen der mütterlichen Pflege negativ aus. Es ist den Ärzten seit langem bekannt, daß nichts der Entwicklung des Säuglings mehr schadet als der Mangel an mütterlicher Zuwendung. So wies der zu seiner Zeit wegweisende deutsche Pädiater M. von Pfaundler in dem 1915 erschienenen *Handbuch der Geburtshilfe* darauf hin, »daß bei der natürlichen Säuglingspflege weit über die Neugeburtsperiode hinaus ein fast steter physischer Kontakt des Kindes mit der Mutter besteht, daß solcher instinktiv auch vom menschlichen Neugeborenen in sehr vielen Fällen deutlich gefordert wird und daß ein Versagen die rätselhafte Unruhe vieler Kinder zur Folge hat, die mit Nahrungsbedarf, Naßliegen, körperlichen Beschwerden und so weiter nicht zusammenhängt. Diese Unruhe verschwindet, wenn die Mutter das Kind aufnimmt, ja oft, wenn sie ihm nur durch Wiegen oder Ansprache die beruhigende Versicherung ihrer schützenden Anwesenheit gibt«.

Wiege und Schnuller – altbewährte Schlafmittel

Wiegen findet man bei uns heute nur noch in Museen. Vor Jahrzehnten wurden sie aus angeblich wissenschaftlichen Gründen, die heute keineswegs mehr stichhaltig sind, aus unseren Kinderzimmern verbannt. So sind bei uns Generationen von Kindern herangewachsen, die niemals die beruhigende, einschläfernde Wirkung einer leise schaukelnden Wiege kennengelernt haben. Wir alle wissen, daß die Säuglinge bei primitiven Volksstämmen fast den ganzen Tag lang von ihren Müttern herumgetragen werden. Mit fortschreitender Zivilisation wurden dann bei den verschiedensten Völkern Wiegen entwickelt, die dem Kind einen gewissen Ersatz für seinen angestammten Platz auf dem Rücken oder in den Armen der Mutter boten. Diesen Ersatz sollte man auch unseren Kindern wieder gönnen. Jeder unruhige oder schreiende Säugling läßt sich beruhigen, wenn die Mutter die Wiege in leichte Bewegung versetzt und ihm freundlich zuspricht.
Von jüngeren Müttern wurde in unserem Lande in den letzten Jahren das Tragtuch für junge Säuglinge wieder eingeführt. Im Handel gibt es fertige Tragtücher in verschiedenen Größen, die

es erlauben, daß die Mutter ihren Säugling ohne Kinderwagen oder Tragtasche überall mit hinnehmen kann. Diese Tragtücher geben dem Kind nicht nur den gewünschten Hautkontakt, sondern haben vor allem beim jungen Säugling eine vielfältige beruhigende Wirkung. Auf diese Weise erhält nämlich der Vestibularapparat des jungen Menschenkindes, mit dessen Hilfe er Lageveränderungen ständig registriert, die natürliche Stimulation.

Die Lagewechselrezeptoren sind schon früh so gut ausgeprägt, daß der Säugling durch Wiegen und Tragen beruhigt wird. Die tschechische Kinderärztin Maria Damborska hat dies so begründet: »Da das junge Kind mit Auge und Ohr die Gegenwart seiner Mutter noch nicht wiedererkennen kann, muß es sich auf einem anderen Wege von ihrer Anwesenheit überzeugen. Sein Lage- und Bewegungssinn ist dafür bereits gut geeignet. Für den Erfolg des Wiegens ist es gleich, ob das Kind unter natürlichen Bedingungen auf dem Leib seiner Mutter, in einer Wiege oder sonstwie gewiegt wird. Der junge Säugling empfindet den Unterschied nicht, sondern wird durch das Wiegen beruhigt, als ob er bei seiner Mutter wäre.«

Im Gegensatz zur Wiege hat der Schnuller alle heftigen Anfeindungen aus der wissenschaftlichen Medizin überstanden. Er ist ebenso wie der natürliche Schnuller, der Daumen, ein vorzügliches Einschlafmittel. Wenn die Mutter die notwendigen hygienischen Vorsichtsregeln beachtet, ist die Benutzung eines Schnullers keineswegs so verwerflich, wie vielfach behauptet wird. Allerdings sollte man darauf achten, daß gerade das Fingerlutschen auf die Dauer nicht zum bedingten Reflex, das heißt zur unbedingt erforderlichen Voraussetzung für das Einschlafen wird, weil sonst Stellungsschäden der Zähne und des Gaumens entstehen können.

Die typische Schlafhaltung des Säuglings

Beim Schlafen liegt der ganze Körper des Kindes symmetrisch auf dem Rücken, die Arme werden in den Ellenbogen gebeugt und seitlich vom Oberkörper gehalten. Die Fäustchen liegen nach oben geballt etwa in Kopfhöhe. Diese Schlafhaltung des Kindes ist jeder Mutter vertraut. Zahlreiche Untersuchungen haben nun ergeben, daß der Säugling diese Haltung aber nicht nur dann einnimmt, wenn er wirklich schläft, sondern daß es sich überhaupt um eine bevorzugte Ruhehaltung handelt.

Gerade der junge Säugling verbringt einen großen Teil seiner wachen Zeit in einer Art Dämmerzustand.
Eine glänzende Charakterisierung dieses Dämmerzustands finden wir in den sorgfältigen Untersuchungen von Charlotte Bühler und Hildegard Hetzer über die Verhaltensweisen des ersten Lebensjahres: Typisch für den Dämmerzustand ist danach »der schlaffe Gesichtsausdruck und die Glanzlosigkeit der Augen. Er tritt häufig zwischen zwei Perioden des bewegten Wachzustandes auf. Er leitet aber auch als Übergangszustand von einer Periode zu einer andersartigen über, liegt zum Beispiel zwischen einer Schreiperiode oder einer Periode von Funktionslust begleitender Einzelbewegungen, oder er leitet vom Wachzustand, dem Schlaf vorangehend, zum Schlaf über«.
Offensichtlich wurde dieser Dämmerzustand des Säuglings häufig mit Schlaf verwechselt, nicht zuletzt deshalb, weil das Kind dabei meist die für den Schlaf typische Haltung einnimmt. Diese falsche Einschätzung des Dämmerzustands ist sicher ein Grund dafür, daß selbst in neueren Lehrbüchern die Schlafdauer des Säuglings erheblich überschätzt wird. Da wird immer wieder erklärt, daß der Säugling in den ersten Lebenswochen 20 bis 22 Stunden am Tag schlafe und am Ende des ersten Lebensjahres immerhin noch 16 bis 18 Stunden. Tatsächlich aber liegt die durchschnittliche Schlafzeit im ersten Lebensmonat etwa bei 15 bis 16 Stunden und geht bis zum Ende des ersten Lebensjahres auf etwa 12 bis 14 Stunden zurück.

Es ist nicht leicht zu beurteilen, wann ein Säugling wirklich schläft

Jede Mutter weiß, daß ein Säugling mit geschlossenen Lidern und ohne Reaktion auf die Umgebung eine ganze Mahlzeit zu sich nehmen kann. Außer dem Saugakt läßt sich nicht die geringste Bewegung feststellen, und erst beim Wickeln nach der Mahlzeit »wacht der Säugling langsam auf«. Natürlich liegt die Vermutung nahe, das Kind habe im Schlaf getrunken. Auf der anderen Seite kann man vor allem bei Frühgeborenen oft beobachten, daß sie mit geschlossenen Lidern eine heftige körperliche Aktivität entfalten.
Die große Schwierigkeit liegt darin, daß man bei der Beurteilung des Schlafes von Säuglingen – auch von Kleinkindern – ohne Apparate nicht auskommt. Letztlich kann uns nur die

elektrische Erregbarkeit des Gehirns, die mit Hilfe des Elektroencephalographen gemessen wird, genau aufzeigen, ob ein Säugling schläft, wie tief er schläft, ja sogar, ob er träumt. Diese Feststellungen verdanken wir primär den amerikanischen Forschern Kleitmann und Engelmann, die Säuglinge während ihres Schlafes sehr sorgfältig beobachtet haben. Dabei stellten sie fest, daß es Perioden gab, in denen die Augen des Säuglings ganz unruhig wurden. Sie nannten diese Schlafperiode zunächst REM-Schlaf (von »rapid-eye-movements« = Schneller-Augenbewegungen-Schlaf). Daneben beobachteten sie eine starke körperliche Aktivität während dieser Schlafphasen, die bei Buben z. B. mit Versteifungen des Penis einhergingen und bei der außerdem Beschleunigungen der Pulsfrequenz und der Atmung festzustellen waren.
Systematische Untersuchungen bei älteren Kindern und Erwachsenen ergaben, daß diese »Aktiv-Schlaf-Phasen« eine enge Beziehung hatten zu Träumen, wobei allerdings ein sicherer Zusammenhang zwischen den Aktiv-Schlaf-Phasen und den Traum*inhalten* nicht nachzuweisen war.
Neben Aktiv-Schlaf und Ruhe-Schlaf gibt es weitere Schlafstadien, die durch sogenannte polygraphische Studien bei gesunden und behinderten Kindern näher erforscht werden. Bei diesen polygraphischen Untersuchungen werden mit Hilfe kleiner Elektroden nicht nur die elektrische Erregbarkeit des Gehirns und die Augenbewegungen, sondern auch Muskelbewegungen, Puls- und Atemfrequenz genau gemessen. Aktiv-Schlaf-Phasen, in denen wir annehmen dürfen, daß sie auch beim jungen Kind schon mit Träumen verbunden sind, zeichnen sich im Gegensatz zum Ruhe-Schlaf durch grobe und feine Muskelbewegungen, Zuckungen der Finger und Zehen und der Gesichtsmuskulatur, durch eine Erhöhung der Puls- und Atemfrequenz aus (Weiteres siehe bei Roffwarg und Mitarb. 1966, Baust 1970, Jovanovic 1969).
Bleibt noch festzustellen, daß junge Säuglinge häufiger Aktiv-Schlaf-Phasen als ältere Kinder und Erwachsene haben und daß für die Erholung im Schlaf die Traumphasen offensichtlich eine nicht zu unterschätzende Rolle spielen. Ob und was allerdings junge Säuglinge in diesen »Traumphasen« träumen, werden wir von ihnen kaum je erfahren.

Unter diesen Umständen ist es verständlich, daß sich Säuglinge auch im Schlaf nicht ruhig verhalten, sondern eine erhebliche körperliche Aktivität entfalten. Ob es sich bei dieser Aktivität um Schlaf- oder Wachaktivität handelt, können wir ohne Apparate nur dann erkennen, wenn wir beobachten, wie der Säugling auf Umweltreize reagiert, wobei wiederum einzuschränken ist, daß manche Umweltreize – etwa plötzlich einströmendes Licht oder plötzlich auftretender Ton – auch im Tiefschlaf vom jungen Säugling schon registriert werden, wenn wir mit Hilfe der EEG-Computer-Audiometrie seine Gehirnreaktion genau messen.
Für die Mutter ist das wesentliche Kriterium für Wachsein die Beweglichkeit, die körperliche Aktivität des Kindes. Wenn der Säugling also trinkt, reagiert er damit auf die ihm dargebotene Nahrungsquelle – er ist wach. Es kommt häufig vor, daß ein gesättigter Säugling an der Mutterbrust einschläft, aber dann hört er sofort auf zu trinken. Wir sehen daran, daß weder die geschlossenen Augendeckel noch die körperliche Ruhe, noch die gleichmäßige Atmung allein ein objektives Kriterium für den Schlafzustand darstellen.
Diese Schwierigkeiten bei der Unterscheidung von Schlafen und Wachen in der ersten Lebenszeit gelten insbesondere für die Neugeborenenperiode. In dieser Zeit ist die Beweglichkeit auffallend groß, obwohl der Säugling vielfach als reaktionsloses Dauerschlafwesen hingestellt wird. Aber die körperliche Aktivität unterscheidet sich noch deutlich von der späterer Entwicklungsstufen. Die Bewegungen erfolgen häufig ohne jeden äußeren Reiz und sind deshalb als spontane Entladungen der Bewegungszentren anzusehen. Man spricht hier von sogenannten Massenbewegungen und unkoordinierten Einzelbewegungen. Diese vorwiegend spontan erfolgenden Bewegungen werden erst im Verlauf der Säuglingsperiode langsam durch das spezifische Reaktionsvermögen gegenüber der Umwelt ersetzt. Sie lassen sich gleicherweise bei schlafenden und bei wachen Kindern beobachten und können deshalb zur Beurteilung des Wachzustands nicht herangezogen werden. Das ist nur bei denjenigen Bewegungen möglich, die eindeutig als Reaktion auf einen Umweltreiz erfolgen.
Umfangreiche Untersuchungen über das Ausmaß der körperlichen Aktivität bei Säuglingen verdanken wir dem deutschen Kinderarzt Albrecht Peiper. Er spricht geradezu von der

»Unfähigkeit des Säuglings, im wachen Zustand seine Glieder längere Zeit unbewegt zu lassen«. Wohl jeder Erwachsene hat schon einmal beobachtet, welche Freude an der Bewegung ein Kleinkind zeigt, das gerade im Begriff ist, krabbeln und laufen zu lernen. Aber die Beweglichkeit des jungen Säuglings ist noch sehr viel größer und übertrifft die körperliche Aktivität in jedem anderen Alter bei weitem.

Ein hungriger Säugling schläft nicht – er schreit

Immer wieder stellen junge Mütter dem Kinderarzt die Frage, wie oft sie ihr Kind in den ersten Lebensmonaten füttern sollen. Leider gehen die Meinungen der Fachleute hierüber immer noch auseinander. Viele raten der Mutter, das Kind alle vier Stunden zu füttern, andere meinen, es bei besser, das Kind nicht länger als drei Stunden auf die nächste Mahlzeit warten zu lassen. Uneinigkeit besteht vor allem darüber, wie oft der Säugling nachts gefüttert werden soll.
Einen interessanten Versuch zur Lösung dieses Problems hat die amerikanische Ärztin D. P. Marquis unternommen. Sie hat 38 Neugeborene in drei Gruppen eingeteilt und ihre Bewegungsausschläge mit Hilfe eines Stabilimeterpolygraphen registriert. Die erste Gruppe erhielt ihre Mahlzeiten in vierstündigen, die zweite in dreistündigen Intervallen. In der dritten Gruppe wurden die Kinder nur auf Verlangen gefüttert, wenn sie »vor Hunger schrien«.
Grundsätzlich ließ sich in allen Gruppen feststellen, daß die allgemeine Unruhe von einer Mahlzeit zur anderen ständig zunahm. Die größte körperliche Aktivität bestand also im Hungerzustand. Und das Ausmaß der Unruhe war bei den einzelnen Gruppen verschieden. Die Kinder mit dem dreistündigen Mahlzeitenintervall blieben relativ ruhig, bei vierstündigem Abstand der Mahlzeiten war die allgemeine Unruhe weit größer.
Der Einfluß der Mahlzeitenverteilung auf die Aktivität der Säuglinge zeigte sich insbesondere, als am neunten Lebenstag die zweite Gruppe von einem dreistündigen auf ein vierstündiges Mahlzeitenintervall umgestellt wurde. Diese ungewohnte Verlängerung der »Zwischen-Mahl-Zeiten« führte zu einem abrupten Anstieg der allgemeinen Aktivität, und zwar zum Zeitpunkt der bis dahin üblichen Nahrungszufuhr, also genau nach drei Stunden. Die amerikanische Ärztin schloß daraus,

daß der Säugling sich bereits in den ersten Lebenstagen Umweltfaktoren anzupassen vermag.
Bei den Säuglingen mit selbstgewählter Mahlzeiteneinteilung betrug der Zeitraum zwischen den einzelnen Mahlzeiten am Tag im Mittel 2,8 und in der Nacht 3,6 Stunden. Es ließ sich weder eine »Sattruhe« noch eine »Hungeraktivität« feststellen. Dieses Ergebnis zeigt deutlich, daß die Neugeborenen eher alle drei und nicht nur alle vier Stunden gefüttert werden sollten.
Gilt das auch für die Nachtstunden? Schon zu Beginn der dreißiger Jahre hatte die amerikanische Wissenschaftlerin O. C. Irwin untersucht, wie es sich auf Neugeborene auswirkt, wenn sie nachts 8 Stunden lang überhaupt nicht gefüttert werden. Die beobachteten Kinder erhielten am Tage alle 3 Stunden ihre Mahlzeiten. Während der Tagesstunden verhielten sie sich relativ ruhig. Besonders gering war die allgemeine Beweglichkeit der Neugeborenen jeweils in der ersten Viertelstunde nach der Nahrungsaufnahme. Unmittelbar vor der neuen Mahlzeit nahm ihre Aktivität dagegen merklich zu. Nach der letzten Fütterung um 22 Uhr abends schliefen die Kinder bis gegen 1 Uhr früh relativ ruhig. Dann aber wuchs die allgemeine Unruhe von Stunde zu Stunde und erreichte ihren Höhepunkt nach 5 Uhr morgens. Erst um 6 Uhr erhielten die Säuglinge ihre Morgenmahlzeit. Danach trat wieder Ruhe ein.
»Die Tatsache, daß die Aktivität gegen Ende einer Beobachtungsperiode, das heißt unmittelbar vor jeder Fütterung, gewöhnlich am größten ist und am geringsten am Anfang der Beobachtungsperiode, also unmittelbar nach der Fütterung, läßt vermuten, daß die Aktivität wahrscheinlich durch Hungerkontraktionen des Magens bedingt ist«, erklärte die Ärztin in der Zusammenfassung ihrer Untersuchungsergebnisse. Kein Erwachsener sollte also von einem hungrigen Säugling erwarten, daß er sich ruhig verhält oder gar schläft. Das nächtliche Schreien des Neugeborenen ist ein Hilferuf an die Mutter, eine Bitte um Nahrung, die nicht auf taube Ohren stoßen sollte.
Aus diesem Grunde möchten wir mit allem Nachdruck den jungen Müttern raten, ihre Säuglinge immer dann zu füttern, wenn sie schreien. Die Beachtung der natürlichen inneren Uhr des Kindes schützt das Kind nicht nur vor Hunger, sondern die Familie auch vor Schlafstörungen.

Hier irrte Pawlow

Der große russische Physiologe I. P. Pawlow wurde berühmt durch die Entdeckung der bedingten Reflexe. Als er zufällig bemerkte, daß seine Versuchshunde schon vor der Fütterung Speichel absonderten, kam er auf die Idee, diese Reaktion künstlich hervorzurufen. Er versuchte es mit einem Klingelzeichen, das jedesmal kurz vor der Fütterung erfolgte. Schon nach kurzer Zeit sonderten die Tiere jedesmal, wenn das Klingelzeichen ertönte, Speichel ab, auch wenn sie anschließend gar kein Futter bekamen. Dieses Zusammenspiel zwischen einem willkürlich gewählten Reiz und der Reaktion darauf nannte Pawlow einen bedingten Reflex.
In der Neugeborenenperiode, so meinte Pawlow, sei die Entwicklung bedingter Reflexe noch nicht möglich, weil zu diesem Zeitpunkt die Großhirnrinde noch nicht voll ausgereift ist. Die Widerlegung dieser Theorie verdanken wir u. a. den sorgfältigen Untersuchungen der Amerikanerin Marquis. Sie ließ in dem Raum von zehn Neugeborenen jedesmal beim Verabreichen der Flasche einen Summton erklingen. Vor und nach dem Summen wurden der Ruhezustand, das Saugen und die übrigen Reaktionen der Kinder registriert. Es zeigte sich, daß die Säuglinge schon am dritten Lebenstag auf den Summton mit Saugbewegungen reagierten. Sie hörten bei dem vertrauten Ton auf zu weinen, und ihre allgemeine Unruhe nahm sichtlich ab. Optische oder andere akustische Reize konnten dagegen keine gleichartigen Reaktionen auslösen. Die regelmäßige Einschränkung der Unruhe und Aktivität der Säuglinge beim Erklingen des Summtones beweist, daß sich auch bei Neugeborenen bereits bedingte Reflexe entwickeln lassen.
Die bedingten Reflexe als Grundlage der frühen Lernprozesse bei Säuglingen sind insbesondere von der Kinderheilkunde der Sowjetunion intensiv studiert worden. Der Impuls hierzu ging von dem russischen Kinderarzt und Pawlow-Schüler N. L. Krasnogorski aus. Er konnte nachweisen, daß bedingte Reflexe und entsprechend frühe Lernprozesse schon beim jungen Säugling vorhanden sind.
Systematische Untersuchungen über das Lernen junger Säuglinge, insbesondere von Neugeborenen, hat der tschechische Kinderarzt und Verhaltensforscher Hanůš Papoušek angestellt. Er konnte beweisen, daß vor allem die sozialen Interaktionen zwischen Mutter und Kind eine wichtige Grundlage der kognitiven Frühentwicklung sind, daß Beziehungen bestehen zwi-

schen dem Denken und der eigenen Aktivität des Kindes und daß selbst bei neugeborenen Säuglingen intensive Lernprozesse stattfinden. Schon in der ersten Lebenswoche lernten die Säuglinge selbst auf akustische Reize hin mit Bewegungen zu antworten, die durch geschmackliche Stimulation noch verstärkt wurden. Interessanterweise zeigten sich schon in den ersten Lebenstagen deutliche individuelle Unterschiede, nicht nur in der Geschwindigkeit, sondern auch in der Form der Lernkurven. Dies wurde nicht nur bei den Mahlzeiten, sondern auch bei der vielfältigen sozialen Interaktion zwischen Mutter und Kind deutlich.

Kommt das Kind taub auf die Welt?

Die bereits geschilderten Versuche zeigten, daß ein Neugeborenes sehr wohl hören kann. Allerdings sind sehr starke und plötzlich auftretende Schallreize nötig, um eine sichtbare Reaktion bei Neugeborenen hervorzurufen. Lange Zeit herrschte deshalb die Meinung vor, das Kind sei in den ersten Lebenstagen überhaupt taub. Erst durch umfangreiche Untersuchungen konnte nachgewiesen werden, daß schon Neugeborene eine Hörfähigkeit besitzen.
In seiner Monographie über *Die Eigenart der kindlichen Hirntätigkeit* weist Peiper darauf hin, daß sich Schalleinflüsse auf den jungen Säugling nur unter besonders günstigen Versuchsbedingungen feststellen lassen. Wichtig ist vor allem eine geräuschlose Umgebung für einen längeren Zeitraum vor der Einwirkung des Schallreizes. Auch das Verhalten des Kindes spielt dabei eine große Rolle: »Wenn es beschäftigt ist, saugt, sich lebhaft bewegt oder gar brüllt, ja wenn man es aus seinem Bett herausnimmt, sind erkennbare Antworten kaum zu erwarten, während es in völliger Ruhe und Bewegungslosigkeit kurz vor dem Einschlafen oder im Schlaf leichter zu reizen ist.«
Das Reaktionsvermögen des Neugeborenen auf die menschliche Stimme scheint noch wenig ausgebildet zu sein. Klänge und Geräusche nimmt es dagegen von Anfang an wahr. Das gilt aber nur für die ersten Wochen im Leben des Kindes. Bereits in der dritten Woche reagiert der Säugling häufig mit Saugbewegungen, wenn er angesprochen wird, und im zweiten Monat sogar schon mit einem Lächeln. Etwa zu diesem Zeitpunkt vermag er auch zum erstenmal, die Stimme seiner Mutter zu erkennen.

Den sicheren Beweis dafür, daß Neugeborene schon hören, konnte vor allem der deutsche Kinderarzt Rudolf Engel in den Vereinigten Staaten erbringen. Durch den gemeinsamen Einsatz verschiedener Geräte, nämlich des Elektroencephalographen zur Registrierung der Gehirnaktionsströme, des Computers zur schnellen Zusammenfassung der von dem Elektroencephalographen gemessenen Hirnreaktionen und der Baby-Audiometrie – einer Anlage, mit deren Hilfe wir bei Säuglingen die Hörfähigkeit im Hoch-Tief- und Laut-Leise-Bereich messen –, gelang ihm der Nachweis, daß bestimmte Töne im Gehirn Reaktionen hervorrufen. Die Sinnesentwicklung des Gehörs ist jedoch bei der Geburt noch in keiner Weise abgeschlossen; in den ersten Lebenswochen reagiert der junge Säugling eher wie ein Schwerhöriger. Es benötigt einige Monate, bis das Gehör genügend fein ausgebildet ist und für die Sprachentwicklung eine maßgebliche Rolle spielt.

Die Reaktion des Neugeborenen auf Licht und Farben

Die Sehfähigkeit des neugeborenen Kindes wurde von zahlreichen Wissenschaftlern untersucht. Hierbei kam man zu weitgehend übereinstimmenden Ergebnissen. So wird heute allgemein angenommen, daß ein Neugeborenes noch nicht einen Gegenstand oder eine Person fixieren kann. Ganz sicher ist, daß es schon in den ersten Lebenstagen auf Lichtreize reagiert. Allerdings sind hierzu ziemlich starke Helligkeitswerte notwendig, so etwa ein plötzlich auftretender heller Lichtstrahl in einem vorher völlig dunklen Zimmer. Die Neugeborenen folgen diesem Strahl mit dem Blick oder sogar mit der Bewegung des Kopfes.
Ob die Neugeborenen auch schon Farben sehen oder gar unterscheiden können, bleibt allerdings fraglich. Interessanterweise ist ihre Beweglichkeit im dunklen Raum am größten. Durch blaues Licht wird sie um 50 Prozent, durch grünes Licht um 30 Prozent und durch rotes Licht um 23 Prozent herabgesetzt. Man vermutet, daß hierbei weniger die einzelnen Farbtöne als vielmehr ihre verschiedenen Lichtintensitäten wirksam werden. Tatsächlich war die Reaktion der Neugeborenen auf das rote Licht größer als auf das grüne oder blaue Licht. Rotes Licht besitzt aber einen größeren Helligkeitswert.

Tast- und Geschmackssinn sind bei der Geburt bereits hochentwickelt

Im Gegensatz zur Hör- und Sehfähigkeit sind die Sinne der Haut beim Neugeborenen schon hervorragend ausgebildet. Dies wurde übereinstimmend von allen Wissenschaftlern festgestellt, die Untersuchungen in dieser Richtung unternahmen. Alle sensorischen Reize wirken sich stark auf die Beweglichkeit und Aktivität des Neugeborenen aus. Auf Wärme- und Kältereize reagiert es mit Unruhe, lebhaften Schreckreaktionen, mit Verziehen des Gesichts oder Schreien. Ebenso spiegeln sich Geschmacksempfindungen durch süße, salzige, bittere oder saure Stoffe in seinem Mienenspiel wider.
Da schon das neugeborene Kind Wärme- und Kälteeinflüsse außerordentlich stark empfindet, spielt natürlich die Bekleidung eine entscheidende Rolle für sein Wohlempfinden. Eine interessante Studie der amerikanischen Kinderärztin O. C. Irwin und ihrer Mitarbeiter beschäftigte sich damit, wie die Bekleidung des Neugeborenen sich auf seine Aktivität auswirkt. Fünfzig Neugeborene wurden beobachtet. Alle verhielten sich in bekleidetem Zustand ruhiger als in unbekleidetem. Die Säuglinge schrien auch weniger, wenn sie angezogen waren. Offensichtlich scheint eine zweckmäßige Bekleidung das Neugeborene also zu beruhigen und seinen Schlaf zu fördern.

Das Märchen vom ständig schlafenden Säugling

In fast allen Lehrbüchern werden zu hohe Schlafwerte für die Säuglingsperiode angegeben. Deshalb herrscht auch in Fachkreisen oft noch die falsche Vorstellung, daß der Säugling fast ununterbrochen schlafe. Dieser »Dauerschlaf« wird angeblich nur durch kurze Pausen unterbrochen, in denen das Kind gefüttert wird.
Auf der anderen Seite wurde von verdienten Wissenschaftlern immer wieder versucht, diese längst überholte Vorstellung zu korrigieren. 1949 hat der amerikanische Pädiater Davison neue Richtwerte für die Schlafzeiten von Säuglingen angegeben. Nach seinen Beobachtungen schläft das Kind im ersten Vierteljahr durchschnittlich 20 Stunden am Tag, im zweiten Vierteljahr nur noch etwa 16 Stunden; im letzten Halbjahr verringert sich die Schlafzeit auf etwa 14 Stunden pro Tag. Damit hat er

das Schlafbedürfnis der Säuglinge schon wesentlich niedriger eingeschätzt als ältere Autoren, die annahmen, daß das Kind selbst im vierten Quartal noch 18 Stunden täglich schliefe. Dabei hat Davison die verminderten Schlafzeiten der Säuglinge noch immer viel zu vorsichtig eingeschätzt. Tatsächlich schlafen die jungen Erdenbürger noch wesentlich weniger.

Die ersten wirklich zuverlässigen Ergebnisse verdanken wir den sorgfältigen Untersuchungen von Charlotte Bühler und Hildegard Hetzer aus dem Jahre 1927. Sie haben 69 Säuglinge Tag und Nacht ununterbrochen beobachten lassen. Die Kinder lebten in einer Anstalt, die besonders günstige Bedingungen für die Pflege und Beobachtung der Säuglinge geschaffen hatte. Die Kinder wurden dort nämlich von den eigenen Müttern betreut. Das Ergebnis der Untersuchungen war verblüffend. Die Ärztinnen stellten fest, daß die Säuglinge schon am Ende des dritten Monats nur noch 60 Prozent des Tages schliefen, also rund 14 Stunden. Und am Ende des ersten Lebensjahres waren sie schon zwölf Stunden täglich wach. Interessant ist, daß sie nicht gleichmäßig von Monat zu Monat etwas weniger schliefen, sondern daß die Schlafzeiten manchmal wieder anstiegen. So schliefen die beobachteten Säuglinge im Durchschnitt im 4. Lebensmonat 1,4 Stunden länger als im 3. Monat und im 11. Monat 1,5 Stunden länger als im 10. Monat. Worauf sich diese Schwankungen zurückführen lassen, ist noch nicht geklärt. Sie werden sicherlich nicht bei jedem Kind zu beobachten sein, wohl aber bei der Mehrheit. Die folgende Übersicht zeigt die absoluten Stundenwerte der Schlafdauer für die ersten 12 Monate nach den Untersuchungen von Bühler und Hetzer:

Monat	0	1	2	3	4	5	6
Std. pro Tag	19,2	15,5	14,4	13,3	14,7	11,7	12,8
Monat	7	8	9	10	11	12	
Std. pro Tag	12,1	13,8	12,8	10,9	12,4	12,3	

Diese Ergebnisse wurden am Anfang der fünfziger Jahre von den amerikanischen Pädiatern N. Kleitman und Th. G. Engelmann weitgehend bestätigt. Die beiden Wissenschaftler untersuchten die Schlafzeiten von 19 Säuglingen im Familienmilieu. Die jungen Mütter erklärten sich bereit, den Schlaf ihrer Kinder von der 3. bis zur 26. Lebenswoche genau zu überwachen. Ihre Aufzeichnungen wurden wöchentlich eingesammelt. Darüber hinaus registrierten Kleitman und Engelmann bei

allen Kindern das Ausmaß und die Häufigkeit der Bewegungen durch eine mechanische Registriervorrichtung, die an jedem Bettchen angebracht war.
Aus den Angaben der Mütter wurden die durchschnittlichen Schlafzeiten für jede Lebenswoche ermittelt. Im ersten Vierteljahr lag die mittlere Schlafdauer zwischen 14 Stunden 35 Minuten und 15 Stunden. Dieses Ergebnis stimmt weitgehend mit den von Bühler und Hetzer angegebenen Schlafzeiten überein. Im zweiten Vierteljahr schliefen die 19 daheim lebenden Säuglinge etwas länger, nämlich 13 Stunden und 69 Minuten. Vielleicht läßt sich diese geringe Abweichung darauf zurückführen, daß in einer Klinik eben doch bessere Beobachtungsmöglichkeiten bestehen als in einem Haushalt.

Jeder Säugling schläft anders

Erstaunlich waren die großen Unterschiede im Schlafbedürfnis der einzelnen Säuglinge. Ein Säugling schlief zum Beispiel an 11 Tagen jeweils 9 bis 10 Stunden, an 34 Tagen 11 bis 12 Stunden und an 25 Tagen 13 bis 14 Stunden. Noch auffälliger waren die Schwankungen bei einem anderen, der an 8 Tagen 11 bis 12 Stunden schlief, an 14 Tagen 16 bis 17 Stunden und an 2 Tagen sogar 18 bis 19 Stunden. Dieses unterschiedliche Schlafbedürfnis eines gesunden Säuglings ist völlig normal und sollte der Mutter keinerlei Anlaß zur Sorge geben. Ebensowenig sollte sie sich beunruhigen, wenn ihr Kind im allgemeinen mehr oder weniger schläft als in den angegebenen Durchschnittswerten. Jeder Säugling ist eine ausgeprägte kleine Persönlichkeit und besitzt ebenso wie der Erwachsene ein stärker oder schwächer entwickeltes Schlafbedürfnis.

Aufgrund der oben geschilderten Untersuchungen darf man mit Sicherheit annehmen, daß die durchschnittliche Schlafzeit in den ersten Lebensmonaten erheblich geringer ist, als bisher allgemein angenommen wurde. Der Säugling ist kein reaktionsloser Dauerschläfer. Schon von Anfang an verbringt er einen größeren Teil des Tages in wachem Zustand.
Die allmähliche Verringerung der Schlafzeiten im Laufe des ersten Lebensjahres ist in erster Linie bedingt durch das Ausreifen der Wahrnehmungsorgane. Je besser der Säugling sehen und hören kann, um so aufmerksamer verfolgt er seine Umgebung. Deshalb nimmt der Schlaf einen immer kleiner

werdenden Anteil in seinem Tagesablauf ein. Auch spielen alle möglichen akustischen und optischen Reize als schlafstörende Faktoren eine immer größere Rolle. Dagegen geht der Einfluß der Mahlzeitenverteilung auf den Schlaf des Säuglings nach dem ersten Vierteljahr mehr und mehr zurück.
Die nächtliche Unruhe des Säuglings ist im ersten Vierteljahr am wirksamsten mit regelmäßigem Füttern zu bekämpfen. Später lernt das Kind schnell, sich dem Schlafrhythmus des Erwachsenen anzupassen. Im Übergang zum Kleinkindesalter schläft das Kind in der Regel nachts durch und hält am Tage noch ein Mittagsschläfchen.

KAPITEL 2

Schlaf im Kleinkindesalter

Eine besonders gute Beziehung zum Schlaf haben die Kleinkinder. Wenn sie müde sind, schlafen sie überall und in jeder Stellung. Sie lassen sich dabei durch ihre Umgebung überhaupt nicht stören. Bei der Klinikvisite findet man im »Wackerl-Zimmer« nebeneinander tief schlafende und laut schreiende Kleinkinder. Im stärksten Großstadtlärm schlafen sie selbst in der Trambahn auf dem Schoß der Mutter ein. Zu Hause legen sie sich oft ganz plötzlich inmitten ihrer Spielsachen auf den Boden im Laufstall und schlafen.

Der Schlaf des Kleinkindes ist so regelmäßig, wie er durch den Lebensrhythmus der Familie bestimmt wird. Legt man es immer zur gleichen Zeit hin, so wacht es am Morgen pünktlich wie ein Wecker auf. Es ist sofort hellwach und entfaltet eine lebhafte Tätigkeit.

Mit Pedanterie hängt das Kleinkind an seinen Einschlafzeremonien

»Man bekommt gewöhnlich zu hören, daß die Kinder nur einschlafen können, wenn sie an einem Finger oder an einem Schnuller lutschen oder wenn sie irgendein bestimmtes Spielzeug in der Hand haben. Das ist etwas so außerordentlich Häufiges, daß man es beinahe als normal bezeichnen kann. Ich glaube, man wird kaum Kinder finden, bei welchen man nicht irgendwelche Gewohnheiten beim Einschlafen findet. Und diese Gewohnheiten werden von den Kindern oft mit minutiöser Pedanterie durch lange Zeit eingehalten. In keinem Alter sind ja die Menschen so pedantisch wie in den ersten Lebensjahren.«

Diese Zeilen aus dem lesenswerten Buch des österreichischen Pädiaters F. Hamburger *Über den Umgang mit Kindern* wird wohl jede Mutter aus ihrer eigenen Erfahrung bestätigen können. Aufmerksam wachen die Kleinen darüber, daß ihr Schlafritual bis ins einzelne eingehalten wird. Kleine Abweichungen von dem Gewohnten, die der Erwachsene oft gar nicht bemerkt, führen zu heftigen Protesten. Da muß beim Abendessen immer derselbe Becher bereitstehen, und beim Waschen

darf niemals das Spiel mit der schwimmenden Ente vergessen werden. Sehr wichtig ist auch das feierliche Gute-Nacht-Sagen, der Abend für Abend wiederkehrende Abschied von Eltern und Geschwistern. In der Umgebung des Bettchens darf nicht das geringste verändert werden. Der Stuhl hat seinen festen Platz am Kopfende, und der geliebte Teddybär muß unbedingt links auf dem Kopfkissen liegen.
Manche Kinder können tatsächlich nicht einschlafen, wenn die natürlichen Schlafzeremonien nicht genau eingehalten werden, weil vielleicht der Mutter die eine oder andere Gewohnheit entgangen ist. Bei ihren Bemühungen, das Kind nun zu beruhigen, sollte die Mutter sich davor hüten, ihm unbeabsichtigt neue Gewohnheiten aufzudrängen. Daraus könnten sich nämlich bedingte Reflexe entwickeln, die leicht einen zwangsneurotischen Charakter annehmen. Das sieht dann so aus: Die Mutter muß im Zimmer bleiben und die Hand des Kindes halten, bis es eingeschlafen ist. Oder das Kind muß erst unters Bett schauen, bevor es sich hinlegt, das Licht muß brennen oder wenigstens die Tür einen Spalt aufbleiben. Auf diese Weise wird das abendliche Schlafengehen für Mutter und Kind bald zu einer qualvollen Prozedur. Zu den wirksamen und harmlosen Mitteln, die einen beruhigenden und einschläfernden Einfluß auf das Kind ausüben, gehört dagegen das Wiegenlied. Leider gerät es heute immer mehr in Vergessenheit.

Wieviel Schlaf braucht das Kleinkind?

Im Gegensatz zur Säuglingsperiode stimmen die Angaben in der Literatur über die Schlafdauer beim Kleinkind weitgehend überein. Das hängt damit zusammen, daß nach dem ersten Lebensjahr die Unterscheidung von Wachen und Schlafen schon wesentlich leichter wird. Das Kleinkind erwirbt nach und nach alle wesentlichen seelischen Grundfunktionen. Ungefähr am Ende des vierten Lebensjahres ist das volle Bewußtsein erwacht. Das Kind lernt, selbst zu beurteilen, ob es geschlafen hat oder nicht. Wir sind deshalb bei der Analyse seines Schlafzustands nicht wie beim Säugling ausschließlich auf die Beobachtung anderer angewiesen.
Natürlich nimmt auch im Kleinkindesalter, also vom 2. bis zum 7. Lebensjahr, das Schlafbedürfnis weiterhin allmählich ab. Übereinstimmend wird die Schlafnorm für Kinder von 2 bis 3 Jahren im allgemeinen mit 12 bis 14 Stunden täglich angege-

ben. Die Vier- bis Sechsjährigen schlafen dagegen in der Regel nur noch 11 bis 12½ Stunden am Tag. Aber die individuellen Unterschiede des kindlichen Schlafbedarfes sind ganz erheblich. Man findet zum Beispiel des öfteren gesunde Zweijährige, die nicht länger als 9 bis 11 Stunden täglich schlafen, also weniger als die meisten Vier- bis Sechsjährigen. Derartige Abweichungen können als völlig normal angesehen werden.
Für die Forschung ist es allerdings wichtig, möglichst genaue Durchschnittswerte zu ermitteln. In den USA wurde zu verschiedenen Zeiten der Schlaf mehrerer Gruppen von Kleinkindern genau beobachtet. Es ist erstaunlich, daß die Ergebnisse nicht nennenswert voneinander abweichen, obwohl jeweils ganz andersartige Untersuchungsbedingungen vorlagen. So kontrollierten zwei Wissenschaftler die Kinder nur eine Woche lang, andere führten bis zu 12 000 Einzelbeobachtungen durch, und ein weiterer setzte seine Untersuchungen sogar über mehrere Jahre hindurch fort. Dennoch schwankt der für das

Autoren	Anzahl der Kinder	Anzahl der Einzelbeobachtungen bzw. Beobachtungszeit	Lebensjahre				
			1–2	2–3	3–4	4–5	5–6
Ravenhill (1908)	250	6 180	–	→	9°30′	←	
Flemming (1925)	78	1 Woche	13°20′	12°48′	12°29	12°20′	11°22′
Foster, Goodenough und Anderson (1928)	1100	1 Woche	13°22′	12°38′	12°06′	11°42′	11°15′
Reynolds u. Malley (1933)	34	2 500	–	12°30′	11°23′	10°57′	–
Wagner (1933)	42	12 000	–	→	11°10′	←	
Erwin (1934)	ca. 200	644	13°21′	12°29′	12°10′	11°40′	11°38′
Despert (1949)	58	mehrere Jahre	–	12°30′	11°30′	11°15′	–

Tab. 1 Mittlere tägliche Schlafdauer (Std./Min.) im Kleinkindesalter nach verschiedenen Untersuchern

3. Lebensjahr ermittelte Durchschnittswert nur zwischen 12 Stunden 29 Minuten und 12 Stunden 48 Minuten; für das 6. Lebensjahr wurde eine mittlere Schlafdauer zwischen 11 Stunden 15 Minuten und 11 Stunden 38 Minuten gewonnen.
Einen genauen Überblick über die Ergebnisse der einzelnen Forscher vermittelt die Tabelle 1, der auch zu entnehmen ist, wie viele Kinder jeweils untersucht wurden und wann die einzelnen Beobachtungen durchgeführt wurden.

Das Kleinkind schläft im Schlafsaal ebenso gut wie im Einzelzimmer

Der Schlaf des Kleinkindes wird durch die Gegenwart anderer kaum beeinträchtigt. Schon 1934 stellte die amerikanische Kinderärztin D. Erwin bei eingehenden Untersuchungen fest, daß jüngere Kinder sogar länger schliefen, wenn sie mit anderen zusammen in einem Raum lagen. Es störte sie auch keineswegs, wenn das Kind im Nebenbett eher aufwachte und schon zu spielen anfing. Erst die Fünf- bis Sechsjährigen schliefen in der Regel etwas länger, wenn sie ein Zimmer für sich allein zur Verfügung hatten. Andere Beobachter stellten gleichfalls eine geringfügige Verlängerung der Schlafzeiten bei Kindern fest, die in einem Einzelzimmer schliefen. Doch mindestens ebenso viele Wissenschaftler konnten keinerlei Unterschiede entdecken. Die Eltern brauchen also nicht zu befürchten, daß ihre Kinder im Vorschulalter zuwenig Schlaf bekommen, wenn sie das Zimmer mit anderen Geschwistern teilen.
Auch die Beobachtungen meiner eigenen sechs Kinder haben mir dies immer wieder bestätigt. Obwohl sie über lange Jahre als Säuglinge und Kleinkinder im gleichen Raum schliefen, wurden sie doch nur selten wach, wenn eines ihrer Geschwister nachts schrie oder ein größeres Malheur passierte. Dies galt insbesondere für die Zwei- bis Dreijährigen, die sich so gut wie niemals von dem nächtlichen Geschrei ihrer Säuglingsgeschwister stören ließen.

Jedes Kleinkind ist nach dem Mittagessen schläfrig – auch wenn es das Gegenteil behauptet

In vielen Familien spielt sich um die Mittagszeit ein regelrechter Kampf um den Mittagsschlaf ab. Das Kleinkind will sich um keinen Preis ins Bett bringen lassen, obwohl es sehr müde ist. Aber hier sollte die Mutter nicht nachgeben. Kinder in diesem Alter brauchen den Mittagsschlaf noch dringend.
Allerdings geht das Schlafbedürfnis um die Mittagszeit mit zunehmendem Alter immer mehr zurück. Während die Kleinsten dieser Altersstufe, die Zweijährigen, im Durchschnitt mittags 1½ bis 2 Stunden schlafen, halten die Fünfjährigen oft nur noch ein- bis zweimal in der Woche ein Mittagsschläfchen von etwa 1 Stunde.
Das sinkende Schlafbedürfnis der Kinder um die Mittagszeit läßt sich besonders gut erkennen an den Schwierigkeiten beim Einschlafen. Der amerikanische Pädiater Dales beobachtete über einen längeren Zeitraum eine Gruppe von Vorschulkindern beim Mittagsschlaf. Er stellte fest, daß die Kinder mit zunehmendem Alter immer länger wach im Bett lagen. So dauerte es bei den Zweijährigen im Durchschnitt 26 Minuten, bis sie einschlafen konnten. Die Dreijährigen lagen 35 Minuten wach und die Vierjährigen 38 Minuten.
Bei anderen Untersuchungen stellte sich heraus, daß Kinder, die sich gegen den Mittagsschlaf zur Wehr setzen, in der Regel früher wieder aufwachen als andere. Dem dreijährigen Kind fällt es oft schwerer, wieder munter zu werden als einzuschlafen; das vier- bis viereinhalbjährige Kind wacht dagegen meist sehr leicht auf und steht rasch von selbst auf. Es bestimmt also die Dauer des Mittagsschläfchens schon selbst.

Leidet der Nachtschlaf unter dem Mittagsschläfchen?

Die Frage, ob der Mittagsschlaf bei Kleinkindern den Nachtschlaf beeinträchtigen kann, ist in der Literatur umstritten. Einige Beobachter stellten fest, daß die Kinder nachts etwas länger schliefen, wenn der Mittagsschlaf ausgefallen war. Aber diese Verlängerung war nur minimal und stellte auf keinen Fall einen echten Ausgleich für den versäumten Schlaf um die Mittagszeit dar. Ein allzu ausgedehnter Mittagsschlaf wirkt sich natürlich immer ungünstig auf das abendliche Zubettgehen aus.

Die Kinder können erst später als sonst einschlafen und verlieren dadurch einen Teil ihres Nachtschlafs.
Deshalb sind regelmäßige Schlafzeiten für das Kleinkind sehr wichtig. Wenn das Kind mittags und abends immer zur gleichen Zeit schlafen gelegt und ebenso regelmäßig geweckt wird, stellt sich ganz von selbst ein harmonischer Schlafrhythmus ein. Wenn die Mutter merkt, daß ihr Kind mit zunehmendem Alter mittags nicht mehr so viel Schlaf benötigt, sollte sie die Schlafzeit am Mittag etwas verkürzen, aber den Mittagsschlaf nicht ganz ausfallen lassen.

Das Kleinkind bewegt sich im Schlaf viel mehr als der Erwachsene

Der lebhafte Bewegungsdrang des Kleinkindes zeigt sich auch im Schlaf. Schon beim Einschlafen braucht das Kind mehr Zeit als der Erwachsene, um ruhig zu werden. In der Nacht dreht es sich viel häufiger um und wechselt immer wieder seine Stellung.
Der amerikanische Pädiater R. C. Garvey beschäftigte sich besonders mit der Erforschung des Schlafs von Kleinkindern. Er beobachtete, daß die Kinder sich nachts durchschnittlich alle 7 Minuten einmal bewegten. Innerhalb von 25 Minuten ändert das schlafende Kleinkind mindestens einmal seine Lage. Diese natürliche Unruhe des Kindes kann sich unter Umständen recht störend auf den Schlaf der Erwachsenen auswirken. Es ist deshalb zwekmäßig, wenn das Kleinkind nicht im Schlafzimmer der Eltern nächtigt.
Besonders lebhaft bewegt sich das Kind meist in den ersten 30 Minuten nach dem Einschlafen. Bei einem kurzen Mittagsschläfchen liegt die größte Aktivität der Kinder ungefähr in der Mitte der Schlafzeit.
Die natürliche Unruhe der Kleinkinder während des Schlafens zeigt sich nicht zuletzt in ihrem Lagewechsel. Meist findet man sie quer im Bett liegend oder in einer Ecke am Kopfende des Bettchens zusammengerollt. Die Schlafdecke liegt oft auf dem Boden oder in einer anderen Ecke des Bettes. Aus diesem Grunde empfiehlt es sich, bei Kleinkindern als Zudecke Strampelsäcke zu verwenden, die – um den Bauch gebunden – genügend Wärmeschutz bieten, aber noch genügend Bewegungsfreiheit lassen.
Im Gegensatz zum jungen Säugling schlafen die Kleinkinder

nicht mehr so gern auf dem Rücken. Die meisten Kinder schlafen in diesem Alter am liebsten auf der rechten Seite, andere ziehen die Lage auf der linken Seite vor. Auf dem Bauch oder auf dem Rücken liegen die Kinder beim Schlafen nicht so häufig.

In keinem anderen Lebensalter sind die natürlichen Voraussetzungen für einen guten Schlaf so günstig wie bei Kleinkindern. Obwohl sie bereits ausgezeichnet sehen und hören, lassen sie sich weder durch Lärm noch durch Helligkeit im Schlaf stören. Die Eltern brauchen deshalb nur wenige Punkte zu beachten, um einen ruhigen, gesunden Schlaf ihres Kindes zu gewährleisten: Einmal ist die strikte Einhaltung regelmäßiger Schlafzeiten erforderlich, zum anderen gilt es, mit liebevoller Aufmerksamkeit auf die kleinen Einschlafzeremonien des Kindes einzugehen. Wenn diese beiden Faktoren berücksichtigt werden, schläft das Kleinkind wie ein Murmeltier und gewinnt im Schlaf die nötigen Kraftreserven für das Spielen und Herumtollen am Tage.

KAPITEL 3

Schlaf im Schul- und Jugendalter

Im Schulalter ähnelt der Schlaf des Kindes mehr und mehr dem des Erwachsenen. Gegenüber dem Kleinkindesalter ist der Schlafbedarf des Schulkindes deutlich vermindert. Da die meisten Eltern hierüber keine rechten Vorstellungen haben und ihre verschiedenaltrigen Kinder zur gleichen Zeit ins Bett schicken, spielt sich in vielen Familien während der Abendstunden eine mehr oder minder heftige Auseinandersetzung ab. Die Schulkinder bringen immer neue Ausreden vor, um das Zubettgehen wenigstens um wenige Minuten hinauszuzögern. In der Regel sind die Mütter in der Sprechstunde dann erstaunt, wenn man ihnen die für jedes Lebensjahr ermittelten durchschnittlichen Schlafwerte vor Augen führt. Und viele ältere Schulkinder sind überglücklich, wenn der Arzt ihnen noch eine Stunde »Aufbleiben« am Abend verschreibt.

Wieviel Schlaf braucht das Schulkind?

Im Gegensatz zum Kleinkind darf das Schulkind seinem natürlichen Schlafbedürfnis nicht relativ ungehemmt nachgeben. Am Morgen muß es pünktlich in der Schule sein, am Abend hat es oft noch Hausaufgaben zu erledigen, bevor es schlafen gehen kann. Es ist deshalb auch für den Fachmann nicht leicht zu sagen, wieviel Schlaf das Schulkind wirklich braucht. Wir können nur durch möglichst genaue Beobachtungen ermitteln, wie lange unsere Schulkinder tatsächlich schlafen. Dabei müssen wir aber immer den Vorbehalt machen, daß die Kinder vielleicht länger schlafen würden, wenn sie dazu Gelegenheit hätten.
Untersuchungen über den Schlaf von Schulkindern wurden schon um die Jahrhundertwende angestellt. Die damals ermittelten Schlafwerte gelten vielfach auch heute noch als verbindlich, obwohl zahlreiche spätere Beobachtungen ergeben haben, daß die Kinder viel weniger schlafen. Pfaundler veröffentlichte 1906 sein *Handbuch der Kinderkrankheiten*. Darin wird festgestellt, daß jüngere Schulkinder 11 Stunden Schlaf täglich benötigen und ältere Kinder 10 Stunden.
Ähnliche Werte wurden später von dem Kinderarzt Bennholdt-

Thomsen angegeben. Er bezeichnete folgende Mindestzeiten als die »im Wachstumsalter unerläßliche Schlafdauer«: Für Kinder von 6 bis 10 Jahren 10 bis 11 Stunden, von 10 bis 12 Jahren 10 Stunden und von 12 bis 16 Jahren 9 Stunden pro Tag.
Der sowjetische Wissenschaftler Krasnogorski gab als Mindestschlafzeiten für das Schulalter etwas höhere Werte an: Von 6 bis 10 Jahren sollten die Kinder 11½ Stunden am Tag schlafen, mit 11 Jahren bis zu 11 Stunden, mit 12 Jahren bis zu 10½ Stunden, mit 13 Jahren bis zu 10 Stunden und von 14 bis 15 Jahren bis zu 9½ Stunden.

Es stimmt nicht, daß ein zehnjähriges Schulkind täglich 10 bis 11 Stunden schläft

Diese Normwerte stimmen keineswegs überein mit den durch exakte Beobachtungen gefundenen Schlafzeiten. Eine der ersten größeren Untersuchungen über den Schlaf von Schulkindern stammt von dem schwedischen Schularzt A. Key. Er befragte 1885 die Eltern von über 10000 Kindern aus Stockholm und anderen schwedischen Städten und ermittelte so folgende durchschnittliche Schlafzeiten: Für das 10. Lebensjahr 9 Stunden, für das 12. Lebensjahr 8 Stunden 36 Minuten, für das 14. Lebensjahr 8 Stunden und für das 16. Lebensjahr 7 Stunden 36 Minuten pro Tag.
Zu ähnlichen Ergebnissen kam 1908 die englische Kinderärztin A. Ravenhill. Bei Untersuchungen an 6180 Schülern und Schülerinnen aus den Elementarschulen verschiedener Landschaftsbezirke Englands erhielt sie durch Umfragen an den Schulen folgende mittlere Schlafwerte:
Für Jungen im 7. und 8. Lebensjahr 10 Stunden 30 Minuten, im 9. Lebensjahr 9 Stunden 30 Minuten, im 11. und 12. Lebensjahr 9 Stunden 15 Minuten, im 13. Lebensjahr 8 Stunden 45 Minuten und im 15. Lebensjahr 8 Stunden 30 Minuten pro Tag.
Für Mädchen im 7. Lebensjahr 10 Stunden 45 Minuten, im 9. Lebensjahr 10 Stunden 15 Minuten, im 10. und 11. Lebensjahr 9 Stunden 30 Minuten, im 13. Lebensjahr 8 Stunden und im 14. Lebensjahr nur noch 7 Stunden 30 Minuten pro Tag.
Schon diese beiden Beispiele zeigen, daß die Schlafwerte im Schulalter weit niedriger liegen, als im allgemeinen angenommen wird.

»Die europäische Sitte, die Schule um sieben oder acht Uhr in der Früh beginnen zu lassen, verursacht großes Übel. Sie veranlaßt den Schüler häufig, in nervöser Hast und ohne Frühstück zur Schule zu eilen. Die amerikanische Praxis mit einem Schulbeginn um neun Uhr ist viel weiser«, erklärten die beiden amerikanischen Pädiater Terman und Hocking schon 1913. Sie hatten gerade einen interessanten Versuch beendet und entdeckt, daß die kalifornischen Schulkinder offenbar wesentlich länger schliefen als die europäischen. Bei ihrer Untersuchung der Schlafzeiten von 2692 kalifornischen Schülern ergaben sich folgende durchschnittliche Schlafzeiten:
Im 7. Lebensjahr 11 Stunden 14 Minuten, im 9. Lebensjahr 10 Stunden 42 Minuten, im 11. Lebensjahr 9 Stunden 56 Minuten, im 13. Lebensjahr 9 Stunden 36 Minuten und im 15. Lebensjahr 9 Stunden 6 Minuten. Der elfjährige Schüler in den USA schlief also im Schnitt 1 Stunde 11 Minuten länger als der schwedische und 41 Minuten länger als der englische.
Den Grund für die von ihnen gefundenen längeren Schlafzeiten suchten die Autoren in den günstigen klimatischen Bedingungen in Kalifornien, die den Kindern weit größere Betätigung im Freien erlauben als in Europa. Als weitere Faktoren führten sie die besseren sozialen Verhältnisse bei den kalifornischen Kindern und den späteren Schulbeginn in den USA an.
Übrigens glaubten Terman und Hocking, daß die von ihnen gefundenen Schlafzeiten noch höhere Werte ergeben hätten, wenn die Kinder so lange schlafen dürften, bis sie spontan aufwachten. Sie hatten nämlich die Erfahrung gemacht, daß ein hoher Prozentsatz der Schüler morgens nicht von selbst aufwachte, sondern geweckt werden mußte. Das betraf vor allem die älteren Schüler, die sich immer mehr an den Schlafrhythmus des Erwachsenen anpassen und allmählich von Abendschläfern zu Morgenschläfern werden. Eine weitere Begründung für den größeren Schlafbedarf in den Morgenstunden liegt in der zunehmenden abendlichen Belastung der Schüler mit Hausaufgaben.

Geistige Arbeit am Abend vertreibt den Schlaf

Tatsächlich hat geistige Arbeit am Abend häufig eine erhöhte Unruhe während des Schlafs zur Folge. Aufregende Spiele und das Erzählen von gruseligen Geschichten führen besonders in den ersten Schlafstunden zu einer erhöhten Aktivität. Ausschlaggebend ist dabei jedoch das Temperament des Kindes. So schlafen »torpide und gelangweilte Kinder ruhig. Stille, aber intelligente sowie lebhafte Kinder zeigen meist eine größere Unruhe während des Schlafes«, wie es der deutsche Pädiater P. Karger formulierte. Leicht erregbaren Kindern sollte man deshalb am Abend das Lesen oder Anhören aufregender Geschichten lieber untersagen und statt dessen für eine hinreichende körperliche Ermüdung sorgen.

Die nächtliche Unruhe des Schulkindes ist für die Eltern leicht zu erkennen: Da liegt die Bettdecke quer oder gar auf dem Fußboden. Diese Unruhe sollte man ebenso wie beim Kleinkind nicht besonders tragisch nehmen, denn sie ist in dem physiologischen Bewegungsdrang dieser Altersstufe begründet. Auch Schulkinder zeigen im Schlaf noch weit höhere Aktivitätswerte als Erwachsene.

Manchen Eltern fällt auch das Zähneknirschen der Kinder im Schlaf auf, das sie manchmal als Krankheitszeichen deuten. Dieses Knirschen ist jedoch nicht pathologisch. Es kommt durch das Mienenspiel des schlafenden Kindes zustande und entspricht den »Schmeckbewegungen« jüngerer Kinder. Die Frage, ob dieses nächtliche Zähneknirschen identisch ist etwa mit den Traum-Schlaf-Perioden während des Nachtschlafes, konnte durch sorgfältige polygraphische Studien aufgeklärt werden (G. R. Reding et al 1968). Danach ist Zähneknirschen in allen Schlafstadien möglich, es tritt bevorzugt auf beim mittleren Schlaf, jedoch im Tiefschlaf und im Traumschlaf deutlich weniger. Die Eltern brauchen sich demnach über das Zähneknirschen nicht aufzuregen.

Zu hohe schulische Anforderungen wirken sich negativ auf den Schlaf des Kindes aus

Die Belastung durch die Schule und vor allem die damit verbundenen täglichen Hausaufgaben bestimmen den Schlafrhythmus unserer Kinder mehr als ihr Lebensalter. Sie schlafen also oft nicht so viel, wie es ihrem Alter entspricht, sondern so

viel (oder so wenig), wie es die schulischen Anforderungen zulassen.
Nach den Untersuchungen Keys schlafen die Kinder in einer Schulklasse etwa gleich viel, auch wenn sie verschieden alt sind. Er konnte das am Beispiel einer Klasse nachweisen, in der Kinder aus drei verschiedenen Jahrgängen vertreten waren. Sogar die jüngsten Kinder dieser Klasse schliefen nur unwesentlich länger als ihre älteren Klassenkameraden.
Die Schlafdauer des Schulkindes wird also mehr von der mit jedem Schuljahr anwachsenden Arbeitszeit und Arbeitsbelastung bestimmt als von seinem natürlichen Schlafbedürfnis. Je länger die Schüler abends an ihren Hausaufgaben arbeiten müssen, desto später gehen sie ins Bett und desto weniger Schlaf bekommen sie. Diese Entwicklung ist gefährlich, denn gerade im Wachstumsalter braucht der Organismus ausreichend Schlaf. Nervosität, Appetitlosigkeit und allgemeine Unlust sind die Folgen dieses Schlafmangels, der aber auch ernsthaftere Schäden verursachen kann. Die Eltern können für einen gewissen Ausgleich sorgen, wenn sie das Schulkind noch zu einem kurzen Mittagsschlaf anhalten.

Angst und Streß sind die ärgsten Feinde des Schlafs

Schlafstörungen, Schwierigkeiten beim Einschlafen und große Müdigkeit am Morgen sind bei vielen Schulkindern an der Tagesordnung. Oft leiden gerade diejenigen darunter, die es schwer haben, in der Schule mitzuhalten. Das liegt gewiß zum Teil daran, daß sie mehr Zeit für die Erledigung ihrer Hausaufgaben benötigen als andere Kinder und dadurch häufig später ins Bett kommen. Die angestrengte geistige Arbeit in den Abendstunden führt zu Einschlafschwierigkeiten und erhöhter Unruhe während des Schlafs. Am Morgen wachen die Kinder nur schwer auf und fühlen sich wie zerschlagen.
Diese »Überstunden« am Abend auf Kosten des Nachtschlafs sind ein Problem, mit dem sich nicht nur die weniger begabten Kinder auseinandersetzen müssen. Die oft zu hohen Anforderungen der Schule führen heute bei fast allen Kindern dazu, daß sie übermäßig viel Zeit für ihre Hausaufgaben aufwenden müssen.
Nach Ansicht von Philologen können einem sechzehnjährigen Oberschüler durchaus drei Stunden Hausaufgaben täglich zugemutet werden. Die Arbeitsphysiologen Graf und Ruten-

franz haben festzustellen versucht, wieviel Prozent der Schüler diese Zeit überschreiten. In Dortmund haben sie eine Reihe von sechzehnjährigen Oberschülern nach ihrem täglichen Zeitaufwand für Hausaufgaben befragt. Es stellte sich heraus, daß 84,5 Prozent von ihnen täglich mehr als 3½ Stunden für die Erledigung ihrer Hausaufgaben benötigten.

Es kann also nicht die Rede davon sein, daß nur eine kleine Zahl minderbegabter Schüler die für Hausaufgaben vorgesehene Zeit ständig überschreitet. Wenn trotzdem Schlafstörungen besonders häufig bei Kindern auftreten, die Schwierigkeiten in der Schule haben, so liegt das wahrscheinlich vor allem an der seelischen Belastung. Die Angst vor einem Versagen in der Schule, vor schlechten Zensuren, vor dem Sitzenbleiben verfolgt das Kind noch im Schlaf. Und dieser ständige Druck, unter dem das Kind lebt, beeinträchtigt seinen Schlaf noch stärker als die geistige Arbeit am Abend.

Auch das Schulkind wird um die Mittagszeit müde

Ist es für die Mutter oft schon schwierig, das Kleinkind mittags schlafen zu legen, so wachsen die Widerstände des Schulkindes gegen den Mittagsschlaf noch ganz erheblich. Es ist aber erwiesen, daß auch das Schulkind zumindest bis zum Alter von zehn Jahren um die Mittagszeit ein ausgeprägtes Schlafbedürfnis besitzt. Das zeigt sich zum Beispiel in einem deutlichen Absinken der Leistungsfähigkeit.

Schon 1907 untersuchte der deutsche Pädagoge Baade die Leistungsschwankungen bei Schulkindern im Verlaufe des Tages. Er ließ 7 Kinder von 8 bis 16 Uhr in Abständen von 1 Stunde jeweils 5 Minuten lang Rechenaufgaben lösen. Die Versuche wurden 8 Tage lang im Rahmen des normalen Unterrichtsbetriebes durchgeführt, an 3 Versuchstagen fand kein Schulunterricht statt. Die Kinder sollten einfache Additionsaufgaben mit einstelligen Zahlen lösen und die Ergebnisse jeweils niederschreiben. Um durch Übung Fehlermöglichkeiten auszuschließen, führte Baade vor Beginn der Hauptversuche mit jedem Kind wenigstens 15 Einübungsversuche durch.

Unter diesen Versuchsbedingungen stellte Baade folgende Ergebnisse fest: Die Rechengeschwindigkeit der Kinder steigerte sich im Laufe des Vormittags kontinuierlich bis zu einem Maximum in der Zeit zwischen 10 und 11 Uhr. Dabei war es

gleichgültig, ob in der Zwischenzeit Unterricht erteilt wurde oder nicht. Nach 11 Uhr wurden die Rechenleistungen schlechter und erreichten um 14 Uhr ihr Minimum. Anschließend kam es zu einem erneuten Ansteigen der Rechengeschwindigkeit bis zum Schluß der Versuche um 16 Uhr.
Alle unsere Untersuchungen über den Tagesgang der physiologischen Leistungsbereitschaft im Schulalter, über die später noch näher berichtet wird, haben ergeben, daß in der Zeit zwischen 13 und 15 Uhr eine negative Phase der physiologischen Leistungsbereitschaft im Schulalter besteht, die mit einem erhöhten Schlafbedürfnis verbunden ist (Hellbrügge, Lange, Rutenfranz 1959).
Offenbar liegt beim Schulkind also zu den Mittagsstunden ein erhöhtes Schlafbedürfnis vor. Die Eltern sollen das nach Möglichkeit berücksichtigen und das Kind daran gewöhnen, einen kurzen Mittagsschlaf zu halten. Damit erhält es einen gewissen Ausgleich für den Mangel an Morgenschlaf, der im Schulalter häufig zu kurz kommt. Für das abendliche Schlafengehen ist zu empfehlen, die Sechs- bis Zehnjährigen zwischen 20 und 21 Uhr und die Elf- bis Fünfzehnjährigen zwischen 21 und 22 Uhr ins Bett zu schicken. Etwa vom elften Lebensjahr ab kann auf den Mittagsschlaf verzichtet werden, besonders wenn die Mutter beobachtet, daß ihr Kind mittags nur sehr schwer einschlafen kann.

Der Berufsalltag läßt dem Jugendlichen nicht genug Zeit zum Schlafen

Der Jugendliche hat noch ein wesentlich höheres Schlafbedürfnis als der Erwachsene. Leider wird darauf im Berufsleben keine Rücksicht genommen. Die Arbeitszeiten in den Betrieben sind dem Rhythmus des Erwachsenen angepaßt, lassen aber den Jugendlichen nicht genügend Zeit, um sich auszuschlafen.
Über die Schlafzeiten von Jugendlichen besitzen wir eine interessante Untersuchung aus dem Max-Planck-Institut für Arbeitsphysiologie in Dortmund: 1958 haben O. Graf und J. Rutenfranz den Tagesverlauf von 4178 erwerbstätigen sechzehnjährigen Jugendlichen in Dortmund registriert. Sie stellten fest, daß die Jugendlichen unabhängig von ihrer täglichen Arbeitszeit eine ihrem Alter entsprechende Mindestschlafzeit einhielten. An den Werktagen schliefen sie zwischen 8 Stunden

23 Minuten und 9 Stunden 20 Minuten, selbst wenn sie übermäßig lange arbeiten mußten, in einigen Betrieben bis zu 11 Stunden täglich. Jede stärkere Arbeitsbelastung ging deshalb ausschließlich auf Kosten ihrer Freizeit.

Obwohl die Jugendlichen so in der Woche ihrem Mindestschlafbedürfnis nachkamen, blieb ein erheblicher Nachholbedarf bestehen. Das zeigte sich deutlich am Wochenende. Die in Industrie und Großhandel beschäftigten Jugendlichen schliefen in der Nacht vom Samstag zum Sonntag zwischen 1 Stunde 49 Minuten und 2 Stunden länger als an den übrigen Wochentagen. Im Gegensatz zu einer verbreiteten Ansicht verbringt der arbeitende Jugendliche diese Nacht also nicht außer Hause, sondern benutzt sie in der Regel dazu, wenigstens einmal in der Woche auszuschlafen.

Es wäre vom ärztlichen Standpunkt sehr zu begrüßen, wenn man den Jugendlichen die Anpassung ans Berufsleben durch einen stufenweisen Übergang erleichtern würde. Bei dem heute noch üblichen abrupten Wechsel von der Schule in den Betrieb kommt sowohl die Freizeit als auch der Schlaf des Heranwachsenden zu kurz. Beides aber benötigt der Jugendliche dringend für eine gesunde körperliche und geistig-seelische Entwicklung.

KAPITEL 4

Eigene Untersuchungen zum Schlafen und Wachen im Kindesalter

Unsere eigenen, gemeinsam mit Jutta Lange und Joseph Rutenfranz durchgeführten Untersuchungen über den kindlichen Schlaf stammen aus der Zeit vom August 1955 bis zum September 1957. Wir haben die Schlafzeiten von 199 Kindern im Alter vom 1. Lebenstag bis zum 15. Lebensjahr in verschiedenen Münchener Heimen und Kliniken registriert. Die Beobachtungen erstreckten sich über insgesamt 1104 Tagesverläufe und auf 13 248 Einzelbeobachtungen. Einen Überblick über die Altersaufgliederung der Kinder sowie über die Anzahl der in jeder Lebensperiode registrierten Tagesverläufe und Einzelbeobachtungen gibt Tabelle 2.

Die Beobachtung der Neugeborenen erfolgte in der 1. Universitäts-Frauenklinik München. Die Beobachtungen der Säuglinge fanden im Säuglingsheim der Blauen Schwestern und in der Universitäts-Poliklinik in München statt. Die Untersuchung der Verteilung von Schlafen und Wachen im Kleinkindesalter erstreckte sich auf Kinder in der Universitäts-Kinderpoliklinik und in der Orthopädischen Universitäts-Klinik München sowie der Orthopädischen Kinderheilstätte in Aschau. Untersucht wurden nur organisch gesunde, fieberfreie Kinder. Bei der Beobachtung von Schulkindern wurden ebenfalls Kinder der oben genannten Kliniken sowie Kinder aus dem Städtischen Waisenhaus in München berücksichtigt.

Die Untersuchungen erstreckten sich über einen Zeitraum von mindestens fünf Tagen, in vielen Fällen über eine noch längere Zeit. Die Beobachtungen wurden in zweistündigen Abständen durchgeführt, und zwar bis zum zweiten Lebensjahr jeweils zu den ungeraden Tagesstunden, im Kleinkindes- und Schulalter teilweise zu den geraden, teilweise zu den ungeraden Tagesstunden. Im Schulalter wurden darüber hinaus einige Kinder jede Stunde beobachtet.

Die Ergebnisse unserer Untersuchungen sind in den Abbildungen 1 bis 8 (Gruppen I bis VIII) graphisch dargestellt. Die für die einzelnen Tagesstunden berechnete prozentuale Häufigkeit von Wachbeobachtungen wurde jeweils als gestrichelte Säule wiedergegeben. Da in den ersten Lebenswochen die Verteilung der Mahlzeiten einen großen Einfluß auf den Schlaf ausübt,

Altersgruppe	Ort der Beobachtung	Anzahl der Kinder	Zahl der Tagesverläufe	Zahl der Mahlzeiten	Zeit der Mahlzeiten					
I										
1. Lebenswoche	Frauenkl.	23	126	5	6^{00}	9^{30}	12^{30}	16^{30}	19^{30}	
II										
2. + 3. Lebenswoche	Kinderkl.	1	5	6	6^{30}	10^{00}	13^{30}	16^{30}	21^{00}	2^{30}
	Säuglingsh.	6	41	6	6^{00}	10^{00}	14^{00}	16^{30}	21^{30}	2^{30}
III										
4–18 Wochen	Kinderkl.	4	26	6	6^{30}	10^{00}	13^{30}	16^{30}	21^{00}	2^{30}
	Säuglingsh.	22	135	6	6^{00}	10^{00}	14^{00}	16^{30}	21^{30}	2^{30}
IV										
19 Wochen –8 Monate	Kinderkl.	2	15	5	6^{30}	10^{00}	13^{30}	16^{30}	21^{00}	–
	Säuglingsh.	11	65	5	6^{30}	10^{00}	13^{30}	16^{30}	21^{00}	–
V										
10–23 Monate	Kinderkl.	3	19	4	6^{30}	10^{00}	13^{30}	16^{30}	–	–
	Säuglingsh.	23	151	4	6^{30}	10^{00}	13^{30}	16^{30}	–	–
VI 2–5 Jahre	Kinderkl.	4 (1)	16 (3)	3	6^{30}	11^{00}	17^{00}	–	–	–
	Aschau	1 (6)	3 (35)	3	6^{30}	11^{00}	17^{30}	–	–	–
	Orthop. Kl.	7	32	3	7^{00}	11^{00}	17^{00}	–	–	
VII 6–10 Jahre	Kinderkl.	7 (3)	27 (13)	3	7^{00}	11^{00}	17^{00}	–	–	–
	Aschau	7 (7)	21 (65)	3	7^{30}	11^{00}	17^{00}	–	–	–
	Orthop. Kl.	10	46	3	7^{00}	11^{00}	18^{00}	–	–	–
	Waisenhaus	8	39	3	8^{00}	12^{00}	18^{00}	–	–	–
VIII 11–15 Jahre	Kinderkl.	8 (3)	33 (12)	3	7^{00}	11^{00}	17^{00}	–	–	–
	Aschau	(6)	(36)	3	7^{30}	11^{00}	17^{30}	–	–	–
	Orthop. Kl.	4	16	3	7^{30}	11^{00}	17^{30}	–	–	–
	Waisenhaus	9	45	3	8^{00}	12^{00}	18^{00}	–	–	–

Tab. 2 Aufgliederung des eigenen Beobachtungsgutes
Die in Klammern angegebene Zahl der Kinder und Tagesverläufe bei den Gruppen VI–VIII bezieht sich auf Beobachtungen zu den geraden Tagesstunden; die übrigen Werte wurden zu ungeraden Tagesstunden erhoben.

haben wir bei den Säuglingen und Kleinkindern die Fütterungszeiten in den Abbildungen durch Pfeile am oberen Rand markiert.

Der Schlaf in der 1. Lebenswoche

In der 1. Lebenswoche (Gruppe I) waren die Säuglinge noch relativ selten wach anzutreffen (vgl. Abbildung 1). Mit Ausnahme von 2 Stundenwerten (17 Uhr und 3 Uhr) schliefen zu allen Tages- und Nachtstunden jeweils über 50 Prozent der Neugeborenen. Bei 6 Stundenwerten waren etwa 20 Prozent der Kinder wach, bei den 6 übrigen Stundenwerten etwa 40 Prozent. Wer erwartet hatte, daß zu den Tagesstunden mehr Säuglinge wach waren als zu den Nachtstunden, wurde enttäuscht. Das Gegenteil war der Fall: Von den 6 niederen Wachbeobachtungen fielen 5 auf die Tagstunden zwischen 7 und 15 Uhr und nur 1 auf die Abendstunde um 21 Uhr. In der Nacht zwischen 19 und 5 Uhr waren die Neugeborenen viel häufiger wach anzutreffen als am Tage zwischen 7 und 19 Uhr. Eine Ausnahme bildet allein die Zeit zwischen 17 und 19 Uhr. In diesen Stunden wurden vor der allgemeinen Nachtruhe besondere Pflegemaßnahmen durchgeführt.
Der Schlaf der Säuglinge zeigte eine deutliche Abhängigkeit von der Verteilung der Mahlzeiten. Während die Neugebore-

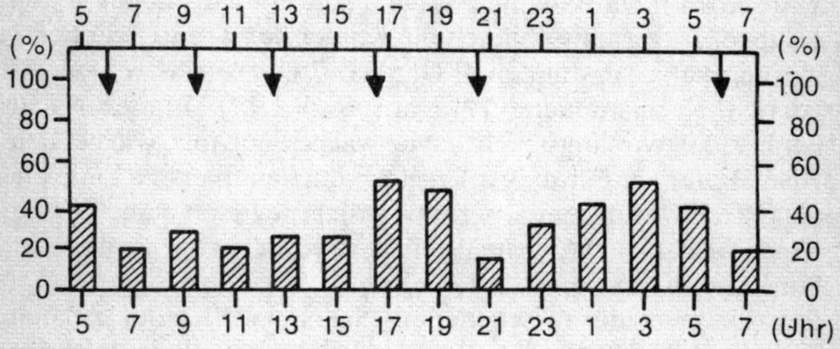

Abb. 1 Verteilung von Schlafen und Wachen in der ersten Lebenswoche.
Gruppe I (23 Kinder, 126 Tagesverläufe). Die schraffierten Säulen geben an, wieviel Prozent der Kinder zu den ungeraden Tagesstunden wach angetroffen wurden. Die Pfeile geben die Mahlzeitenverteilung wieder.

nen am Tage in regelmäßigen Abständen von 3 und 4 Stunden gefüttert wurden, bekamen sie in der Nacht 8 Stunden lang nichts zu trinken. Der regelmäßigen Verteilung der Mahlzeiten entsprechend schliefen am Tage im Durchschnitt jeweils etwa 80 Prozent der Kinder. Dagegen waren während der langen Pause zwischen 20 Uhr und 6 Uhr von Stunde zu Stunde mehr Säuglinge wach anzutreffen.
Im Anschluß an die letzte Mahlzeit um 20 Uhr waren um 21 Uhr 17 Prozent der Säuglinge wach. Um 23 Uhr waren es schon 35 Prozent, um 1 Uhr 45 Prozent und um 3 Uhr sogar 53 Prozent. Gleichzeitig wuchs die Unruhe im Raum ständig. Bei unserer Stichprobe um 3 Uhr schrie fast die Hälfte der Neugeborenen. Dies ist natürlich in erster Linie auf die Hungeraktivität zurückzuführen. Daneben dürften aber auch Unlustgefühle über nasse Windeln mitwirken. Die Kinder wurden nach 3 Uhr trockengelegt. Danach schlief ein Teil von ihnen wieder ein, so daß bei unserer nächsten Kontrolle um 5 Uhr etwa 10 Prozent weniger Kinder wach waren als um 3 Uhr. Im Anschluß an die Frühmahlzeit herrschte allgemeine Ruhe. Rund 80 Prozent der Neugeborenen schliefen jetzt.

Der Schlaf in der 2. und 3. Lebenswoche

In der 2. und 3. Lebenswoche konnten wir bereits zu den Tagstunden eine etwas größere Wachbereitschaft als zu den Nachtstunden beobachten. Um 7 Uhr, um 9 Uhr und um 17 Uhr waren mehr Säuglinge wach anzutreffen als in der ersten Gruppe. Insgesamt schliefen die Kinder der 2. und 3. Lebenswoche zu den Tagstunden (7 Uhr bis 17 Uhr) etwas weniger als zu den Nachtstunden (19 Uhr bis 5 Uhr). In der Nacht beobachten wir längst nicht soviel wache Säuglinge wie bei den Neugeborenen. Für dieses Ergebnis dürften in erster Linie die nächtlichen Mahlzeiten verantwortlich gewesen sein. Da die Kinder in der Nacht zweimal gefüttert wurden, kam es zu keiner Hungeraktivität (vgl. Abbildung 2).
Der Unterschied zwischen dem Schlaf der Kinder zu den Tag- und Nachtstunden kann jedoch nicht allein mit den Fütterungszeiten begründet werden. Dies läßt sich aus folgenden Tatsachen erkennen: Obwohl zu den Tagesstunden das Mahlzeitenschema in den Gruppen I und II gleich blieb, schliefen die älteren Kinder am Tage nicht mehr so häufig. Außerdem wurden die Säuglinge in der 2. Gruppe am Tage

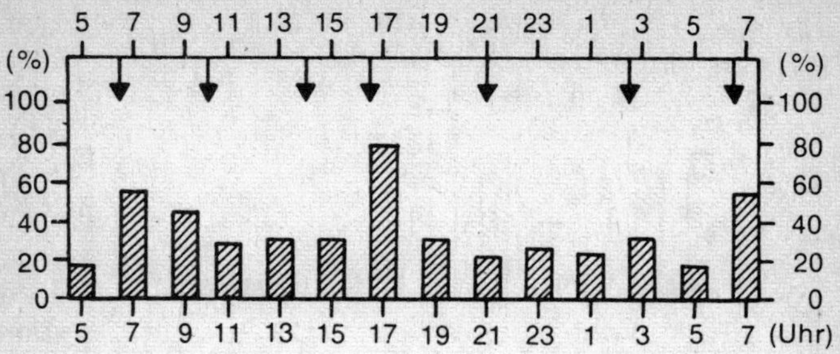

Abb. 2 Verteilung von Schlafen und Wachen in der 2. bis 3. Lebenswoche.
Gruppe II (7 Kinder, 46 Tagesverläufe). Die schraffierten Säulen geben an, wieviel Prozent der Kinder zu den ungeraden Tagesstunden wach angetroffen wurden. Die Pfeile geben die Mahlzeitenverteilung wieder.

viermal gefüttert, in der Nacht aber nur zweimal. Die doppelt so häufigen Mahlzeiten am Tage führten aber nicht zu einer verminderten Aktivität und einem größeren Schlafbedürfnis. Im Gegenteil, die Kinder waren am Tage häufiger wach als in der Nacht. Wäre der Schlaf ausschließlich von der Verteilung der Mahlzeiten bestimmt, so hätte es umgekehrt sein müssen.

Der Schlaf im Säuglingsalter

In der folgenden Altersstufe von 4 bis 18 Wochen (Gruppe III) war erstmalig eine deutliche Bevorzugung der Nachtstunden für den Schlaf zu erkennen. Dieses Phänomen bildete sich offensichtlich unabhängig von den Pflegemaßnahmen aus, denn die Pflegebedingungen blieben die gleichen wie in der zweiten Gruppe (vgl. Abbildung 3).
Trotzdem änderte sich das Verhalten der Säuglinge entscheidend. Während von den jüngeren Säuglingen noch zwischen 50 und 70 Prozent am Tage schliefen, waren in der 3. Gruppe bereits jeweils zwischen 60 und 70 Prozent wach. Eine Ausnahme ergab sich lediglich um die Mittagszeit: Bei unserer Kontrolle um 13 Uhr schliefen über 60 Prozent der Kinder.
Um 17 Uhr waren sogar 90 Prozent der Säuglinge wach. Dies

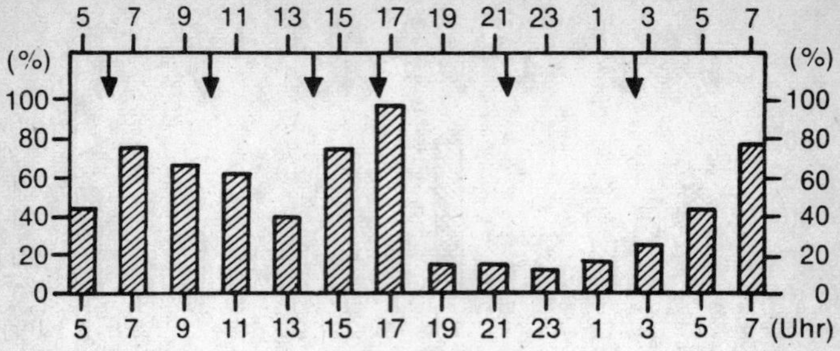

Abb. 3 Verteilung von Schlafen und Wachen in der 4. bis 18. Lebenswoche.
Gruppe III (26 Kinder, 161 Tagesverläufe). Die schraffierten Säulen geben an, wieviel Prozent der Kinder zu den ungeraden Tagesstunden wach angetroffen wurden. Die Pfeile geben die Mahlzeitenverteilung wieder.

dürfte nicht allein mit den Pflegemaßnahmen zu dieser Zeit zusammenhängen. Hier spielt wohl eine allgemein größere Wachbereitschaft in dieser Altersgruppe mit. Auffällig aber war vor allem der hohe Prozentsatz der während der Nachtstunden schlafenden Kinder. Zwischen 19 und 3 Uhr wurden jeweils weniger als 20 Prozent der Säuglinge wach angetroffen. Der Einfluß der Verteilung der Mahlzeiten auf den Schlaf der Kinder geht immer mehr zurück.
Bei den Säuglingen zwischen 5 und 8 Monaten (Gruppe IV) waren die Wachbereitschaft am Tage und das Schlafen in der Nacht noch deutlicher ausgeprägt (vgl. Abbildung 4).
Die Verteilung der Mahlzeiten scheint im 2. Lebenshalbjahr kaum mehr einen Einfluß auf den Schlaf zu haben. Obwohl die Kinder in dieser Altersgruppe nach Mitternacht keine Mahlzeit mehr bekamen, waren sie in der Nacht nicht häufiger wach als die jüngeren Kinder in der 3. Gruppe.

Der Schlaf im Kleinkindesalter

Im 2. Lebensjahr hatte sich der Schlaf des Kindes schon weitgehend dem Rhythmus des Erwachsenen angepaßt. In den Vormittags- und Nachmittagsstunden waren jeweils fast 100 Prozent der Kinder wach. Um 7 Uhr und um 17 Uhr wurde kein Kind mehr schlafend angetroffen. Zwischen diesen beiden

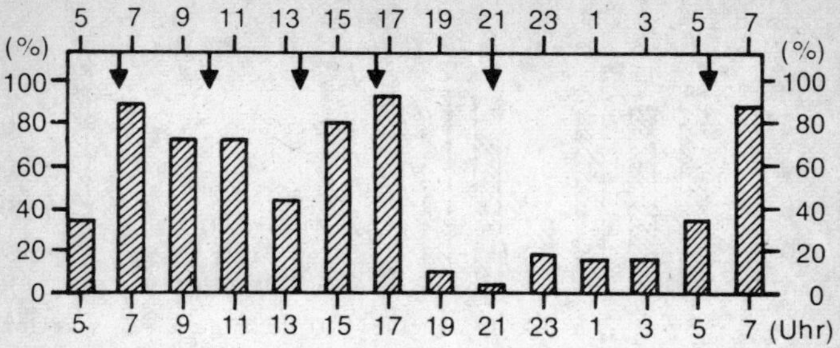

Abb. 4 Verteilung von Schlafen und Wachen im 5. bis 8. Lebensmonat. Gruppe IV (13 Kinder, 80 Tagesverläufe). Die schraffierten Säulen geben an, wieviel Prozent der Kinder zu den ungeraden Tagesstunden wach angetroffen wurden. Die Pfeile geben die Mahlzeitenverteilung wieder.

Tagesgipfeln lag eine Mittagssenke, in der ein starkes Schlafbedürfnis bestand. Gegen 13 Uhr schliefen über 70 Prozent der Kinder (vgl. Abbildung 5).
In den Nachtstunden von 19 bis 3 Uhr waren kaum noch wache Kinder zu beobachten. Auch um 5 Uhr schliefen noch etwa 70 Prozent von ihnen, also etwas mehr als in der vorangehenden Altersstufe. Bemerkenswert bleibt aber, daß etwa 30 Prozent der Kleinkinder trotz völliger Nachtruhe im Hause zu dieser frühen Morgenstunde schon erwacht waren.

Um altersgerechte Ergebnisse zu erhalten, untersuchten wir den Schlaf der Kinder vom 2. bis 15. Lebensjahr für jede Altersstufe in 2 verschiedenen Gruppen. Die Kinder der 1. Gruppe wurden zu den ungeraden, die der 2. Gruppe zu den geraden Tagesstunden beobachtet. Von Abbildung 6 an sind die Ergebnisse der 1. Untersuchungsreihe durch schwarze Säulen, die der 2. durch gestrichelte Säulen dargestellt.
Auch bei Berücksichtigung der Zwischenwerte zu den geraden Stunden zeigte sich bei den älteren Kleinkindern (Gruppe VI = 2 bis 5 Jahre) im wesentlichen das gleiche Bild wie bei den jüngeren Kleinkindern (Gruppe V = 10 bis 23 Monate). Wieder trafen wir zu den Vor- und Nachmittagsstunden fast 100 Prozent der Kinder wach an. Das galt für die Zeiten von 6 bis 12 Uhr und von 15 bis 18 Uhr. Um 13 Uhr waren mehr Kinder wach als in der vorhergehenden Gruppe. Das größte Schlafbedürfnis zur Mittagszeit setzte erst um 14 Uhr ein. Ob es

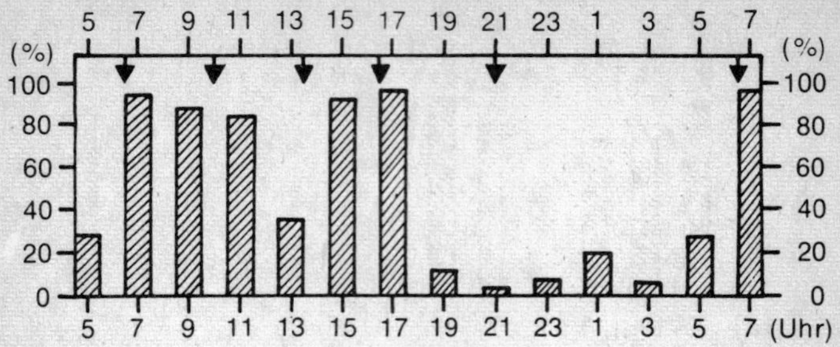

Abb. 5 Verteilung von Schlafen und Wachen im 10. bis 23. Lebensmonat.
Gruppe V (26 Kinder, 170 Tagesverläufe). Die schraffierten Säulen geben an, wieviel Prozent der Kinder zu den ungeraden Tagesstunden wach angetroffen wurden. Die Pfeile geben die Mahlzeitenverteilung wieder.

sich hierbei um eine zeitliche Verschiebung des Schlafbedürfnisses um eine Stunde handelt, ließ sich aus unseren Untersuchungen nicht klären, da die jüngeren Kleinkinder der Gruppe V um 14 Uhr nicht beobachtet wurden.
Besondere Veränderungen wies bei den älteren Kleinkindern der Nachtschlaf auf. Am Abend um 19 Uhr waren über 80 Prozent der älteren Kleinkinder noch munter, während zur gleichen Zeit die Kinder im 2. Lebensjahr schon zu über 85 Prozent schliefen. In den Stunden zwischen 20 und 4 Uhr war von den älteren Kleinkindern keines mehr wach anzutreffen.
Augenfällig erscheint in dieser Altersgruppe das frühe Erwachen am Morgen: Um 5 Uhr waren bereits über 55 Prozent der Kinder wach, bei den jüngeren Kleinkindern dagegen erst 30 Prozent (vgl. Abbildung 6).

Der Schlaf im Schulalter

Auch im Schulalter finden noch weitere tageszeitliche Veränderungen von Schlafen und Wachen statt. Wir hatten die von uns beobachteten Schulkinder in zwei Gruppen eingeteilt: In Gruppe VII wurden die Sechs- bis Zehnjährigen zusammengefaßt, in Gruppe VIII die Elf- bis Fünfzehnjährigen.
Das Schlafbedürfnis zu den Mittagsstunden scheint beim jungen Schulkind noch genauso groß zu sein wie beim älteren Kleinkind. Zwischen 13 und 15 Uhr schliefen etwa 80 Prozent

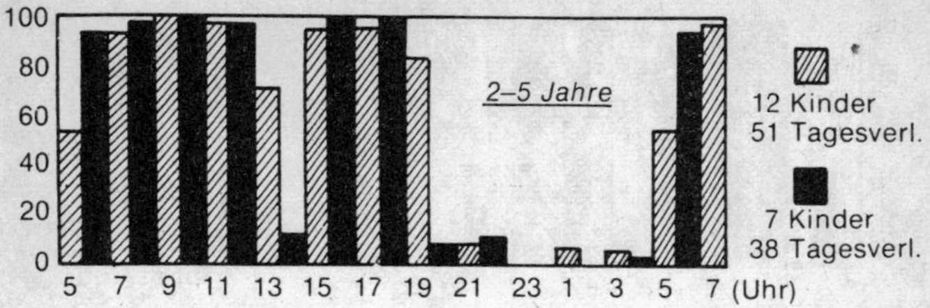

Abb. 6 Verteilung von Schlafen und Wachen im 2. bis 5. Lebensjahr. Gruppe VI (ungerade Tagesstunden): 12 Kinder, 51 Tagesverläufe; (gerade Tagesstunden): 7 Kinder, 38 Tagesverläufe. Die schraffierten Säulen geben an, wieviel Prozent der Kinder zu den ungeraden Tagesstunden, die schwarzen Säulen, wieviel Prozent der Kinder zu den geraden Tagesstunden wach angetroffen wurden.

der Kinder in Gruppe VII. Wir möchten betonen, daß wir zur Mittagszeit ausschließlich den Schlaf der Kinder registriert haben und nicht etwa die Bettruhe.

Ein deutlicher Unterschied zu den älteren Kleinkindern bestand jedoch im abendlichen Einschlafen und morgendlichen Erwachen. Dies zeigte sich vor allem um 20 Uhr abends und um 6 Uhr früh (vgl. Abbildung 7). Um 20 Uhr waren noch über 40 Prozent der jüngeren Schulkinder munter, aber weniger als 10 Prozent der älteren Kleinkinder. Dem verzögerten Einschlafen der Schulkinder am Abend entsprach ein verspätetes morgendliches Erwachen. Um 6 Uhr waren fast 95 Prozent der älteren Kleinkinder wach, aber nur 40 Prozent der jüngeren Schulkinder. Auch um 7 Uhr schlief noch ein Teil der Kinder in Gruppe VII. Diese Verschiebungen deuten darauf hin, daß sich bei der Entwicklung vom Kleinkind zum Schulkind die Wachbereitschaft allmählich von den Morgen- auf die Abendstunden verlagert. Das Kind wird vom Abend- zum Morgenschläfer.

Bei den Elf- bis Fünfzehnjährigen verteilten sich Schlafen und Wachen ähnlich wie bei den jüngeren Schulkindern. Allerdings bestand weiterhin eine deutliche Neigung zum späteren abendlichen Einschlafen und zum späteren morgendlichen Erwachen. Um 20 Uhr schliefen bereits 60 Prozent der jüngeren Schulkinder im Alter von 6 bis 10 Jahren, während um die gleiche Zeit nicht einmal 20 Prozent der älteren Kinder schlafend angetroffen wurden. Um 21 Uhr waren in Gruppe VII nicht einmal mehr 10 Prozent, in Gruppe VIII dagegen noch 35 Prozent der Kinder wach.

Der Unterschied zwischen dem Aufwachen der älteren und

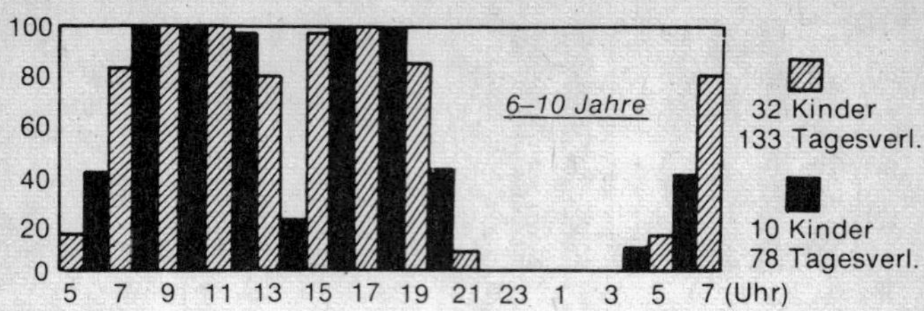

Abb. 7 Verteilung von Schlafen und Wachen im 6. bis 10. Lebensjahr. Gruppe VII (ungerade Tagesstunden): 32 Kinder, 133 Tagesverläufe; (gerade Tagesstunden): 10 Kinder, 78 Tagesverläufe. Die schraffierten Säulen geben an, wieviel Prozent der Kinder zu den ungeraden Tagesstunden, die schwarzen Säulen, wieviel Prozent der Kinder zu den geraden Tagesstunden wach angetroffen wurden.

jüngeren Schulkinder in den Morgenstunden trat wegen des einheitlichen Schulbeginns weniger deutlich zutage. Immerhin deutete sich das spätere morgendliche Aufwachen bei den älteren Kindern um 6 und 7 Uhr an: Zu dieser Zeit waren in Gruppe VII etwa 10 Prozent mehr Kinder wach als in Gruppe VIII (vgl. Abbildung 8).
Auch die Verlagerung der größeren Wachbereitschaft von den Vormittags- auf die Nachmittagsstunden setzte sich in der Pubertätszeit weiter fort. Im Gegensatz zu den Sechs- bis Zehnjährigen hatte bei den älteren Schulkindern das Schlafbedürfnis zu den Mittagsstunden nachgelassen. Das wird aus einem Vergleich der Werte um 13 und 14 Uhr ersichtlich. Ein geringes Schlafbedürfnis gegen 14 Uhr bestand allerdings auch noch bei den Elf- bis Fünfzehnjährigen.

Zusammenfassung der eigenen Ergebnisse

Das wohl wichtigste Ergebnis unserer Untersuchungen besteht in dem Nachweis, daß bei den Kindern in jeder Altersstufe tatsächlich ein geringeres Schlafbedürfnis vorliegt, als allgemein angenommen wird. Die Kenntnis und Berücksichtigung des wirklichen Schlafbedarfs ihrer Kinder aber wird den Eltern helfen, manchen Schwierigkeiten im Tagesablauf der Familie leichter zu begegnen.
In den verschiedenen Entwicklungsstufen treten charakteristische Veränderungen im Schlafbedürfnis des Kindes auf. In der Neugeborenenperiode ist die Verteilung von Wachen und

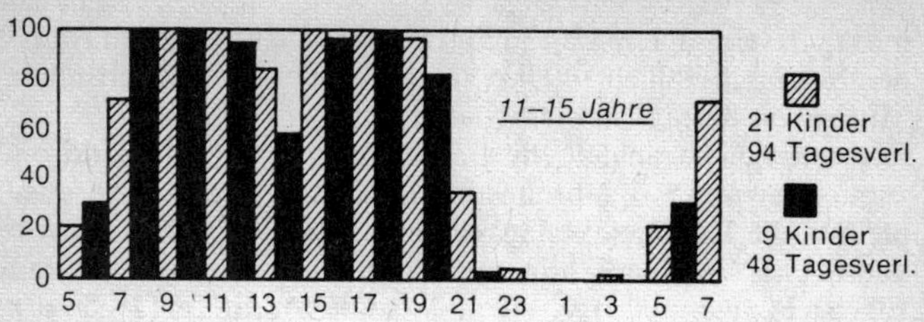

Abb. 8 Verteilung von Schlafen und Wachen im 11. bis 15. Lebensjahr.
Gruppe VIII (ungerade Tagesstunden): 21 Kinder, 94 Tagesverläufe; (gerade Tagesstunden): 9 Kinder, 48 Tagesverläufe. Die schraffierten Säulen geben an, wieviel Prozent der Kinder zu den ungeraden Tagesstunden, die schwarzen Säulen, wieviel Prozent der Kinder zu den geraden Tagesstunden wach angetroffen wurden.

Schlafen im wesentlichen abhängig von den Pflegebedingungen, insbesondere von der Verteilung der Mahlzeiten. Die Tageszeit spielt dagegen kaum eine Rolle. Viele Kinder schlafen zunächst in der Nacht weniger als am Tage. Von der 2. Woche ab läßt sich jeweils um 7 und um 17 Uhr eine leicht vermehrte Wachbereitschaft beobachten. Diese beiden Gipfelwerte prägen sich in den folgenden Lebenswochen noch stärker aus, wobei benachbarte Stundenwerte in die Wachphase mit einbezogen werden.
Im 2. Vierteljahr sind die Säuglinge zu den Tagesstunden von 5 bis 17 Uhr schon überwiegend munter, während sie in den Nachtstunden von 19 bis 5 Uhr meistens schlafen. Eine erhöhte Schlafbereitschaft besteht außerdem um die Mittagsstunden zwischen 12 und 14 Uhr. Diese Entwicklung hat sich im 2. Lebensjahr so weit ausgeprägt, daß zwischen 75 und 100 Prozent der Kinder am Tage wach sind und über 80 Prozent in der Nacht schlafend angetroffen werden.
Ein erhöhtes Schlafbedürfnis zur Mittagszeit um 13 Uhr bleibt während des ganzen zweiten Lebensjahres bestehen. Auch in der übrigen tageszeitlichen Verteilung von Schlafen und Wachen behält das jüngere Kleinkind im Alter von 10 bis 23 Monaten noch weitgehend die Gewohnheiten des älteren Säuglings bei.
Erst beim älteren Kleinkind von 2 bis 5 Jahren zeigen sich weitere tageszeitliche Verschiebungen von Schlafen und Wachen. Eine längere Wachbereitschaft entwickelt sich am Vor-

mittag bis einschließlich 13 Uhr und in den frühen Abendstunden bis einschließlich 19 Uhr. Die größte Schlafbereitschaft zur Mittagszeit besteht in dieser Altersstufe um 14 Uhr.
Das mittägliche Schlafbedürfnis ist auch beim Schulkind bis zum Alter von 10 Jahren noch eindeutig. Am Abend aber bleiben die Kinder jetzt länger munter. Um 20 Uhr sind von den Sechs- bis Zehnjährigen noch 40 Prozent wach, von den Elf- bis Fünfzehnjährigen sogar über 80 Prozent. Im Gegensatz zu den Kleinkindern schlafen die Schulkinder dafür am Morgen länger. Dies zeigt sich besonders um 6 Uhr. Zu dieser Zeit sind bereits über 90 Prozent der Kleinkinder wach, aber nur zwischen 30 und 40 Prozent der Schulkinder.

Praktische Schlußfolgerungen für Kinderärzte und Eltern

Der Schlaf ist von einzigartiger Bedeutung für das Wachstum und die Gesundheit des Kindes. Deshalb sind die Veränderungen von Schlafen und Wachen während der kindlichen Entwicklung nicht nur theoretisch wichtig. Uns interessieren im Gegenteil die praktischen Schlußfolgerungen. Die Kenntnis vom unterschiedlichen Schlafbedürfnis und der tageszeitlichen Gliederung des Schlafs ist besonders wichtig für den Kinderarzt. Sie hilft ihm, das normale Verhalten von pathologischen Schlafstörungen zu unterscheiden. In vielen Fällen wird er die Mutter beruhigen können und ihr versichern, daß ihr Kind trotz großer nächtlicher Unruhe völlig gesund ist.
Aber auch die Eltern sollten die Besonderheiten des kindlichen Schlafs kennen. Dann wird ihnen die ganz normale Unruhe des Säuglings in der Nacht keine Sorge bereiten. Sie werden sich auch nicht mehr wundern, wenn das Zweijährige schon um 5 Uhr morgens putzmunter erwacht und sofort zu spielen anfängt. Und es läßt sich viel unnötiger Ärger mit den älteren Kindern vermeiden, die nicht zur gleichen Zeit ins Bett gehen wollen wie die kleineren.

Das Neugeborene kennt noch keinen Unterschied zwischen Tag und Nacht

Im Gegensatz zu der vorherrschenden Meinung verbringt das Neugeborene seine ersten Lebenstage nicht im Dauerschlaf. Tatsächlich ist es schon etwa 30 bis 40 Prozent im Verlauf des

Tages und der Nacht wach. Dieses Wachsein erstreckt sich allerdings noch nicht über längere Zeitabschnitte. Der Schlaf wird häufig durch kurzfristige Wachperioden unterbrochen.
Der Säugling verlangt in relativ kurzen Abständen immer wieder nach Nahrung. Eingehende Untersuchungen haben folgendes ergeben: Wenn das Neugeborene selbst entscheiden dürfte, wann es gefüttert werden will, würde es am Tage etwa alle 2,8 Stunden und in der Nacht etwa alle 3,2 Stunden eine Mahlzeit zu sich nehmen. Eine allzu lange Nahrungskarenz in der Nacht führt zu einer ausgesprochenen Hungeraktivität der Kinder. Deshalb sollte das Neugeborene tagsüber grundsätzlich in dreistündigen Abständen gefüttert werden. Das nahrungsfreie Intervall in der Nacht darf nicht allzusehr ausgedehnt werden. Mit Rücksicht auf den mütterlichen Schlafbedarf dürfte eine Nachtruhe von 22 Uhr bis 6 Uhr angemessen sein. Im Einzelfall, vor allem bei größerer Unruhe des Säuglings, sollte aber in der Nacht noch eine Mahlzeit zusätzlich verabreicht werden.
Wichtige Hinweise auf das natürliche Nahrungsbegehren des Säuglings und darüber hinaus auf seine innere Uhr haben die Beobachtungen von Neugeborenen und Säuglingen gebracht, die nach dem Prinzip des Self-demand-feeding aufgezogen wurden, d. h., die immer nur dann gefüttert wurden, wenn sie unruhig waren oder schrien. Dabei zeigte sich, daß es am besten ist, gesunde Säuglinge nach ihrer inneren Uhr zu füttern und ihnen nicht von vornherein ein strenges Mahlzeitenschema aufzudrängen. Dies beruhigt nicht nur das Kind, sondern verhindert auch das Auftreten von Schlafstörungen. Es dauert nur wenige Wochen, bis die innere Uhr des Kindes mit der Umweltuhr übereinstimmt. Erst dann schlafen Säuglinge von selbst nachts durch.

Schlafstörungen beginnen in der Klinik

Da das Neugeborene und auch der Säugling gegenüber optischen und akustischen Reizen noch relativ unempfindlich ist, herrscht vielfach die Ansicht vor, er sei auch für andere Umweltfaktoren wenig empfänglich. Wir konnten jedoch nachweisen, daß die Mahlzeitenverteilung und andere Pflegemaßnahmen den Schlaf entscheidend beeinflussen. Die Umweltbedingungen sind also für das Verhalten des Neugeborenen durchaus nicht ohne Bedeutung. Deshalb sollte man diesen vor

allem in den Entbindungsanstalten eine stärkere Aufmerksamkeit schenken.
Beim Übergang in das häusliche Milieu treten nicht selten Umstellungsschwierigkeiten auf. Das liegt zum Teil daran, daß sich der Säugling schon innerhalb der ersten Lebenstage an den Tagesablauf in der Klinik gewöhnt hat. Diese Schwierigkeiten lassen sich jedoch nicht allein durch die gegenüber der Klinik oft veränderte Mahlzeitenverteilung in der Familie erklären. Sie kommen vielmehr auch dadurch zustande, daß die junge Mutter in der Entbindungsanstalt zuwenig Gelegenheit hat, ihr Kind näher kennenzulernen. Eine bessere Unterrichtung der Mutter über die Eigenarten ihres neugeborenen Kindes ist deshalb dringend notwendig. Wenn die Mutter weiß, daß das Neugeborene nicht wie der Erwachsene tagsüber wach ist und nachts schläft, braucht sie sich nicht mehr zu ängstigen, wenn es in der Nacht häufig erwacht und sehr unruhig ist. Auf diese Weise ließen sich vor allem Schlafstörungen der gesamten Familie weitgehend einschränken.
Da schon der junge Säugling für frühe Lernprozesse empfänglich ist, sollten Mütter in erster Linie jene Geburtskliniken aufsuchen, in denen sie ihren Säugling selbst pflegen können. Das muß nicht immer im gleichen Zimmer sein (»rooming-in«), es reicht, wenn Mutter und Kind schon in der ersten Lebenswoche bei jeder sich bietenden Gelegenheit zusammenkommen dürfen.

Die Erziehung zum Nachtschlaf kann erst im zweiten Vierteljahr beginnen

Im zweiten Vierteljahr ist es nicht mehr sinnvoll, den in der Nacht schreienden Säugling sofort aufzunehmen. Die Verteilung der Mahlzeiten spielt jetzt für den Schlaf keine Rolle mehr. Eine übermäßige nächtliche Unruhe in dieser Lebensperiode ist deshalb nicht mehr normal. In diesen Fällen lohnt es sich, den Arzt nach den Ursachen der Schlafstörungen zu fragen. Wenn sich keine krankhaften Befunde ergeben, gibt es nur eine erfolgreiche Therapie: Die Eltern sollten den Säugling nachts nicht in ihrem Schlafzimmer lassen, sondern in einem anderen Raum schlafen legen. Nach zwei oder drei Nächten wird ein gesundes Kind dann im allgemeinen seine fruchtlosen Schreiübungen einstellen und sich daran gewöhnen, nachts durchzuschlafen.

Die älteren Säuglinge schlafen im allgemeinen nicht länger als 14 bis 15 Stunden am Tag. Das gilt gleichermaßen für Kinder in Anstalten und im Familienmilieu. Diese kurze Schlafdauer braucht darum weder Ärzten noch Eltern Anlaß zur Besorgnis zu geben.
Im 2. Lebenshalbjahr beschränkt sich das Wachsein fast ausschließlich auf die Tagstunden und das Schlafen auf die Nachtstunden. Darüber hinaus besteht zur Mittagszeit etwa gegen 13 Uhr ein ausgesprochenes Schlafbedürfnis. Zu dieser Zeit sollte man dem älteren Säugling Gelegenheit zu Ruhe und Schlaf geben.

Das Kleinkind ist ein leidenschaftlicher Frühaufsteher

Die durchschnittlichen Schlafzeiten im Kleinkindesalter gehen im Laufe der kindlichen Entwicklung nach und nach zurück. Schläft das Kind im 2. Lebensjahr noch etwa 13½ Stunden, so sind es im 5. bis 6. Lebensjahr nur noch rund 11½ Stunden. Diese Verkürzung ist insbesondere durch das allmähliche Nachlassen des mittäglichen Schlafbedürfnisses im Kleinkindesalter bedingt. Die durchschnittliche Schlafdauer zur Mittagszeit geht von etwa 2 Stunden im 2. Lebensjahr auf 1½ Stunden im 4. Lebensjahr zurück. Trotz individueller Unterschiede ist der natürliche Schlafbedarf des Kleinkindes um die Mittagszeit nach unseren Beobachtungen doch so groß, daß man diesem – selbst gegen den Widerstand des Kindes – Rechnung tragen sollte. Keinesfalls aber sollte man den Mittagsschlaf bei Kleinkindern ganz ausfallen lassen, um ihnen mehr Luft und Licht durch Bewegung im Freien zu bieten. Sehr günstig ist es, wenn der Mittagsschlaf im Freien oder zumindest in frischer Luft stattfinden kann.
Eine besondere Eigenart des Kleinkindes ist das frühe Erwachen am Morgen. Nach unseren Untersuchungen wurden in der Altersstufe von 2 bis 5 Jahren fast 60 Prozent der Kinder um 5 Uhr und etwa 90 Prozent um 6 Uhr wach angetroffen. Das frühe Erwachen am Morgen in dieser Altersstufe bedeutet für manche Eltern eine unliebsame Unterbrechung ihres Morgenschlafes. Wissen sie jedoch um diese natürliche Neigung ihres Kleinkindes zum Wachsein am Morgen, so lassen sich diese kleinen Mißhelligkeiten sicher leichter ertragen. Dem frühen morgendlichen Erwachen entspricht ein ebenso frühes abendliches Müdewerden. Nach unseren Beobachtungen schliefen um 20 Uhr jeweils 90 Prozent der Kleinkinder.

Der Schlaf des Schulkindes ähnelt mehr und mehr dem des Erwachsenen. Insgesamt ist die Schlafdauer des Schulkindes gegenüber dem Kleinkindesalter deutlich vermindert. Sie geht mit jedem Schuljahr weiter zurück. Im 6. Lebensjahr schläft das Kind im Durchschnitt etwa 10½ bis 11 Stunden, im 6. Lebensjahr etwa 9½ bis 10 Stunden und im 14. Lebensjahr etwa 8½ bis 9 Stunden. Diese Zeiten scheinen auch unter Fachleuten wenig bekannt zu sein, so daß das Schlafbedürfnis des Schulkindes immer wieder zu hoch angesetzt wird.

Weiterhin konnten wir auch eine tageszeitliche Verschiebung von Schlafen und Wachen im Schulalter feststellen. Im Gegensatz zum Kleinkind wird das Schulkind allmählich vom Abend- zum Morgenschläfer. Das zeigt sich vor allem darin, daß das Schulkind am Morgen geweckt werden muß, um rechtzeitig zur Schule zu kommen. Das jüngere Brüderchen oder Schwesterchen wacht viel eher auf und ist sogleich voller Tatendrang. Am Abend aber wird das Schulkind von Jahr zu Jahr später müde und wehrt sich deshalb mit Recht dagegen, zur gleichen Zeit wie das jüngere Kind ins Bett geschickt zu werden.

Aufgrund unserer Beobachtungen raten wir den Eltern, die 6 bis 10 Jahre alten Schulkinder zwischen 20 und 21 Uhr und die 11 bis 15 Jahre alten Kinder zwischen 21 und 22 Uhr schlafen zu schicken. Außerdem besteht beim jüngeren Schulkind bis zum 10. Lebensjahr ein deutliches Schlafbedürfnis gegen 14 Uhr, das nicht vernachlässigt werden sollte.

Natürlich verlangt es von den Eltern einiges diplomatische Geschick und ein wenig Organisationstalent, um dem tatsächlichen Schlafbedürfnis jedes ihrer Kinder gerecht zu werden. Aber die Mühe lohnt sich. Ihre Kinder werden dankbar sein, wenn sie spüren, daß die Eltern auf die Veränderungen in ihrem altersbedingten Schlafrhythmus Rücksicht nehmen. Und das gesamte Familienleben wird harmonischer und friedlicher, wenn der nervenaufreibende Streit um das abendliche Schlafengehen entfällt.

TEIL II
Das Kind braucht Bewegung

KAPITEL 5

Die Ursachen des kindlichen Bewegungsdrangs

Spiel und Bewegung sind entscheidende Voraussetzungen für eine gesunde körperliche und geistig-seelische Entwicklung unserer Kinder. Werden sie nicht beachtet, so können vorhandene Anlagen verkümmern. Nicht selten kommt es sogar zu ernsthaften Entwicklungsstörungen. Leider sind derartige Störungen heute mehr und mehr zu einem zentralen Problem der modernen Kinderheilkunde geworden. Das beruht jedoch weniger auf der Zunahme organischer Erkrankungen oder psychischer Abnormitäten, als vielmehr auf der weitverbreiteten Unkenntnis von Eltern und Erziehern. Bewegung und Spiel werden als notwendiges Element der menschlichen Entwicklung leider allzuoft unterschätzt.

Jedes gesunde Kind besitzt eine ausgesprochene Bewegungsfreude, ganz im Gegensatz zum Erwachsenen, der eher nach Ruhe trachtet. Man spricht beim Kind geradezu von einem physiologischen Bewegungsdrang, der es unfähig macht, seine Glieder im wachen Zustand unbewegt zu lassen. Dieser physiologische Bewegungsdrang ist in allen kindlichen Entwicklungsstufen festzustellen. Er ist um so stärker ausgeprägt, je jünger das Kind ist.

Die Bewegungen des Kindes im Mutterleib

In den frühen kindlichen Entwicklungsperioden überwiegt die spontane Aktivität. Der gesamte Körper des Säuglings befindet sich in ständiger Eigenbeweglichkeit, die nicht durch willkürliche Impulse ausgelöst wird. Solche Bewegungen sind schon beim wenige Wochen alten Embryo nachgewiesen worden, also lange bevor die Mutter die Bewegungen ihres Kindes spüren kann. Diese allgemeine Beweglichkeit des Embryos ist ein wesentliches Kriterium für das Leben des Kindes.

In den ersten Schwangerschaftsstadien sind vor allem langsame Bewegungen der Arme und Beine zu beobachten. Erst in den letzten Monaten vor der Geburt lassen sich dann auch Bewegungen des Rumpfes feststellen. Zu diesem Zeitpunkt kann man die intrauterinen Atembewegungen des Kindes schon äußerlich an den mütterlichen Bauchdecken wahrnehmen. Sie

erweisen sich als unabhängig von Puls und Atmung der Mutter.
Die Aktivität des ungeborenen Kindes nimmt im Verlauf seiner Entwicklung ständig zu. Dies beweist ein interessanter Versuch des amerikanischen Pädiaters W. N. Kellog aus dem Jahre 1941: Er hat zwischen dem 170. und dem 265. Tag der Schwangerschaft täglich zur gleichen Uhrzeit die Bewegungen eines Embryos gemessen. Die kindliche Beweglichkeit variierte zwar an den einzelnen Tagen ganz erheblich, dennoch war aber eine deutliche Zunahme der allgemeinen Aktivität unverkennbar. Zunächst war der Bewegungsdrang des Kindes noch relativ gering: Auf eine Bewegungsperiode entfielen etwa vier Ruheperioden. Vom 240. bis zum 249. Schwangerschaftstag ab traten dagegen die Aktivitätsperioden etwa doppelt so häufig auf wie die Ruheperioden.

Reagiert das ungeborene Kind schon auf ungewöhnliche Geräusche?

Es ist bis heute nicht sicher geklärt, ob die Beweglichkeit des Embryos durch äußere Reize beeinflußt werden kann. Kellog hat bei seinen Messungen der Aktivität des ungeborenen Kindes im allgemeinen keinerlei Reaktion auf starke Geräusche beobachten können. Nur in einem Fall schien ein Revolverschuß eine sichtbare Bewegung des Kindes hervorgerufen zu haben.
Eine ähnliche Beobachtung machte auch Peiper. Der Schall einer Kraftwagenhupe, die in der Nähe des kindlichen Kopfes betätigt wurde, rief eine deutliche Schreckreaktion des Embryos hervor. Er bewegte sich so heftig, daß man eine Erschütterung der mütterlichen Brustwand wahrnehmen konnte. Bei mehrmaliger Wiederholung des gleichen Reizes blieb jedoch eine Antwort des Kindes aus.
Ein verblüffender Beitrag zu diesem Thema stammt von dem Schweizer Kinderarzt Fritz Stirnimann. Er berichtete von einer Mutter, die vom sechsten Schwangerschaftsmonat an kein Konzert mehr besuchen konnte, weil die Musik unangenehm heftige Bewegungen des Embryos zur Folge hatte.

Die Aktivität des Neugeborenen ist erstaunlich

Im allgemeinen wird das neugeborene Kind als ein »reaktionsloses Dauerschlafwesen« angesehen, dessen einzige Lebensäußerung in seiner köperlichen Aktivität besteht. Diese ist allerdings in den ersten Lebenstagen besonders groß. Man unterscheidet beim Neugeborenen zwei Bewegungstypen: Einzelbewegungen, die langsam und isoliert verlaufen, und Massenbewegungen, die den ganzen Körper betreffen.
Die amerikanische Kinderärztin O. C. Irwin hat die Bewegungen von Neugeborenen mit Hilfe eines Stabilimeterpolygraphen sorgfältig registriert. Die Kinder wurden vom ersten bis zum zehnten Lebenstag ständig beobachtet. Es stellte sich heraus, daß in den ersten Lebenstagen die sogenannten Einzelbewegungen vorherrschten. Gegen Ende der ersten Lebensdekade nahm dann die Massenaktivität immer mehr zu. So wurden am ersten Lebenstag 105 Einzelbewegungen pro Minute registriert, am zehnten Tag waren es nur noch 72. Im gleichen Zeitraum stieg die Massenaktivität aber von 66 Ausschlägen auf 480 Ausschläge pro Minute an. Die Beteiligung der verschiedenen Körperteile an der allgemeinen Beweglichkeit war unterschiedlich groß. Die meisten Bewegungen wurden mit den Beinen ausgeführt, dann folgten der Rumpf, die Arme und schließlich der Kopf.
Es ist ein interessantes Phänomen, daß sich die neugeborenen Kinder am aktivsten verhalten, wenn ringsum Ruhe herrscht. Das läßt sich besonders gut bei Frühgeborenen beobachten. Der Bewegungsdrang des unreifen Kindes äußert sich völlig unabhängig von äußeren Reizen. Das hängt mit der Unreife der motorischen Hirnzentren zusammen. Sie zeigt sich nicht nur in inkoordinierten Bewegungen, sondern auch in ganz bestimmten unreifen Reflexen.

Bestimmte Bewegungsmuster dienen dem Kinderarzt zur Diagnostik

Die unreifen oder primitiven Reflexe sind beim menschlichen Säugling in den ersten Lebenswochen und -monaten, ganz besonders aber bei zu früh geborenen Säuglingen, so typisch, daß sie dem Kinderarzt zur Diagnostik der normalen oder krankhaften Entwicklung dienen können. Hierzu muß er die Lage des Kindes verändern oder bestimmte Reflexe hervorrufen.

Das Berühren der Handinnenflächen mit dem Daumen oder einem Gegenstand führt bei jungen Säuglingen noch zum Handgreifreflex: Die Hand wird zur Faust geballt. Dies kann so stark sein, daß sich das Neugeborene mit beiden Händen vorübergehend an einer Leine festhalten kann. Ein Reizen der Fußsohle führt zum Fußgreifreflex: Die Zehenspitzen krallen sich ein. Es ist verständlich, daß primitive Reflexe wie der Handgreif- und Fußgreifreflex verschwinden müssen, wenn das Kind normal greifen und laufen lernen soll. Geschieht dies nicht, kommt es zu krankhaften Bewegungsformen, die unter dem Begriff der zentralen Koordinationsstörung oder zerebralen Bewegungsstörung eingeordnet werden.
Sogenannte Lagereflexe sind festzustellen, wenn die Lage des Säuglings plötzlich verändert wird. Der Moro-Reflex besteht z. B. in einer ruckartigen Seitwärtsführung und dem Ausstrekken beider Arme in die Rückenlage. Er tritt dann auf, wenn der Kopf ruckartig nach hinten bewegt oder die Unterlage erschüttert wird, auf der der Säugling liegt. Andere Lagereflexe lösen eine schwimmartige Bewegung des Säuglings aus oder führen zu charakteristischen Fuß- bzw. Handreaktionen.
Diese sogenannten Lagereflexe haben in der kinderärztlichen Diagnostik eine große Bedeutung gewonnen, weil mit ihrer Hilfe frühzeitig krankhafte Bewegungsstörungen, z. B. spastische Lähmungen, nachgewiesen werden können. Diese Diagnostik bezeichnet man als kinesiologische oder motoskopische Untersuchung. Ihr Prinzip liegt darin, die Lagereaktionen des Kindes festzustellen, wenn das Kind künstlich bewegt wird (Näheres siehe bei Bobath 1968, Vojta 1974).
Erschrecken Sie nicht, wenn Ihr Kind im Rahmen einer kinesiologischen Untersuchung an einem Bein oder beiden Beinen hochgezogen wird, wenn es plötzlich nach rechts oder links gekippt wird, wie beim Vojta-Reflex. Eine kinesiologische Untersuchung sieht gefährlich aus, ist aber ganz harmlos und kann dem Kinderarzt wichtige Hinweise auf frühkindliche Entwicklungsprozesse liefern.

Dämmerlicht und Geräusche beruhigen das Neugeborene

Besonderes Interesse hat in der Fachwelt die Frage gefunden, wie sehr die Beweglichkeit von Neugeborenen durch äußere Reize beeinflußt wird. Diese Frage ist deshalb so wichtig, weil die Bewegungsänderungen die einzig erkennbare Antwort des

Kindes auf Umwelteinflüsse darstellen. Zugleich sind sie auch die einzige Beweismöglichkeit für das Vorhandensein verschiedener physiologischer Funktionen beim Neugeborenen, wie etwa seine Seh- und Hörfähigkeit.

Der Einfluß der Mahlzeitenverteilung auf Schlaf und Aktivität der Neugeborenen wurde bereits in Teil I geschildert. Wir konnten nachweisen, daß die körperliche Aktivität des Kindes am größten ist, wenn es Hunger hat. Dagegen ist das Reaktionsvermögen des Neugeborenen auf optische und akustische Reize wesentlich schwieriger festzustellen.

Aus verschiedenen Versuchen wissen wir, daß die Neugeborenen auf leisere Töne stärker reagieren als auf laute. Bei völliger Stille ist die Aktivität in diesem Alter am größten. Ähnlich sind die Verhältnisse bei abgestufter Lichteinwirkung. Allerdings ist die Beweglichkeit der Kinder im Dunkeln geringer als bei schwachem Licht. Am aktivsten verhalten sie sich im Dämmerlicht. Stärkere Lichteinwirkung läßt die allgemeine Beweglichkeit wieder abebben.

Ausgesprochen beruhigend auf die Kinder wirkt eine Kombination aus Ton- und Lichteinwirkung, wenn die Tonfrequenzen und Lautstärken etwa den natürlichen Umweltbedingungen entsprechen. Die Lichtintensitäten sollten aber weit unter der Intensität des Tageslichts oder gar des Sonnenlichts liegen.

Das optische Reaktionsvermögen des Neugeborenen ist von zahlreichen Forschern untersucht worden. Peiper hat in seinem Buch *Die Eigenart der kindlichen Hirntätigkeit* die Ergebnisse anschaulich zusammengefaßt: »Anatomisch ist das Auge voll arbeitsfähig. Die Pupille antwortet von Anfang an auf Licht. Auf Schmerz und Schallreiz erweitert sie sich, wenn auch nicht regelmäßig. Die durchschnittliche Zahl der Lidschläge steigt während der Kindheit an. Die Bewegungen beider Lider werden noch im ersten Monat koordiniert.«

Dem Neugeborenen fehlt allerdings noch die Fähigkeit, eine Person oder einen Gegenstand zu fixieren. Auch kann es Umweltveränderungen noch nicht mit Blicken verfolgen. Aber bis zum dritten beziehungsweise fünften Monat hat es beides gelernt.

Wir haben bereits erwähnt, daß die Haut-Sinne beim Neugeborenen schon hervorragend entwickelt sind. Auf Wärme- und Kältereiz antwortet es mit Unruhe, Schreckreaktionen, Verziehen des Gesichtes oder Schreien. Geschmacksempfindungen durch süße, salzige, bittere und saure Stoffe spiegeln sich im Mienenspiel des Kindes wider.

Wir sehen also, daß das Neugeborene gelegentlich für äußere Einflüsse durchaus schon empfänglich ist und mit stärkeren oder schwächeren Bewegungen darauf reagiert. Grundsätzlich muß jedoch festgestellt werden, daß die überaus große Beweglichkeit in den frühen kindlichen Entwicklungsstadien vorwiegend spontan erfolgt. Diese endogene Aktivität läßt erst im Verlaufe der Säuglingsperiode langsam nach und wird durch ein allmählich entwickeltes Reaktionsvermögen gegenüber der Umwelt ersetzt.

Ein Säugling bewegt sich etwa dreimal so oft wie ein Erwachsener

Der kindliche Bewegungsdrang ist beim Säugling noch extrem groß. Die beim Neugeborenen vorherrschenden Massenbewegungen sowie die unkoordinierten Strampelbewegungen verschiedener Gliedmaßen gehen im Säuglingsalter jedoch allmählich zurück. Mit der Entwicklung der motorischen Hirnzentren treten etwa vom vierten bis fünften Lebensmonat an gezielte Einzelbewegungen auf. Das kann jede Mutter gut beobachten, wenn ihr Kind in diesem Alter zum erstenmal mit der Hand nach einem Gegenstand greift, den sie ihm hinhält.
Es ist erstaunlich, welche körperliche Geschicklichkeit das Kind innerhalb des ersten Lebensjahres erlangt. Man macht sich viel zu wenig klar, daß all diese Fortschritte nur durch ständige Übung und echtes Training erreicht werden. Wenn der Säugling schon im ersten Lebensmonat immer wieder versucht, den Kopf in Bauchlage zu heben, so ist das bereits eine erhebliche Trainingsleistung. Das gleiche gilt, wenn das Kind im fünften bis sechsten Monat lernt, sich vollständig herumzudrehen. Vorher kann es sich nur aus der Rückenlage auf die Seite wälzen.
Im siebten bis neunten Monat lernt das Kind sitzen und dabei den Kopf aufrecht halten. Auch das ist ohne eifriges Training nicht möglich. Die Mutter kann dem Kind hierbei eine wertvolle Hilfe geben, wenn sie es spielerisch immer wieder auffordert, zu zeigen, wie gut es sich bereits ganz allein aufsetzen kann.
Im Alter von zehn Monaten versucht das Kind, sich am Seitengitter des Bettchens selbständig auf die Füße zu stellen. Gleichzeitig fängt es an zu kriechen, und mit einem Jahr hat es bereits gelernt, Stufen hinaufzukriechen. Nun will es laufen

lernen, zunächst noch auf unsicheren Beinchen an der Hand der Mutter. Aber schon mit eineinhalb Jahren kann es in der Regel ohne Stütze laufen.
All diese Fähigkeiten erlernt das Kind instinktsicher weitgehend von selbst. Zuviel Hilfe von außen kann oft eher zu einer Verzögerung führen. Auch ohne viel Anleitung übt das Kind immer wieder eine bestimmte neue Bewegung, bis es sie sicher beherrscht. Und jeder kleine Fortschritt gibt ihm dabei Auftrieb und erfüllt es mit einer den Erwachsenen oft unverständlichen Freude.
Der starke Bewegungsdrang des Säuglings führt also im Endeffekt zu einer echten Leistung, zur Beherrschung des aufrechten, freien Gangs. Insgesamt sind Säuglinge wesentlich regsamer als ältere Kinder und Erwachsene. Verschiedene Untersuchungen ergaben, daß sich Säuglinge pro Stunde im Durchschnitt 24,4 Minuten lang bewegen. Man spricht hier von den aktiven Minuten des Kindes. Schulkinder und Erwachsene dagegen bringen es im Schnitt nur noch auf 6 bis 9 aktive Minuten pro Stunde.

Selbst im Schlaf verhält sich der Säugling noch außerordentlich aktiv

Die Aktivität der Säuglinge ist im Schlaf kaum geringer als im Wachzustand. Erst im Verlauf der ersten Lebensmonate verhält sich der Säugling allmählich beim Wachen immer aktiver und beim Schlafen immer ruhiger. Gerade deswegen läßt sich nach und nach besser unterscheiden, ob das Kind wach ist oder ob es schläft.
Dies zeigte eine Untersuchung der amerikanischen Wissenschaftlerin D. P. Marquis: Sie führte bei 13 Säuglingen von der 8. bis zur 52. Lebenswoche Messungen der Aktivität über Tag und Nacht durch. Mit zunehmendem Alter der Kinder gingen die Schlafperioden mit einer größeren körperlichen Ruhe einher. Gleichzeitig setzte eine erhöhte Aktivität zu den Tagesstunden ein, während die Mehrzahl der Ruhepausen in den Nachtstunden beobachtet wurde. Es zeichnete sich also deutlich das Entstehen einer Tagesperiodik im Ruhe- und Aktivitätsverhalten ab.
Die ersten Untersuchungen über die Tag-Nacht-Unterschiede der Körperaktivität führte schon vor dem Ersten Weltkrieg Szymansky durch. Hinsichtlich des Wechsels zwischen Ruhe

und Beweglichkeit bei verschiedenen Tierarten fand er zwei Typen heraus: die optischen Tierarten und die taktilen und osmatischen Tierarten. Die optischen Tierarten sind mit einem gut entwickelten Gesichtssinn ausgestattet. Aktivität und Ruhe richten sich bei ihnen nach dem Wechsel von Tag und Nacht. Er sprach deshalb von einem monophasischen Ruhe- und Aktivitätszyklus. Die taktilen und osmatischen Tierarten besitzen einen hervorragenden Tastsinn und ein ausgeprägtes Geruchsempfinden. Ihre Ruhe- und Aktivitätsphasen verteilen sich innerhalb von 24 Stunden unabhängig auf Tag und Nacht. Ihr Aktivitätszyklus wird deshalb als polyphasisch bezeichnet.
Ähnliche Unterschiede fand Szymansky auch zwischen Erwachsenen und Säuglingen. Während der Erwachsene einen monophasischen Ruhe- und Aktivitätszyklus aufweist, ist beim Säugling, »bei dem der Tastsinn neben dem Geruchssinn prävaliert«, noch eine ausgesprochene Polyphasie zu erkennen.
Durch fortlaufende aktographische Messungen bei 11 Neugeborenen im Alter von 1 bis 10 Tagen versuchte Szymansky nachzuweisen, daß der Wechsel zwischen Ruhe und Aktivität bei Säuglingen nicht ausschließlich durch äußere Einflüsse zustande komme. 7 Kinder erhielten ihre Mahlzeiten regelmäßig im Abstand von 3 Stunden. 4 Kinder wurden nur dann gefüttert, wenn sie mindestens 15 Minuten lang geschrien hatten. Beide Gruppen ließen jedoch in ihren Aktivitätsphasen keinen Unterschied erkennen. Bei allen wurden jeweils 5 bis 6 Aktivitätsperioden beobachtet, die ziemlich gleichmäßig auf die 24 Stunden des Tages verteilt waren. Insgesamt verbrachten alle Kinder etwa 10 bis 11 Stunden in Bewegung und 13 bis 14 Stunden in Ruhe.

Auch die Aktivität des Kindes richtet sich nach seiner inneren Uhr

Eine genaue Analyse der Ruhe- und Aktivitätsphasen in der ersten Lebenszeit verdanken wir den amerikanischen Forschern Aserinsky und Kleitman: Sie haben bei 17 Säuglingen im Alter von 1 bis 7 Monaten die Augenbewegungen sowohl direkt beobachtet als auch mechanisch registriert. Es gelang ihnen, folgende Gesetzmäßigkeiten herauszufinden: Im Verlauf von 24 Stunden liefen stets mehrere Aktivitätszyklen ab, die sich jeweils nach etwa 50 bis 60 Minuten periodisch wiederholten. Jeder von ihnen begann mit einer Periode relativer Aktivität unter starken Körper- und Augenbewegungen. Darauf folgte eine etwa 23 Minuten währende Ruheperiode, in der die Augenlider keinerlei Bewegung zeigten und auch die Körperaktivität zum Stillstand kam. Die Ruheperioden wurden auch mit zunehmendem Alter von täglichen Reizeinwirkungen nicht beeinflußt. Die Aktivität war dagegen von Umgebungs- und Reifungsfaktoren durchaus abhängig. Das betraf vor allem die Verteilung der Mahlzeiten. In der Nacht waren die einzelnen Aktivitäts- und Ruhepausen verlängert.

Kleitman und Aserinsky beschrieben die Unterschiede der Aktivität zu den Tages- und Nachtstunden beim Säugling wie folgt: »Der Säugling schläft während eines Zyklus (annähernd eine Stunde), regt sich dann heftig, entweder um den Schlaf in der Länge eines weiteren Zyklus fortzusetzen oder um wach zu bleiben, bis seine Bedürfnisse befriedigt sind. Dieser Prozeß führt schließlich dazu, daß der Säugling am Tage über ein oder zwei Zyklen schläft und in der Nacht über fünf und mehr Zyklen.«

Auch der Entwicklungsprozeß, bei dem sich die Aktivität des jungen Kindes mehr auf die Tagstunden und das Ruhigsein nach und nach auf die Nachtstunden verlagert, ist stark abhängig von der inneren Uhr des einzelnen Kindes. Wir haben bereits erwähnt, daß diese Uhr bei der Geburt – bei jedem Kind verschieden – auf eine Zeit um 24 Stunden, meist über 24 Stunden, eingestellt ist (Circadian-Periodik). Kleitman und Engelmann haben dies als erste bei einem Kind auch optisch sichtbar gemacht. Abb. 9 zeigt die Häufigkeit von Schlafen und Wachen, Verteilung der Mahlzeiten und die Entwicklung auch von Ruhe und Aktivität bei einem Kind, das vom 11. bis zum 182. Lebenstag unentwegt beobachtet wurde.

Auch dieser Säugling durfte seine gesamte Tageseinteilung, insbesondere Mahlzeiten, Schlafen und Wachen, nach eigenen Wünschen bestimmen. In der Abbildung bedeuten die dunklen Striche Schlaf-, die freien Intervalle Wachperioden innerhalb von 24 Stunden. Die Punkte geben die selbstgewählten Mahlzeiten wieder. Auf der linken Seite ist die Anzahl der Wochen, auf der rechten Seite die durchschnittliche Schlafzeit während dieser Wochen in Prozenten angegeben.

Wie sich die innere Uhr des Kindes an die 24-Stunden-Uhr der Erddrehung anpaßt

Das Ergebnis dieser Untersuchung wurde von Kleitman und Engelmann wie folgt beschrieben: »Dieses Kind begann mit seiner Einfügung, indem es eine 25-Stunden-Periodizität entwickelte. Das wird augenscheinlich durch die Verlagerung der Punkte für die täglichen Mahlzeiten, der weißen Unterbrechungen für das Wachen und der Linien für das lange Schlafen nach rechts. Alle zusammen ergeben den Eindruck einer Milchstraße, die diagonal hindurchläuft. Somit wurden in der Zeit von der 4. bis zur Mitte der 7. Woche ganze 24 Stunden gewonnen, und die Milchstraße beginnt ihre zweite Spirale.«
»Die zweite Runde der Milchstraße ist heller, da sich Schlaf- und Wachanteile schon gefestigt haben; deshalb verläuft sie etwas steiler infolge der Verkürzung der täglichen Periode von 25 Stunden auf ein Mittel von 24,8 Stunden.«
»Von der Mitte der 18. Woche ab erscheinen die langen Schlafstunden sowie der weit sich öffnende weiße Zwischenraum stationär. Das Kind ist bei einer astronomisch korrekten 24-Stunden-Periodik angelangt.«
»Eine sekundäre Einfügung, die eine vorübergehende Kürzung der Periode auf 23,8 Stunden nach sich zieht und eine Linkswendung des Nachtschlafes auf das 20 Uhr- bis 6 Uhr-Intervall mit sich bringt, ereignet sich in der 22. bis 24. Woche.«
Wir erkennen daraus, wie kompliziert es ist, wenn die innere Uhr des Kindes sich allmählich auf unsere durch die Erddrehung geprägte 24-Stunden-Uhr umstellen muß. Diese Umstellung ist bedingt durch »Synchronisatoren«, auch »Zeitgeber« genannt, die das gesamte Sozialfeld des Kindes einschließen: alle sensorischen, alle optischen, alle sozialen Reize, die abhängig sind von unserem Leben. Dieses Kind benötigte 4 Monate, bis seine innere Uhr durch die Zeitgeber an die 24-Stunden-Periodik der Erddrehung angepaßt war.

Im Alter von einem halben Jahr hat das Kind gelernt, seine Aktivität vorwiegend am Tage zu entfalten

Neben der Circadian-Periodik finden wir in den ersten 15 Lebenswochen, daß Schlafen bzw. Wachsein über Tag und Nacht auf kleine Perioden verteilt ist – früher als polyphasischer Aktivitätsrhythmus beschrieben. Diese Zeiteinheiten

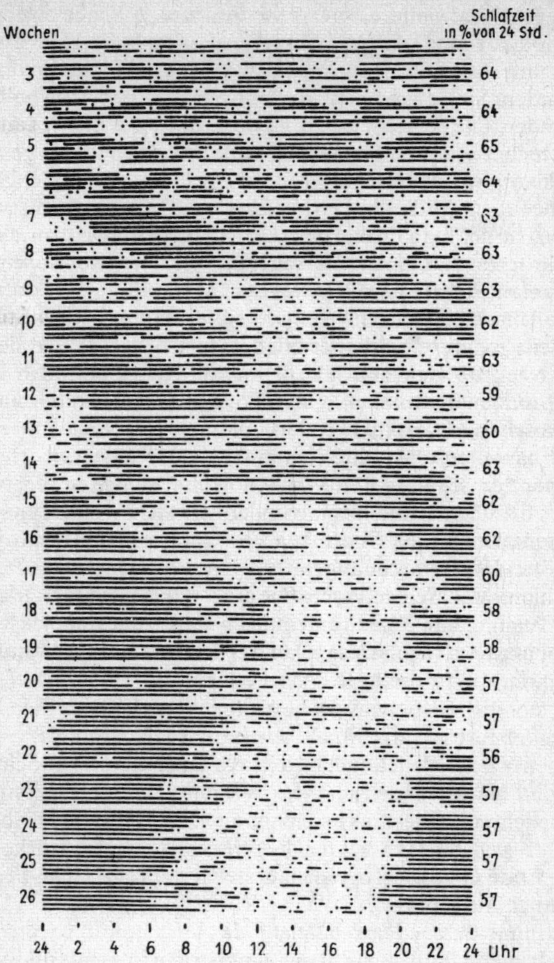

Abb. 9 Häufigkeit von Schlafen, Wachen und Verteilung der Mahlzeiten bei einem Kind vom 11. bis 182. Lebenstag.
Die Abszisse bedeutet jeweils einen Kalendertag von 24 Stunden, die dunklen Striche sind Schlaf, die freien Intervalle Wachperioden, die Punkte Mahlzeiten. Auf der linken Seite ist die Anzahl der Wochen, auf der rechten Seite die durchschnittliche Schlafzeit während der laufenden Wochen in Prozenten angegeben. Das Überwiegen der weißen Felder ab der 16. Lebenswoche zu den Tagstunden von 8 bis 20 Uhr ist auffällig. (Nach Kleitman und Engelmann.)

spiegeln eine weitere, vor allem dem jungen Kinde eigenartige Periodik wider, die als Ultradian-Periodik bezeichnet wird. Darunter versteht man Periodizitäten, die kleiner sind als 20 Stunden. Sie liegen beim Säugling etwa im Bereich von 4 bis 5 Stunden. Die Eltern müssen deswegen in den ersten Wochen damit rechnen, daß ihr Säugling sich alle 4 bis 5 Stunden regelmäßig melden wird, um eine Mahlzeit zu begehren und sein Schläfchen zu beenden. In dieser Zeit verstärkter Aktivität möchte er auf den Arm genommen und gestreichelt werden. Es entspricht dem natürlichen Rhythmus des Säuglings, daß er jeweils nach einer kürzeren Periode beruhigt wieder einschläft.
Die Ultradian-Periodik geht offenbar dadurch verloren, daß jeweils mehrere Schlafperioden zusammengelegt werden auf die Nachtstunden und jeweils mehrere Wachperioden in den Tagstunden zusammenfließen. So entsteht der früher »monophasischer Aktivitätsrhythmus« genannte Zyklus.
Wir haben gesehen, daß sich in den ersten Lebenswochen die Zeiten für Schlafen und Wachen noch ziemlich unregelmäßig über die Tages- und Nachtstunden verteilen. Mit freundlicher Unterstützung der Deutschen Forschungsgemeinschaft konnten wir 1958 eine umfangreiche Untersuchung über die Entwicklung der Schlaf-Wach-Periodik durchführen. Wir haben 71 Säuglinge im Alter von einem Tag bis zum Ende des ersten Lebensjahres regelmäßig alle zwei Stunden beobachtet. Dabei konnten wir folgende Ergebnisse ermitteln:
Bis zur dritten Lebenswoche waren die Kinder in der Nacht etwa ebenso häufig wach wie am Tage. Von der vierten Lebenswoche ab ließ sich bereits ein Überwiegen des Schlafens zu den Nachtstunden und des Wachens zu den Tagesstunden beobachten. Diese Verschiebung des Tag-Nacht-Schlafes prägte sich bis zum achten Lebensmonat immer stärker aus. Am Ende des ersten Lebensjahres war die Tag-Nacht-Periodik deutlich ausgeprägt.
Zusammenfassend lassen sich für das Verhalten der Aktivität in den frühen kindlichen Entwicklungsstufen folgende Gesetzmäßigkeiten herausstellen: Die körperliche Beweglichkeit ist in der ersten Lebensphase extrem groß. Intrauterin und in den ersten Lebenswochen herrschen spontane Bewegungsäußerungen vor. Mit der Reifung des Großhirns werden diese Bewegungsimpulse durch gesteuerte, koordinierte Bewegungen ersetzt, die schließlich zu dem für den Menschen spezifischen aufrechten Gang führen.
Mit der Heranreifung der Wahrnehmungsorgane wird der

junge Mensch für äußere Reize als Zeitgeber immer mehr empfänglich. Daraus folgt eine Entwicklung der Beweglichkeit vom polyphasischen zum monophasischen Aktivitätstypus. Am Ende des ersten Lebensjahres liegt eine ausgesprochen monophasische Tagesperiodik von Ruhe und Aktivität vor. Das Kind entwickelt jetzt seine Aktivität am Tage und schläft in der Nacht. Es hat sich dem circadianen Rhythmus des Erwachsenen allmählich angepaßt.

Die Bewegungsfreude des Kleinkindes ist nicht immer gleich

Ebenso wie der Säugling ist das Kleinkind noch außerordentlich beweglich. Dieser kindliche Bewegungsdrang ist ein notwendiger Bestandteil der gesunden Entwicklung. Von ihm gehen nämlich die wichtigsten Wachstumsreize aus. Kinder, die sich nicht austoben können, sind in ihrer gesamten körperlichen und geistig-seelischen Entwicklung gehemmt.
Die ausgeprägte Aktivität des Kleinkindes macht sich auch im Schlaf bemerkbar. Man hat ermittelt, daß ein Kleinkind im Schlaf in 25 Minuten durchschnittlich einmal seine gesamte Körperlage ändert. Kleinere Bewegungen wurden dabei nicht berücksichtigt.
Die Circadian-Periodik von Schlafen und Wachen ist am Ende des ersten Lebensjahres weitgehend ausgeprägt. Deshalb hat ihre weitere Entwicklung in Fachkreisen nur mehr wenig Interesse gefunden. Tatsächlich ist aber die Entwicklung der Schlaf-Wach-Rhythmik in diesem Lebensabschnitt noch nicht abgeschlossen. Das zeigt sich vor allem am Mittagsschlaf des Kleinkindes.
Wir haben deshalb bei einer Reihe von Kleinkindern Schlaf und Wachen in regelmäßigen Abständen von 2 Stunden registriert. Im 2. Lebensjahr wurden zu fast allen Stunden des Tages erstmalig etwa 100 Prozent der Kinder wach angetroffen. In der Nacht war dagegen die Anzahl der Wachbeobachtungen auf ein Minimum reduziert. Das Schlafbedürfnis der Kinder in diesem Alter konzentrierte sich ganz auf die Mittagszeit. Um 13 Uhr waren nicht mehr als 30 Prozent der Kinder munter.
Beim älteren Kleinkind fanden wir in der Verteilung von Schlafen und Wachen keine wesentlichen Unterschiede gegenüber dem jüngeren. Lediglich das abendliche Einschlafen verlagerte sich beim älteren Kleinkind allmählich auf einen späteren Zeitpunkt. Diese Entwicklung setzt sich dann bei Kindern

im Schulalter weiter fort. Das Schlafbedürfnis um die Mittagszeit nimmt bei Schulkindern unter 10 Jahren nur geringfügig ab. Selbst bei den Kindern zwischen 11 und 15 Jahren ist der Mittagsschlaf noch für etwa 30 Prozent von Bedeutung.
Einen Überblick über die Schlaf-Wach-Verteilung bei Kleinkindern und Schulkindern nach unseren eigenen Untersuchungen vermittelt Abbildung 10:

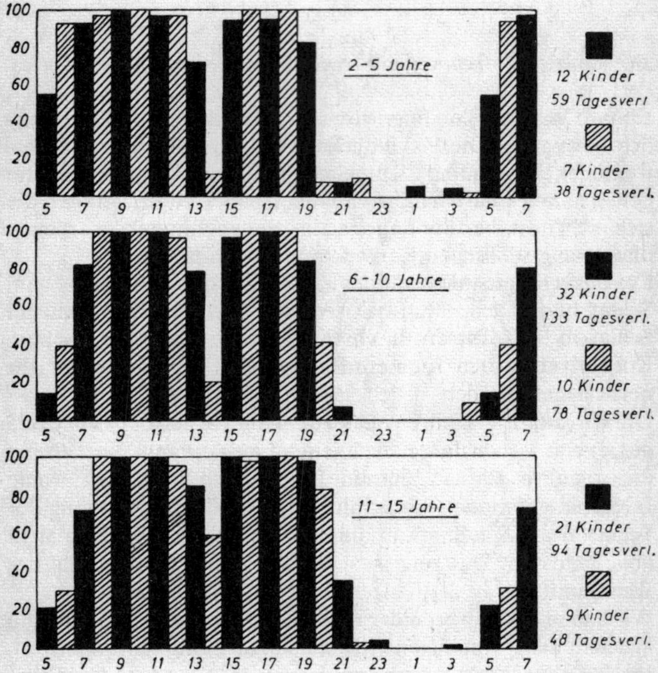

Abb. 10 Die tageszeitliche Umschaltung des vegetativen Nervensystems von der ergotropen auf die trophotrope Erholungsphase findet ihren besonderen Ausdruck in der Tagesperiodik der Schlaf-Wach-Verteilung bei freigewählter Tageseinteilung. Durch stichprobenartig alle 2 Stunden, entweder zu geraden (gestrichelte Säulen) oder ungeraden (schwarze Säulen) Tagesstunden, durchgeführte Beobachtungen wurde ermittelt, in wieviel Prozent der Tagesverläufe die Kinder wach angetroffen wurden. Es zeichneten sich zwei Tagesgipfel der Wachbeobachtungen in der Zeit von 8 Uhr bis 12 Uhr bzw. 15 Uhr bis 19 Uhr ab. In den Nachmittagsstunden um 13 Uhr und 14 Uhr ist die Verminderung der Wachbeobachtungen auffällig.

Im Spiel lernt das Kleinkind seine Umwelt kennen und begreifen

Die Bewegungsfreude des Kleinkindes steht auch im Vordergrund des kindlichen Spiels. Leider wird die große Aktivität des Kleinkindes von der Umgebung häufig als lästige Störung, ja sogar als krankhaft empfunden.

Beim jüngeren Kleinkind wird das rein körperliche Spiel, wie es für den Säugling kennzeichnend ist, allmählich ersetzt durch den geistigen Tätigkeitsdrang. Das Kleinkind besitzt einen ausgeprägten Nachahmungstrieb, der es förmlich dazu zwingt, mit gebannter Aufmerksamkeit auch die unwesentlichsten Details seiner Umgebung genau zu beobachten. Eben dieser Nachahmungsdrang hilft dem Kind dabei, nach und nach seine Begriffswelt zu erweitern. Im Spiel lernt es die Gegenstände des Alltags kennen und benutzen. Durch das Erlernen der Sprache erweitert sich das Spiel auch auf die Darstellungen im Bilderbuch, das in bunten Farben Dinge aus der kindlichen Erfahrungswelt widerspiegelt.

Während dieser Zeit der Entdeckungen sollte das Spiel dem Kleinkind allmählich die Welt der Erwachsenen erschließen. Dies wird jedoch immer schwieriger. Die Fortschritte der Technik haben den Unterschied zwischen dem Weltbild des Kindes und der Welt des Erwachsenen vertieft. In der bäuerlichen und handwerklichen Familie der Vergangenheit durchdrang das Kind noch spielend den Arbeitsbereich der Eltern. Dabei lernte es aus eigener Anschauung die in Haushalt und Werkstatt auftretenden Probleme im Zusammenhang kennen.

Dem Großstadtkind ist dagegen der Lebens- und Aufgabenbereich von Vater und Mutter oft weitgehend unbekannt. Der Vater verläßt am frühen Morgen, wenn die Kinder noch schlafen, das Haus. Und nach seiner Rückkehr am Abend ist er häufig zu müde, um sich ihnen zu widmen.

Für das Großstadtkind ist intensives Spielen besonders wichtig

Die Gefahren dieses Spannungsfeldes in der modernen Welt für das Kleinkind werden leider nur selten erkannt. Je stärker nämlich der Lebensbereich des Kindes aus dem des Erwachsenen herausgelöst ist, um so mehr braucht es Gelegenheit zu ausgedehntem, intensivem Spielen.

Im Anfang bevorzugt das Kind Spielzeug, das die Bewegung intensiviert, zum Beispiel das Tier auf Rädern, den Wagen, den Roller. Mit der Entfaltung des Intellekts rückt dann auch andersartiges Spielzeug in den Vordergrund. Jetzt kommt es darauf an, dem Kind Gelegenheit zu geben, seine kindliche Erlebniswelt gestaltend nachzuempfinden. Dadurch werden die schöpferischen Kräfte des Kindes angeregt. Bauklötze, Sand, Ton, Plastillin, Buntstifte und Wasserfarben sind dafür viel geeigneter als fertiges Spielzeug.
Mechanisches Spielzeug findet beim Kleinkind in der Regel nur ein kurzfristiges Interesse. Der Erwachsene sieht in der Befriedigung der kindlichen Neugier, den geheimnisvollen Inhalt des fahrenden Autos kennenzulernen, oft nichts weiter als Zerstörungswut. Er führt deshalb häufig das Kind allzu früh sogenannten nützlichen Betätigungen zu und hindert dadurch die spielerische Entfaltung produktiver Kräfte.
Beim älteren Kleinkind muß im Spiel auch das soziale Verhalten im Sinne des Gebens und Nehmens geübt werden. Das ist in einer Zeit, in der das Einzelkind beinahe zur Regel wird, nur im Kindergarten möglich. Wo die Eltern dem Kind keine Gelegenheit zu intensivem Spielen geben, wird nicht nur seine geistig-seelische Entwicklung gehemmt. Häufig kommt es dann sogar zu krankhaften Verhaltensstörungen, die eine langwierige ärztliche Behandlung notwendig machen.

Wie lange kann das Schulkind dem Unterricht aufmerksam folgen?

Auch das Schulkind besitzt noch einen auffälligen Bewegungsdrang, und zumindest für das jüngere Kind bedeutet langes Sitzen während des Unterrichts eine starke körperliche und nervöse Belastung. Das beweist allein schon der optische Eindruck einer Schulklasse, wenn die Pause beginnt. Dann entlädt sich der durch die erzwungene Bewegungshemmung hervorgerufene Erregungszustand oft in einem nur dem Erfahrenen verständlichen Orkan von Lärm und Unruhe.
Die natürliche Aktivität zwingt vor allem das jüngere Schulkind, sich häufig zu bewegen. Es kann sich deshalb noch nicht so lange aufmerksam einem Gegenstand zuwenden wie der Erwachsene. Langes Stillsitzen ist für das Kind schon deshalb so anstrengend, weil es fast gewaltsam seine heftigen Bewegungsimpulse unterdrücken muß. Wie kann man von ihm erwarten,

daß es gleichzeitig noch mit unverminderter Aufmerksamkeit den Erklärungen des Lehrers lauscht?

Man kann deshalb ohne Übertreibung sagen, daß unsere Kinder in der Regel viel zu lange nutzlos in den Klassenzimmern festgehalten werden. Wissenschaftliche Untersuchungen haben ergeben, daß ein fünf- bis siebenjähriges Kind gar nicht länger als 15 Minuten aufmerksam dem Unterricht folgen kann. Und selbst die Acht- bis Zehnjährigen sind noch nicht in der Lage, sich länger als 20 Minuten zuhörend auf ein Thema zu konzentrieren.

Die tägliche nutzbringende Arbeitszeit liegt bei Sechs- bis Siebenjährigen etwa bei 2 Stunden, bei Acht- bis Neunjährigen bei 3½ Stunden. Aber selbst diese Zeiten haben nur dann einen Wert, wenn durch zahlreiche Pausen die Leistungsfähigkeit des Kindes erhalten bleibt. Dabei ist es besonders wichtig, daß man den Kindern Gelegenheit gibt, in den Pausen zur Verbesserung der Sauerstoffaufnahme ausgiebig herumzutollen.

Eine Unterrichtslektion von 90 Minuten, wie sie in sogenannten Blockstunden durchgeführt wird, ist selbst bei älteren Schulkindern sinnlos. Nach einer Einarbeitung von 4 bis 5 Minuten gelingt es jeweils höchstens 40 Minuten lang, die Kinder auf ihre Arbeit zu konzentrieren. Spätestens nach 50 Minuten nehmen die Leistungen so rapide ab, daß längere Unterrichtsstunden sich als völlig nutzlos erweisen.

Ein interessantes Experiment wurde an französischen Schulen durchgeführt. Ein Teil der Kinder durfte die Hälfte der Unterrichtszeit mit Gartenarbeit zubringen. Am Ende des Schuljahres erreichten sie bessere Leistungen als ihre Altersgenossen, die zwar die doppelte Anzahl von Unterrichtsstunden, aber keine entsprechende körperliche Betätigung hatten.

Gegen Ende des Wachstums, zur Pubertät hin, läßt der physiologische Bewegungsdrang allmählich nach. Als Arzt kann man das beobachten, wenn die zwölfjährigen Mädchen aus Furcht vor einer schlechten Turnnote mit den mannigfachsten Beschwerden in die Sprechstunde kommen, um vom Turnunterricht befreit zu werden. Beim Erwachsenen geht die Lust an der Bewegung schließlich weitgehend verloren.

Auch das Schulkind braucht ausreichend Zeit für Spiel und Bewegung

Der kindliche Bewegungsdrang ist eine notwendige Voraussetzung aller Wachstumsprozesse. Offenbar braucht das Kind die Pumpwirkung der sich bewegenden Extremitäten, um seinen erhöhten Stoffwechsel zu befriedigen. Bewegung und Spiel sind deshalb beim jüngeren, schnellwachsenden Kind grundsätzlich wichtiger als beim älteren.
Verschiedene Ärzte und Pädagogen haben schon vor Jahrzehnten folgende Mindestzeiten für Spiel und Bewegung in den verschiedenen Altersstufen errechnet:

Alter des Schulkindes	*Mindestzeit für Spiel und Bewegung*
6 bis 7 Jahre	6 Stunden täglich
7 bis 8 Jahre	5½ Stunden täglich
8 bis 9 Jahre	5 Stunden täglich
10 bis 11 Jahre	3½ Stunden täglich
12 bis 13 Jahre	3 Stunden täglich
14 Jahre und älter	2½ Stunden täglich

Die Bedeutung der Bewegung für das Wachstum ist in den letzten Jahren vor allem von der Arbeits- und Sportphysiologie näher untersucht worden. Danach führt jede körperliche Betätigung zu einer Steigerung der Leistungsfähigkeit. Eine ungenügende körperliche Tätigkeit hinterläßt dagegen häufig funktionelle oder gar organische Schäden. Das gilt vor allem, wenn der Mangel an Bewegung mit geistiger Beanspruchung verbunden ist. Der gesunde Organismus ist nämlich von Natur aus nicht für den Ruhezustand, sondern für Belastung »konstruiert«. Jede körperliche Arbeit führt zu einer Ökonomisierung der Organtätigkeit und schützt deswegen besonders vor einer vorzeitigen Abnützung des Kreislaufsystems.
Das größte Übel ist die Bewegungseinschränkung durch sitzende Tätigkeit. Der hierdurch entstehende körperliche Entlastungsschaden läßt sich nur durch geeignete körperliche Bewegung wieder beseitigen. Allein durch ständiges Training werden genügend funktionelle Reize ausgelöst, die zu einer Vergrößerung der für die körperliche Leistungsfähigkeit wichtigsten Organe führen.

Überträgt man die eben geschilderten Verhältnisse auf den heranwachsenden Organismus, dann versteht man, daß jede längere Einschränkung der natürlichen Bewegung des Kindes zu Leistungsminderungen und zu Störungen der Gesamtentwicklung führen muß. Das gilt erst recht, wenn eine einseitige statische Belastung hinzukommt.
Umgekehrt wird die Berücksichtigung des kindlichen Bewegungsdrangs in der Schule nicht nur das Entstehen mancher körperlicher Schäden verhindern, sondern auch zu einer Steigerung der Leistungen führen. Erholung im Kindesalter, das heißt Wiederherstellung eines nach Beanspruchung verminderten Leistungsniveaus. Sie muß beim Heranwachsenden vor allem in Form der sogenannten tätigen Erholung erfolgen. Unsere Kinder erholen sich also am besten bei Spiel und Bewegung.
Wir haben in der Praxis ausgiebige Erfahrungen mit Schulkindern verschiedener Altersstufen sammeln können, die trotz gut entwickelter Intelligenz in der Schule versagten. Es bestätigte sich immer wieder, daß die Schulleistungen sich keineswegs besserten, wenn das Kind gezwungen wurde, stundenlang über den Hausaufgaben zu sitzen und zusätzlich noch Nachhilfeunterricht über sich ergehen zu lassen. Das änderte sich aber sehr schnell, wenn ich den kleinen Patienten mehr Bewegung verordnete. Vor allem eine tägliche Schwimmstunde wirkte oft Wunder. Allerdings war es meist schwierig, Eltern und Lehrer vom Wert des täglichen Schwimmens und vom Unsinn einer täglichen Nachhilfestunde zu überzeugen. Hier half gelegentlich nur eine Mitteilung an die Schule, daß »aus ärztlicher Indikation für einige Wochen die Hausaufgaben zu unterbleiben hätten«. Aber am Ende war die freudige Überraschung daheim und in der Schule groß, wenn sich Aufnahmefähigkeit und Leistungen des Kindes besserten.

KAPITEL 6

Spiel und Bewegung sind Grundelemente der kindlichen Entwicklung

Spielen wird vom Erwachsenen als eine erholsame Freizeitbeschäftigung betrachtet. Für das Kind dagegen bedeutet Spielen etwas ganz anderes. Es ist gewissermaßen seine Arbeit. Das kindliche Spiel muß aber ohne bewußten Zweck ausschließlich um der erlebten Befriedigung willen vollzogen werden. Nur das freiwillige Spiel kann echtes Spiel sein.
Der Unterschied zwischen dem Spiel des Erwachsenen und dem kindlichen Spiel läßt sich am besten an dem Begriff Freizeit erläutern. Er entstand in seiner gesamten Problematik erst mit dem totalen Anspruch der Industrie auf den Arbeitstag des Erwachsenen. Freizeit bedeutet für den Erwerbstätigen arbeitsfreie Zeit und Erholung vom Zwang.
Dem Kind ist der Begriff Freizeit dagegen völlig fremd. Insbesondere das kleine Kind kennt keine Unterscheidung zwischen Arbeitstag und Freizeit, zwischen Beschäftigung und Spiel. Frei verfügbare Zeit zum Spielen ist für das Kind eine grundlegende Voraussetzung für sein körperliches und geistig-seelisches Gedeihen.
Der Öffentlichkeit ist viel zu wenig bekannt, daß Spielen eine wesentliche Voraussetzung für die menschliche Reifung darstellt. Der Mangel an Spielraum und Spielzeit kann zu empfindlichen Störungen der kindlichen Entwicklung führen.
Vor allem in der Schule wird nicht genügend beachtet, daß weniger der Unterricht als vielmehr das Spielen die spätere Lebenstüchtigkeit fördert. Durch das Spiel werden die schöpferischen Kräfte des Kindes geweckt, seine körperliche Geschicklichkeit gefördert und seine Sinne geübt. Durch das Spiel werden Phantasie und Nachdenken angeregt, Urteilskraft und Willenskraft ausgebildet. Das Spiel ruft nicht zuletzt auch soziale Grundtugenden wie Verträglichkeit und Ehrlichkeit wach.

Beim Spielen lernt der Säugling das Sitzen, Stehen und Gehen

Das früheste kindliche Spiel liegt in der bloßen Bewegung der Gliedmaßen. Der Säugling zieht sich nach und nach Gegenstände heran, die ihm zur Übung seiner körperlichen Funktionen und zur Steigerung seiner Handfertigkeit verhelfen. Durch

ständiges Hantieren mit primitiven Gegenständen lernt er aber auch, seine Sinne zu üben.
In den ersten drei Lebensmonaten herrscht beim Spielen noch die Spontanaktivität vor. Aber vom vierten Monat ab beginnt der Säugling, mit seinen Händen koordiniert zu arbeiten. Er befaßt sich mit seinem Spielzeug und setzt es in Bewegung. Im fünften Monat führt seine Hand sicher einen kleinen Würfel, hält ihn eine Weile und steckt ihn in den Mund. Gegen Ende des siebten Monats dreht er den Würfel im Handgelenk, schlägt mit ihm auf den Tisch, läßt ihn immer wieder fallen und holt ihn wieder hoch. Vom zehnten Monat ab schiebt er den Würfel hin und her, und mit einem Jahr kann er bereits drei Würfel mit 2 Händen gleichzeitig nehmen.
Auch die Entwicklung des Sitzens, Stehens und Gehens ist mit spielerischer Freude und enormen Bewegungsimpulsen verbunden. Der Säugling versucht in den ersten Lebensmonaten zunächst, den Kopf hochzuhalten und sich mit den Beinchen strampelnd von der Unterlage abzuheben. Im sechsten Monat streckt er die Beine in den Knien und Hüften, er »tanzt« und versucht, sich an den Fingern der Mutter hochzuziehen oder aufzurichten. Am Ende des siebten Monats zieht der Säugling sich strampelnd zum Sitzen hoch, und vier Wochen später kann er sich schon selbständig aufsetzen.
Vom fünften Monat ab dreht das Kind sich aktiv aus der Rückenlage in die Bauchlage. Diese Bewegung übt es in den nächsten Monaten so lange intensiv, bis es im achten Monat auf dem Bauch und im neunten Monat auf »allen vieren« kriechen kann.
Mit Beginn des zweiten Lebensjahres lernt das Kind allmählich, sich schrittweise fortzubewegen. Auch dies geht mit einer enormen körperlichen Aktivität einher. Für den Erwachsenen ist es immer wieder erstaunlich, mit welchem Vergnügen sich etwa ein einjähriges Kind unentwegt hinsetzt und aufstellt – allein aus Freude an der Bewegung.

Die Einschränkung des Spielraums führt zu Pferchungsschäden

Der angeborene Bewegungsdrang steht auch beim Spiel des Kleinkindes weitgehend im Vordergrund. Hierbei erweist sich die Enge des rationellen Wohnungsbaus als besonders hinderlich. Die modernen Wohnungen haben allen Komfort, nur keinen Platz für ein Kind. Die Küche, seit jeher der Mikrokosmos des spielenden Kindes, hat sich zum Laboratorium der Hausfrau entwickelt. Das mag für die Haushaltstechnik sinnvoll sein, aber dem Kleinkind fehlt seine Spielecke, in der es sich ungestört im Blickfeld der Mutter frei bewegen kann. Auch die übrigen Zimmer sind häufig so klein, daß sie dem Kind kaum noch einen Spielraum lassen. Die Folge davon sind Pferchungsschäden, wie sie sonst nur entstehen, wenn zu viele Kinder räumlich begrenzt aufgezogen werden.

Die Einschränkung der Bewegung und des Lebensraumes wird noch kritischer, wenn die Aktivität des Kleinkindes sich der weiteren häuslichen Umgebung zuwendet. Dann zeigt sich, daß im »Jahrhundert des Kindes« kaum noch ein Lebensraum vorhanden ist, der den Bedürfnissen unserer Kinder gerecht wird. Unsere Großstädte haben eine Garagenordnung, die bei jedem Neubau vorschreibt, wie viele Quadratmeter zum Parken der Kraftwagen bereitgestellt werden müssen. Spielplätze für Kinder sind dagegen kaum vorhanden.

Der Frankfurter Pädiater B. de Rudder hat schon 1960 eindringlich auf diese Mißstände hingewiesen. Von ihm stammt auch die treffende Formulierung, daß das Stadtkind heute anstelle eines gewachsenen Lebensraumes nur noch ein Terrarium, einen »Kulturschutzpark« vorfindet. Auf Schritt und Tritt stößt das Kind auf Verbote. Die wichtigsten von ihnen hat de Rudder zusammengefaßt: »Sofern es überhaupt noch ein wirkliches, wenn auch kleines Zuhause hat, darf es mit seinem Spiel den Vater, die Untermieter oder die Wohnungsnachbarn nicht stören. Sein Spielen im Treppenhaus verbietet die Hausordnung, das ungezwungene Spielen auf der Straße verbietet die Polizei oder zumindest die Gefährdung durch den Verkehr. Das Betreten der Grünflächen in den Anlagen ist verboten.«

Erst langsam setzt sich die Einsicht durch, daß auch Spielraum für das Kind »eingeplant« werden muß. Gerade am Fehlen von Spielplätzen kann man das Kindfremde, um nicht zu sagen Kindfeindliche der Großstadt ablesen. So ergab zum Beispiel eine Umfrage in Frankfurt vor etwa zehn Jahren, daß von 110 000 Schulkindern 98 000 keinen Spielplatz hatten. Die Motorisierung ist unaufhaltsam weitergegangen, und nicht einmal die Straße kann mehr zum Spielen genutzt werden. Sie ist rechts und links durch Reihen parkender Autos besetzt. In der Mitte bleibt gerade noch ein Streifen für den Durchgangsverkehr, keineswegs aber Platz zum Spielen für Kinder. Gelingt es aber den unermüdlichen und langwierigen Bemühungen

Einsichtiger endlich, hier und dort im Häusermeer einen Spielplatz zu erkämpfen, so protestieren die Anwohner lauthals, sobald sich Kinder darauf bewegen.
Diese Entwicklung ist für unsere Kinder in höchstem Maße bedrohlich und schädlich. Kinder, die nicht spielen gelernt haben oder denen keine Gelegenheit zum Spielen gegeben wurde, verkümmern. Verhaltensstörungen, wie man die spezifischen Kinderkrankheiten der Massenzivilisation nennt, werden in den meisten Fällen durch eine sogenannte Spieltherapie geheilt. Hier geschieht oft nichts weiter, als daß man den Kindern Zeit und Gelegenheit zum Spielen und Austoben gibt.

Die Welt des Kindes hat sich verändert

Für das Stadtkind sind Feld und Wald, Fluß und Wiese bestenfalls noch Ferienerlebnisse. Garten, Hecken und Häuserwinkel, die früheren Kindergenerationen beim Spiel ein Gefühl der Geborgenheit vermittelten, sind verschwunden. An ihre Stelle ist das hektische Milieu der Stadt getreten. Zahllose akustische und optische Reize einer auf Hochtouren laufenden Verkaufsindustrie wirken auf das Kind ein. Die Sensationen von Tagespresse und Illustrierten, von Rundfunk und Fernsehen dringen in die Familienatmosphäre ein.
Der Kölner Pädiater Bennholdt-Thomsen hat mit eindringlichen Worten den Einfluß der Großstadtatmosphäre auf unsere Kinder geschildert: »Lärm aus den Wohnungen, Lärm von der Straße, Lärm aus der Luft, Lärm in den Wohnungen durch die Geschwister, die debattierenden Eltern, das Radio. Die Ausdünstungen der Stadt dringen durch die Fenster. Die Lichtreklame des Hauses gegenüber, die grelle Straßenbeleuchtung lassen das Zimmer auch in der Nacht nicht dunkel werden. Das Kleinkind erlebt die Welt außerhalb des Hauses als Hinterhof, als Straße ohne Bäume. Das Kind der Stadt kennt nur Straßenköter und streunende Katzen. Was ist ein Pferd, eine Kuh, eine Ziege, eine Gans, eine Ente, ein Huhn?«
Die Reizüberflutung belastet das vegetative Nervensystem der Jugend stark. Trotz Lärm und Anspannung versucht das Stadtkind aber auch mitten im Verkehrsstrom noch zu spielen. Durch seine erhöhte Reaktionsbereitschaft und eine ständige Zerstreuung seiner Aufmerksamkeit gleicht es die Stadtumwelt nach Möglichkeit aus.

Diese ständige Spaltung der Aufmerksamkeit, die der Erwachsene dem Kind in der Stadt zu seiner Daseinsbewältigung aufdrängt, stellt geradezu ein lebenserhaltendes Element dar. Niemals gab es eine Kindergeneration, die gezwungen war, ihre Konzentration gleichzeitig auf den Ball und den Verkehrsstrom zu richten. In diesem Teilen der Aufmerksamkeit, in der ständigen Spannung liegt aber eine starke nervöse Belastung. Sie äußert sich zum Beispiel in der deutlich erkennbaren Angst, mit der jüngere Kinder eine Straße in der Großstadt überqueren.

Beim Spielen kann das Kind die Ursachen seiner Verhaltensstörungen aufdecken

Der Verlust des Spielraums kann zu empfindlichen Störungen der psychischen Entwicklung führen. Aus dem Spiel der Kinder wird der Fachmann oft sehr schnell die Ursachen ihrer Verhaltensstörungen erkennen können. Im sogenannten diagnostischen Spiel wird zunächst der krankhafte Konflikt aufgedeckt. Dabei ergeben sich bereits erste Anhaltspunkte dafür, was am Milieu des Kindes verändert werden muß. Andererseits wird dem Kind dabei die Möglichkeit geboten, den Konflikt spielend zu dramatisieren. Später gelangt es dann dazu, ihn abzuwandeln und schließlich zu lösen. Dabei sollte stets berücksichtigt werden, daß auch im diagnostischen Spiel das angebotene Spielzeug nur Anregung sein darf für die freie Darstellung der individuellen kindlichen Problematik.
In der Vielzahl der therapeutischen Spielmöglichkeiten haben sich in den letzten Jahrzehnten die Puppenspiele und vor allem der Szenotest der Kindertherapeutin von Staabs besonders bewährt. In diesem Test wird die kindliche Welt in Miniaturform angeboten. Das Instrumentarium besteht im wesentlichen aus einem großen Baukasten, in dem alle Elemente kindlicher Vorstellungen enthalten sind. Da ist einmal die gesamte Familie einschließlich der Geschwister und Verwandten in Spielzeugform vorhanden. Außerdem finden die Kinder zahlreiche Dinge aus ihrer engeren und weiteren Umgebung vor: Tiere, Bäume, Blumen, Eisenbahn, Autos, Küchengeschirr und vieles andere mehr.
Das ganze Material ist so bunt und plastisch, daß es die Kinder sofort anregt, Szenen aus ihrem Leben auf dem Deckel des Kastens aufzubauen. Ein erfahrener Pädiater oder Kinderpsy-

chologe kann daraus eine oft erstaunlich treffsichere Diagnose für die Ursache der Verhaltensstörung stellen.
Bei der Auswertung des Testspiels wirkt das Kind aktiv mit: Es wird gefragt, warum es jetzt das baut, was es selbst zu seinem aufgebauten Bild meint, mit welchem Gegenstand es sich identifiziert und welche Einfälle es bei bestimmten Einzelheiten des Aufbaus hat.
Als Beispiel möchten wir zwei charakteristische Fälle anführen, wie sie fast täglich in der psychosomatischen Beratungsstelle der Münchener Kinderpoliklinik anzutreffen waren:
Der erste Szenotest stammt von einem zehnjährigen Jungen, der seit einem Jahr stiehlt. Meist erleichtert er die Geldbörse seiner Mutter und kauft sich Süßigkeiten. Als der Junge zum erstenmal vor dem Szenokasten sitzt, baut er eine Situation auf, die an das Märchen vom Aschenputtel erinnert. Er meint dazu: »Hier sind ein Mann und eine Frau und ein kleines Kind in einem Garten. Hier der« – dabei zeigt er auf einen Jungen – »muß Briketts aufstapeln.« Von der Mutter erfahren wir, daß Gerd vor rund einem Jahr ein Schwesterchen bekommen hat. Während er bis dahin im Mittelpunkt des Familienlebens stand, konzentrierte sich plötzlich die Aufmerksamkeit der Eltern auf die langersehnte Tochter. Gerd fühlte sich zurückgesetzt. Diese Situation, die den Jungen in seine Schwierigkeiten brachte, den Eltern aber völlig unbewußt war, stellt er im Testspiel anschaulich dar.
Der zweite Szenotest veranschaulicht, wie sich der Verlust eines kindgerechten Lebensraums und der Mangel an Möglichkeiten zum Spielen im diagnostischen Spiel aufdecken lassen: Frau Meier hat Sorgen mit ihrer neunjährigen, intelligenten Erika, die still, gedrückt und scheu ist. Sie spielt auf dem Schulhof nie mit Freundinnen und hat keinen Kontakt zu anderen Kindern. Im Szeno baut Erika ein hübsches Geschäft, in dem wilde Tiere verkauft werden. »Das ist ein Sonntagsspaziergang«, erklärt sie dazu. »Das Kind muß vorausgehen, und die Eltern schauen ins Schaufenster. Das ist langweilig. Vorne spielen Kinder. Die sind böse.« Auf die Frage, warum sie böse seien, meint Erika: »Die geben Widerworte und machen sich schmutzig.«
Erika muß tatsächlich sonntags immer mit ihren Eltern spazierengehen und dabei vorauslaufen, wobei sie sich abgehängt fühlt und nicht weiß, was sie mit sich anfangen soll. Sie wird ständig ermahnt, nicht zu hüpfen, geradezugehen, nicht auf die Straße zu laufen und so weiter. Unter diesem Druck lebt Erika

aber immer, nicht nur bei den Sonntagsspaziergängen. Ihre Mutter mit ihren ständigen lieblosen Ermahnungen und ihren Forderungen nach bedingungslosem Gehorsam bringt Erika tatsächlich in Konflikte, denen sie nicht gewachsen sein kann. Unter dem Zwang dieser gut gemeinten Erziehung hat sie gelernt, ihre eigenen Impulse übermäßig zu unterdrücken, um den Anforderungen der Mutter gerecht zu werden. Aber dabei kann sie nicht zugleich auch noch ein frohes und unbekümmertes Kind sein. Sehr schön gibt Erika ihrer tiefen Zwiespältigkeit zwischen Gut und Böse Ausdruck durch die Gegenüberstellung von wilden Tieren, bösen Kindern und dem braven Mädchen.

Spielen kann auch Therapie sein

Die moderne Kinderpsychotherapie ist in erster Linie eine Spieltherapie. Durch konzentriertes, intensives Spielen, das sich organisch in den Lebensbereich des Kindes einfügt, können ängstliche oder gehemmte Kinder die Störungen ihrer sozialen Beziehungen überwinden. Selbst schwere psychische Traumata werden so allmählich verarbeitet. Allerdings erstreckt sich eine erfolgreiche Spieltherapie unter der Anleitung eines Therapeuten in der Regel über viele Monate. Oft dauert es sogar Jahre, ehe der Schaden endgültig beseitigt werden kann.

Hierfür ein Beispiel, in dem ein Kind seine verdrängten Aggressionen im Szenotest offen darlegt: Der zwölfjährige Peter, der seit Jahren heftig an den Nägeln kaut, ist bereits seit längerer Zeit in psychotherapeutischer Behandlung. Seine verdrängten aggressiven Impulse setzen sich bereits im Spiel durch. Er baut eine Schulklasse auf dem Deckel des Kastens auf. Plötzlich bricht ein Krokodil in die Klasse ein, wirft alles um und beißt alle tot, bis auf ihn. Zuerst den Lehrer, dann den Alex, dann den Heinz. Und dann alle anderen. Er selbst hat sich unter der Bank versteckt. Das Krokodil ist jetzt satt. Darum traut er sich unter der Bank hervor, nimmt eine Leine und bringt das Raubtier in den Zoo, aus dem es ausgebrochen war.

Diese wenigen Beispiele aus der Fülle kindlicher Spiele zeigen, daß man das Spiel im Kindesalter nicht so sehr unter dem Blickpunkt der Erholung sehen darf; das Spiel ist für das Kind vielmehr ein wesentliches Element der Entwicklung. Darum muß Freizeit bei Kindern und Jugendlichen nicht unbedingt erholsam sein. Eine sportliche Betätigung in der freien Zeit fordert zum Beispiel mehr Kalorien als das Lösen einer Rechenaufgabe. Tätige Erholung aber, das heißt genügend Zeit für Spiel und körperliche Bewegung, ist eine wesentliche Voraussetzung für körperliches Wachstum und seelische Reifung unserer Kinder.

KAPITEL 7

Mangel an Bewegung führt zu ernsthaften Entwicklungsschäden

Das lärmende Tollen und Spielen der Kinder mag dem Erwachsenen manchmal als sinnlose Ruhestörung erscheinen. Tatsächlich aber hat der auffällige kindliche Bewegungsdrang einen tiefen Sinn: Er dient der Förderung des Wachstums. Das Wachstum hängt zwar von vielen verschiedenen Faktoren ab, ein entscheidender Anreiz geht aber von Bewegungen aus. So vergrößern sich in erster Linie jene Muskelgruppen, die häufig bewegt werden.

Die Funktion der Bewegung als Wachstumsreiz kann man etwa mit einer Pumpwirkung erklären, durch welche die Durchblutung verbessert wird. Der notwendige Sauerstoff kann leichter herangeschafft und die Ermüdungsstoffe können schneller abgeführt werden. Nur durch eine fortwährende Betätigung kann der erhöhte Stoffwechsel des wachsenden Muskels normal gedeckt werden. Deswegen stellt der natürliche Bewegungsdrang des Kindes eine notwendige Voraussetzung des Wachstums dar.

Der Einfluß von Bewegung auf das Organwachstum läßt sich sogar noch beim Erwachsenen erkennen. Im Prinzip unterscheidet sich nämlich das Kind vom Erwachsenen nicht durch eine stärkere Wachstumskraft oder eine höhere Wachstumsenergie, sondern lediglich durch eine geringere Wachstumshemmung. Diese Hemmung kommt zustande durch die mit der Entwicklung verbundenen Differenzierungen aller Zellen, Gewebe und Organe. Wachstumskräfte aber bleiben das ganze Leben hindurch erhalten. Die materiellen Grundlagen des Wachstums, nämlich Zellvergrößerung und Zellvermehrung, sind auch bei Erwachsenen noch festzustellen.

Wenn aufgrund einer Krankheit die Wachstumskräfte nicht mehr durch Bewegung gefördert werden, kommt es sehr bald zu Verkümmerungserscheinungen. Wird zum Beispiel bei einem Knochenbruch das Bein über längere Zeit absolut ruhig gestellt, so kommt es rasch zu einer fortschreitenden Leistungsschwäche der Muskulatur. Auch nach Lähmungen verkümmern die Muskeln bald infolge des Ausfalls an Bewegung.

Großstadtkinder wachsen schneller

Eine der interessantesten biologischen Erscheinungen unserer Zeit ist die auffällige Wachstumsbeschleunigung unserer Kinder, die sogenannte Akzeleration. Diese Akzeleration betrifft ganz besonders die Kinder in der Großstadt. Sie wachsen schneller als die Kinder auf dem Lande und erreichen im Schnitt einen höheren Körperwuchs. Diese Entwicklung läßt sich vor allem bei Umsiedlern beobachten, die aus weniger zivilisierten Gebieten in moderne Großstädte kommen. So erlangten zum Beispiel die Kinder von Japanern, die in die USA eingewandert waren, einen größeren Körperwuchs als die Kinder der Daheimgebliebenen.
Man hat zunächst angenommen, daß die entscheidende Wachstumsbeschleunigung in der Pubertät erfolgt. Tatsächlich fällt sie aber gerade in die ersten Lebensjahre des Kindes. So hatte ein vierjähriges Kind 1950 bereits dieselbe Körperlänge wie ein fünfeinhalbjähriges Kind 1900. Die körperliche Entwicklung der Kinder wurde also um ziemlich genau eineinhalb Jahre verschoben. Diese Wachstumsbeschleunigung betrifft übrigens die Mädchen ebenso wie die Jungen. Die eineinhalb Jahre Entwicklungsvorsprung werden ausschließlich von unseren Säuglingen und Kleinkindern gewonnen. Die Akzeleration findet ausschließlich in den ersten vier Jahren statt, auf keinen Fall also erst während der Pubertät.
Der in den ersten vier Lebensjahren gewonnene Vorsprung von etwa 1½ Jahren ist mit einer entsprechenden Größenzunahme von rund 10 Zentimetern verbunden. Diese Größenzunahme der Vierjährigen bleibt das ganze Schulalter hindurch bis zur Reifeentwicklung erhalten. Mit einem Vorsprung von etwa 10 Zentimetern gehen unsere Kinder in die Pubertät und mit dem gleichen Vorsprung beenden sie auch die Pubertät. Der puberale Wachstumsschub selbst ist der gleiche wie vor 100 Jahren, wie z. B. Untersuchungen an Hamburger Schülern (Näheres siehe bei Lenz) gezeigt haben.
Ein Beweis dafür ist die durchschnittliche Zunahme der Körpergröße während der Pubertät. Sie betrug 1870: 18,6 Zentimeter, 1933: 18,8 Zentimeter, 1944: 18,4 Zentimeter und 1957: 18,9 Zentimeter. Das Wachstum während der Pubertät ist also in diesen hundert Jahren praktisch unverändert geblieben. Geändert hat sich lediglich die Körpergröße zu Beginn der Pubertät. Schon vom fünften Lebensjahr an entspricht die jährliche Wachstumszunahme unserer Kinder der früherer

Generationen. Nur fällt dem Erwachsenen die Größenzunahme der Säuglinge und Kleinkinder weniger auf als der endgültige hohe Wuchs der Jugendlichen am Ende der Pubertät.

Warum trugen unsere Großmütter lange Röcke?

Die Ursachen für das schnellere Wachstum sind deshalb ausschließlich in der frühen Kindheit zu suchen. Dazu gehören vor allem die bessere Ernährung und die günstigere ärztliche Versorgung. Nehmen wir als Beispiel die Rachitisvorbeugung: Unsere Kinder heute, die kaum noch rachitische Störungen kennen, sind schon allein deshalb größer als rachitische Kinder mit O- oder X-Beinen. Unsere Großmütter, die ohne Rachitisvorsorge aufwuchsen, konnten sich in kurzen Kleidern nicht sehen lassen. Vielleicht war das der Grund für die Maxiröcke um die Jahrhundertwende.
Die verstärkte Akzeleration in der Stadt spricht dafür, daß hier die Lebensbedingungen durchschnittlich besser waren und sind als auf dem Lande. Deshalb darf man die Akzeleration der Stadtkinder nicht als negatives Phänomen, sondern als Begünstigung ansehen. Interessant ist, daß die Akzeleration in Hungerzeiten sowohl während des Ersten als auch während des Zweiten Weltkrieges zum Stillstand kam und dann nach den Kriegen unverändert weiterging. Außerdem waren die sozial bessergestellten Schichten immer stärker akzeleriert als die schlechtergestellten. Heute erreichen Kinder von Facharbeitern die gleichen Körpermaße, wie sie die Kinder der europäischen Fürstenhäuser schon um die Jahrhundertwende aufwiesen. In der Oberschicht kam die Akzeleration bereits zum Stillstand. Sie ist heute nur noch in den niederen Schichten zu beobachten.
Trotz aller negativen Einflüsse der Großstadt lebt also das Stadtkind besser als ehedem das Landkind. Das zeigt sich an der geringeren Sterblichkeitsquote, an dem besseren Gesundheitszustand und am aktiveren Wachstum unserer Stadtkinder. Anders aber liegt der Fall, wenn wir die psychische Entwicklung des Kindes untersuchen: In keiner Kindergeneration gab es so viele Verhaltensstörungen wie heute bei den Kindern in der Stadt. Man muß diese Störungen geradezu als die kindspezifische Reaktion auf die veränderte Lebenswelt des Kindes ansehen.

Ist es normal, wenn heute ein Achtjähriger schon so groß ist wie ein Vierzehnjähriger?

Eine Reihe von Forschern hat in den letzten Jahren das Wachstum der Kinder untersucht. Ihre Ergebnisse stimmen im wesentlichen überein, und zwar für deutsche, nordeuropäische und nordamerikanische Kinder. Auffällig große Unterschiede in der Körpergröße gleichaltriger Kinder müssen heute als normal angesehen werden.
Die jährliche Zunahme der Körpergröße zwischen dem 10. und 13. Lebensjahr beträgt im Mittel etwa 5 cm. Im 14. und 15. Lebensjahr sind es im Mittel etwa 8 cm. Die Unterschiede in Größe und Entwicklungsstand gleichaltriger Kinder sind sehr groß. Das fällt bei Mädchen besonders auf zwischen dem 12. und 13. Lebensjahr und bei Jungen zwischen dem 13. und 15. Lebensjahr. Wie groß die Schwankungen sind, wollen wir am Beispiel vierzehnjähriger Jungen näher erläutern:
Die durchschnittliche Größe in diesem Alter beträgt bei Jungen 156 cm. Aber: Ein doppelter Streubereich von ± 18 cm ist dabei zu berücksichtigen. Das heißt, ein Vierzehnjähriger kann 18 cm kleiner oder größer sein, als es der Norm entspricht. Die an der oberen Grenze ihrer Altersnorm liegenden Buben haben also die Durchschnittsgröße eines Siebzehnjährigen (174 cm). Die an der unteren Grenze ihrer Altersnorm liegenden Jungen erreichen dagegen nur die Durchschnittsgröße eines Zehnjährigen (138 cm). Diese untere Normalgrenze des Streubereichs im 14. Lebensjahr fällt aber bereits zusammen mit der oberen Normalgrenze des Streubereichs im 8. Lebensjahr (128 ± 10 cm). Deshalb kann heute ein normal entwickelter Vierzehnjähriger durchaus noch die Körpergröße eines ebenso normal entwickelten achtjährigen Buben haben. Ähnlich liegen die Verhältnisse bei den Mädchen: Mit 14 Jahren haben sie heute entweder schon die Größe einer erwachsenen Frau oder erst die Größe eines neunjährigen Kindes, ohne daß darin etwas Krankhaftes läge.

Bewegungsmangel ist schuld an den Haltungsschäden unserer Kinder

Schon das Fehlen einer ausreichenden körperlichen Betätigung, vor allem aber die Bewegungseinschränkung durch das Sitzen, führt zur Schädigung der Gesundheit. Dies konnte in den vergangenen Jahren vor allem durch angelsächsische Forscher weitgehend geklärt werden. Man spricht direkt von einer Bewegungsmangelkrankheit.

Hierbei treten vor allem Schädigungen an der Muskulatur und damit am gesamten Halteapparat auf. Die Folge davon sind Haltungsschwächen, Haltungsfehler, Fehlentwicklungen der Wirbelsäule oder des Brustkorbs.

Nach den Statistiken des Schulgesundheitsdienstes werden Haltungsschäden in allen Ländern der Bundesrepublik als häufigstes Leiden unserer Kinder beobachtet. Schuld daran sind die Einschränkung des kindlichen Lebensraums in Familie und Umwelt, die übermäßig lange Hemmung des kindlichen Bewegungsdrangs durch die Schule und die mangelnde Einsicht für die Nowendigkeit ausreichender körperlicher Bewegung. In Berlin wurden 1955 insgesamt 122600 Schulkinder aller Altersgruppen und Schularten untersucht. Das Ergebnis war alarmierend: Fast 5 Prozent der Kinder litten an Wirbelsäulenverkrümmungen, über 8 Prozent an fixierten Brustverbildungen, über 16 Prozent an einfachen Haltungsanomalien und über 37 Prozent an Fußverbildungen (vgl. Abbildung 11).

Die Deutsche Orthopädische Gesellschaft hat schon im Jahre 1952 in einem ausführlich begründeten Gutachten darauf hingewiesen:

> »daß sich die Haltungsschwäche mit zusätzlichen Sondermaßnahmen nicht wirksam bekämpfen läßt, solange die ursächlichen Schäden weiterwirken;
> daß auch durchgreifende Maßnahmen wie die tägliche Turnstunde keinen befriedigenden Erfolg haben, wenn sie in geschlossenen Räumen in schlechter Luft (z. B. im Innern der Großstädte) durchgeführt werden;
> daß dagegen die Symptome der Haltungsschwäche ohne zusätzliche Sondermaßnahmen von selbst verschwinden, wenn den Kindern genügend Bewegungsfreiheit in freier Luft gewährt wird, und zwar täglich und regelmäßig in organischer Verbindung mit dem Unterricht.«

Man hört immer wieder den Einwand, daß eine gleiche Häufigkeit von Haltungsanomalien schon vor fünfzig und mehr Jahren bei Schulkindern festgestellt wurde. Das spricht unseres Erachtens lediglich dafür, daß es trotz jahrzehntelanger Mahnungen und Forderungen der Ärzteschaft nicht gelungen ist, dem Kind seinen notwendigen Spielraum zu verschaffen. Ja, man hat sogar den Eindruck, daß sowohl die räumlichen als auch die zeitlichen Spielmöglichkeiten unserer Kinder ständig mehr eingeengt werden.

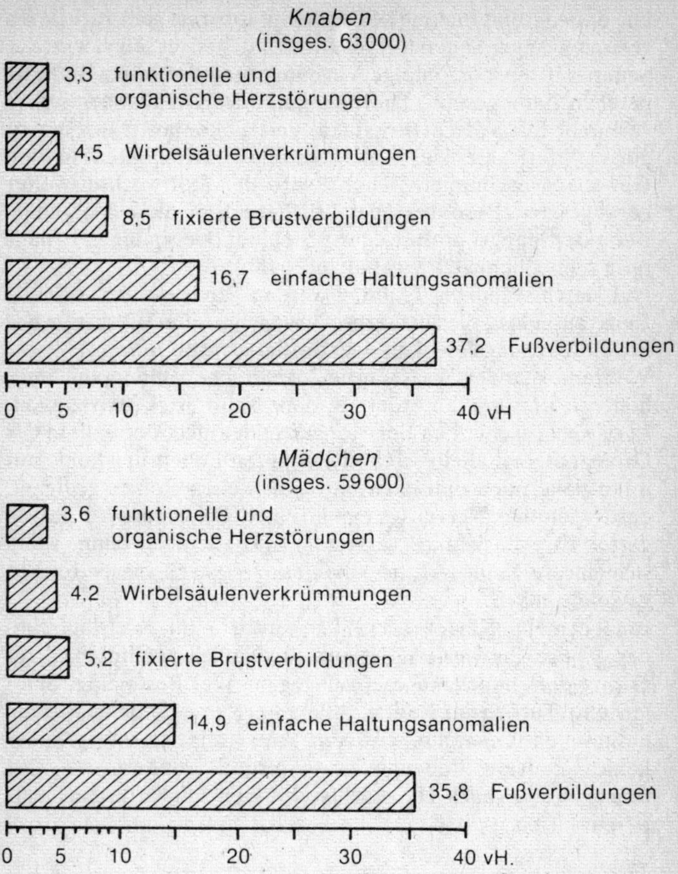

Abb. 11 Einige chronisch-krankhafte Störungen bei 122600 untersuchten Berliner Schulkindern aller Altersgruppen und Schularten im Jahre 1955.

Kreislaufschäden – eine ernste Gefahr für unsere Kinder

Mangel an Beanspruchung schädigt die Herzmuskulatur. Das sogenannte Faulenzerherz ist klein und arbeitet unökonomisch. Es leistet wenig und verbraucht relativ viel Sauerstoff. Da auch die Kranzgefäße verkümmern, entsteht bald eine Neigung zu Herzanfällen.

Die Sauerstoffaufnahme des Atmungsapparats geht zurück. Es gelangt weniger Sauerstoff ins Blut, und im Blut selbst wird der Sauerstofftransport infolge Verminderung der roten Blutkörperchen herabgesetzt. Die Elastizität des Gefäßsystems geht verloren. Die Adern verkalken, und es kommt frühzeitig zu einer Arteriosklerose. Auch die feinen Kapillaren in den Geweben verkümmern. Damit wird der Stoffwechsel weiter herabgesetzt. Besonders gefährlich sind all diese Vorgänge, wenn der Mangel an Bewegung bei einer übermäßigen Ernährung schließlich noch zur Fettsucht führt.
Nur durch ständiges Training werden genügend funktionelle Reize ausgelöst, die zur Vergrößerung, also zum Wachstum der für die Leistungsfähigkeit wichtigsten Organe führen.
Während sich der Kreislauf bei körperlicher Betätigung einer höheren Leistungsanforderung ohne Schwierigkeiten anpaßt, ist das bei psychischen Belastungen leider nicht der Fall. In der Großstadt sind allein schon die äußeren Lebensumstände mit ihren dauernden optischen und akustischen Reizen geeignet, das vegetative Nervensystem in einen Dauerzustand gesteigerter Erregbarkeit zu versetzen. Das gilt auch dann, wenn sich unsere Sinnesorgane scheinbar längst an diese Reizflut gewöhnt haben.
Immer mehr Kinder erkranken deshalb an Kreislaufschäden. Diese Entwicklung ist außerordentlich gefährlich. Aber es gibt ein einfaches Rezept dagegen: Viel Bewegung, Spielen und Turnen im Freien. Alle Eltern und Erzieher sollten deshalb dafür sorgen, daß die ihnen anvertrauten Kinder keine »braven Stubenhocker« werden, sondern bei fast jedem Wetter nach Herzenslust draußen spielen und herumtollen dürfen.

Wie können wir unseren Kindern helfen?

Die Befriedigung des physiologischen Bewegungsdrangs im Kindesalter ist ein vordringliches ärztliches Anliegen geworden. Die Einschränkung der kindlichen Bewegungsfreude gehört zu den Hauptursachen der meisten Kinderkrankheiten, mit denen sich der Arzt heute in der Sprechstunde auseinandersetzen muß.
Den Fortschritten der Medizin gelang es in den vergangenen Jahrzehnten, Krankheitshäufigkeit und Sterblichkeit unserer Kinder entscheidend zu senken. Aber dieser Fortschritt durch

die Errungenschaften der industrialisierten Gesellschaft droht auf einer anderen Ebene wieder zunichte zu werden.
Für die Heilung körperlicher und geistig-seelischer Entwicklungsschäden infolge der Einschränkung der natürlichen kindlichen Aktivität kann auch eine noch so fortschrittliche pharmazeutische Industrie keine Medikamente liefern. Zu ihrer Beseitigung muß der Arzt mehr denn je zum Gesundheitserzieher werden. Er hat die Aufgabe, immer wieder auf alle gesundheitsschädigenden Lebensumstände hinzuweisen, die in erster Linie die Sphäre des Kindes betreffen. Der junge Mensch kann nur wachsen und sich frei entwickeln, wenn er genügend Raum und Zeit hat zur körperlichen Aktivität und Bewegung. Es ist deshalb vor allem notwendig, daß der Erwachsene mehr Verständnis gewinnt für den physiologischen Bewegungsdrang des Kindes mit seinem Toben, Tollen und Schreien.
Tatsächlich dient die körperliche Aktivität des Kindes auch seiner geistigen Entwicklung. So wissen wir zum Beispiel aus russischen Untersuchungen, daß Kinder, die in der frühen Kindheit genügend Zeit und Gelegenheit zu Spiel und Bewegung hatten, in ihrer Sprachentwicklung weiter vorausgeschritten waren als Kinder, die in der frühen Kindheit vorwiegend in die Passivität gedrängt wurden.
Für Übungsprozesse ist insbesondere die frühe Kindheit von maßgeblicher Bedeutung. Die entscheidende Entwicklung des Nervensystems erfolgt in den ersten vier Lebensjahren. Sie wird durch die körperliche Aktivität des Kindes wesentlich gefördert.

Der Turnunterricht darf dem Kind nicht die Freude an der Bewegung verleiden

Auf der Grundlage der Bewegungsfreude des Kleinkindes und des Schulkindes sollte der Turnunterricht aufgebaut sein. Hierzu ist es nicht unbedingt notwendig, große Turnhallen zu errichten. Mit Ausnahme von wenigen Regentagen spielt das Kind bei jeder Witterung begeistert im Freien. Voraussetzung ist aber, daß man ihm genügend Zeit läßt.
Die Anforderungen im Turnunterricht sollten dem Alter der Kinder angepaßt sein. Außerdem ist zu beachten, daß für einzelne Kinder (z. B. Fettsüchtige) bestimmte Sportarten (Schwimmen) besser geeignet sind als für andere. Turnstunden sollten in der Regel nicht als Einzelstunden gegeben werden,

weil das Umziehen zuviel Zeit beansprucht. Hier empfehlen sich Blockstunden, bei denen auch während der Pause weitergespielt werden kann.
Von den Turnstunden sollten Anregungen für spezifische Trainingsprogramme außerhalb der Schule ausgehen. Das Kind besitzt die Fähigkeit, instinktsicher bestimmte sportliche Übungen ausgezeichnet zu trainieren. Diese Fähigkeit wird bisher noch nicht genügend genutzt. Einen Anreiz zu einem solchen selbständigen Training könnten Diplome, Medaillen oder ähnliche Auszeichnungen geben.
Wir wissen, daß eine ausreichende körperliche Betätigung auch beim Schulkind die geistige Leistungsfähigkeit in der Schule günstig zu beeinflussen vermag. Eine Verringerung der Unterrichtsstunden zugunsten der Zeiten für Spiel und Sport führt deshalb keinesfalls zu einer Verminderung der Schulleistungen, wie es von vielen Lehrern befürchtet wird.
Bei der Erziehung in der Schule ist vor allem mehr Wert zu legen auf einen Ausgleich der Bewegungseinschränkung durch tätige Erholung in Pausen, Turnstunden und Spielturnen. Das Kind benötigt mehr Raum auf Spielplätzen und in Schulturngärten, wo ihm Gelegenheit geboten wird, sich ausgiebig zu tummeln. Dann wird es seine körperliche Ausbildung weitgehend selbständig betreiben. Die aufgezwungene Passivität in der Turnstunde kann ihm dagegen leicht die Freude an der Bewegung verleiden.
Eltern und Lehrer sollten zusammenwirken, um dem Kind mehr Zeit und Raum zur freien Entfaltung seines Bewegungsdrangs zu verschaffen. Das ist wichtiger als alle noch so gut gemeinten »goldenen Pläne« der Sportverbände und Schulorganisationen.

TEIL III
Das Kind braucht die Familie

KAPITEL 8
Elternarme Kinder

In unserer Zeit ist die Anzahl der elternlosen Kinder bedrohlich angestiegen. Das liegt nicht etwa daran, daß es heute mehr Vollwaisen und Halbwaisen gibt als früher. Wir denken hier an die sogenannten Waisenkinder der Technik: Beide Eltern sind erwerbstätig; ihre Kinder, die auch als Tageswaisen oder Schlüsselkinder bezeichnet werden, sind den ganzen Tag sich selbst überlassen. Sie haben zwar noch Eltern, aber in ihrer Verlassenheit unterscheiden sie sich kaum von echten Waisenkindern. Wir nennen sie wohl am besten elternarme Kinder.

Immer mehr Mütter arbeiten im Büro oder in der Fabrik

Diese neue Art des verlassenen Kindes stellt eine Besonderheit der industrialisierten Gesellschaft dar. Diese Gesellschaft ist dabei, dem Kind das Wichtigste zu nehmen, was es zu seiner normalen Entwicklung benötigt: die familiäre Geborgenheit.
In jeder industrialisierten Gesellschaft sind Arbeitsplatz und Wohnung oft weit voneinander getrennt. Deswegen kennen die Kinder den Vater fast nur noch von den Wochenenden her. Die Mutter aber erhielt dadurch eine einzigartige Sonderstellung in der Familie. Ihre Gegenwart wurde für die Erziehung der Kinder zu einem absolut notwendigen Faktor.
Jetzt greift unsere Wirtschaft auf die Arbeitskräftereserven zurück. Sie holt die Mütter aus den Familien heraus in die Fabriken oder Büros. Damit wird dem Kind aber der letzte Halt genommen, den es zu seinem Gedeihen benötigt.
Welch erschreckendes Ausmaß das Fehlen familiärer Obhut bereits in den Jahren 1957 und 1962 angenommen hatte, kann man aus den Angaben des Statistischen Bundesamtes ersehen (vgl. Tabelle 3). Danach wuchsen 1962 über 4,6 Millionen Kinder unter 14 Jahren ohne ständige Obhut der Eltern auf. Die mit Abstand größte Gruppe dieser elternlosen Kinder waren Tageswaisen, deren Mütter einen Beruf ausübten. Die Anzahl der echten Waisen und Halbwaisen fällt demgegenüber kaum ins Gewicht.
Die zunehmende außerhäusliche Arbeit der Mütter ist eine ernste Gefahr für unsere Kinder. Gerade die Anzahl der

Kinder in 1000	unter 14		unter 16* (* geschätzt)	
	1957	1962	1957	1962
erwerbstätiger verheirateter Frauen	2827	3503	3217	3987
(Darunter in Land- und Forstwirtschaft)	(1289)	(1377)	(1441)	(1540)
erwerbstätiger, lediger, geschiedener oder verwitweter Frauen	340	349	446	458
(darunter in Land- und Forstwirtschaft)	(46)	(39)	(76)	(64)
verwitweter oder geschiedener Väter	60*	60*	80	80
in Anstalten	250*	250*	275	275
Kinder insgesamt	3477	4162	4018	4800

Tab. 3 Angaben des Statistischen Bundesamtes über elternarme und elternlose Kinder in den Jahren 1957 und 1962.

berufstätigen Mütter stieg in den letzten Jahren um 214 Prozent an. Im gleichen Zeitraum nahm die Anzahl aller arbeitenden Frauen nur um 19 Prozent zu. Der Anstieg der Mütterarbeit war ausgerechnet am stärksten bei denjenigen Müttern, die zwei, drei oder mehr Kinder haben. Gerade sie aber müßten unbedingt im Haushalt bleiben. Es sei ausdrücklich betont, daß es sich bei dieser Mütterarbeit um Vollbeschäftigung handelt.

Immer mehr Kinder werden außerhalb der Familie erzogen

Neue statistische Daten wurden von der Bundesregierung, speziell vom Bundesminister für Jugend, Familie und Gesundheit, im Rahmen der Antwort auf eine Kleine Anfrage verschiedener Abgeordneter (Deutscher Bundestag, Drucksache 7/3516) bekanntgegeben. »Danach trifft es zu, daß nach der Jugendhilfestatistik des Statistischen Bundesamtes in Wiesbaden am Ende des Jahres 1973 insgesamt 118 716 Minderjährige vom Jugendamt im Rahmen der Hilfe zur Erziehung außerhalb der eigenen Familie untergebracht waren. Die Zahl derjenigen jungen Menschen, die infolge Ausfalls der Betreuung wegen Berufstätigkeit der Eltern vom Jugendamt untergebracht waren, ist in der gleichen Jugendhilfestatistik mit 185 546 ausgegeben.«

Wie wenig die Bedeutung der frühen Kindheit und die Konstanz einer mütterlichen Person – die Betonung liegt auf *einer* und *Konstanz* – in der Öffentlichkeit bekannt ist, mag man daraus ersehen, daß die Bundesregierung keine Angabe darüber machen konnte, wie groß die Zahl der in Heimen und anderen Familien lebenden Minderjährigen unter drei Jahren ist. Es ließ sich lediglich feststellen, daß vom Jugendamt im Rahmen der Hilfe zur Erziehung Minderjähriger aufgrund der öffentlichen Jugendhilfestatistik untergebracht waren

bis unter 2 Jahren	11 840
2 bis unter 6 Jahren	23 386
insgesamt bis unter 6 Jahren	35 226

das sind 29,7 vom Hundert der insgesamt untergebrachten Minderjährigen (118 716).

Nach der Jahresstatistik der Jugendhilfe 1973 kamen von den 118 716 Minderjährigen, die im Rahmen der Hilfe zur Erziehung untergebracht waren, aus unvollständigen Familien:

Kinder aus geschiedenen Ehen	28 815
Kinder dauernd getrennt lebender Eltern	9 941
Nichteheliche Kinder	43 305
Voll- und Halbwaisen	14 038
Minderjährige aus unvollständigen Familien	96 099

das sind 80,9 von Hundert der insgesamt untergebrachten Minderjährigen.

Bei der Unterstellung des obengenannten Vomhundertsatzes (29,7 v. H.) kann davon ausgegangen werden, daß von den Minderjährigen aus unvollständigen Familien 28 541 unter 6 Jahre alt waren.

Wir geben Heimen viel mehr Geld als der Mutter

Die Kosten, die den Trägern der öffentlichen Jugendhilfe durch die außerhäusliche Unterbringung für Minderjährige entstand, konnten nicht angegeben werden. Interessant war aber eine Auskunft des Landschaftsverbandes Rheinland, nach dem 1975 die Heimtagessätze etwa zwischen DM 60,– und DM 130,– pro Tag liegen. Speziell für den Bereich der Fürsorgeerziehung und der freiwilligen Erziehungshilfe ergaben sich für Nordrhein/Westfalen folgende Tagessätze:

a) freie Träger im Durchschnitt	DM	83,45
b) öffentliche Träger im Durchschnitt	DM	152,50
c) bei Heilpädagogischen Heimen war auszugehen von einem Tagesdurchschnitt von	DM	185,–

Aus all diesen Zahlen wird deutlich, wie teuer Heimunterbringung ist. Das Überbewerten der institutionalen Erziehung in Heimen gegenüber dem Unterbewerten der personalen Erziehung durch die Mutter ist im Rahmen der Antwort der Bundesregierung in folgenden Worten dokumentiert:
»Im übrigen ist durch das soziale Leistungsrecht in der Bundesrepublik gewährleistet, daß alleinstehende Elternteile zur Wahrnehmung von Erziehungsaufgaben von der Erwerbstätigkeit freigestellt werden können. Sofern kein Einkommen oder kein ausreichendes Einkommen und auch kein verwertbares Vermögen vorhanden ist, besteht z. B. ein Anspruch auf Leistungen der Sozialhilfe. So würde eine alleinstehende Mutter mit einem Kind unter drei Jahren rund 570 DM an laufender Hilfe zum Lebensunterhalt einschließlich Miete erhalten. Hinzu kämen einmalige Leistungen, z. B. für größere Kleidungsstücke oder für Winterfeuerung, sowie im Bedarfsfalle Hilfen in besonderen Lebenslagen, z. B. Krankenhilfe.«
Daraus geht hervor, daß wir einer Mutter im Monat im äußersten Fall nicht einmal DM 800,– zubilligen, wenn sie alleinstehend ist und ihr Kind pflegen will, während wir bei Heimerziehung ohne weiteres bereit sind, die gleiche Summe, ja mehr, innerhalb einer Woche für das gleiche Kind auszugeben!

Je jünger das Kind ist, um so mehr braucht es die Mutter

Diese Entwicklung ist nicht nur für die betroffenen Kinder außerordentlich gefährlich, sondern auch für die gesamte Gesellschaft. Die verlassenen Kinder erleiden oftmals so ernsthafte Schäden, daß sie kaum in der Lage sein werden, im späteren Leben einen vollen Platz in der Gemeinschaft auszufüllen. Da diese Gefahr vielen Eltern leider nicht genügend bekannt ist, wollen wir hier kurz die Sozialentwicklung des jungen Menschen skizzieren:
Gerade in den ersten Lebensjahren bedarf das Kind dringend einer mütterlichen Person, damit es sich ungestört entwickeln kann. Dabei muß es sich nicht unbedingt um die eigene Mutter

handeln. Nur aus dieser Geborgenheit heraus und nur durch das ständige Vorbild erlernt das Kind die spezifisch menschlichen Eigenschaften, die es zur Entwicklung seiner eigenen Person vor allem zu seiner späteren Gesellschaftstüchtigkeit benötigt.
Nach den Erkenntnissen der modernen Kinderheilkunde und Psychologie lassen sich für den personalen Bezug 4 Phasen in der Sozialentwicklung unterscheiden:

1. In den ersten 6 bis 9 Monaten benötigt das Kind die ständige Zuwendung einer klar identifizierten Person, um mit ihrer Hilfe sozialen Kontakt mit der Umwelt überhaupt erst zu erlernen.
2. Bis zum 3. Lebensjahr braucht das Kind die ständige Anwesenheit einer mütterlichen Person, ohne daß diese sich immer um das Kind kümmern muß. Jeder, auch der zeitweilige Verlust der Mutter, führt zu Heimweh-Reaktionen.
3. Im 4. bis 6. Lebensjahr erst lernt das Kind, die Mutterbeziehung auch in Abwesenheit seiner Mutter über einige Stunden oder Tage aufrechtzuerhalten. Ein längeres Fortbleiben der Mutter führt ebenfalls zu Konfliktsituationen.
4. Nach dem 7. bis 8. Lebensjahr erst vermag das Kind – oft noch mit Schwierigkeiten – eine Mutterbindung über einige Wochen, häufig auch schon über ein Jahr aufrechtzuerhalten.

Wo diese normale Entwicklung gestört wird, weil das Kind die Zuwendung der Mutter entbehren muß, reagiert es mit krankhaften Gewohnheiten, die heute allgemein als Verhaltensstörungen bezeichnet werden. Sie äußern sich in krankhafter Unruhe, in Wut- und Trotzreaktionen, in Schwierigkeiten bei der Sprachentwicklung. In schwereren Fällen reagieren die Kinder sogar mit Bettnässen, Einkoten, sozialer Entartung oder schließlich mit krimineller Abartigkeit.
All diese Verhaltensstörungen sind als kindlicher Protest gegen die kindfremde, um nicht zu sagen kindfeindliche Umwelt der industrialisierten Gesellschaft aufzufassen.
Es ist merkwürdig, daß die meisten Eltern offenbar gar nicht wissen, welchen Schaden sie ihrem Kind zufügen. Sie meinen, wenn ihr Kind groß und vernünftig geworden ist, braucht es seine Eltern wesentlich mehr als in einer Zeit, in der es noch gar nicht sprechen und laufen kann. Manche Eltern sind sogar der Ansicht, daß ihr Säugling von Fachkräften im Säuglingsheim oder in der Tageskrippe weit besser versorgt werden könne

als zu Hause, zumal diese Heime ja vortrefflich eingerichtet sind.
Diese Vorstellung widerspricht aber allen Erkenntnissen der Kinderheilkunde. Wir wissen seit langem, daß jede Massenpflege mit einem mehr oder minder großen Schaden für die Kinder verbunden ist. Diese Entwicklungsschäden sind um so stärker ausgeprägt, je früher und länger das Kind die Zuwendung durch eine mütterliche Person entbehren muß. Heimkinder weisen deshalb gegenüber Familienkindern einen durchschnittlichen Entwicklungsrückstand von wenigstens 20 Prozent auf. Die Rückstände betreffen alle Bereiche: die statische, manuelle und soziale Entwicklung, ferner das Gedächtnis und die Intelligenz einschließlich der Sprachentwicklung.

Eine Säuglingsschwester kann nicht vier Säuglingen die Mutter ersetzen

In verschiedenen Münchener Säuglingsberatungsstellen konnten wir mehrere Kleinkinder nach einem längeren Aufenthalt in Säuglingsheimen beobachten. Es zeigte sich, daß alle Kinder schwere körperliche und geistig-seelische Entwicklungsschäden aufwiesen. Ein Kind zum Beispiel, dessen Eltern als Ärzte in der Praxis tätig waren, hatte deswegen elf Monate seines Lebens in einem Heim verbringen müssen. Im Alter von achtzehn Monaten war es mit seiner gesamten Entwicklung zehn Monate im Rückstand. Sein Verhalten entsprach dem eines gesunden Säuglings von acht Monaten.
Derartige Beobachtungen stellen keinen Einzelfall dar. Noch vor hundert Jahren glaubte man, Säuglinge überhaupt nicht in der Massenpflege großziehen zu können. Die Sterblichkeit in berühmten europäischen Findelhäusern, zum Beispiel in Prag oder in Paris, betrug in manchen Jahren 100 Prozent. Damals war die Abgabe eines Säuglings in ein Heim fast gleichbedeutend mit seinem Tod.
Die Bakteriologie konnte später aufklären, daß die meisten Kinder an Infektionen zugrunde gegangen waren. Trotzdem ist durch die moderne Psychologie eine alte kinderärztliche Erfahrung neu bestätigt worden: Das eigentümliche Siechtum vieler Säuglinge und Kleinkinder in der Massenpflege beruht primär auf dem Mangel an Mutterliebe in der ersten Lebenszeit.
Schon ältere Untersuchungen haben gezeigt, daß selbst Säuglinge aus der städtischen Armenbevölkerung in Obhut ihrer Mütter weit besser gedeihen als Säuglinge in vorzüglichen,

unter ärztlicher Leitung stehenden Heimen. Das junge Menschenkind braucht nun einmal zur Entfaltung seiner menschlichen Eigenschaften das Vorbild einer mütterlichen Person. In der Massenpflege kommt jedoch höchstens eine Schwester auf 6 bis 8 Säuglinge. Diese Schwester oder Säuglingspflegerin ist einfach überfordert, wenn sie gleichzeitig ihre Mütterlichkeit 8 Kindern zuwenden soll. Jedermann weiß, welche Mühe es macht, wenn in einer Familie Zwillinge aufgezogen werden müssen. Bei Drillingen kommt es schon fast zu einer Familienkatastrophe, und die Mutter bedarf dringend zusätzlicher Hilfe. Unseren Schwestern aber mutet man Achtlinge zu. Es ist klar, daß jeder Säugling dann nur ein Achtel Mütterlichkeit bekommen kann. Das sind aber genau sieben Achtel zuwenig.

Was ist ein Deprivationssyndrom?

Das Zurückbleiben in der Entwicklung von Säuglingen und Kleinkindern, die in Massenpflegeeinrichtungen aufwachsen müssen, war in den vergangenen Jahren Gegenstand vielfältiger wissenschaftlicher Untersuchungen. Dies wurde vor allem dadurch angeregt, daß die Weltgesundheitsorganisation kurz nach ihrer Gründung im Jahre 1950 den englischen Kinderarzt John Bowlby beauftragte, in einem Buch *Maternal Care and Mental Health* alle Forschungsergebnisse darüber zusammenzufassen. In diesem Buch, das typischerweise fast 20 Jahre nach seinem Erscheinen erst ins Deutsche übersetzt wurde (*Mütterliche Zuwendung und geistige Gesundheit*), prägte Bowlby den Begriff »maternal deprivation« (Mutter-Verkümmerung). Darunter verstand er alle Störungen, welche auftreten, wenn dem Kleinkind nicht genügend personale Zuwendung zuteil wird, gleichgültig, ob durch die eigene Mutter oder durch eine mütterliche Ersatzperson. Da der Begriff »maternal deprivation« inzwischen eine weltweite Verbreitung gefunden hat, habe ich 1966 vorgeschlagen, den Ausdruck Deprivation als deutsches Lehnswort zu übernehmen. Man könnte ihn mit Mutterverlust-Syndrom übersetzen. Auch der von dem Mainzer Kinderarzt U. Köttgen angewendete Begriff »Verkümmerung« ist eine gute Bezeichnung für diesen Zustand. Allgemein sollte man heute den Begriff Hospitalismus für die Schäden durch Massenpflege nicht mehr verwenden, weil er vor allem die Infektionsschäden betrifft, sondern besser vom Deprivationssyndrom sprechen.

Die Münchener Funktionelle Entwicklungsdiagnostik kann Entwicklungsschäden beim Säugling messen

Mit Hilfe entwicklungsphysiologischer Tabellen für das erste Lebensjahr (Hellbrügge und Pechstein) und für das zweite Lebensjahr (Hellbrügge, Menara, Schamberger und Stünkel), aus denen heute die »Münchener Entwicklungsdiagnostik« entstanden ist, konnten wir in den vergangenen Jahren das Deprivationssyndrom näher untersuchen. Das Prinzip dieser Entwicklungsdiagnostik beruht darauf, daß für die wichtigsten psychomotorischen Funktionen im Säuglingsalter – Krabbeln, Sitzen, Laufen, Greifen, Spielen, Sprachverständnis, Sprechen und Sozialentwicklung – typische Verhaltensweisen aufgestellt werden. Für jeden Lebensmonat wurde für jede Funktion ein Verhalten definiert, das 90 Prozent der gesunden Kinder zu diesem Zeitpunkt beherrschen.

Als Beispiel sei das Krabbelalter angeführt: Bei der Geburt dreht der neugeborene Säugling seinen Kopf zur Seite. Am Ende des 2. Monats hebt er ihn mindestens um 45 Grad 10 Sekunden lang hoch, am Ende des 3. Monats wenigstens eine Minute zwischen 45 und 90 Grad. Am Ende des 4. Monats hat ein Kind einen sicheren Unterarmstütz, am Ende des 6. Monats kann es sich bereits mit gestreckten Armen aufstützen.

Am Ende des 9. Monats robbt es rückwärts und vorwärts, am Ende des 11. Monats krabbelt es auf beiden Händen und Knien.

In ähnlicher Weise wurden auch für die übrigen Funktionen Verhaltensweisen festgelegt, vor allem in der Sozialentwicklung, d. h., wie das Kind auf andere Personen, auf seine Mutter, seine Eltern, schließlich auf sein Spiegelbild reagiert. Näheres über die normale Entwicklung der verschiedenen Funktionen beim Säugling wurde von uns beschrieben in: »Die ersten 365 Tage im Leben eines Kindes«.

Da als Normalwert ein Verhalten bestimmt wurde, das 90 Prozent der Kinder beherrschen, sieht ein normales Entwicklungsprofil in den verschiedenen Funktionen so aus, daß die Werte meist über der 90-Prozent-Grenze des zugehörigen Alters liegen. Der Vorteil dieses Verfahrens liegt darin, daß Rückstände, die den Kinderarzt und Kinderpsychologen sehr interessieren müssen, schon frühzeitig erkannt werden, während beschleunigte Entwicklungen der verschiedenen Funktionen aus der Sicht der Kinderheilkunde und der Kinderpsychologie ganz unwichtig sind.

Mit Hilfe dieser Diagnostik, bei deren Erarbeitung wir die Unterstützung des Bundesministeriums für Jugend, Familie und Gesundheit erhielten, zeigten sich ganz überraschende Ergebnisse: Entgegen einer weitverbreiteten Annahme ließ sich nämlich erkennen, daß die Entwicklung verschiedener Funktionen beim Säugling ganz unterschiedlich verlaufen kann, d. h., ein Säugling ist nicht in seiner Entwicklung entweder voraus oder zurück, sondern er kann in einzelnen Funktionen voraus, in anderen wiederum zurück sein.
Bei Kindern in Massenpflege – das beginnt schon, wenn eine Mutter mehr als Zwillinge gleichzeitig betreuen muß – ließen sich Entwicklungsschäden bei den einzelnen Funktionen feststellen. Sie waren um so größer, je mehr Säuglinge die gleiche mütterliche Person zu betreuen hatte. Von allen Funktionen erwies sich die Sozialentwicklung mit Abstand als die anfälligste, als diejenige, die zuerst und am schwersten geschädigt wurde. Daneben wird auch die Sprachentwicklung des jungen Säuglings schon sehr bald erheblich beeinträchtigt. Der Entwicklungsrückstand beim Deprivationssyndrom betrifft deutlich auch die Spielentwicklung, weniger die Greifentwicklung, am wenigsten noch die sogenannte Grobmotorik, d. h., Kriechen, Sitzen, Laufen.
Abb. 12 zeigt die Gegenüberstellung zweier gleichaltriger Kinder am Ende des ersten Lebensjahres. Das eine Kind wuchs in der Familie auf. Alle seine Funktionen liegen im Durchschnitt zwei Monate über dem Mindestalter-Soll. Das in einem Heim aufgewachsene Kind zeigt einen schweren Rückstand in der Sozial- und Sprachentwicklung, aber auch einen deutlichen Rückstand in der Perzeption und Greifentwicklung. Es ist zu bemerken, daß es sich bei beiden Kindern um völlig gesunde Kinder handelt, bei dem Heimkind nicht etwa um ein Kind mit Sinnesschädigung oder einer sonstigen körperlichen Krankheit.
Es muß darauf hingewiesen werden, daß das Deprivationssyndrom bei Säuglingen und Kleinkindern mit Schädigungen vor allem in der Sprach- und Sozialentwicklung leider nicht mehr nur eine Angelegenheit von Heimen ist, sondern mehr und mehr auch bei Säuglingen in der Familie diagnostiziert werden muß, wenn die Mutter tagsüber arbeiten geht. Die Schäden sind um so schwerer, je häufiger ein Mutterwechsel stattfindet, je jünger das Kind ist und je länger der Verlust einer konstanten mütterlichen Hauptbezugsperson dauert.

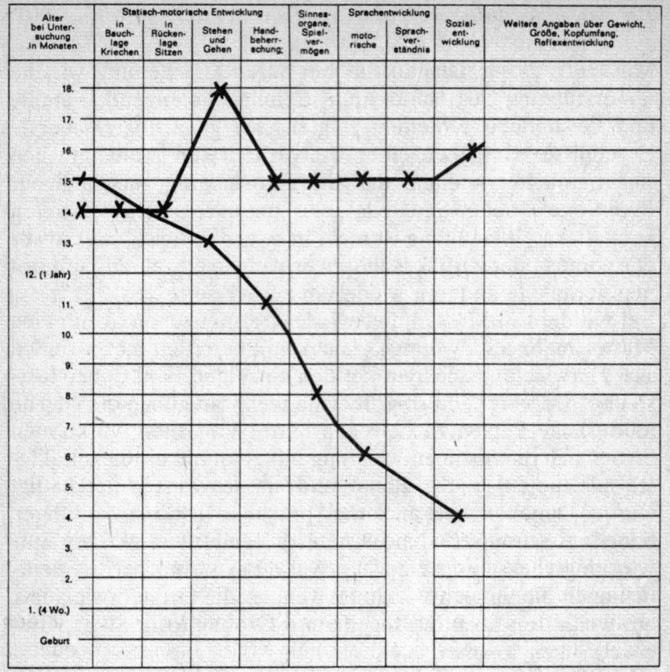

Abb. 12 Unterschiedliche Entwicklung eines Familien-Kindes (obere Linie) und eines »gesunden« Heimkindes (untere Linie). Beachte, wie stark ein gesundes Kind in der Massenpflege, vor allem in seiner Sozial- und Sprachentwicklung, zurückbleibt, wenn seine Pflege und Erziehung nicht durch eine einzige mütterliche Person erfolgt.

Diese Ergebnisse basieren auf der Entwicklungsdiagnostik von mehreren tausend Säuglingen in Heimen, Tagesstätten und in Familien.
Mein ehemaliger Oberarzt und Mitarbeiter Johannes Pechstein hat diese Untersuchungen systematisch fortgesetzt und dabei festgestellt, daß das Zurückbleiben der Sozial- und Sprachentwicklung bei Heimkindern die gesamte zentralnervöse Entwicklung betrifft und sich sogar elektroenzephalographisch nachweisen läßt. Bestimmte Grapho-Elemente zeigen statistisch gesicherte Unterschiede auf zwischen Familien- und Heimkindern in dem Sinne, daß bei Heimkindern mit zunehmendem Alter – d. h. zugleich auch mit zunehmender Dauer

des Heimaufenthaltes – eine verzögerte elektroenzephalographische Entwicklung festgestellt wurde und damit ein Rückstand in der zentralnervösen Entwicklung angenommen werden muß.

Geben Sie Ihr Kind nur im Notfall in fremde Hände!

Viel Schaden ließe sich gewiß verhüten, wenn alle Eltern sich darüber im klaren wären, wie wichtig die frühe Kindheit und insbesondere das erste Lebensjahr für die weitere Entwicklung ihres Kindes sind. Jede Mutter sollte wissen, daß sie ihrem Kind schweren Schaden zufügt, wenn sie es zu einem elternarmen Kind werden läßt. Deshalb sollte sie das Kind nur in echten Notsituationen in fremde Hände geben. Bei der Großmutter oder Tante ist das Kind dann besser aufgehoben als bei einer fremden Pflegeperson, dort aber immer noch besser als in der Massenpflege. Säuglingstagekrippen sind ein schlechter Notbehelf. Aber am wenigsten Zuwendung erhalten Säuglinge, die in Heimen aufwachsen. Auch die mütterlichste Schwester kann vier Säuglingen dort nicht das geben, was jedes Kind so dringend benötigt.
Damit jede Mutter ganz für ihr Kind zur Verfügung stehen kann, wäre es am besten, ähnlich wie in Frankreich oder in Österreich ihre durch nichts zu ersetzende Pflege als Arbeit zu bezahlen. Sonst bleiben Familien mit mehreren Kindern immer sozial benachteiligt. Wissenschaftliche Berechnungen haben ergeben, daß diese Bezahlung der Mütterarbeit nachweislich sogar die rationellste Methode der Kinderpflege darstellt. Wenn aber immer mehr Mütter arbeiten gehen, dann zahlt unsere Gesellschaft letztlich in Fürsorge und Strafvollzug, was sie an der Mütterarbeit zu verdienen glaubte.

Heimkinder bleiben in ihrer gesamten Entwicklung zurück

Zahlreiche Untersuchungen haben gezeigt, welche Schäden für die spätere kindliche Entwicklung entstehen, wenn den Kindern gerade in den ersten Jahren die mütterliche Betreuung fehlt. Schon vor rund fünfzig Jahren machte der deutsche Pädiater M. von Pfaundler die Erfahrung, daß viele Säuglinge trotz aller Fürsorglichkeit in der Massenpflege nicht gedeihen wollten. Er untersuchte daraufhin Säuglinge aus angesehenen,

unter ärztlicher Kontrolle stehenden Münchener Kinderheimen und verglich sie mit Säuglingen aus der städtischen Armenbevölkerung.
Die häuslichen Verhältnisse der in mütterlicher Obhut aufgezogenen Säuglinge waren nachweislich sehr ungünstig. Trotzdem waren diese Kinder in ihrer gesamten Körperbeschaffenheit und in ihrer Widerstandsfähigkeit gegenüber Infektionen weit günstiger gestellt als die Heimkinder. Diese besaßen eine geringere Körperkraft, sie bewegten sich weniger, waren kleiner und zugleich in ihrer geistigen Entwicklung zurückgeblieben. Auch ihr Gesundheitszustand war wesentlich schlechter.
Diese Beobachtungen von Pfaundler wurden in den folgenden Jahren in vieler Hinsicht bestätigt. Es darf heute als gesichert gelten, daß die Schädigungen in der menschlichen Entwicklung um so schwerer sind, je früher und länger die Kinder ihre Mütter entbehren müssen.
Viel Aufsehen erregten Beobachtungen des amerikanischen Kinderarztes René Spitz. Er verglich Säuglinge, die jahrelang in zwei verschiedenen Anstalten untergebracht waren: In einem Frauengefängnis wurden die Kinder von ihren Müttern betreut, und in einem Kinderheim wurden sie in routinemäßiger Massenpflege großgezogen. Wie üblich kam dort je eine Pflegerin auf 8 bis 10 Kinder.
Trotz ausreichender Versorgung traten bei den Heimsäuglingen bereits nach wenigen Wochen und Monaten körperliche Schäden auf. Die Kinder wurden weinerlich und appetitlos, sie verloren bald an Gewicht. Wenn ein Erwachsener in ihre Nähe trat, versuchten sie, ihn mit allen Mitteln auf sich aufmerksam zu machen. Nach einem Zeitraum von fünf Monaten verschlechterte sich der Zustand der Heimkinder bedrohlich. Die allgemeine Beweglichkeit nahm ab, gleichzeitig erstarrte die Mimik der Kinder. Schwere Gewichtsverluste traten auf, und die natürliche Abwehrbereitschaft gegen Infektionen aller Art nahm immer stärker ab. Schließlich starb ein großer Teil der Kinder, ihre Lebenskraft war erschöpft.
Obwohl man annehmen sollte, daß ein Gefängnis der denkbar ungeeignetste Ort für einen Säugling ist, gediehen die Kinder im Frauengefängnis ganz normal. Dieses Beispiel zeigt eindringlich, wie wichtig die liebevolle Zuwendung der Mutter für die gesunde Entwicklung des Kindes ist. Selbst widrige äußere Umstände spielen dagegen nur eine sekundäre Rolle.
Ein interessanter Hinweis für die Notwendigkeit einer auf-

merksamen, individuellen Pflege des Säuglings stammt von dem Baseler Zoologen A. Portmann. Nach seinen Untersuchungen nimmt die menschliche Frühentwicklung in der Natur eine einzigartige Sonderstellung ein. Der junge Mensch erlangt nämlich erst im zweiten Lebensjahr die Reife, die ein seiner Art entsprechendes Säugetier schon zur Zeit seiner Geburt haben müßte. Als zu früh geborener und damit hilfloser Nestflüchtling durchlebt der Säugling seine entscheidende körperliche und geistige Entwicklung außerhalb des Mutterleibes. Die spezifisch menschlichen Reifevorgänge wie das Entstehen der aufrechten Haltung, der Wortsprache oder das Wachsen einsichtigen Handelns wären im Dunkel des Mutterschoßes undenkbar. Sie können sich nur im Kontakt mit einer Sozialumgebung vollziehen – Portmann nannte sie den »sozialen Uterus« –, wie sie in idealer Weise in der Nestwärme einer Familie gegeben ist.

Aus diesem Grunde können sämtliche Institutionen der Massenpflege nur als schlechte Notlösung für Ausnahmesituationen angesehen werden. Das gilt auch dann, wenn sie mit allem Komfort moderner Medizin und Hygiene ausgestattet sind. Es spricht gegen unsere Zivilisation, wenn heute ein so ungeheuer großer Bedarf an derartigen Einrichtungen der Massenaufzucht besteht.

Selbst Tageskrippen, in denen die Säuglinge von ihren berufstätigen Müttern morgens vor der Arbeit wie ein Paket abgegeben und abends wieder abgeholt werden, stellen eine ernste Gefahrenquelle für das körperliche und geistige Gedeihen der Säuglinge dar. Kann sich denn eine Mutter, die abends müde von der Arbeit zurückkehrt, auch nur halbwegs auf ihr Kind konzentrieren? Besonders ungünstig aber sind die Verhältnisse in Säuglingsheimen. Die Forderung der Kinderärzte, daß wenigstens für drei Säuglinge eine Pflegerin zur Verfügung stehen sollte, ist in unserem Lande nicht einmal an Universitätskliniken erfüllt.

Vermutlich wissen die meisten Mütter gar nicht, welch einzigartige Bedeutung sie für das Gedeihen ihres Kindes haben. Viele meinen wahrscheinlich, daß es für ihren noch unverständigen Säugling ganz gleichgültig sei, ob er von einer fremden Person oder von der eigenen Mutter betreut wird. Sonst wäre es völlig unverständlich, daß so viele Mütter ihre Säuglinge tagsüber in fremde Hände geben, ohne daß die Not sie dazu zwingt.

Das Kleinkind ist ein Spiegelbild seiner Umwelt

Auch im Kleinkindesalter ist die Geborgenheit in familiärer Nestwärme für das Wachstum und die Entwicklung des Kindes unersetzlich. In dieser wichtigen Lebensperiode wird weitgehend die Anpassungsfähigkeit für die späteren Jahre bestimmt. Jetzt sammelt das Kleinkind seine ersten Erfahrungen. Von der Mutter ausgehend und in den Schutz der Mutter zurückkehrend, wagt es sich zunächst in die nähere und dann auch in die weitere Umgebung vor. Dabei ist es nun nicht notwendig, ja nicht einmal nützlich, daß die Mutter sich unentwegt um ihr Kind kümmert. Dem Kind genügt das Gefühl ihrer Nähe. Durch immer klarere Wahrnehmungen erobert es selbständig die Außenwelt.
Bis zum Ende des vierten Lebensjahres hat das Kind alle seelischen Grundfunktionen erworben. Dabei kommt ihm seine natürliche Neugier zu Hilfe, die es zwingt, seine Sozialumgebung mit gebannter Aufmerksamkeit zu beobachten. Jede, auch die geringste unwesentliche Bewegung und Gebärde wird erkannt und übernommen. Deshalb stellt das Kleinkind ein Spiegelbild seiner Umwelt dar, und viele Eltern strafen in ihrem Kind nur ihre eigenen Fehler.
Auf der Suche nach den Ursachen von Verhaltensstörungen bei Kleinkindern wendet sich der Arzt aus diesem Grunde in erster Linie den Vorbildern in der familiären Umgebung zu. Es erübrigt sich wohl, die Frage zu stellen: Erlaubt der Tagesablauf in unserer Zivilisation dem Erwachsenen ein solches Gleichmaß der Lebensführung, eine solche Ruhe und Gelassenheit, daß die Eltern noch ein ideales Beispiel für ihre Kinder sein können? Spiegelt sich nicht in der Hyperaktivität, dem häufigsten Übel im Kleinkindesalter, einfach die Unruhe und Nervosität des Großstadtmenschen wider? Aber nur selten ist es dem Erwachsenen bewußt, daß seine Lebensführung die eigentliche Ursache für die übergroße Unruhe seines Kindes darstellt.

Viele Kleinkinder leiden schon an Verhaltensstörungen

Sobald das Kind über den engeren Umkreis des Hauses hinaus Kontakt sucht, zeigt sich besonders eindringlich, daß ihm die Massenzivilisation keinen Platz läßt. Wenn man Tiere in zoologischen Gärten oder auch Haustiere in ihrem Lebensraum allzusehr einschränkt, kommt es zu sogenannten Übersprunghandlungen, das heißt, der natürliche Bewegungsdrang springt auf sinnlose Gewohnheiten über. Das Fingerlutschen, Nägelkauen, Kopfrotieren, Haarausreißen und Sich-Schaukeln vieler Kleinkinder wird von den Psychologen in ähnlicher Weise erklärt.

Mit solchen Verhaltensstörungen reagiert das Kleinkind in der Massenzivilisation auf seine ihm fremde Umwelt. Die eingeschränkten Beziehungen zur menschlichen Gemeinschaft rufen pathologische Gewohnheiten hervor. Diese beweisen nichts weiter, als daß die eigentlich nach außen gerichtete kindliche Aktivität gehemmt ist und sich deshalb auf den eigenen Körper konzentriert.

Der deutsche Kinderarzt von Harnack untersuchte derartige Störungen bei 2400 Schulanfängern in Hamburg. Nicht weniger als 60 Prozent der Kinder litten unter krankhaften Gewohnheiten: Ungefähr 20 Prozent lutschten den ganzen Tag über am Daumen, kauten Nägel oder manipulierten ständig am Kopfhaar oder an anderen Körperpartien. Weitere 20 Prozent versuchten dadurch die Aufmerksamkeit ihrer Umgebung auf sich zu lenken, daß sie Schwierigkeiten beim Essen machten. Bei 20 Prozent der Kinder traten bereits Schlafstörungen auf. Ein Teil litt unter ausgeprägten Anzeichen vegetativer Dystonie. Bei vielen äußerten sich die Verhaltensstörungen in krankhaften Wut- und Trotzreaktionen. (Solche Kinder schlagen um sich, laufen blau an, verdrehen plötzlich die Augen und werden bewußtlos. In höchster Not ruft die Mutter den Arzt. Aber wenn er kommt, ist längst alles vorbei. Ein einziger tiefer Atemzug bringt die Kinder wieder zu sich, und der Anfall ist vorüber – bis zum nächstenmal.)

Akademikerkinder stottern häufiger

Am Institut für Soziale Pädiatrie und Jugendmedizin der Universität München haben wir 1973 in einem Münchener Vorort Häufigkeit, Art und soziale Bedingtheit von Verhaltensstörungen bei 328 Kleinkindern untersucht. Bei 25 Prozent der Kinder wurde das Spielverhalten als motorisch unruhig, bei 19 Prozent als übereifrig und nervös, bei 17 Prozent als sehr unordentlich und bei 9 Prozent als zerstörerisch bezeichnet. 27 Prozent der Kinder hatten Sprechstörungen im Sinne von Stammeln und Lispeln, 12 Prozent stotterten. Bei mehr als

2 Prozent wurde auffälliges Sozialverhalten der Kinder im Sinne von Wutausbrüchen sowie herausfordernder Haltung gegenüber Kindern und Erwachsenen registriert. 30 Prozent der fünf- bis sechsjährigen Jungen und 26 Prozent der vier- bis sechsjährigen Mädchen näßten nachts noch ein. 30 Prozent zeigten pathologisches Daumenlutschen. 7 Prozent der Kinder hatten Tics.

Es scheint bemerkenswert, daß die betreffende Stadtrand-Gemeinde vor München nicht eine für das Land Bayern typische Sozialschichtung aufwies. Es fehlte die Schicht der ungelernten Arbeiter, während Akademiker und Beamte deutlich überrepräsentiert waren. Wir waren sehr erstaunt, herauszufinden, daß stotternde Kinder bei Akademikerkindern mit 20 Prozent weitaus häufiger waren als in den übrigen Schichten mit nur 8 Prozent. Arbeiterkinder wurden als weniger unordentlich bezeichnet als Kinder von Akademikern. Akademikerkinder schreien auch häufiger nachts als Kinder aus den übrigen Schichten. Man gewann den Eindruck, daß die Kinder sozial gehobener Schichten vielleicht inzwischen unter ungünstigeren Verhältnissen aufwachsen als Arbeiterkinder, weil sie vor lauter Leistungsdruck und Lernenmüssen schon als Kleinkinder nicht mehr zum Spielen kommen (Näheres siehe Hellbrügge, Bartl, Brack, Wittrock und Schuh 1974).

Eine der größten Gefahren für die kindliche Entwicklung ist die fortschreitende Auflösung der Familie. Daran ist vor allem die zunehmende Berufstätigkeit der Mütter schuld. Wir müssen uns mit der Tatsache abfinden, daß die Wirtschaft eines hochzivilisierten Industriestaates ohne die Frauenarbeit nicht mehr florieren kann. Aber es gibt doch zu denken, wenn der Prozentsatz der halb- oder ganztägig arbeitenden Mütter von Kleinkindern mit 21 bis 27 Prozent in allen sozialen Schichten fast gleich hoch ist. Eine Ausnahme macht lediglich die Oberschicht, wo »nur« 16 Prozent der Mütter arbeiten.

Da eine Familie ohne Mutter keinem Kind ein echtes Heimatgefühl vermittelt, wird es versuchen, sein Heimweh und seine innere Leere außerhalb des Hauses abzureagieren. Der Erwachsene darf sich nicht wundern, wenn bereits Kleinkinder regelmäßig das Kino besuchen. Bei seinen Untersuchungen in Hamburg stellte von Harnack fest, daß 10 Prozent der Jungen und Mädchen bereits im Alter von 5 Jahren mindestens einmal im Monat ins Kino gingen.

Schlüsselkinder haben es schwerer, in der Schule mitzukommen

Der Verlust der familiären Geborgenheit wirkt sich auch im Schulalter noch stark aus. Nach den Untersuchungen der Arbeitsgemeinschaft für das Gesundheitswesen wuchsen schon 1952 in der Bundesrepublik nur 65 Prozent der Schulkinder in normalen Verhältnissen auf. Bei 14 Prozent war die Ehe der Eltern zerstört, bei 7 Prozent mußte die Mutter tagsüber arbeiten, weil der Vater nicht mehr lebte, bei 14 Prozent waren beide Eltern berufstätig.
Damit hat die Zivilisation eine neue Variante des verlassenen Kindes geschaffen, die Tageswaisen oder Schlüsselkinder. 1952 hatten in Stuttgart von 38 645 Volksschülern 32,4 Prozent, das sind über 12 500 Kinder, tagsüber kein Zuhause. In München wurden 1958 von insgesamt 67 432 Volksschülern 27,3 Prozent, das sind 18 409 Kinder, mittags daheim nicht von ihrer Mutter erwartet. 4833 von ihnen verbrachten den Nachmittag in einem Hort. Aber 13 576 Jungen und Mädchen waren täglich sich selbst oder einer Nachbarin überlassen. Sie haben ihren Hausschlüssel in der Tasche wie Erwachsene, und wenn sie heimkommen, sitzen sie allein am Tisch.
Wie stark unsere Schulkinder auf Situationen des Verlassenseins reagieren, konnten wir bei Untersuchungen über den Einfluß von Märchenfilmen auf die Pulsfrequenz bei sechs- bis zwölfjährigen Kindern beobachten. Die Kinder reagierten auf alle affektbetonten Szenen, die Spannung, Schreck, Freude oder Furcht auslösten, mit einem plötzlichen Anstieg des Herzschlags. Das hatten wir erwartet. Völlig überraschend aber war, daß die höchsten Werte der Pulsfrequenz jeweils dann auftraten, wenn in einer Filmszene Kinder verlassen wurden. Das war zum Beispiel der Fall, wenn Schneewittchen vom Jäger oder Hänsel und Gretel im dunklen Wald von ihren Eltern allein gelassen wurden.
Diese unerwartet heftige Reaktion zeigt deutlich, daß es dem Schulkind keineswegs gleichgültig ist, ob die Mutter es mittags daheim erwartet oder nicht. Das Schlüsselkind fühlt sich von seinen Eltern im Stich gelassen und leidet unter seiner Einsamkeit mehr, als es sich selbst eingesteht.
Die Erwerbstätigkeit der Mutter wirkt sich im allgemeinen hemmend, störend und gefährdend auf die Entwicklung ihrer Kinder aus. Es kommt häufig zu Fehlhaltungen dieser Kinder, die sich insbesondere im sozialen Kontakt und in charakter-

lichen Auffälligkeiten äußern. Auch ihre Schulleistungen sind oft erheblich schlechter als bei Kindern aus intakten Familien.

Durch Fernsehen lernen Kinder Gewalttätigkeit

Auch innerhalb der Familie ist das Kind schweren Gefährdungen ausgesetzt, wenn ihm nicht eine konstante Stabilität mindestens durch die Anwesenheit der Mutter zur Seite steht. Hier ist in den vergangenen Jahren durch das Fernsehen eine bislang noch kaum erkannte Gefahr entstanden. Um dies zu verstehen, muß man wissen, daß Fernsehprogramme aufgrund der Kombination von Sprache und Bewegungsvorgängen eine Faszination auf das Kind ausüben, so daß Fernsehen mit einem hohen Lerneffekt verbunden ist. Außerdem muß man wissen, daß Kinder neues Verhalten vor allem durch die Beobachtung anderer Menschen lernen.
Seit den fünfziger Jahren haben sich Hunderte von Forschungsobjekten mit dem Fernsehen und seiner Wirkung auf die Jugend befaßt. Dabei wurde insbesondere die Frage geklärt, wieviel Gewalt die Kinder im Fernsehen sehen und ob dies einen Einfluß auf ihr Verhalten hat.
Es darf aufgrund der Ergebnisse von Untersuchungen an über 10 000 Kindern aus allen sozialen Schichten in den Vereinigten Staaten als erwiesen gelten,
daß es einen sicheren und sozial bedeutungsvollen Zusammenhang gibt zwischen der Menge der Gewalt, die ein Kind im Fernsehen in den Unterhaltungsprogrammen erlebt, und dem Grad seiner Aggressivität in seinem Verhalten,
daß Brutalitäten in den Unterhaltungsprogrammen des Fernsehens einen ständigen, nicht zu beeinflussenden Beitrag zu den Vorstellungen des Kindes von Gewalt leisten,
daß, je häufiger ein Kind brutalen Sendungen ausgesetzt wird, um so größer seine Bereitschaft ist, selber Gewalt anzuwenden – oder sie zur Lösung eines Konfliktes vorzuschlagen.
Das Beängstigende an diesen Untersuchungsergebnissen war nicht zuletzt die Beobachtung, daß der Lernprozeß, mit dem sich die Kinder Gewalttätigkeit und Brutalität aneignen, nicht nur vorübergehend anhielt, sondern auch nach längerer Zeit noch sicher nachweisbar war. So konnte ermittelt werden, daß die Menge von Fernsehgewalt, die ein neunjähriges Kind erlebt, noch zehn Jahre später im Alter von achtzehn bis neun-

zehn Jahren den Grad seiner Aggressivität beeinflußte (Näheres siehe A. Silbermann, H. Heinrichs, R. Liebert, Th. Hellbrügge und U. Undeutsch).

Es liegt auf der Hand, daß Schlüsselkinder und Kinder, die nicht die Geborgenheit einer sicheren Familie erleben, solchen Einflüssen besonders stark ausgesetzt sind. Es wird aber Zeit, daß die Öffentlichkeit auf diesen ungeheuerlichen Mißstand allmählich nicht nur aufmerksam gemacht wird, sondern daß die Fernsehjournalisten sich mehr ihrer Verantwortung bewußt werden.

Die Aufzeichnung einer einzigen Woche von ARD- und ZDF-Programmen durch den Pädagogen Heribert Heinrichs registrierte 416 Gewaltverbrechen, dabei 108 Tote, 52 schwere Schlägereien, 27 Schießereien, 8 Raubüberfälle. Es gab Faustattacken, Brandstiftungen, Folterungen, Einbrüche, Plünderungen, Erpressungen, Knebelungen, Entführungen, Erwürgungen, brutales Vorgehen gegen Frauen und Kinder etc.

Diese Ergebnisse wurden in der Zeitschrift *Eltern* als Dokumentation der Öffentlichkeit übergeben. Aber die Fernsehintendanten meinten dazu lediglich, daß diese Zählung nicht »wissenschaftlich« sei. Es ist unverständlich, daß der Intendant des Hessischen Rundfunks, der Theologe Hess, lediglich lakonisch bemerkte, »das Thema ist vor allem durch die Leichenzählung von Professor Heinrichs ausgelöst worden, der dafür einiges Gelächter geerntet hat, weil einem Wissenschaftler eine derartig undifferenzierte Behauptung nicht unterlaufen darf«.

KAPITEL 9

Die Chancen der Heimkinder im Lebenskampf sind gleich Null

In seinem ausgezeichneten Film *Somatic consequences of emotional starvation in infants (Die somatischen Folgen des seelischen Verhungerns bei Kindern)* zeigt René Spitz die unterschiedliche Entwicklung von Kindern aus einem Heim, wo eine Schwester acht Säuglinge zu versorgen hat, und von Kindern, die in der Familie oder im Heim eine persönliche, individuelle Pflege erhalten.

Nach den Beobachtungen des amerikanischen Forschers beantwortet ein gesunder Säugling im Alter von drei Monaten den Anblick eines menschlichen Gesichts mit einem Lächeln. Wesentliche Bedingung hierfür ist aber, »daß ihm das Gesicht frontal zugewendet wird und daß er beide Augen des Partners sehen kann. Außerdem muß das Gesicht des Partners in Bewegung sein. Es ist dabei ziemlich gleichgültig, ob diese Bewegung in einem Lächeln, einem Kopfschütteln oder in etwas anderem besteht. Mit drei Monaten kann dieselbe Reaktion beim Säugling durch keinen anderen Reiz, einschließlich Nahrungsaufnahme, hervorgerufen werden.«

Das Lächeln auslösende Signal des Menschenantlitzes wird durch eine Gestalt hervorgerufen, die sich aus Stirn, Nase und Augenpartie zusammensetzt. Es ist möglich, ein gleiches Lächeln des Kindes durch eine sich bewegende Gesichtsmaske auszulösen. Die leiseste Abwendung aber, schon das Zeigen des Profils, läßt das Lächeln des drei Monate alten Säuglings erstarren. Sensible Kinder scheinen dabei sogar eine Art Schock zu erleiden.

René Spitz zeigt nun in seinem Film, daß ein Heimkind im Alter von acht Monaten nicht mehr auf das Vorhalten einer Maske reagiert. Es ist auf die Entwicklungsstufe eines noch nicht einmal drei Monate alten Kindes zurückgefallen. Träge liegt es auf dem Rücken und zeigt keinerlei Interesse für seine Umwelt.

Ganz anders verhält sich ein gleichaltriges Kind, das in einer Familie aufwächst. Es ist außerordentlich beweglich und voller Aktivität. Flink greift es nach der Maske und ruht nicht eher, als bis es dieses »Gespenst« auch von hinten angeschaut und mit dem Mund analysiert hat.

Ein anderes acht Monate altes Heimkind, dem sich ein Erwach-

sener freundlich lächelnd nähert, starrt mit fixiertem Blick immer in die gleiche Richtung. Schließlich antwortet es auf freundliches Zunicken mit einem Lächeln. So würde ein gesundes Kind von drei Monaten reagieren. Ein normal entwickeltes Kind im Alter von acht Monaten ist dagegen kaum imstande, sich so ruhig zu verhalten. Es untersucht alle Gegenstände, deren es habhaft werden kann. Unentwegt wechseln sein Gesichtsausdruck und seine Körperhaltung.
Ein Heimkind von achteinhalb Monaten fällt durch seinen ängstlichen Gesichtsausdruck auf. Wenn man ihm freundlich zulächelt, antwortet es nur mit einem stereotypen, negativistischen Kopfschütteln. Das zwei Wochen jüngere Kind, das von seiner Mutter betreut wird, schaut bereits gespannt zu, wenn man sein Spielzeug unter einer Windel versteckt, und holt es selbständig wieder hervor.
Ein zehneinhalb Monate altes Heimkind hat bereits den Zustand tiefer Resignation erreicht. Es ist völlig apathisch geworden. Seine Finger vollführen bizarre Bewegungen. Sonst verharrt es regungslos. Wenn ein Erwachsener das Kind freundlich anspricht, reagiert es überhaupt nicht. Das gleichaltrige Kind aus dem Familienmilieu macht dagegen die Bewegungen des Erwachsenen nach und beschäftigt sich aktiv mit seinen Spielsachen.
In einem jämmerlichen Zustand befindet sich ein anderes Heimkind. Es ist ein Jahr und drei Monate alt und körperlich gesund. An Nahrung und Pflege bestand kein Mangel. Das Kind sitzt resigniert in einer Ecke und jammert hilflos vor sich hin. Es nimmt nicht den geringsten Anteil an seiner Umwelt.
Eindringlich beweist der Zustand all dieser im Film gezeigten Heimkinder, wie sehr der Mangel an liebevoller Zuwendung die gesamte menschliche Entwicklung hemmt. Es liegt auf der Hand, daß solche Kinder gegenüber Infektionskrankheiten völlig schutzlos sind.

Infektionen kann die moderne Kinderheilkunde erfolgreich bekämpfen

Die schwerwiegenden Entwicklungsschäden bei Heimkindern werden schon seit langem wissenschaftlich erforscht. Unter dem Begriff Hospitalismus verstand man früher in erster Linie das akute Sterben von Säuglingen in den Findelanstalten. Die Bekämpfung dieser Sterblichkeit wurde zu Grundlage der

modernen Kinderheilkunde. Sie führte letztlich zu einem einzigartigen Triumph unseres Fachs in diesem Jahrhundert, der an dem Rückgang der Säuglingssterblichkeit von über 20 Prozent auf unter 2 Prozent sichtbar gemessen werden kann.
Als entscheidende Ursache für den Hospitalismus wurde die Ausbreitung von Infektionen in der Massenpflege erkannt. Die Beachtung der Asepsis, die Isolierung der Kinder in Boxen, die Verbesserung der Milchhygiene schufen die Voraussetzungen dafür, daß das Massensterben in den Säuglingsheimen ein Ende nahm. Dadurch wurde das Betreiben von Kinderheilkunde in Anstalten und auch in Kliniken überhaupt erst möglich.
Bei der hohen Sterblichkeit in den älteren Säuglingsanstalten war Hospitalismus praktisch gleichzusetzen mit infektiösem Hospitalismus. Es ist deshalb richtig, daß der Begriff Hospitalismus heute fast nur noch für die Infektionen in Spitälern, vor allem in chirurgischen Krankenhäusern, verwendet wird.

Aber gegen die psychischen Schäden von Heimkindern gibt es kein Patentrezept

Neben der Massensterblichkeit in Säuglingsheimen waren schon immer auch chronische Verlaufsformen des Hospitalismus bekannt. Allerdings konnten sie früher, als es noch keine wirksamen Mittel gegen die Infektionen gab, nur selten beobachtet werden. Pfaundler sprach bereits vor fünfzig Jahren von »Massenpflegeschäden, die schon ihren Anfängen und ihrer ganzen äußeren Erscheinungsform nach bestimmt nichts mit Infektionen oder deren landläufigen Formen zu tun haben«.
Diese chronische Verlaufsform des Hospitalismus verändert die gesamte Konstitution des Kindes. Schon 1915 hat von Pfaundler in Döderleins *Handbuch der Geburtshilfe* diesen typischen Massenpflegeschaden bei Säuglingen eingehend geschildert. Die Beschreibung ist so charakteristisch, daß sie auch heute noch nichts von ihrer Gültigkeit verloren hat. Jeder, der den Jahrzehnte später gedrehten Film von René Spitz über den Verlauf des Massenpflegeschadens sieht, findet in den Darstellungen die klassische Schilderung des Kinderarztes von Pfaundler bestätigt. In dem folgenden Zitat kennzeichnet von Pfaundler die typischen Phasen des chronischen Hospitalismus bei Säuglingen:

1. Phase: Unruhe. »Säuglinge, die in das Spital eingeliefert werden, verhalten sich hier am Anfang so, wie es die Physiologie ihrer Entwicklungsperiode oder die Pathologie des betreffenden Leidens annehmen läßt. Geht dies mit Beschwerden einher, so sind die Kinder unruhig, erfordert es Karenz oder Einschränkung der Nahrung, so sieht man sie gleich Hungernden sich benehmen.
Treten fremde Menschen an ihr Lager und manipulieren sie an ihnen, wie es die ärztlichen Untersuchungen erfordern, so werden sie ängstlich oder unwillig etc. In einer großen Zahl von Fällen gelingt es, der Störung Herr zu werden, und man erwartet, daß eine Rekonvaleszenz eintrete und die Kinder nach überstandener Krankheit wieder aufblühen.«

2. Phase: Resignation. »Doch darauf wartet man vergebens. Die Säuglinge werden zwar ruhiger, doch nicht aus besserem Behagen, sondern weil sie die Fruchtlosigkeit ihrer Äußerungen erkannt und angefangen haben, auf äußere Einflüsse aller Art weniger zu reagieren. Man findet diese Kinder öfters wach als schlafend.
Tritt man an das Bett heran, so wenden sich die Augen wohl noch dem Beschauer zu, doch weder mit dem latenten Lächeln des gesunden noch mit der ängstlichen oder schmerzhaft angespannten Miene des kranken Kindes, sondern mit einem indifferenten, resignierten, wie in Ernst und Trauer erstarrten Blick. Rumpf und Glieder liegen ziemlich regungslos auf der Unterlage. Auch wenn man das Kind aufdeckt oder entkleidet, gewahrt man keine lebhaften und kraftvollen Bewegungen der Glieder, sondern träge und unsichere.«

3. Phase: Verfall. »Man steht einem körperlichen Verfall gegenüber, der sich in außergewöhnlicher und stabiler Blässe, Schlaffheit und Welkheit der Haut und des Unterhautfettes, in Elastizitätsverlust bei scheinbar oft vermehrtem Muskeltonus ausdrückt. Dieser Verfall ist nicht etwa als Zeichen eines chronischen Milch- oder Mehlnährschadens oder einer Organerkrankung bestimmter Art anzusehen. Man erkennt ihn oft, bevor die Gewichtskurve ihn anzeigt.
Von diesem Stadium an macht sich die schwerste Form des Hospitalismus bemerkbar, nämlich die völlige Widerstandslosigkeit gegen infektiöse Schäden. In diesem Zustand des Hospitalismus steht der Körper außerhalb aller in alter und

neuer Zeit aufgestellten Gesetze für das Verhalten seiner Funktionen; ein Gesetz allein behält seine Gültigkeit, das Gesetz des unaufhaltsamen Verfalls.«

Kinder ohne Mutterliebe verkümmern

Wie groß die Bedeutung der Familie ist, kann keine andere Wissenschaft besser beweisen als die Medizin, insbesondere durch ihre härteste statistische Aussage: die Sterblichkeit. In allen überschaubaren Bevölkerungsstatistiken der Welt ist abzulesen, daß die Sterblichkeit der unehelichen Kinder vor der Geburt, um die Geburt und auch nach der Geburt größer ist als die der ehelichen Kinder. Auch der im Jahre 1975 herausgegebene Bericht der deutschen Bundesregierung über die Situation der Kinder in unserem Lande bestätigt erneut, daß die Säuglingssterblichkeit der unehelichen Kinder doppelt so hoch ist wie die der ehelichen Kinder.
Die Sterblichkeit als solche ist aber lediglich jener Teil des Eisberges, der über der Wasseroberfläche für jedermann erkennbar ist. Der größere, schlecht meßbare Teil dieses Eisberges unter Wasser läßt sich kaum durch statistische Daten erfassen. In diesen Bereich gehört auch das Deprivationssyndrom und seine Folgen.
Über die Folgen des Deprivationssyndroms existieren in Deutschland kaum irgendwelche Arbeiten. Das liegt zum Teil daran, daß durch das Reichsjugendwohlfahrtsgesetz die Betreuung der Heimkinder ausschließlich Aufgabe der Jugendämter wurde, also medizinischer Laien. Die Beurteilung der Entwicklung des Säuglings ist aber in erster Linie Sache der Kinderheilkunde. Da zur Zeit beim überwiegenden Teil unserer Säuglinge in Tagesstätten und Heimen aber nicht einmal der Entwicklungsrückstand diagnostiziert wird, ist es verständlich, daß über die späteren Folgen kaum etwas bekannt ist.
Einige Anhaltspunkte über die Folgen des Deprivations-Syndroms sind in dem Buch *Vom Säugling zum Kleinkind* von René Spitz erwähnt. Hier wird darauf hingewiesen, daß es für das Kind relativ günstig ist, wenn »man ihm innerhalb von drei bis fünf Monaten das Liebesobjekt wiedergibt«. Spitz hat aber gleichzeitig auch festgestellt, daß es erst sehr viel später zu erkennen sei, ob »emotionale Störungen mit bleibenden Folgen eingetreten sind«. Es bleibt also offen, ob die Besserung eines Deprivationssyndroms auch schon seine Heilung bedeutet.

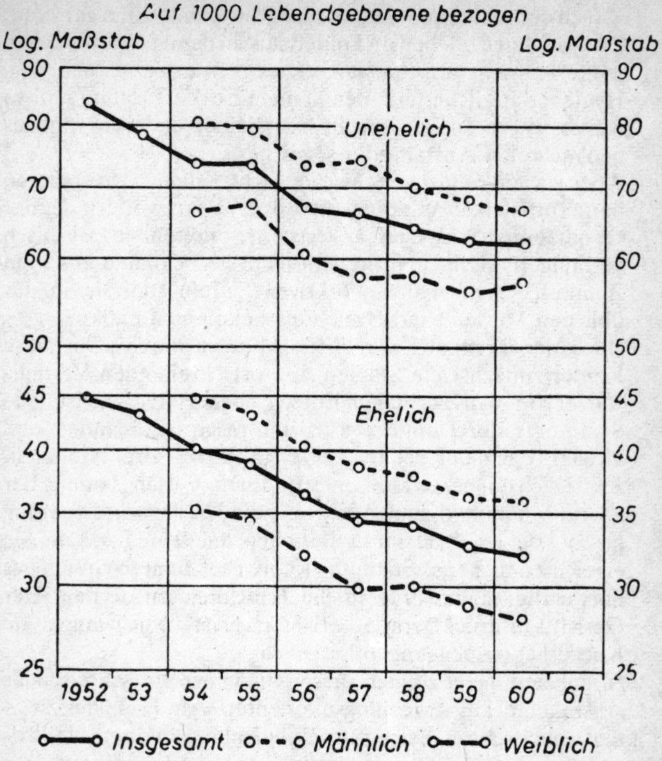

Abb. 13 Die Sterblichkeit der Säuglinge ohne Familie ist wesentlich höher als die Sterblichkeit ehelicher Kinder.

In einem außerhalb der USA gelegenen Findelhaus hat René Spitz an 91 Säuglingen beobachtet, wie sich der totale Verlust von Liebe und Zuwendung auf die Kinder auswirkte. Während der ersten drei Monate wurden die Säuglinge noch von ihren eigenen Müttern oder von einer der anderen Mütter gestillt, falls die eigene Mutter des Kindes nicht anwesend war. In dieser Zeit wirkten die Säuglinge nicht anders als der Durchschnitt der Familienkinder in der gleichen Stadt. In Testergebnissen wiesen sie den gleichen Entwicklungsstand auf wie die Säuglinge aus normalen Familien. Die weitere Entwicklung schildert Spitz mit folgenden Worten:

»Nach dem dritten Monat wurden Mutter und Kind getrennt. Die Säuglinge blieben im Findelhaus, in dem sie körperlich in jeder Hinsicht angemessen versorgt wurden. Ernährung, Hygiene, ärztliche und medikamentöse Versorgung und so weiter waren so gut wie in irgendeiner anderen von uns beobachteten Anstalt oder sogar besser.

Aber da eine einzige Schwester acht Kinder zu versorgen hatte (offiziell, in Wirklichkeit waren bis zu zwölf Kinder der Obhut einer Schwester anvertraut), mußten sie psychisch verhungern. Drastisch ausgedrückt, sie bekamen etwa ein Zehntel der normalen affektiven Zufuhr, die sie in der üblichen Mutter-Kind-Beziehung bekommen hätten.

Nach der Trennung von ihren Müttern durchliefen diese Kinder zunächst die Stadien des fortschreitenden Verfalls, wie er für den partiellen Entzug charakteristisch ist. Die Symptome der Depression folgten rasch aufeinander, und alsbald, nach der relativ kurzen Zeit von drei Monaten, zeigte sich ein neues klinisches Bild: Die Verlangsamung der Motorik kam voll zum Ausdruck, die Kinder wurden völlig passiv, sie lagen in ihren Bettchen auf dem Rücken. Sie erreichten nicht das Stadium motorischer Beherrschung, das notwendig ist, um sich in die Bauchlage zu drehen. Der Gesichtsausdruck wurde leer und oft schwachsinnig, die Koordination der Augen ließ nach.

In unseren Tests zeigten diese Kinder ein fortschreitendes Absinken des Entwicklungsquotienten. Am Ende des zweiten Lebensjahres betrug ihr Entwicklungsquotient 45 Prozent der Norm. Das entspricht der Stufe des Idioten. Wir haben diese Kinder in größeren Abständen bis zum Alter von vier Jahren weiterbeobachtet. Sie konnten bis zu diesem Zeitpunkt mit wenigen Ausnahmen weder sitzen, stehen, laufen noch sprechen.«

Die von René Spitz beschriebenen Beobachtungen machen es wahrscheinlich, daß für die Folgen des Deprivationssyndroms der Zeitpunkt der Schädigung offenbar eine große Rolle spielen muß. In bestimmten Entwicklungsphasen ist der Säugling augenscheinlich besonders empfindlich für ganz bestimmte Schädigungen:

Im ersten Stadium reagiert das Kind mit heftigem Protest gegen die Trennung von der Mutter. Etwas später weist es alle Erwachsenen zurück, die an sein Bettchen treten. Dann nimmt sein allgemeines Interesse an der Umwelt deutlich ab. Das Kind

wird apathisch. Zugleich treten Schwierigkeiten bei der Ernährung auf. Einige Kinder weisen die Nahrung zurück, andere bekommen einen pathologischen Appetit. In der gesamten Entwicklung des Kindes treten jetzt Rückfälle auf, bei der Sprachfähigkeit, beim Laufen, der Fingerfertigkeit und der Sauberkeit.
Der englische Psychologe H. R. Schaffer hat darauf aufmerksam gemacht, daß Säuglinge, die über sieben Monate alt sind, vor allem soziale und emotionale Reaktionen zeigen, wenn man sie von der Mutter trennt. Sie weinen, haben Angst vor Fremden und klammern sich verzweifelt an die Mutter. Sind die Kinder dagegen noch nicht sieben Monate alt, so neigen sie mehr zu somatischen Störungen. Sie zeigen eine extreme Befangenheit gegenüber ihrer Umgebung.
Bowlby beobachtete Kinder, die bereits über zwölf Monate alt waren, als sie aus ihrer vertrauten Umgebung gerissen wurden. Bei ihnen kam es vor allem zu Störungen in den zwischenmenschlichen Beziehungen. Ihre physischen und intellektuellen Fähigkeiten wurden dagegen weniger betroffen.

Jugendkriminalität – eine Folge frühkindlicher Vernachlässigung

Während alle diese Untersuchungen mehr Schädigungen in den ersten Lebensjahren betreffen, wurde vereinzelt versucht, die Folgen einer langzeitlichen Trennung von der Mutter im Säuglings- oder Kleinkindesalter zu klären. Bei diesen Studien wurde übereinstimmend festgestellt, daß eine mangelnde Zuwendung vor allem in der ersten Lebenszeit später zu schweren charakterlichen Fehlentwicklungen führen kann.
Besonders gefährlich sind die inzwischen gesicherten Zusammenhänge zwischen der zunehmenden Asozialität und Kriminalität und einer im frühen Kindesalter unterbrochenen Mutterbindung. Wir wissen heute, daß der Verlust einer liebevollen, individuellen Betreuung in den ersten vier Lebensjahren eine der Hauptursachen für die ansteigende Jugendkriminalität ist.
Nach Untersuchungen in Schweden kamen von insgesamt 1500 kriminellen Jungen und 2000 kriminellen Mädchen über 60 Prozent aus zerrütteten Familien. Auch bei uns in der Bundesrepublik stammt der überwiegende Teil der Fürsorgezöglinge aus nicht intakten Familien. 1960 kamen 70 Prozent aller Kinder, die in Fürsorgeerziehung standen, aus ungeord-

neten Verhältnissen: 21 Prozent von ihnen waren Halbwaisen, 22 Prozent waren uneheliche Kinder und 11 Prozent stammten aus geschiedenen Ehen. Zwei Jahre später sah das Bild so aus: 66 Prozent aller Fürsorgezöglinge kamen aus unvollständigen Familien, 27 Prozent waren uneheliche Kinder, 14 Prozent waren Waisen oder Halbwaisen und 24 Prozent stammten aus aufgelösten Familien.
Die zunehmende Kriminalität der Jugend bedeutet eine ernste Bedrohung für unsere gesamte Gesellschaft. Der enge Zusammenhang zwischen fehlender Familie in der Kindheit und einem späteren Abgleiten in die Kriminalität sollte deshalb jedem zu denken geben. Die Situation unserer Kinder in der modernen Massenzivilisation ist schon schwierig genug. Selbst in einer normalen Familie lassen sich heute Schädigungen der Kinder durch Raumenge und hektische Lebensführung nicht immer ganz vermeiden. Aber jede Mutter sollte ihrem Kind nach Möglichkeit das Schicksal eines Heimkindes ersparen.

Wen hat Ihr Kind am liebsten?

Vor wenigen Jahren machte der tschechische Pädiater J. Dunovsky einen höchst interessanten Versuch. Er legte zwei Gruppen von Kindern die Frage vor: »Wen von deiner Familie hast du am liebsten?« In jeder Gruppe befanden sich 21 Kinder. Die Mitglieder der ersten Gruppe waren seit frühester Kindheit in Heimen aufgewachsen. Die Kinder der zweiten Gruppe dagegen stammten aus ganz normalen Familien.
Das Ergebnis war erschütternd. Neun Heimkinder – das sind fast 40 Prozent – erklärten, daß sie »niemanden« am liebsten hätten. Ein Heimkind konnte die Frage überhaupt nicht beantworten. Es sagte einfach: »Ich weiß nicht.« Und nur ein einziges Kind aus dem Heim nannte an erster Stelle seine Mutter.
Ein völlig anderes Bild ergab sich in der Vergleichsgruppe. Hier sprachen sich alle Kinder ohne Ausnahme für ein Mitglied der Familie aus. Elfmal wurden beide Eltern genannt, viermal die Mutter, viermal Geschwister, und zwei Kinder hatten alle Familienmitglieder gleichermaßen lieb (vgl. Tabelle 4).
Wohl jeder wird sich hier die Frage stellen: Wie soll es derartig unglücklichen und entwurzelten Kindern jemals im späteren Leben gelingen, eine echte, natürliche Bindung zu einem anderen Menschen aufzubauen? Aber wer könnte es wagen, diese Frage optimistisch zu beantworten?

Antwort	Kinder a. Kinderheimen Insgesamt	Davon mit einem IQ von weniger als 80	Kinder a. Familien Insgesamt	Davon mit einem IQ von weniger als 80
Die Mutter	1	–	4	3
Beide Eltern	–	–	11	4
Die Geschwister	8	4	4	3
Alle	1	1	2	2
Niemand	9	7	–	–
Weiß nicht	1	–	–	–
Freunde	1	1	–	–
Insgesamt	21	13	21	12

Tab. 4 Ergebnis der Befragung: »Wen von deiner Familie hast du am liebsten?«, bei 21 Heimkindern und 21 Kindern aus der intakten Familie.

Im Lebenskampf sind die Chancen der Heimkinder gleich Null

In unseren Tagen ist viel die Rede von der Chancengleichheit für alle Kinder. Man denkt dabei hauptsächlich an ihre Ausbildung: Kindern aus sozial schlechter gestellten Schichten soll der Zugang zu Oberschulen und Gymnasien erleichtert werden. Wie steht es aber mit der Chancengleichheit für Heimkinder? Ihre Startbedingungen sind extrem ungünstig. Selbst für das siebte Kind aus der intakten Familie eines Hilfsarbeiters bestehen noch wesentlich bessere Zukunftsaussichten.
Durch den engen Kontakt zu Eltern und Geschwistern in der frühesten Kindheit wird die Entwicklung der Intelligenz wesentlich gefördert. Beim Heimkind aber verkümmern selbst überdurchschnittlich gute Anlagen. Seine psychische Isolierung, der Mangel an Kontakt und Zuneigung drängen das Kind in Passivität und Apathie. Es ist höchst unwahrscheinlich, daß es jemals einen besonderen Platz in der Gesellschaft ausfüllen kann. Häufig sind Gefängnisse, Heilanstalten und Bordelle die Endstationen seines tristen Lebensweges.
Diese traurige Bilanz wird durch neuere Untersuchungen im deutschsprachigen Raum bestätigt. 1958 hat die deutsche Kinderärztin Annemarie Dührssen die Entwicklung von 150 Kindern beobachtet. Ein Teil von ihnen war im Elternhaus

aufgewachsen, andere Kinder kamen aus Heimen, und ein Teil war in Pflegefamilien groß geworden. Die Heimkinder waren in ihrer gesamten Leistung gegenüber den Pflegekindern, aber erst recht gegenüber den Kindern aus Familien erheblich zurückgeblieben. Sie zeigten eine auffällige Schwerfälligkeit, Apathie und sogar Abwehr gegen Leistungsanforderungen.
Vor allem war die Abstraktionsfähigkeit der Kinder betroffen. Sie erwies sich als besonders geschädigt, wenn die Kinder schon sehr früh in ein Heim gekommen waren. Die Intelligenz aller Heimkinder war während der Schulzeit deutlich geringer als bei den anderen Kindern. Das wirkte sich sogar so stark aus, daß nur ein kleiner Teil der Kinder aus den Heimen überhaupt den altersgemäßen Anforderungen gewachsen waren.
Am Schwabinger Kinderkrankenhaus in München hat der Pädiater Loeber die Entwicklung von 50 Heimkindern mit der von 50 Familienkindern verglichen. Dabei stellte sich heraus, daß die Heimkinder einen durchschnittlichen Entwicklungsrückstand von über 20 Prozent aufwiesen. Ganz besonders war die Sprachentwicklung betroffen. Die Rückstände erstreckten sich ebenso auf die Funktionen der Intelligenz und des Gedächtnisses wie auf die statische, manuelle und soziale Entwicklung. Die Kinder waren desto weiter in der gesamten Entwicklung zurückgeblieben, je früher sie von den Müttern getrennt worden waren und je länger sie im Heim gelebt hatten. Viele wiesen zudem schwere Verhaltensstörungen auf.
Diese Beispiele zeigen, daß ein deutlicher Zusammenhang zwischen dem Mangel an Mutterliebe und der Hemmung der Intelligenzentwicklung besteht. Ein ähnliches Ergebnis zeigt auch eine größere Studie des Münchener Pädagogen Otto Speck aus dem Jahre 1956. Er untersuchte darin die Auswirkungen der mütterlichen Erwerbstätigkeit auf die Leistungen des Schulkindes. Im Schnitt waren die Schulleistungen der betroffenen Kinder ganz erheblich schlechter als die von Kindern aus normalen Familien. Außerdem wiesen die Kinder auch in ihrem Charakterbild mehr negative Züge auf als ihre Altersgenossen. Häufig hatten sie Schwierigkeiten im sozialen Kontakt zu ihrer Umwelt.
Die anfangs genannten ungünstigen Startbedingungen gelten also nicht allein für Heimkinder, sondern auch für unsere Schlüsselkinder, die Waisen der Technik.

Bei all diesen Untersuchungen ist ein Einwand schwer zu widerlegen: Es wird vielfach behauptet, daß Kinder aus Heimen schon deswegen benachteiligt sind, weil sie in der Regel aus schlechteren sozialen Schichten stammen und ein entsprechend negatives Erbgut aufweisen. Derartige Zusammenhänge lassen sich tatsächlich auf Anhieb leicht aufdecken. Trinker kommen oft aus Familien, in denen schon die Eltern dem Alkohol verfallen waren. Kinder in Heimen haben vielfach Mütter, die bereits kriminell geworden sind und in Gefängnissen leben. Der Gedanke ist daher nicht so leicht von der Hand zu weisen, daß hier eine Kette eines irgendwie geschädigten Erbgutes vorliegen müsse. Deshalb scheinen die körperlichen, geistigen und sozialen Störungen bei Heimkindern doch in erster Linie in ihrer Erbmasse begründet zu sein, selbst wenn man die ungünstige Massenpflege dabei berücksichtigt.
Aber schon einige ältere pädiatrische Arbeiten zeigten, daß die Erblichkeit bei diesen Kindern doch wohl nur eine scheinbare ist. Für die Schädigungen dürften hauptsächlich die Nachteile der Massenpflege in Betracht kommen. Für diese Annahme sprechen insbesondere Untersuchungen, in denen Heimkinder mit Familienkindern verglichen wurden.
Solche Untersuchungen hat bereits 1925 von Pfaundler bei Münchener Säuglingen angestellt. Die Kinder kamen zum Teil aus »unter ärztlicher Kontrolle stehenden Münchener Säuglingsheimen«, zum Teil aus »dem proletarischen Milieu der städtischen Armenbevölkerung«. Trotz sehr ungünstiger häuslicher Verhältnisse und der absichtlich negativen Auslese des sozialen Milieus hatten sich die Familienkinder wesentlich besser entwickelt als die Heimkinder. Das zeigte sich vor allem »hinsichtlich der Körperkraft, Bewegungsform, statischer, dynamischer, selbst geistiger Leistung, Blick, Farbe, Frische und so weiter«. Die Anstaltskinder waren viel öfter krank. Ihre Sterblichkeit lag weit höher als bei den Kindern aus den Familien der Armenbevölkerung.
Auch unsere eigenen Untersuchungen an Säuglingen und Kleinkindern in verschiedenen Heimen des Bundesgebiets und in Westberlin führten zu einem ähnlichen Ergebnis. Dabei möchte ich vor allem unsere Beobachtungen bei Säuglingen hervorheben, deren Mütter ohne jeden Zweifel aus einem

asozialen Milieu stammten. Sie hatten sich auch durch ihr Verhalten bereits als asozial ausgewiesen. Es handelt sich um Säuglinge, deren Mütter in Frauengefängnissen und Fürsorgeheimen lebten, als sie ihre Kinder zur Welt brachten.
Auf unsere Anregung hin wurden die Säuglinge bei ihren Müttern gelassen. Es zeigte sich, daß sie sich bis zum Kleinkindesalter körperlich, geistig und sozial völlig normal entwickelten. Im Gegensatz hierzu erlitten diejenigen Säuglinge, die von ihren Müttern frühzeitig getrennt wurden, erhebliche Entwicklungsschäden. Hierzu bildeten auch die Kinder keine Ausnahme, deren Eltern den sogenannten gehobeneren sozialen Schichten angehörten.
Mein ehemaliger Mitarbeiter Johannes Pechstein hat die Entwicklung dieser »Gefängnis-Säuglinge« verfolgt und vergleichende Untersuchungen an weiteren 40 Säuglingen und Kleinkindern in Frauengefängnissen sowie in Spezialheimen für Mutter und Kind durchgeführt, in denen die Kinder einzeln mit ihren Müttern untergebracht waren bzw. zusammen mit anderen Erwachsenen aufwuchsen. Bei allen diesen Kindern waren in der neuromotorischen wie in der Sprachentwicklung in keinem Fall Rückstände nachzuweisen, die mehr als 10 bis 20 Prozent betrugen. Entsprechende Befunde wurden auch bei Kindern erhoben, deren Mütter aus schwergefährdetem Sozialmilieu stammten, die aber zusammen mit ihren Müttern in einem Spezialheim untergebracht waren. Diese Kinder entwickelten sich praktisch altersgemäß.
Pechstein hat aus diesen Untersuchungen die richtige Schlußfolgerung gezogen, daß als Grundursache der Entwicklungskrankheit der Kinder in den Säuglingsheimen das Fehlen einer genügenden personalen Zuwendung durch einen Erwachsenen und der davon ausgehenden Sinnesreize und zentralnervösen Lernprozesse angesehen werden muß. Die schwerwiegenden Folgen dieses Mangels belegen gleichzeitig, in welch erstaunlicher Weise das junge Kind auf solche äußeren Entwicklungsreize angewiesen ist.
Dies gilt in besonderer Weise auch für die Sprache des Menschen. Sie kann offenbar – wie vor allem die tschechische Kinderärztin Marie Damborska nachwies – »überhaupt nur über eine bestimmte erwachsene Person genügend angeregt werden.«
Wenn also der Eindruck entstehen sollte, daß Heimkinder und der ihnen eigene schwere Entwicklungsrückstand erblich bedingt seien, weil schon die Eltern bzw. die Mütter aus sozial

entgleisten Bevölkerungsschichten stammen, dann muß man hierzu feststellen, daß sich exogene Schäden der frühen Kinderjahre auch in der nächsten Generation fortpflanzen in dem Sinne, daß eine Mutter, deren Sozialität in den ersten Lebensjahren durch die Großmutter nicht oder nicht genügend geprägt wurde, von vornherein in der Entwicklung auch ihrer Mütterlichkeit beeinträchtigt ist. Daraus folgt für die Gesellschaft, daß Heimkinder vermutlich wieder Heimkinder zeugen werden, wenn es uns nicht gelingt, Säuglings- und Kleinkinderheime aufzulösen.

Bernhardiner und Masthähnchen kann man züchten, aber Kinder nicht

1946 wurden mir als jungem Assistenten der Universitäts-Kinderklinik in einer Mütterberatung in München sechs auffallend hübsche Kleinkinder vorgestellt. Sie waren zwischen eineinhalb und zwei Jahren alt, alle blond und blauäugig und körperlich äußerst wohlgestaltet. Bei näherem Zusehen stellte sich indessen heraus, daß noch keines der Kinder laufen konnte, einige konnten kaum sitzen. Sie waren nicht imstande, mit dem Löffel zu essen oder zu sprechen, sie konnten vor allem nicht lachen. Wenn man sie ansprach, weinten sie.

Diese Säuglinge entstammten ausgesuchten Bevölkerungskreisen. Sie waren in Heimen einer Organisation groß geworden, die nur Kinder aufnahm, deren Eltern und Großeltern Erbgesundheitszeugnisse ohne jeden Makel vorlegen konnten. Schon der geringste körperliche Mangel, etwa leichte Augen- oder Ohrenschädigungen, war ein Grund, die Kinder nicht aufzunehmen.

Es war nicht ganz einfach und dauerte Jahre, bis es uns gelang, die Adressen von 70 weiteren Kindern aus diesen Heimen ausfindig zu machen. Aber ich mußte das spätere Schicksal der 1946 zufällig untersuchten Kleinkinder einfach weiterverfolgen. Ich konnte ihren leeren Gesichtsausdruck, ihre ängstlichen Augen und die schweren Rückstände in der gesamten Entwicklung nicht wieder vergessen.

In der Zeit von 1962 bis 1966 konnten wir schließlich 70 Jugendliche im Alter zwischen 17 und 23 aufspüren, die aus den oben geschilderten Heimen kamen. Bei 40 von ihnen haben wir eingehende ärztliche, psychologische und tiefenpsychologische Untersuchungen durchgeführt.* Diese Untersuchungen erstreckten sich

1. auf Einsicht in die Akten der Heime und in die Fürsorgeberichte,
2. auf Gespräche mit den Adoptiv- und Pflegeeltern sowie mit den Heimleitern, Erziehern, in Einzelfällen auch mit den Eltern,
3. auf Untersuchungen der Körpermaße,
4. auf psychologische Untersuchungen, bei denen verschiedene Tests angewendet wurden.
5. Außerdem untersuchten wir eine altersentsprechende und in ihrer sozialen Stellung ähnlich gelagerte Vergleichsgruppe. Sie erfüllte die gleichen Bedingungen hinsichtlich der Erziehung, der familiären Herkunft, des Alters, Geschlechts und Berufs des Vaters.

Die 70 Kinder aus ausgesuchten sozialen Bevölkerungskreisen, deren Gesundheit und Herkunft durch Erbgesundheitszeugnisse bestätigt wurden, zeigten aufgrund der Berichte der Säuglingsheime bis zum dritten Lebensjahr deutliche Störungen in der statischen Entwicklung. Im Alter von drei Jahren hatten sie beim Sitzen, Stehen und Gehen noch erhebliche Schwierigkeiten. Ein großer Teil der Kinder zeigte beträchtliche Störungen in der Sprachentwicklung. Dies bezog sich vor allem auf Ein- und Zweiwörtertests. Bei fast allen wurde über große Lernschwierigkeiten berichtet. In der Schule hatten sie fast doppelt so oft versagt wie die Kinder in der Vergleichsgruppe.
Außerdem ergaben sich ernsthafte Erziehungsprobleme, vor allem bei den Kindern, die als Pflege- und Adoptivkinder später in normale häusliche Verhältnisse kamen. Immer hatte man bei diesen Kindern eine Erziehungsberatung einschalten müssen. Bei einigen erwies sich eine Adoption sogar als unmöglich. Sie wurden erneut in ein Heim, schließlich in die Fürsorgeerziehung eingewiesen. Unter den siebzig Jugendlichen waren zwölf Fürsorgezöglinge!
Zu ihren Erziehungspersonen hatten die Kinder entweder eine übertrieben starke Bindung oder ein äußerst gespanntes Verhältnis. Viele Kinder aus den Heimen waren überaus kontaktarm. Auch zeigten die Heimkinder dreimal so häufig neurotische Symptome wie die Kinder in der Vergleichsgruppe.

* Diese Untersuchungen konnte ich zusammen mit Frau Dipl.-Psych. R. Brendel mit Unterstützung der Deutschen Forschungsgemeinschaft durchführen.

Ein nicht geringer Teil war bereits durch Asozialität, ja durch Kriminalität aufgefallen. Streunen und Eigentumsdelikte waren in den Akten verzeichnet. Unter den neurotischen Anzeichen fielen Depression, Angst und Stottern auf. 5 von 70 Jugendlichen hatten im Alter von mehr als 17 Jahren noch Schwierigkeiten mit der Sauberkeit.
Die vergleichenden Intelligenztests erbrachten folgende Ergebnisse: Die Jugendlichen, die ihre frühe Kindheit im Heim zugebracht hatten, besaßen allgemein einen erheblich niedrigeren durchschnittlichen Intelligenzquotienten. Ihr Allgemeinwissen war wesentlich geringer als in der Vergleichsgruppe. Ihre Einstellung war vielfach wirklichkeitsfern, ihre Umweltbeziehungen waren gestört. Angst, Haltlosigkeit, Gefühlsarmut und Kontakthemmungen rundeten das Bild ab.
In einem Bildtest schilderten die Heimkinder sehr viel häufiger ausgeprägte Konfliktsituationen. Sie bezogen auffällig viele Bilder auf den Themenkreis der Familie, was als Sehnsucht nach der Familie zu werten sein dürfte.
Ich habe mich lange gescheut, über das Schicksal dieser Jugendlichen in einer größeren Öffentlichkeit zu berichten. Sie wurden damals nach einem bestimmten Planungsvorhaben gezeugt. Man hatte sie nach ausgewählten Erbanlagen später für eine hohe Stellung im Staatsleben vorgesehen, weil man glaubte, daß eine positive Erbauswahl die beste Gewähr für eine entsprechend hohe Leistung im Leben wäre.
Deshalb glaube ich, daß gerade diese Untersuchungen aufzeigen können, wie ungünstig sich die Folgen des Deprivationssyndroms auswirken, und zwar auch bei einer Bevölkerungsgruppe, die ganz sicher positiv ausgelesen wurde. Gerade dieses Experiment zeigt deutlich, daß man das Versagen vieler Heimkinder im späteren Leben nicht in erster Linie ihrer sozialen Herkunft zuschreiben darf. Alle Erkenntnisse deuten im Gegenteil darauf hin, daß die Erlebnisse in der frühen Kindheit für die spätere Lebenstüchtigkeit oder -untüchtigkeit entscheidend sind.

Selbst die Gefahren des Krieges übersteht ein Kind leichter an der Seite der Mutter

Nichts vermag einem Kind die liebevolle Zuwendung der Mutter zu ersetzen. Seine gesamte Entwicklung verläuft problemlos und positiv, wenn es sich geborgen fühlt im Schutz der

Familie. Dann übersteht es auch kritische und gefährliche Situationen, ohne ernsthafte Schäden zu erleiden.

Die englischen Kinderpsychologinnen Dorothy Burlingham und Anna Freud haben im Zweiten Weltkrieg eine Reihe von Londoner Kleinkindern beobachtet. Ein Teil von ihnen wurde evakuiert, also von den Müttern getrennt. Andere blieben trotz heftiger Bombenangriffe daheim in London. Burlingham und Anna Freud stellten fest, daß der Krieg den meisten Kindern wenig bedeutet, »solange er nur ihre körperliche Sicherheit bedroht, ihre Lebensbedingungen verschlechtert und ihre Rationen kürzt; er gewinnt erst einschneidende Bedeutung, wenn er den Familienverband auflöst und damit die ersten Gefühlsbindungen der Kinder an ihre nächsten Angehörigen erschüttert.«

Dagegen zeigten sich bei den Kindern, die in sichere Gebiete verschickt wurden, die größten Schwierigkeiten. Viele Pflegeeltern waren den heftigen Protestreaktionen ihrer Schützlinge einfach nicht gewachsen. Anschaulich schilderten die beiden Autoren, wie schwer die Kleinkinder unter der Trennung von ihren Müttern litten: »Langdauernde Zustände von Heimweh und Verstörung sind zu beachten sowie psychische Zustände, die sich in ihrer Schwere und Bedenklichkeit unvorteilhaft von der Unbekümmertheit abheben, mit der Londoner Kinder an der Seite ihrer Mütter in Luftschutzkellern und Untergrundbahnstationen ihr nächtliches Wesen treiben. Die Vernunft der Erwachsenen sagt, daß Kleinkinder nicht unter Luftangriffen leben und unterirdisch auf Steinboden schlafen können, ohne Schaden zu nehmen; gerade das aber sind die Verhältnisse, nach denen sich jedes einzelne evakuierte Kind aus seiner Verbannung zurücksehnt.«

Ähnliche Beobachtungen wurden auch in Finnland und bei deutschen Kleinkindern gemacht. Eine Trennung von den Eltern bedeutet für das Kleinkind offensichtlich eine viel schwerere Belastung als alle negativen Eindrücke des Krieges, wenn es die Gefahren im Schutz der Familie übersteht.

KAPITEL 10

Probleme der Frühsexualität

Es ist eine Tatsache, daß unsere Kinder heute durchschnittlich eher körperlich reif werden und eher in die Pubertät eintreten als noch vor einigen Jahrzehnten. Nun wird vielfach angenommen, daß diese Vorverlegung der Pubertät fast zwangsläufig zu einer betont sexuellen Einstellung der Jugend führt. Da aber den Jugendlichen die seelische Reife noch fehlt, um eine echte individuelle Bindung einzugehen, so befürchtet man, daß sie ihrem zu früh erwachten körperlichen Verlangen wahl- und zügellos nachgeben.
Dabei wird aber übersehen, daß das gesamte Verhalten des jungen Menschen in der Gesellschaft bereits in den ersten Lebensjahren bestimmt wird. Erhielt ein Kind damals die nötige Zuwendung innerhalb der Familie, so bringt die sogenannte Frühsexualität später keine besonderen Gefahren mit sich. Jugendliche, die mit den Problemen der früher einsetzenden Pubertät nicht fertig werden können, haben dagegen fast immer als Kinder unter einer mangelnden familiären Betreuung zu leiden gehabt.

Die Pubertät setzt heute ein bis eineinhalb Jahre früher ein

Wenn wir hier von Frühsexualität sprechen, so wollen wir damit keineswegs Spekulationen über die Sexualität beim Säugling oder Kleinkind anstellen. Wir meinen vielmehr ausschließlich die Vorverlegung der Pubertät, die eine Folge der allgemeinen Wachstumsbeschleunigung unserer Kinder darstellt.
Mit der Vorverlegung der Pubertät und der damit verbundenen Frühsexualität entstehen auch für die Schule schwerwiegende Probleme, die noch keineswegs gelöst sind. Bis vor wenigen Jahrzehnten konnte das Ende der Schulzeit (etwa mit 14 Jahren) als nahezu identisch mit dem Ende der Kindheit und dem Beginn der Pubertät gelten. Heute wird dagegen die Pubertät und damit verbunden die Problematik der Sexualität in den Bereich der Schule hinein verlagert.
Die eigentliche Akzeleration, die Beschleunigung im Ablauf der kindlichen Entwicklung, findet aber nicht – wie bereits erwähnt – im Schul- und Pubertätsalter statt, sondern in der ersten Lebenszeit.

Der in den ersten vier Kinderjahren gewonnene Vorsprung von ein bis eineinhalb Jahren wird in der gesamten kindlichen Entwicklung beibehalten. Daraus ergibt sich zwangsläufig, daß die um etwa eineinhalb Jahre früher entwickelten Kleinkinder später auch um durchschnittlich ein bis eineinhalb Jahre eher in die Pubertät eintreten. Die Vorverlegung der Pubertät ist nichts anderes als die natürliche Folge der Akzeleration unserer Säuglinge und Kleinkinder. Im Schulalter und während der Pubertät bleibt der schon in der frühen Kindheit gewonnene Vorsprung lediglich erhalten. Er geht nicht mehr verloren, es wird aber auch nichts hinzugewonnen.
In weiten Kreisen der Öffentlichkeit wurde der Eindruck erweckt, daß die Pubertät in den letzten hundert Jahren um mindestens drei bis vier Jahre vorverlegt worden sei. Dieser Eindruck entstand, als man die Mitte des vorigen Jahrhunderts veröffentlichten Daten über die erste Menstruation bei den Mädchen in Norwegen, Finnland und auch in Deutschland in Vergleich zu den Menarchedaten Mitte unseres Jahrhunderts setzte. Es schien, daß die Menarche um drei Jahre und mehr vorverlegt worden wäre. Eine Überprüfung dieser Ergebnisse zeigte indessen, daß die älteren Daten von Mädchen in Krankenhäusern stammten, also nicht bei gesunden Mädchen ermittelt wurden. Deswegen stehen diese Vorstellungen in Widerspruch zu den wissenschaftlichen Ergebnissen verschiedener Forscher in Europa und den USA. Aus exakten Untersuchungen in den USA wissen wir zum Beispiel, daß dort das Menarchealter der jungen Mädchen von durchschnittlich 14 Jahren auf etwa 13 bis 12½ Jahre vorverlegt wurde. Dieser Vorsprung von ein bis eineinhalb Jahren entspricht genau dem Entwicklungsvorsprung unserer Kleinkinder.
Wir können daraus die Schlußfolgerung ziehen, daß der Wachstumsablauf im Schul- und Pubertätsalter praktisch unverändert geblieben ist. Das Pubertätsgeschehen selbst erfuhr gegenüber dem früherer Generationen keine Veränderung. Die Frühsexualität liegt also keinesfalls in einem veränderten Ablauf der Pubertät begründet. Sie ist ausschließlich durch die Akzeleration im Säuglings- und Kleinkindesalter bedingt.

Ist unsere Jugend seelisch und geistig unterentwickelt?

In der Fachliteratur wurde in den letzten Jahren vielfach die Meinung geäußert, daß unsere Kinder sich zwar körperlich schneller entwickeln als früher, in ihrer geistig-seelischen Ent-

wicklung aber zurückbleiben. Man sprach sogar davon, daß »Akzeleration das Auseinanderklaffen von körperlicher und geistig-seelischer Entwicklung« sei.
Das Phänomen der Akzeleration wurde als ein disharmonischer Vorgang dargestellt. Diese Disharmonie sollte speziell während der Pubertät ihr größtes Ausmaß erreichen. Eine solche Beurteilung entspricht gewissen kulturpessimistischen Spekulationen, wie sie besonders von manchen Pädagogen begeistert aufgegriffen wurden. Das alte Schlagwort vom »Katastrophencharakter der sexuellen Reifung« fand neue Anhänger. Wie groß mußte die Katastrophe erst sein, wenn die körperlichen Umstellungen der Pubertät auf ein noch völlig unentwickeltes kindliches Gemüt treffen! Aufgrund solcher Vorstellungen nimmt man heute noch an, daß während der Pubertät die Schulleistungen unbedingt zurückgehen müßten.
Aber im Gegensatz zu der durch derartige Spekulationen beeinflußten öffentlichen Meinung und einer weitverbreiteten Lehrmeinung hat die Tatsachenforschung ganz andere Fakten herausgefunden. Der deutsche Psychologe Udo Undeutsch faßte die Ergebnisse anschaulich zusammen:
»Von einem Absinken der intellektuellen Leistungsfähigkeit kann keine Rede sein. Selbst für einen Begabungswandel sind kaum Anzeichen vorhanden. Lediglich die Interessenrichtung der Jugendlichen unterliegt zeitbedingten Einflüssen. Das gleiche Bild zeigt sich im Verhältnis der Jugend zu den anderen großen Lebensgebieten: der Welt der Arbeit, der Rechtsordnung und der sittlichen Werte. Überall zeigt sich Konstanz der Verhältnisse, eine positive und gleichzeitig realistische Ausrichtung.«
Diese Zusammenfassung entspricht den Ergebnissen wohlfundierter großer Untersuchungsreihen. Kinder, die für ihr Alter körperlich relativ weit entwickelt sind, schneiden allgemein bei psychologischen Tests besser ab als ihre gleichaltrigen Gefährten, die in der Reifeentwicklung zurückgeblieben sind. Dieser Unterschied läßt sich in allen untersuchten Altersgruppen schon vom sechsten Lebensjahr an beobachten.
Es erhebt sich die Frage, warum trotz dieser eindeutigen Ergebnisse auch heute noch selbst bei Pädagogen und Psychologen die Ansicht verbreitet ist, daß mit der körperlichen Akzeleration eine psychische und intellektuelle Verzögerung verbunden ist. Der Grund dürfte zum Teil darin liegen, daß jetzt die Schule erstmalig direkt mit Schülern konfrontiert

wird, die ihre Pubertät noch während der Schulzeit durchmachen. Schüler im Alter von vierzehn Jahren befinden sich heute entweder mitten in der Pubertät oder bereits am Ende dieser Entwicklungsphase. Ein Großteil der Lehrer erlebt nun zum erstenmal im Unterricht die zahlreichen Veränderungen bei seinen Schülern, die der Übergang zum Erwachsenenalter mit sich bringt. Aber darauf ist er in den meisten Fällen während seiner Ausbildung in keiner Weise vorbereitet worden. Er steht deshalb ziemlich ratlos einer Klasse gegenüber, in der reife und kindliche Jugendliche nebeneinander auf der Schulbank sitzen.

Veränderte Moralbegriffe bedeuten noch nicht sexuelle Hemmungslosigkeit

Das frühere Einsetzen der Pubertät ist Gegenstand leidenschaftlicher Erörterungen über das Verhalten der Jugend auf dem Gebiet der Sexualität geworden. Das führte im Extrem zu dem Zerrbild vom Jugendlichen, der wahllos und »bis zur süchtigen Entartung« seiner zu früh erwachten Sexualität frönt. Derartige Vorstellungen sind leider in der Öffentlichkeit weit verbreitet. Sie stehen aber keineswegs im Einklang mit den Ergebnissen von wissenschaftlichen Untersuchungen über das sexuelle Verhalten von Jugendlichen.
Dazu gehören die Kinsey-Reports aus den USA, die in den Jahren 1938 bis 1949 gesammelt wurden. Sie enthalten die Aufzeichnungen von 4 Interviewern, die über 5200 männliche und 5900 weibliche Jugendliche befragten. Aus Schweden liegen Untersuchungen des Psychologen Jonsson vor. Er hat in den Jahren 1943 bis 1944 über 520 Wehrpflichtige nach ihren vorehelichen Beziehungen befragt.
In Großbritannien hat der Pädiater Schofield zwischen 1961 und 1963 das sexuelle Verhalten von über 900 Jungen und Mädchen untersucht. Die Jugendlichen waren zwischen 15 und 19 Jahren alt und wurden von 10 Interviewern aufgesucht. Aus der Bundesrepublik Deutschland ist die Untersuchung von C. Busch aus dem Jahre 1952 besonders aufschlußreich. Er befragte im Auftrag der Landesarbeitsgemeinschaft zur Bekämpfung der Geschlechtskrankheiten in Nordrhein-Westfalen über 750 Jungen und fast 900 Mädchen zwischen 16 und 21 Jahren über ihre geschlechtlichen Probleme.
Aus den Ergebnissen dieser Umfragen interessieren uns hier

vor allem die Verbreitung des heterosexuellen Verkehrs und der Masturbation. Tabelle 5 vermittelt einen Überblick über den Geschlechtsverkehr bei Jugendlichen in verschiedenen Altersstufen. Hier lassen sich auffällige Unterschiede zwischen dem sexuellen Verhalten der Jugendlichen in den USA einerseits und den europäischen Ländern andererseits erkennen.

a) Jungen

Alter in Jahren	USA 1938 bis 48 Kinsey	Schweden 1942 bis 48 Jonsson		Nordrhein-Westfalen 1950 bis 51 Busch	England und Wales 1961 bis 63 Schofield
12	4,9			1,44	
13	13,8			2,36	0,1
14	27,8	1,78	2,4	3,54	0,4
15	38,8	4,35	8,4	6,41	2,0
16	51,6	15,64	22,4	11,60	5,0
17	61,3	32,67	37,0		10,0
18	68,2	52,08	50,6		17,0
19	71,5	66,93	57,7		
20	73,1	76,63			

b) Mädchen

Alter in Jahren	USA 1920 bis 1929 geb. 1938 bis 1949 Kinsey	Schweden 1943 bis 1944 Jonsson	Nordrhein-Westfalen 1951 Busch	England und Wales 1961 bis 63 Schofield
16	9,5		9	5
17	12,0	23,9		10

Tab. 5 Verbreitung des heterosexuellen Verkehrs im Jugendalter. Aus Undeutsch: Die psychische Entwicklung der heutigen Jugend, 1966.

Während bei Kinsey schon fast 14 Prozent der befragten Jungen im Alter von 13 Jahren angeblich Geschlechtsverkehr gehabt haben sollen, waren es in Deutschland nur 2,36 Prozent und in England sogar nur 0,1 Prozent. Unter den Vierzehnjährigen hatten nach Kinsey fast 30 Prozent bereits heterosexuelle Beziehungen angegeben. Ganz andere Zahlen wurden in den europäischen Ländern ermittelt: 2,4 Prozent in Schweden, 3,5 Prozent in Nordrhein-Westfalen und nur 0,4 Prozent in England.

Es konnte bis heute nicht geklärt werden, wie diese Unterschiede zustande kamen. Uns erscheinen die Prozentzahlen im Kinsey-Report unverständlich hoch, die in England ermittelten Zahlen dagegen unverständlich niedrig. Es bleibt offen, ob diese auffälligen Differenzen mit den unterschiedlichen gesellschaftlichen Strukturen zusammenhängen oder eine Folge der Befragungsart in den einzelnen Ländern sind.
Weit größer ist die Übereinstimmung der heterosexuellen Erfahrungen bei den Mädchen. Hier passen die angegebenen Zahlen in den USA und in Deutschland sowie England relativ gut zusammen. Von den Sechzehnjährigen gaben 9,5 Prozent in den USA Beziehungen zum anderen Geschlecht an, in Nordrhein-Westfalen waren es 9 Prozent und in England 5 Prozent.
In den Kinsey-Reports und bei den Untersuchungen von Busch in Nordrhein-Westfalen wurde auch die Verbreitung der Masturbation unter den Jugendlichen berücksichtigt. Die Befragungen ergaben, daß im Alter von 11 Jahren in den USA rund 6 Prozent und in Deutschland rund 10 Prozent der Jungen masturbierten. Unter den Zwölfjährigen waren es bei Kinsey 21 Prozent und bei Busch 19 Prozent, unter den Sechzehnjährigen in den USA 87 Prozent und in Nordrhein-Westfalen 80 Prozent (vgl. Tabelle 6).
Wir haben diese Zahlen hier aufgeführt, weil sie zu den wenigen gehören, die von zuverlässigen, wissenschaftlich geschulten

Alter in Jahren	USA 1938 bis 1947 Kinsey	Nordrhein-Westfalen 1950 bis 1951 Busch
8	0,1	0,86
9	0,3	1,73
10	2,0	4,84
11	6,1	10,9
12	21,2	19,4
13	44,9	31,3
14	71,7	52,4
15	82,2	70,6
16	87,6	80,0
17	90,2	83,2
18	91,8	
19	92,1	

Tab. 6 Verbreitung der Masturbation. Aus Undeutsch: Die psychische Entwicklung der heutigen Jugend, 1966.

Befragern ermittelt wurden und deshalb allgemein als glaubwürdig angesehen werden. Allerdings muß man berücksichtigen, daß es sehr schwierig ist, bei derartigen Befragungen wahrheitsgetreue Angaben über recht intime Vorgänge zu erhalten. Viele Jugendliche scheuen sich ebenso wie die Erwachsenen, einem Dritten ihre ganz privaten Geheimnisse zu enthüllen. Man sollte deshalb all diese Zahlen mit einer gewissen kritischen Vorsicht betrachten.

Die meisten Jugendlichen suchen einen festen Partner, kein flüchtiges Abenteuer

Selbstverständlich sind die meisten jungen Menschen viel eher bereit, über ihre allgemeine Einstellung zur Sexualität zu sprechen, ohne eigene Erfahrungen preiszugeben. In der Bundesrepublik wurden 1949 und 1963 vom Institut für Demoskopie Umfragen durchgeführt, in denen folgende Themen angeschnitten wurden: Ist es richtig, voreheliche geschlechtliche Erfahrungen zu machen? Sind geschlechtliche Beziehungen zwischen Unverheirateten überhaupt statthaft? Soll man Mittel zur Empfängnisverhütung anwenden? Ist es richtig, die Ehescheidung zu erleichtern? Und dürfen Abtreibungen vorgenommen werden?

Die Ergebnisse waren äußerst aufschlußreich. 1949 zeigten sich große Unterschiede in der Einstellung zur Sexualität zwischen den einzelnen Altersstufen. Die jüngeren Jahrgänge dachten über intime Beziehungen zwischen Unverheirateten, voreheliche sexuelle Erfahrungen und die Mutterschaft der unverheirateten Frau wesentlich liberaler als die ältere Generation. Aber diese Lockerung der Moralbegriffe war nicht von langer Dauer. Schon 1963 hatte die junge Generation von 1949 sich strengere Maßstäbe zu eigen gemacht. Und die jüngste Gruppe der Befragten von 1963 urteilte ebenso konservativ wie die älteren.

Der deutsche Psychologe Udo Undeutsch faßte die Ergebnisse der verschiedenen Untersuchungen zusammen und kam zu folgendem Urteil über das sexuelle Verhalten unserer Jugend:

»Bezüglich des sexuellen Verhaltens hat der Generationsvergleich eine weitgehende Konstanz der Verhältnisse ergeben. Parallel mit dem früheren Einsetzen der körperlichen geschlechtlichen Reifung setzt im gleichen Ausmaß auch der

Beginn der geschlechtlichen Betätigung früher ein. Von einer Vorverlegung könnte man nur sprechen, wenn man das Kalenderalter der Jugendlichen als Bezugssystem wählt, nicht dagegen, wenn man den faktischen biologischen Reifungsstand als Maßstab nimmt.
Ein qualitativer Wandel ist auf diesem Gebiet insofern zu verzeichnen, als die heterosexuelle Betätigung heute häufiger im Rahmen fester und dauerhafter Partnerbeziehungen sich abspielt und die stärker zärtlichkeitsbestimmten Formen in ihr eine größere Rolle spielen als früher.
Die zu verschiedenen Zeiten in Deutschland vorgenommenen Befragungen lassen erkennen, daß die auf diesem Gebiet in unserer Kultur geltenden Maßstäbe sich nicht nur zu halten, sondern sich sogar mit dem Übertritt in allgemein besser geordnete Lebensverhältnisse zu festigen vermochten.«
Das laute Lamentieren über die angebliche Zügellosigkeit der Jugend entpuppt sich also als viel Lärm um nichts. Es ist an der Zeit, daß Eltern und Erzieher erkennen, daß ein früher erwachtes Interesse der Jugendlichen am anderen Geschlecht einzig der früher eintretenden biologischen Reife entspricht. Wir sollten uns darüber freuen, daß gleichzeitig der Ernst und das Verantwortungsgefühl der Jugend sexuellen Fragen gegenüber zugenommen haben. Das deutlichste Anzeichen hierfür ist die frühzeitige Suche nach einem festen Partner.
Wie stark der Wunsch des jungen Menschen nach einer dauerhaften Bindung heute verankert ist, lassen Vergleiche zwischen dem Eheschließungsalter in den letzten Jahren und in früherer Zeit erkennen. Während 1949 die Männer durchschnittlich im Alter von 28,3 Jahren heirateten, schlossen sie 1962 bereits mit durchschnittlich 25,8 Jahren die Ehe. Das Heiratsalter der Frauen ging im gleichen Zeitraum von 25,4 Jahren auf 23,7 Jahre zurück. Auch in diesen Daten spiegelt sich deutlich die um ein bis eineinhalb Jahre vorverlegte Pubertät wider.

Allzu junge Mütter kommen meist aus gestörten Familien

Diese Vorverlegung des durchschnittlichen Heiratsalters ist biologisch begründet und keineswegs besorgniserregend. Anders steht es leider mit dem immer stärker anwachsenden Prozentsatz der Frühehen. Eine Ehe, in der der Mann zwischen 18 und 22 Jahren alt ist und die Frau zwischen 16 und 20 Jahren, ist naturgemäß sehr großen Belastungen ausgesetzt.

Viele dieser Frühehen scheitern deshalb schon nach kurzer Zeit. Von 1911 bis 1962 ist die Zahl der verheirateten Männer von 18 Jahren um das Zwanzigfache angestiegen. Von den sechzehnjährigen Mädchen heirateten im gleichen Zeitraum sechsmal so viele (vgl. Tabelle 7).

Von 1000 ledigen Männern gleichen Alters heirateten:

im Alter von	1910/11	1925	1938	1950	1960	1962
18	0,2	0,5	0,4	2,8	3	4
19	1,2	2,6	2,1	13,0	15	18
20	3,8	8,4	5,7	29,2	39	39
21	24,6	42,7	18,4	95,0	113	118
22	59,7	58,4	29,3	105,5	132	125

Von 1000 ledigen Frauen heirateten:

im Alter von	1910/11	1925	1938	1950	1960	1962
16	1,6	1,1	2,5	3,5	8	10
17	6,9	5,3	12,1	15,2	26	35
18	21,0	15,9	39,0	42,1	67	79
19	44,8	33,4	59,8	75,0	106	121
20	74,8		96,4	103,4	153	163

Tab. 7 Prozentuale Verteilung des Heiratstermins bei Männern und Frauen im Alter zwischen 16 und 22 Jahren. Aus Lüschen-König: Jugend in der Familie, 1965.

Auch die Anzahl der jugendlichen Mütter im Alter zwischen 14 und 17 Jahren ist in letzter Zeit erheblich gestiegen. Eine interessante Studie zu diesem Problem verdanken wir dem Berliner Pädiater D. Scholz. Er hat den Anstieg der jugendlichen Mütter in der Bundesrepublik und in der DDR miteinander verglichen. Es ist interessant, daß die Ergebnisse für beide deutsche Staaten nur geringfügig voneinander abwichen. 1958 kamen auf 1000 sechzehn- bis siebzehnjährige Mädchen in der Bundesrepublik rund 12 junge Mütter, in der DDR waren es sogar 15. 1962 hatte sich die Anzahl der jugendlichen Mütter in der Bundesrepublik auf 18, in der DDR auf 22 erhöht (vgl. Abbildung 14).

Der relativ hohe Anteil der jugendlichen Mütter in der DDR deutet darauf hin, daß eine Reihe oft zitierter Faktoren als

Ursachen für die negativen Folgen der Frühsexualität kaum in Frage kommen dürften. Freizügige sexuelle Darstellungen in Reklame, Tageszeitungen, Illustrierten und Kinos findet man in der DDR nicht. Bei uns aber werden oft gerade diese Sex-Bilder, die den Jugendlichen überall zugänglich sind, für deren »lose Sitten« verantwortlich gemacht.

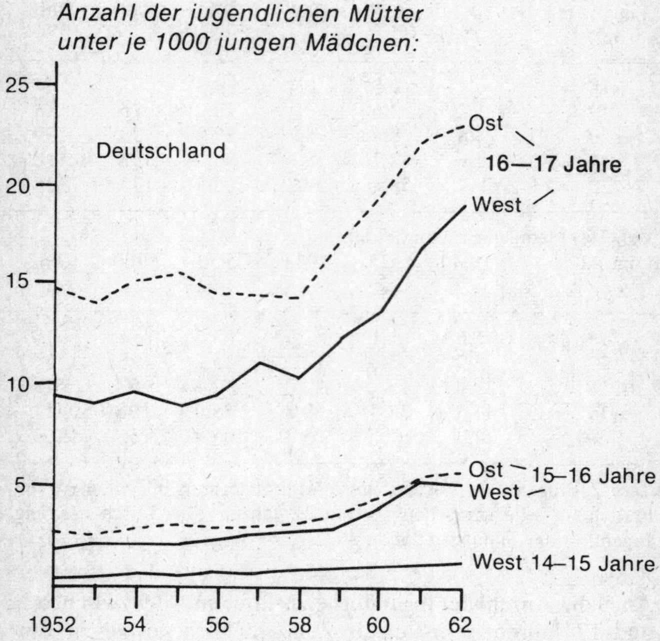

Abb. 14 Geburten jugendlicher Mütter in Deutschland. Aus Scholz: Die jugendliche Mutter und ihr Kind in Westberlin, 1966.

Die wirklichen Ursachen für Entgleisungen der Jugend sind auf einem ganz anderen Gebiet zu suchen. Scholz stellte bei seinen Untersuchungen fest, daß die meisten jugendlichen Mütter aus gestörten Familien kamen. Ihre Schulbildung lag durchschnittlich weit unter der Norm ihrer Altersgefährtinnen. Von den Vätern gehörten nicht weniger als 94 Prozent den unteren sozialen Schichten an. Frühehe und Mutterschaft minderjähriger Mädchen sind eigentlich nur eine Randerscheinung unseres

Problems. Man sollte sie nicht überbewerten und vor allem keine Schlüsse auf das allgemeine sexuelle Verhalten der Jugend daraus ziehen.

Wer klärt Ihr Kind auf?

Es ist nicht gleichgültig, von wem und zu welchem Zeitpunkt das Kind aufgeklärt wird. Keine Mutter und kein Vater sollten die Aufklärung ihres Kindes dem Zufall überlassen. Sie ist ein notwendiger Bestandteil der Erziehung. Aber leider ist heute noch ein großer Teil der Eltern nicht in der Lage oder nicht bereit, diese Aufgabe verantwortungsbewußt zu übernehmen.
In den letzten Jahren wurden von verschiedenen deutschen Wissenschaftlern Untersuchungen über die Aufklärung unserer Kinder angestellt. Die Ergebnisse sind interessant und zugleich bedenklich. Es zeigte sich, daß die meisten Kinder zu spät und meist von Personen aufgeklärt werden, die dafür keinerlei Eignung besitzen.
Umfragen des Demoskopischen Instituts aus dem Jahre 1949 ergaben, daß die Aufklärung der Kinder im Alter von 8 Jahren allmählich einsetzt. Das Gros der Kinder wurde aber erst unmittelbar vor oder während der Pubertät aufgeklärt. 20 Prozent der Jungen und Mädchen wußten im Alter von 13 Jahren noch nichts über die Rolle der Mutter und sogar 30 Prozent noch nichts über die Rolle des Vaters. Im allgemeinen wurden die Mädchen eher aufgeklärt als die Jungen.
In Görlitz stellten die Pädiater E. F. Wiele und J. Richter fest, daß die Mädchen des Geburtenjahrganges 1949 durchschnittlich im Alter von 13,2 Jahren aufgeklärt worden waren. Aber diese Aufklärung kam bei den meisten Mädchen zu spät, denn das Menarchealter lag im Durchschnitt bereits bei 11 Jahren und 10 Monaten.
In der Universitäts-Kinderklinik in Leipzig hat H. Brückner 617 Jungen und 839 Mädchen zwischen 12 und 16 Jahren gefragt, von wem sie aufgeklärt worden waren. Bei den Mädchen gab beinahe die Hälfte an, daß sie von der Mutter aufgeklärt worden waren. An zweiter Stelle aber wurde bereits eine Freundin genannt, und an dritter Stelle folgte die Aufklärung aus Büchern. Nur 5 Prozent der Mädchen waren vom Vater und 4,6 Prozent überhaupt nicht aufgeklärt worden.
Noch ungünstiger war die Situation bei den Jungen. Die größte Gruppe (20,2 Prozent) war von einem Freund aufgeklärt

worden, 18,5 Prozent aus Büchern. Bei 15,1 Prozent erfolgte die Aufklärung durch die Mutter, bei 10,7 Prozent durch den Lehrer und bei nur 6,8 Prozent durch den Vater (vgl. Tabelle 8).

Quelle	Mädchen	proz. Anteil	Knaben	proz. Anteil	insgesamt	proz. Anteil
1. Mutter	380	45,3	93	15,1	473	32,5
2. Bücher	111	13,2	114	18,5	225	15,5
3. Freundin	180	21,5	18	2,9	198	13,6
4. Freund	15	1,8	125	20,2	140	9,6
5. Ohne Angabe	27	3,2	59	9,5	86	5,9
6. Vater	42	5,0	42	6,8	84	5,8
7. Lehrer(in)	10	1,1	66	10,7	76	5,2
8. Keine	39	4,6	35	5,7	74	5,1
9. Arzt	15	1,8	37	6,0	52	3,6
10. Pfarrer	3	0,4	14	2,2	17	1,2
11. Geschwister	8	1,0	6	1,0	14	1,0
12. Großmutter	6	0,7	6	1,0	12	0,8
13. Tante	2	0,2	1	0,2	3	0,2
14. Ältere(r) Bekannte(r)	1	0,1	1	0,2	2	0,1
	839		617		1456	

Tab. 8 Quellen der geschlechtlichen Aufklärung bei Kindern in Leipzig. Aus Brückner: Die Reaktion der Elternschaft auf ein sexualpädagogisches Merkblatt in Leipzig, 1965.

Dieses Ergebnis stimmt weitgehend überein mit Umfragen in der Bundesrepublik aus den Jahren 1949 und 1963. Auch hier wurden viel zuwenig Kinder von den Eltern aufgeklärt. Allerdings stieg in diesem Zeitraum der Prozentsatz der Mütter an, die ihre Kinder selbst aufklärten. Während 1949 nur 21 Prozent der Mädchen von ihren Müttern aufgeklärt wurden, waren es 1963 immerhin 28 Prozent. Und bei den Jungen erfolgte die Aufklärung durch den Vater 1963 bei 17 Prozent gegenüber nur 8 Prozent im Jahre 1949. Aber diese Zahlen erscheinen geradezu lächerlich gering gegenüber dem Anteil der Freunde an der Aufklärung gerade der Jungen: 1949 wurden 44 Prozent von Freunden aufgeklärt und 1963 immerhin noch 37 Prozent. Nur bei 5 Prozent der Jungen im Jahre

1949 und bei 9 Prozent im Jahre 1963 übernahm die Mutter die Aufklärung (vgl. Tabelle 9).
Diese Ergebnisse zeigen, daß die Aufklärung heute noch keineswegs selbstverständlich zur Erziehung im Elternhaus gehört. Das ist außerordentlich bedauerlich, denn die sexuelle Aufklärung ist eine wichtige Aufgabe der Gesamterziehung. Sie sollte sich, individuell angepaßt, über die ganze Kindheit und Jugendzeit erstrecken und den verschiedenen Entwicklungsphasen entsprechend am besten im Elternhaus selbst vorgenommen werden. Da wir aber von diesem Idealzustand noch ziemlich weit entfernt sind, ist es zu begrüßen, wenn die Schule wenigstens einen Teil dieser Aufgabe übernimmt.

Informationsquelle	Umfrage 1949		Umfrage 1963	
	männl.	weibl.	männl.	weibl.
Vater	8	1	17	4
Mutter	5	21	9	28
Schule	3	3	7	8
Verwandte, Bekannte der Familie	4	8	3	9
Kirche	1	1	2	2
Freunde, männlich	44	12	37	6
Freunde, weiblich	8	30	4	21
andere Personen			3	3
keine Erinnerung	27	24	22	18
nicht aufgeklärt			9	11
	100	100	100	100

Tab. 9 Quellen der geschlechtlichen Aufklärung in der Bundesrepublik nach Umfragen von 1949 und 1963 (Angaben in Prozenten). Aus Undeutsch: Die psychische Entwicklung der heutigen Jugend, 1966.

Ein ausgezeichnetes Beispiel für den Aufklärungsunterricht in der Schule wurde in Schweden geschaffen. Dort wurde eine königliche Verordnung als *Handreichung für den Sexualunterricht für Lehrer an Volksschulen* herausgegeben. Sie sieht differenzierte Aufklärungsprogramme für die einzelnen Altersstufen vor. Die Sexualerziehung beginnt bereits im ersten Volksschuljahr und wird bis zur Abschlußklasse der Volksschule fortgeführt.
In der Verordnung, die von hohem Verantwortungsbewußtsein getragen ist, heißt es: »Der geschlechtskundliche Unterricht

soll auf allen Stadien anknüpfen an die Liebe, die die Eltern mit ihren Kindern im gemeinsamen Heim verbindet. Für alle Abschnitte der Darstellung des Geschlechtslebens gilt, daß das Glück des häuslichen Familienlebens bei allen Ausführungen durchschimmern soll. Der Jugend muß klargemacht werden, daß die Sexualität nur Sinnerfüllung findet in der Verbindung mit der seelisch-geistigen Liebe.«
Eine Sexualerziehung in unseren Schulen, die diese Prinzipien in den Mittelpunkt stellt, wäre höchst wünschenswert. Die Sexualerziehung sollte dabei als Familienerziehung in den gesamten Unterricht gestellt werden und nicht, wie derzeitig praktiziert, in eigenen Unterrichtsstunden – zudem noch von »Sexualspezialisten« – gelehrt werden. Wünschenswert wäre es, wenn sich Ärzte mehr in speziellen Aufklärungsvorträgen in das Unterrichtsgeschehen einschalten könnten. Sie bringen aus ihrer Praxis – z. B. bei der Abhandlung der Geschlechtskrankheiten – eine weit größere Erfahrung mit und können deshalb die für die Aufklärung der Kinder wichtigen Fakten souveräner vorstellen. Keinesfalls darf man jedoch von einem Sexualkundeunterricht erwarten, daß dadurch ein Mangel an familiärer Geborgenheit und Mutterliebe in der frühen Kindheit wieder wettgemacht werden kann. Das sexuelle Verhalten der Jugendlichen wird weitgehend durch die Erziehung im Elternhaus bestimmt, und zwar insbesondere durch die Erziehung in den ersten Lebensjahren.

Die Auflösung der Familie – eine ernste Gefahr für die Sexualentwicklung unserer Kinder

Das zentrale Problem der Erziehung in der industrialisierten Gesellschaft ist die zunehmende Auflösung der Familie. Neben den Heimkindern sind es heute vor allem die Waisen der Technik, die später in ihren Beziehungen zum anderen Geschlecht Schwierigkeiten haben. Unsere Kinder müssen in der Regel den Vater den ganzen Tag über entbehren. Um so wichtiger ist die Rolle der Mutter geworden. Vor allem in den ersten fünf bis sechs Lebensjahren sollte kein Kind auf die ständige Anwesenheit der Mutter oder einer mütterlichen Ersatzperson verzichten müssen. Nur durch ihr Vorbild erlernt es die spezifisch menschlichen Eigenschaften, die es zu seiner Entwicklung und zur Gesellschaftstüchtigkeit dringend benötigt.

Wenn das Kind ohne familiäre Obhut aufwachsen muß, bleibt es in seiner gesamten Entwicklung mehr oder minder deutlich zurück. Es hat später oft unüberwindliche Schwierigkeiten bei dem Versuch, sich in die gesellschaftliche Ordnung einzufügen. Kinder, die in Heimen aufwachsen, werden für das normale Leben außerhalb des Heims nur sehr ungenügend vorbereitet. Sie haben zu wenig Liebe erhalten und sind deswegen kaum fähig, als Heranreifende Sexualität und Liebe miteinander zu verbinden. Diese Gefahren gelten aber nicht nur für Kinder, die in Waisenhäusern erzogen werden, sondern auch schon für Kinder, die von den Eltern tagsüber in einer Krippe oder einem Hort abgegeben werden. Mit anderen Worten, ein Kind hat wenig Nutzen davon, wenn es zu Hause lediglich schlafen darf.

Nicht die Wachstumsbeschleunigung und das frühere Eintreten der Pubertät sind schuld an den Auswüchsen der Frühsexualität, sondern die mangelnde familiäre Betreuung in den ersten Lebensjahren. Zuwenig liebevolle Zuwendung in der frühen Kindheit läßt sich im späteren Leben nicht wieder gutmachen. Die Folgen sind Asozialität und Kriminalität ebenso wie sexuelle Haltlosigkeit und Leistungsversagen.

Das Waisenkind der Technik ist die Sorge des Kinderarztes von heute. Jede Mutter sollte wissen, daß sie ihr Kind schwer gefährdet, wenn sie einem Gelderwerb nachgeht und ihr Kind überlasteten Pflegerinnen überläßt. Ihr Kind kann nur gedeihen, wenn es im Schoß der Familie aufwächst. Entzieht man ihm die Basis seiner sozialen Entwicklung innerhalb der Familie, so verkümmert es und wird als Jugendlicher zu einem sozialen Problem der gesamten Gesellschaft. Will man die unerfreulichen Folgen – das pathologische Verhalten vieler Jugendlicher – beseitigen, so muß man die Ursachen beseitigen. Es ist unbedingt erforderlich, einen Weg zu finden, der es der industrialisierten Gesellschaft erlaubt, auf die Arbeit der Mütter zu verzichten. Und sozial schlechter gestellte Familien sollten eine finanzielle Hilfe erhalten, die es ihnen ermöglicht, ohne das Einkommen der mitverdienenden Mutter ihren Lebensunterhalt zu bestreiten. Was hier investiert wird, ließe sich später am Bau von Tagesheimen, Erziehungsanstalten und Gefängnissen wieder einsparen. Nichts dürfte wohl mehr im Interesse der gesamten Gesellschaft liegen, als die Gesundheit unserer Kinder und Jugendlichen zu erhalten.

KAPITEL 11

Das Kind in der Ersatzfamilie

Wir müssen neue Wege suchen, um allen elternlosen und elternarmen Kindern wirksam helfen zu können. Vor allem ist es notwendig, jedem Kind, insbesondere aber dem Säugling und dem Kleinkind, nach Möglichkeit seine Mutter zu erhalten. Hierzu ist eine umfassende Aufklärungstätigkeit unter den jungen Mädchen und innerhalb der jungen Familien erforderlich. Schon während der Erziehung sollte man den heranwachsenden Mädchen erklären, wie notwendig die Anwesenheit und das Vorbild der Mutter für das Gedeihen eines Kindes sind. Viel zuwenig junge Mütter sind sich heute darüber im klaren, daß sie ihrem Kind einen erheblichen Schaden zufügen, wenn sie es frühzeitig in fremde Hände geben.
Andererseits muß das Kind zu seiner gesunden Entwicklung nicht unbedingt in der eigenen Familie aufwachsen. Eine liebevolle mütterliche Ersatzperson kann das Kind genausogut erziehen wie die leibliche Mutter. Wichtig ist dabei aber, daß diese Pflegemütter nicht ständig wechseln. Das Kind braucht zu seiner ungestörten Entwicklung die enge Bindung an eine feste Bezugsperson.

Keine Angst vor der Adoption

Die Adoption ist der beste Weg, um ein Kind aufzuziehen, dessen Familie zerstört wurde oder das gegen den Willen seiner Eltern auf die Welt kam. Leider fehlt bei uns noch vielfach die richtige Einstellung zu dieser Lösung. In den angelsächsischen Ländern ist das ganz anders. Dort wird die Adoption aufgrund vieler guter Erfahrungen als etwas ganz Selbstverständliches angesehen.
Eine frühzeitige Adoption ist nicht nur für das Kind, sondern auch für die Adoptiveltern eines der erfreulichsten menschlichen Ereignisse. Es ist deshalb sehr bedauerlich, daß bei uns auf diesem Gebiet noch eine relativ große Zurückhaltung besteht. Das liegt zum Teil daran, daß die Erbmasse als entscheidender Faktor für die gesamte Entwicklung des Kindes weit überschätzt wird. Wir haben bei verschiedenen Gelegenheiten bereits darauf hingewiesen, daß tatsächlich die Umwelt das Kind ungleich stärker beeinflußt als die Erbmasse.

Die zahllosen Erfahrungen bei Adoptionen beweisen, daß diese Kinder sich nicht nur gesund entwickeln, sondern alsbald ein Spiegelbild ihrer Adoptiveltern werden. Schon nach wenigen Jahren haben sie mit ihren Adoptiveltern eine so auffällige Ähnlichkeit in der Mimik, in der Sprache und in ihrem gesamten Verhalten, daß Unbekannte sie für blutsverwandt halten. Es wäre deshalb äußerst wünschenswert, wenn die Adoption sich auch bei uns immer mehr durchsetzen würde.

Die in den vergangenen Jahren vorgenommenen Verbesserungen der Adoptionsgesetze reichen hier jedoch noch keineswegs aus. Der Mainzer Pädiater Johannes Pechstein hat aus unseren gemeinsamen Münchener Untersuchungen konkrete Forderungen hinsichtlich der Adoption abgeleitet. Er hat auf die große »Dunkelziffer« adoptionsfähiger Kinder in Heimen hingewiesen. »Es sollte dabei alles geschehen, um mehr als bisher die Frühadoption zu ermöglichen, mit einem Beginn der Adoptionspflege möglichst schon unmittelbar nach der Geburt, auf jeden Fall im ersten Lebensjahr. Dies ist sowohl aus Gründen der kindlichen Entwicklung als auch der Entwicklung der mütterlichen bzw. elterlichen Beziehung zu den Adoptionskindern dringend notwendig. Dadurch wird verhindert, was die tschechischen Psychologen Vodak und Matějček eine Maladoption genannt haben.«

Etwa nach tschechischem Vorbild sollte es um des Kindes willen möglich sein, Müttern bzw. Eltern, die sich ein Jahr lang wirklich nicht um ihr Kind kümmern, das Elternrecht durch Gerichtsbeschluß zu entziehen und das Kind rechtzeitig zur Adoption freizugeben.

Mir scheint es wichtig, daß auch die Jugendämter umdenken lernen. Sie suchen derzeit noch zuviel Kinder für adoptionswillige Eltern, statt für unsere Säuglinge in Pflegestellen und Heimen die entsprechenden Eltern zu suchen. Dabei können – wie insbesondere tschechische Erfahrungen zeigen – auch behinderte Kinder durchaus zur Adoption gelangen, wenn für sie spezielle ärztliche und psychologische Hilfen eingerichtet werden.

Der schematische Massenbetrieb in unseren Heimen muß verschwinden

Die Säuglingsfürsorge sollte sich mehr als bisher die Erkenntnisse der Kinderheilkunde und Psychologie zu eigen machen. In den Säuglingsheimen und Tageskrippen muß jeder Säugling soviel Mütterlichkeit wie möglich erhalten.

Auch die fürsorglichste und mütterlichste Säuglingsschwester ist überfordert, wenn man ihr gleichzeitig mehr als drei Säuglinge zur Betreuung übergibt. Der Massenbetrieb in unseren Heimen aber bedeutet für die betroffenen Kinder eine erhebliche Minderung ihrer gesamten menschlichen Entwicklung.
Es wäre deshalb besser, in den Heimen kleine Gruppen zu bilden, die den Charakter von Ersatzfamilien haben. In einer jeden derartigen Gruppe sollte eine Schwester 6 bis 8 Kinder aller Altersstufen gemeinsam betreuen. Eine solche Ersatzfamilie entspricht viel mehr den natürlichen Voraussetzungen der kindlichen Entwicklung als die übliche Altersklassengruppe. Wie in einer richtigen Familie würden die älteren Kinder bei der Beaufsichtigung und Erziehung der jüngeren mithelfen können.
Als Vorbild für solche Ersatzfamilien ist das von dem Münchener Pädagogen Andreas Mehringer im Waisenhaus eingeführte Familienprinzip anzusehen. In einer abgeschlossenen Etage wachsen verschiedenaltrige Kinder vom Säugling bis zum Jugendlichen unter der Obhut einer Ersatzmutter auf.
Ein weiteres Vorbild sind die SOS-Kinderdörfer des Österreichers Hermann Gmeiner. Der Grundgedanke ist in jeder Hinsicht zu begrüßen und unterstützenswert. Allerdings sollte man überlegen, ob unsere Zeit noch »Dorfkinder« benötigt, denn durch ihr Wohnen im Kinderdorf sind diese letztlich wiederum sozial abgestempelt. Mir schiene es zweckmäßiger, elternlose Kinder in Familiengruppen in Wohnetagen unterzubringen. Sie könnten dort auch die unmittelbare Nähe der Nachbarschaftshilfe erfahren und eine bessere Gelegenheit bekommen, mit anderen Kindern zu spielen und Freundschaften zu schließen.
Auch in den Säuglingskrippen wäre es wünschenswert, die Bildung kleiner und kleinster Gruppen zu fördern. Die Einrichtung von Säuglingszimmern in Fabriken und Betrieben erscheint mir viel zweckmäßiger als die Einrichtung einer großen neuen Krippe im Stadtteil oder Landkreis. Es ist nicht zu befürchten, daß die Arbeitsleistung einer Mutter nachläßt, wenn sie ab und zu vom Fließband zu ihrem Säugling gehen kann, um ihn herzhaft zu drücken. Im Gegenteil, häufige kleine Pausen steigern sogar die Arbeitsleistung. Und das beruhigende Gefühl, daß ihr Kind in der Nähe ist, wird sich gewiß positiv auf die Arbeit der Mutter auswirken. Das kann man aber nicht erwarten, wenn die Mutter am Fließband überlegen muß, wie es ihrem Kind bis zum Abend wohl in der Krippe ergehen mag.

Der junge Mensch erblickt das Licht der Welt als ein Wesen, dessen körperliche und geistige Funktionen noch weitgehend unausgereift sind. Um die ersten sozialen Beziehungen zu entwickeln, muß die Fähigkeit seiner Wahrnehmungsorgane berücksichtigt werden, Umweltreize aufnehmen und verarbeiten zu können.
Nun sind die Sinnesfunktionen des Kindes bei seiner Geburt ganz unterschiedlich ausgeprägt. Am weitesten entwickelt ist die Empfindlichkeit der Haut und der Schleimhäute. Akustische und optische Reize kann das Neugeborene dagegen erst nach einigen Lebenswochen voll aufnehmen. Diese unterschiedliche Entwicklung ist wichtig für alle Pflegemaßnahmen.
Für das Entstehen der innigen Beziehungen zwischen Mutter und Kind sind bei der Pflege deshalb alle Berührungsreize von größter Bedeutung. Jeder Säugling reagiert auf das Wickeln, das tägliche Baden, das Füttern und das Umhertragen weit stärker als auf den Wechsel von Hell und Dunkel oder Unruhe. Der enge Kontakt zwischen Mutter und Kind wird durch jede zärtliche Berührung gefördert. Beschränkt sich dagegen die Berührung des Kindes beim Wickeln, Füttern und Baden auf das unbedingt Notwendige, so kann seine natürliche Entwicklung bereits gestört werden.
Beim Stillen ist der einzigartige Hautkontakt zur Mutter für das Kind fast noch wichtiger als die Muttermilch selbst. Deshalb sollte jede Mutter nach Möglichkeit ihr Kind wenigstens in den ersten Lebenswochen stillen. Bei dieser Gelegenheit entsteht die vielleicht wichtigste Grundlage für die tiefe menschliche Bindung zwischen Mutter und Kind.
Wenn bereits in den ersten Lebenswochen eines Säuglings eine Kinderschwester die Mutterrolle übernehmen muß, so sollte sie daran denken, wie wichtig der Hautkontakt für die Entwicklung des Kindes ist. Je mehr Haut sie ihm bei der Pflege und beim Füttern anbietet, um so größer ist ihr Beitrag zu einem gesunden Gedeihen des ihr anvertrauten Säuglings.
Grundsätzlich ist für die Säuglingspflege aber darauf hinzuweisen, daß das Kind in den Lernprozessen der Mütterlichkeit für die Mutter eine ebenso große Rolle spielt wie umgekehrt.
Keine Mutter wird durch die Geburt zur Mutter, sondern allein durch die Zuwendung zu ihrem Kind. Adoptivmütter, auch Krankenschwestern und Pflegemütter, die in den entscheiden-

den Jahren der Entwicklung des Kindes die Pflege übernehmen, können vom wissenschaftlichen und praktischen Standpunkt aus mit Recht für sich in Anspruch nehmen, daß sie als »Sozialmütter« die eigentlichen Mütter dieser Kinder sind.

Richtige Kindergärten und Spielplätze für unsere Kleinkinder

Das Kleinkind sollte möglichst in der Nähe der Mutter spielen. Großangelegte und gutausgestattete Spielplätze, auf denen das Kind nur spielen kann, wenn die Mutter gerade Zeit hat, sind wenig sinnvoll. Statt dessen brauchen wir viele kleine Spielplätze zwischen den Häuserblöcken. Hier kann das Kind sorglos umhertollen in dem sicheren Gefühl, daß die Mutter in der Nähe ist.

Wenn die Mutter aber unbedingt zur Arbeit außer Hause gehen muß, so sollte sie trotzdem nicht den ganzen Tag getrennt von ihrem Kind verbringen müssen. Gibt sie es morgens in einer Tageskrippe ab, so leiden beide darunter: Das Kind hat den ganzen Tag über Sehnsucht nach der Mutter, und die Mutter macht sich Sorgen, ob dem Kind auch nichts zustößt. Der beste Ausweg aus diesem Dilemma wäre es, in den Fabriken selbst Kindergärten und Spielplätze einzurichten.

Die negativen Aspekte der Massenpflege gelten keineswegs für den Halbtagskindergarten. Es ist im Gegenteil sehr ratsam, Einzelkinder vormittags einen guten Kindergarten besuchen zu lassen, wo sie das Zusammenleben mit gleichaltrigen Kindern lernen. Das bedeutet eine wertvolle Übung und Hilfe für ihr späteres soziales Verhalten. Auch in der Schule kann sich ein so vorbereitetes Kind viel besser und schneller in die Klassengemeinschaft einordnen.

Die beste Betreuung der Tageswaisen nach dem Unterricht

Die Anzahl der bedauernswerten Schlüsselkinder ist bei uns noch sehr groß. Es ist unbedingt notwendig, dafür zu sorgen, daß diese Kinder nicht den ganzen Nachmittag sich selbst überlassen bleiben. Aber der Bau weiterer Tageswaisenschulen oder Tagesheimschulen scheint mir nicht der richtige Ausweg zu sein. Ein Kind, das schließlich nur noch zum Schlafen nach Hause kommt, lernt nie ein echtes Familienleben kennen.

Auch Ganztagsschulen, in denen jüngere Kinder aus sogenann-

ten pädagogischen Gründen ganztägig durch Lehrer oder deren Hilfskräfte betreut werden sollen, bieten meines Erachtens keinen Ausweg aus dieser Situation. Sie sind für jüngere Kinder im Grundschulalter überhaupt abzulehnen, es sei denn als »Tageswaisen-Schulen« für elternlose Kinder. Diese wiederum als kindgerechte, familienersetzende Institutionen zu betreiben, erfordert einen ungeheuren personalen, räumlichen und damit auch finanziellen Aufwand.
Deshalb wäre es für diese Kinder viel günstiger, wenn sie in ihrer schulfreien Zeit in anderen Familien mit Kindern aufgenommen werden könnten. Ich erinnere mich daran, daß in meinem eigenen Elternhaus der große Familientisch jeweils um ein oder zwei Mitschüler bereichert wurde, wenn wir nachmittags noch Spielturnen hatten. Sicher gibt es auch heute noch eine große Anzahl von Familien, die bereit wären, stundenweise ein Tageswaisenkind aufzunehmen. Man sollte hier vor allem an das Mitgefühl der Mütter appellieren. Natürlich gehört auch dazu, daß man sie persönlich anspricht und ihnen das betreffende Schlüsselkind vorstellt. Zur Regelung der finanziellen Schwierigkeiten wäre, wenn notwendig, eine Hilfe durch das Jugendamt zu gewähren.
Die Betreuung in derartigen Pflegefamilien würde den Kindern das Gefühl der Verlassenheit ersparen, während die aus echter Not berufstätigen Mütter beruhigt ihrer Tätigkeit nachgehen könnten. Die Jungen und Mädchen, die in der Familie eines Freundes oder einer Freundin nachmittags Aufnahme fänden, wären über eine solche Regelung natürlich ganz besonders erfreut.

Wochenendfamilien für Jugendliche

Viele schulentlassene Kinder wohnen heute in Lehrlingsheimen. Die einen, weil sie keine Familie mehr haben, die anderen, weil ihre Eltern zu weit entfernt von dem Ort leben, an dem sie ihren Beruf erlernen. Wer sich einmal mit den Jugendlichen in einem solchen Lehrlingsheim unterhalten hat, ist betroffen von der Not der abendlichen Langeweile und des Alleinseins. Wenn sie nachmittags gegen 16 oder 17 Uhr von ihrer Lehrstelle ins Heim kommen, wissen sie nicht, wie sie die Leere bis zum späten Abend ausfüllen sollen. Gelegentlich organisierte Freizeitprogramme helfen hier nur wenig.

Diesen Jugendlichen fehlt weniger Ablenkung und Unterhaltung als vielmehr die persönliche Begegnung mit Menschen, die Interesse an ihren Fragen und Problemen aufbringen. Sie sind noch zu jung, um mit allen Schwierigkeiten der Umstellung von der Schule aufs Berufsleben ganz allein fertig zu werden. Diesen jungen Menschen ist am besten zu helfen, wenn man Ersatzfamilien ausfindig macht, in denen sie sich am Nachmittag oder am Wochenende zu Hause fühlen dürfen. Sicher gibt es eine beträchtliche Anzahl von Familien, die bereit wären, diese einsamen Jugendlichen für einige Stunden oder Tage in der Woche aufzunehmen. Denn das Gespräch mit jungen Menschen bedeutet ja auch für die älteren eine interessante Anregung.

Wir dürfen keine Mühe scheuen, um unseren Kindern zu helfen

In unserer industrialisierten Gesellschaft sind die Kinder so verloren und einsam wie nie zuvor. Mehr als je braucht das Kind in der Großstadt die sichere Geborgenheit im Schoß der Familie. In krassem Widerspruch zu diesem dringenden Bedürfnis steht die fortschreitende Auflösung der Familie. Es gibt heute nicht mehr Waisenkinder als zu früheren Zeiten, aber die bedrohlich große Anzahl der Waisenkinder der Technik wächst immer noch.
Wir können die psychische, soziale und physische Fehlentwicklung dieser elternarmen Kinder nur aufhalten, wenn es uns gelingt, ihnen einen echten Ersatz für den Mangel an Familie zu bieten. Zahlreiche wissenschaftliche Untersuchungen haben bewiesen, daß alle Einrichtungen der Massenpflege alten Stils hierzu gänzlich ungeeignet sind. Nur in der liebevollen Atmosphäre einer gesunden Familie kann ein Kind wirklich gedeihen. Unsere Anstrengungen sollten sich deshalb in erster Linie darauf richten, möglichst vielen Kindern aus zerstörten Familien einen Platz in einer Ersatzfamilie zu sichern. Ich bin überzeugt davon, daß dieser Plan Erfolg haben wird, wenn man keine Mühe scheut, sich an die Mütterlichkeit aller Frauen zu wenden, die wissen, wie groß die Bedeutung eines echten Familienlebens für jedes Kind ist.
Die Betonung liegt dabei auf Familienleben. Ersatzprojekte wie z. B. das vom Bundesministerium für Jugend, Familie und Gesundheit vorgeschlagene Projekt der »Tagesmütter« sind in

der konzipierten Form auch als Notlösungen abzulehnen, denn hierbei sollen den Tagesmüttern grundsätzlich zwei gleichaltrige Kinder neben dem eigenen Kind tagsüber übergeben werden. Dagegen ist eine Verstärkung, Verbesserung und auch Ausdehnung unseres Pflegestellenwesens in jeder Hinsicht zu befürworten.

TEIL IV

Das Kind braucht freie Zeit

KAPITEL 12

Das Mißverhältnis von Belastung und Erholung bei unseren Schulkindern

Eine der wichtigsten Vorbedingungen für einen gesunden Tagesablauf ist der regelmäßige Wechsel von Beanspruchung und Arbeit, Schlaf, Muße und Erholung. Schon in den Anfängen der naturwissenschaftlichen Medizin hat der deutsche Arzt Christoph Wilhelm Hufeland eine Grundregel für die vernünftige Lebensführung aufgestellt: Täglich 8 Stunden Arbeit, 8 Stunden Schlaf und 8 Stunden für Körperbewegung und Mahlzeiten. Zumindest hinsichtlich der Arbeitszeit ist eine derartige Tageseinteilung inzwischen für den Erwachsenen seit langem zur gesetzlichen Norm geworden. In der Regel wird eine Verkürzung des Achtstundentages als Erleichterung, seine Überschreitung als Erhöhung der Arbeitsbelastung angesehen.

Leider wird aber auch die tägliche Beanspruchung von Kindern und Jugendlichen heute vielfach in das Schema des Achtstundentages eingeordnet. Diese Lebensregel darf jedoch auf den jungen Menschen nicht übertragen werden. Die einzelnen Phasen der kindlichen Entwicklung weisen so große Verschiedenheiten auf, daß man die Fähigkeit eines Kindes zur Lösung bestimmter Aufgaben nur aus der Sicht seiner Altersstufe betrachten darf. Die kindliche Konstitution unterliegt einem steten Wandel. Deshalb verändert sich die körperliche, geistige und seelische Belastbarkeit mit jedem Schuljahr.

Das Stillsitzen über einen längeren Zeitraum bedeutet zum Beispiel für einen Sechsjährigen – abgesehen von der nervösen Belastung – eine beträchtliche körperliche Anstrengung. Für den Jugendlichen stellt es dagegen eine wesentlich geringere statische und auch nervöse Beanspruchung dar. Das Buchstabieren einer Lesebuchseite bereitet dem Schulanfänger große Mühe, während das Hinunterschlingen von vielen Seiten eines spannenden Buches für den Jugendlichen echte Erholung sein kann. Der Unterricht in Nadelarbeit ist für ein zehnjähriges Mädchen vom ärztlichen Standpunkt aus eine echte Arbeitsleistung. Der Hausfrau dagegen dient Stricken in einer gemütlichen Sitzecke zur Entspannung.

Diese Beispiele mögen beweisen, daß das rechte Maß von Übung und Schonung nach dem jeweiligen Alter des Schulkindes bestimmt werden muß. Und das gilt nicht nur für die Art, sondern auch für die zeitliche Dauer der Beanspruchung und Erholung. Aus diesem Grunde haben sich Ärzte und Pädagogen schon vor Jahrzehnten intensiv damit beschäftigt, die besten Relationen zwischen Belastung und Freizeit für die einzelnen Altersstufen herauszufinden.

Die Anforderungen an unsere Kinder sollten von Jahr zu Jahr allmählich ansteigen

Der schwedische Arzt Axel Key stellte schon 1885 im Auftrag des Schulkomitees der Schwedischen Gesellschaft der Ärzte eine Tageseinteilung für Kinder und Jugendliche auf (vgl. Tabelle 10). Seine detaillierten Vorschläge beruhen auf jahrelangen Beobachtungen in Familien mit Kindern und eingehenden Beratungen mit Pädagogen. Sie sehen für jedes Lebensjahr im Schulalter vor, »wie viele Stunden für Schlaf, Mahlzeiten, Spiele, Körperbewegungen usf. als nötig berechnet werden können, ohne dem zu viel Eintrag zu tun, was für das physische Leben und die gesunde Entwicklung der Kinder gefordert werden muß«.

Die »Arbeitszeit« der Schüler sollte sich nach Key zusammensetzen aus der Anwesenheitszeit in der Schule und der Zeit für Hausaufgaben und Schulwege. Jeweils 15 Minuten Pause zwischen zwei aufeinanderfolgenden Unterrichtsstunden von 45 Minuten Dauer werden zur Arbeitszeit gerechnet. Diese Arbeitszeit sollte nun von nur 2 bis 3 Stunden im 7. Lebensjahr erst allmählich auf maximal 9 Stunden im 18. Lebensjahr ansteigen. Im 10. Lebensjahr sollte sie höchstens 6 Stunden täglich betragen.

Jeder Erwachsene wird leicht einsehen, daß im Zeitalter der Vierzigstundenwoche eine tägliche Arbeitszeit von 8 Stunden für Vierzehnjährige oder von 9 Stunden für Siebzehnjährige ein echtes Maximum darstellt. Weit schwieriger aber ist zu begreifen, daß für das sechs- bis siebenjährige Kind 2½ Stunden »totale Beanspruchung in Schule und Haus« die gleiche Anstrengung bedeutet wie 9 Stunden Arbeitszeit für den Siebzehnjährigen.

Da mit fortschreitendem Alter die Erholungsfähigkeit zunimmt, können die notwendigen minimalen Zeiten der Erholung mit jedem Schuljahr geringer werden. So reduziert sich die vorgesehene Zeit für Schlaf von 11 Stunden im 7., über 10½ Stunden im 11. auf 8½ Stunden im 17. Lebensjahr. Als Min-

Klasse		Schlafzeit						
Altersklasse nach dem Lebensjahre	Schulklasse	Zeit des zu Bette Gehens und Aufstehens Uhr	Schlafdauer in Stunden	Zeit f. Aus- u. Ankleiden, Waschen etc.	Zeit f. Mahlzeiten und gehörige Ruhe	Zeit f. Spiele und freiwillige Beschäftigungen	Arbeitszeit und andere Zwangzeit in Schule und Haus	Arbeitszeit f. d. Woche mit Einrechnung v. Gesang und Gymnastik
		Abd. Morg.						
7tes	1	8–7	11	1	3	6	2–3	12–18
8tes	2	8–7	11	1	3	5–6	3–4	18–24
9tes	3	8–7	11	1	3	5	4–5	24–30
10tes	I	8–9–7	10–11	1	3	3–4	6	36
11tes	II	8–9–7	10–11	1	3	3–4	6	36
12tes	III	9–7	10	1	3	3	7	42
13tes	IV	9–7	10	1	3	3	7	42
14tes	V	9.30–7	9.30	1	3	2.30	8	48
15tes	VI_1	10–7	9	1	3	2.30	8.30	51
16tes	VI_2	10–7	9	1	3	2.30	8.30	51
17tes	VII_1	10–6.30	8.30	1	3	2.30	9	54
18tes	VII_2	10–6.30	8.30	1	3	2.30	9	54

Tab. 10 Tageseinteilung für Kinder von 6 bis 18 Jahren, d.h. vom 7. bis einschließlich 18. Lebensjahre. Maximal erlaubte Beanspruchung und Mindestforderung an frei verfügbarer Zeit im Laufe eines Tages für die verschiedenen Altersstufen bei Schulkindern nach den Vorschlägen des Schulkomitees der Schwedischen Ärztegesellschaft (1885).

destzeit »für Spiele und freiwillige Beschäftigungen« benötigt das junge Schulkind wenigstens 6 Stunden pro Tag. In den Mittelklassen sind hierfür 3½ bis 4 Stunden notwendig und beim Jugendlichen 2½ Stunden.

Schelten Sie nicht, wenn Ihr Kind »herumtrödelt«!

Unabhängig von dieser Freizeit für das Schulkind enthält der Plan von Key noch 1 Stunde für persönliche Bedürfnisse und 3 Stunden für Mahlzeiten und gehörige Ruhe. Diese Zeiten bleiben für alle Altersstufen gleich. Leider wird eine solche Zeit von vielen Eltern und Lehrern in Verkennung der kindlichen Eigenart als unnütz angesehen. Man bezeichnet sie oft abfällig als Trödeln, Bummeln oder Herumklüngeln. Dafür scheint der Erwachsene schon vor achtzig Jahren wenig Verständnis gehabt zu haben. Key selbst berichtete folgendes über das negative Echo auf seine Vorschläge:
»Es ist höchst bezeichnend, daß die mäßige Zeitbestimmung, welche ich über die den Kindern nötige Zeit für Mahlzeiten und Ruhe berechnete, von gewissen Seiten als zu hoch hingestellt, ja gleichzeitig in einer ernst gemeinten Kritik über das Gutachten des Schulkomitees mit Hohn behandelt wurde; man spricht da über die ›Mittagsschläfchen‹ der Schüler usw. Das kann auf nichts anderem als auf einem übrigens leicht erklärlichen und leider sehr allgemeinen Mangel an Einsicht in die einfachsten und allgemeinen Lehren und Gesetze der Physiologie und Hygiene des Kindesalters beruhen.«
Die von Key aufgestellte Tageseinteilung ist so gut begründet, daß sie nicht nur den damaligen, sondern auch den heutigen Schulverhältnissen entsprechen dürfte. Aus diesem Grunde wurde die Tabelle 10 in Abb. 15 auch graphisch dargestellt.
In den Lebensumständen des Schulkindes hat sich allerdings seit 1885 so viel geändert, daß es fraglich ist, ob die damals vorgeschlagenen Mindestzeiten zur Erholung heute noch ausreichen.

Unsere Kinder werden durch Umweltreize und Schule extrem belastet

Die heutige Familiensituation ist kaum noch vergleichbar mit dem Elternhaus um die Jahrhundertwende. Wir möchten nur

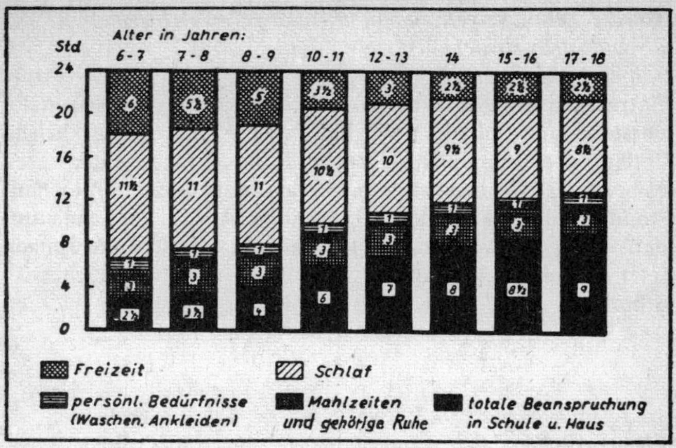

Abb. 15 Maximal erlaubte Beanspruchung und Mindestforderung an Freizeit und Erholung in den verschiedenen Altersstufen bei Schulkindern nach den Vorschlägen des Schulkomitees der Schwedischen Ärztegesellschaft aus dem Jahre 1885.

noch einmal an die zunehmende außerhäusliche Arbeit der Mütter erinnern. Damit ist das Schulkind unserer Tage außerordentlich stark den zahllosen Umwelteinflüssen ausgesetzt. Da sind die optischen und akustischen Reize einander jagender Werbekampagnen, da sind die sensationellen Fotos und Schlagzeilen der Tageszeitungen und Illustrierten. Kino, Fernsehen und der lebensbedrohliche Verkehr auf den Straßen sind weitere Reizeinwirkungen, mit denen unsere Kinder fertig werden müssen.
Gleichzeitig aber haben die wöchentlichen Unterrichtsstunden in unseren Schulen immer weiter zugenommen. So sind allein in den bayerischen Volksschulen innerhalb von drei Generationen die Wochenstundenzahlen um ein Drittel angewachsen. Während im Jahre 1877 insgesamt 170 Wochenstunden vorgesehen waren, wuchs diese Anzahl bis 1955 auf rund 230 Stunden. Die Tabelle 11 vermittelt eine Übersicht über die amtlichen Lehrpläne an bayerischen Volksschulen in den Jahren 1877, 1926 und 1955.

Unsere Zehnjährigen haben einen längeren Arbeitstag als Industriearbeiter

Betrachten wir einmal die Wochenstunden der 5. Klasse in der vorstehenden Tabelle: 1877 hatten die Zehn- bis Elfjährigen 25 Unterrichtsstunden pro Woche. Rund 50 Jahre später waren es bereits 28 Wochenstunden bei den Jungen und 20 Wochenstunden bei den Mädchen. 1955 war die Anzahl der Schulstunden weiter angewachsen. Mit Wahlfächern hatten die Jungen jetzt 32 Unterrichtsstunden wöchentlich und die Mädchen 33 Stunden.

	1877		1926		1955			
					ohne Wahlfächern		mit Wahlfächern	
Klasse	Buben	Mäd.	Buben	Mäd.	Buben	Mäd.	Buben	Mäd.
1	20	20	21	23	21	23	21	23
2	25	25	23	25	23	25	23	25
3	25	25	25	28	26	28	26	28
4	25	25	26	28	26	28	26	28
5	25	25	28	29	29	30	32	33
6	25	25	29	30	30	30	32	33
7	25	25	29	30	30	30	33	33
8	–	–	30	31	30	31	33	33
Gesamt Wochen-Std.	170	170	212	224	215	225	226	236

Tab. 11 Wochenstundenzahlen in den Volksschulen nach den amtlichen Bayerischen Lehrplänen von 1877–1955.

Vergleichen wir diese Zahlen mit der höchstzulässigen Arbeitszeit für Zehnjährige in Tabelle 10 von Key aus dem Jahre 1885: Als Maximum für zehnjährige Schulkinder werden dort 36 Arbeitsstunden in der Woche aufgeführt. Key versteht darunter aber die wöchentliche Gesamtarbeitszeit, das heißt, Schulwege und Hausaufgaben sind inbegriffen. Nun dürften unsere Schulkinder in der 5. Klasse also wöchentlich nur 3 bis 4 Stunden für Schulwege und Hausaufgaben zusammen aufwenden. Alle Eltern schulpflichtiger Kinder werden auf den ersten Blick erkennen, daß diese Zeiten bei weitem nicht der Wirklichkeit entsprechen.

Wir werden im folgenden Kapitel noch ausführlich auf die hohe zeitliche Belastung unserer Kinder durch Schulwege und Hausaufgaben eingehen. Soviel aber sei vorweggenommen: Allein für Schulwege benötigen die Kinder heute im Durchschnitt täglich 1 Stunde, also 5 bis 6 Stunden in der Woche. Für unsere Zehnjährigen bedeutet das: Nur durch die Unterrichtszeiten in der Schule und die Schulwege kommen sie bereits auf eine wöchentliche Arbeitszeit von fast 40 Stunden. Nun kommen aber noch weitere Stunden für die Erledigung der Hausaufgaben hinzu. Tatsächlich liegt also die wöchentliche Arbeitszeit unserer Zehnjährigen über der Norm für Industriearbeiter. Die von Key festgelegte Höchstbeanspruchung durch die Schule aber wird weit überzogen. Und das in einer Zeit, in der unsere Kinder zusätzlich durch den hektischen Großstadtbetrieb starken Belastungen ausgesetzt sind.

In der Oberschule werden die jüngeren Kinder besonders benachteiligt

Die gleiche Tendenz zur Vermehrung der Unterrichtsstunden zeigt sich auch in den Lehrplänen z. B. der Humanistischen Gymnasien in Bayern. Im Zeitraum von 1874 bis 1956 sind die für alle Klassen vorgeschriebenen Wochenstunden von 243 auf 279 angestiegen. Diese jedes rechte Maß überschreitende Stundenzahl überfordert vor allem die jüngeren Schüler.
Aufgrund eigener in den Jahren 1955 und 1957 gemeinsam mit Graf und Rutenfranz durchgeführten Untersuchungen an Oberschulen in München und Dortmund konnten wir die genauen schulgebundenen Zeiten für elf- und sechzehnjährige Schüler ermitteln: Die zehn- bis elfjährigen Jungen und Mädchen wurden im Mittel täglich 7 Stunden 47 Minuten von der Schule in Anspruch genommen. Bei den sechzehnjährigen Jugendlichen waren es 8 Stunden 35 Minuten pro Tag. Bei diesen Zeiten wurden die Pausen nicht mitberechnet.
Nach den Vorschlägen von Key sollte der Unterschied in der täglichen Arbeitsbelastung zwischen Zehn- und Sechzehnjährigen mindestens 2½ Stunden betragen. Die Arbeitszeit unserer jüngsten Oberschüler betrug aber nur eine ¾ Stunde weniger als bei ihren älteren Schulgefährten. Daran zeigt sich deutlich, daß in den Oberschulen kaum Rücksicht auf die Veränderungen der Belastungsfähigkeit im Laufe der kindlichen Entwicklung genommen wird. Jüngere Kinder brauchen aber unbedingt

mehr Zeit für Erholung und Bewegung als ältere. Ihre Gesundheit ist ernstlich bedroht, wenn dieser Gesichtspunkt nicht beachtet wird.
Die von uns bei den Sechzehnjährigen registrierten Arbeitszeiten lagen nur wenig über dem von Key vorgesehenen Maximum (vgl. Abbildung 16). Ganz anders aber war es bei den Zehn- bis Elfjährigen. Schon vor über achtzig Jahren wurden 6 Stunden täglich als »äußerste Grenze des Erträglichen« für diese Altersstufe bezeichnet. Heute aber werden diese Kinder noch 1 Stunde 47 Minuten länger mit Arbeit belastet. Von den vorgeschlagenen 3 bis 4 Stunden für Spiele bleiben ihnen also bestenfalls noch 2 Stunden. Dieses Ergebnis ist alarmierend. Eltern und Lehrer sollten sich gegen diese unverantwortliche Überforderung unserer Kinder zur Wehr setzen. Die Grenze des Erträglichen ist bereits in gefährlichem Maße überschritten worden!

Für Spiel und Erholung bleibt kaum noch Zeit übrig

Als unbedingt notwendige Mindestzeiten für Spiel und Erholung hat Key für die verschiedenen Altersstufen folgende Stunden täglich festgelegt:
für Siebenjährige mindestens 6 Stunden,
für Neunjährige 5 Stunden,
für Zehn- bis Elfjährige 4 Stunden
und für Zwölf- bis Dreizehnjährige 3 Stunden.

In seiner Begründung für diese Vorschläge sagte der schwedische Arzt: »Ich will speziell betonen, daß es sich hier nicht nur um die Zeit für Körperbewegung und Spiel handelt, sondern auch um die Zeit, während welcher der Schüler in allen Stadien seiner Entwicklung sich selbst überlassen bleiben soll, und er, frei von beständigen hemmenden Fingerzeigen, sich einer selbständigen Denktätigkeit und seiner Initiative hingeben kann.«
Diese Sätze zeigen, daß genügend Freizeit unsere Kinder nicht nur körperlich gesund erhält, sondern auch dazu dient, ihre Entwicklung zu selbständigen Persönlichkeiten zu fördern. Kinder, die den ganzen Tag über Aufgaben zu erfüllen haben und ständig gegängelt werden, haben kaum Gelegenheit, eigene Entscheidungen frei zu treffen. Aber dann darf man sich später nicht wundern, wenn sie als Erwachsene wenig Initiative

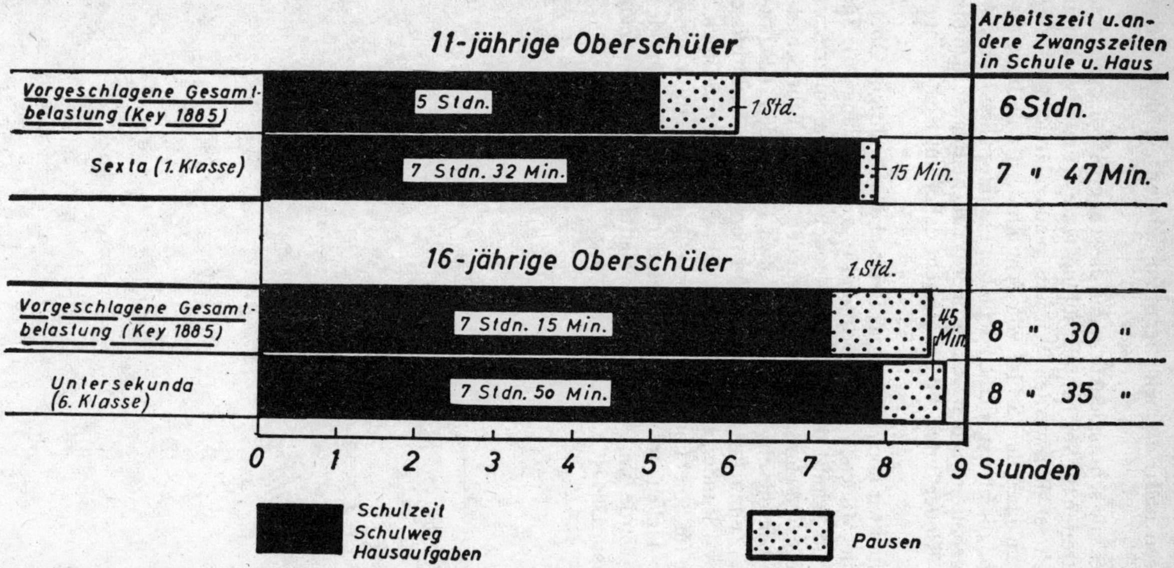

Abb. 16 Vergleich der schulgebundenen Zeiten bei elf- und sechzehnjährigen Oberschülern mit den vor 70 Jahren ärztlicherseits für ihre Altersstufe vorgeschlagenen Grenzwerten.

aufbringen und Entscheidungen am liebsten aus dem Wege gehen.
Es ist deshalb sehr bedenklich, daß die schon 1885 festgelegten Mindestzeiten für Spiel und Erholung heute in der Regel kaum jemals eingehalten werden. Wir wissen aus zahlreichen Untersuchungen über den Schlaf von Schulkindern und Jugendlichen, daß die altersgemäßen Schlafzeiten unter allen Umständen eingehalten werden. Jede größere zeitliche Beanspruchung unserer Kinder durch die Schule geht daher auf Kosten ihrer Freizeit.
Betrachten wir noch einmal das Beispiel der elfjährigen Oberschüler in München und Dortmund (vgl. Abbildung 16): Sie müssen im Schnitt täglich fast 8 Stunden für Schulunterricht, Schulwege und Hausaufgaben aufwenden. Das tägliche Schlafbedürfnis in diesem Alter beträgt etwa 10 Stunden. Als notwendige Zeiten für Mahlzeiten und persönliche Bedürfnisse setzt Key 4 Stunden am Tag an. Damit bleiben dem Kind noch 2 Stunden für Spiel und Erholung übrig – statt der geforderten 4 Stunden täglich. In unserem vielgerühmten Jahrhundert des Kindes wurde ihm also fast die Hälfte seiner freien Zeit gestrichen. Das ist eine traurige Bilanz.

KAPITEL 13

Eigene Untersuchungen zur Beanspruchung unserer Kinder durch die Schule

»Die Erziehung in der Schule hat alle Regeln zu prüfen, welche sich mit dem Unterricht und dem Spiel der Kinder befassen. Das Kind ist vor Verweichlichung, aber erst recht vor Überforderung zu schützen. Die körperliche und geistige Anspannung muß sich nach dem Alter des Kindes richten. Der Unterricht darf nicht lang anhaltend sein. Nachteilig ist jede Arbeit über die Mittagszeit, notwendig ist eine Verkürzung des Unterrichts in den heißen Monaten und ebenso notwendig ein Erlaß von Bestimmungen zum Schutze der Jugend, daß sie nicht zu früh in das Berufsleben entlassen wird.«
Diese Forderungen stellte der Vater der Schulkinderfürsorge, der deutsche Pädiater Johann Peter Frank, schon 1780 auf. Seine Vorschläge zur Schulfürsorge sind auch heute noch in vollem Umfang aktuell. Ja, das Problem der Überforderung des Schulkindes beschäftigt die Ärzteschaft heute mehr denn je. Denn leider richtet sich der Unterrichtsbetrieb in unseren Schulen in keiner Weise nach den wissenschaftlichen Erkenntnissen, die von Ärzten und Pädagogen schon vor Jahrzehnten erarbeitet wurden.

Unsere Schulkinder haben eine körperliche, geistige und nervöse Belastung

Das Kind wird in der Schule auf verschiedene Weise beansprucht. Man verlangt von ihm eine gewisse körperliche und geistige Arbeit, dazu kommt eine recht beträchtliche nervöse Belastung.
Relativ einfach zu beurteilen ist die körperliche Arbeit. Sie hat heute den größten Marktwert und spielt auch in der Schule eine nicht geringe Rolle. Wir alle wissen, daß es selbst dem Erwachsenen schwerfällt, über eine längere Zeit stillzusitzen. Die damit verbundene statische Belastung bedeutet jedoch für das Kind noch eine wesentlich größere Anstrengung. Durch ein zum Teil völlig ungenügendes Schulmobiliar wird das stundenlange Sitzen in der Schulbank für viele Kinder eine Qual. Häufig stammen die Schulbänke noch aus einer Zeit, in der man nichts von der Akzeleration wußte. Deshalb sind die Bänke viel

zu klein für unsere hochaufgeschossenen Schulkinder. Sie wissen nicht, wie sie ihre langen Gliedmaßen in den engen Bänken unterbringen sollen, und die unbequeme Lage zwingt sie immer wieder zu nutzlosen Versuchen, ein wenig bequemer zu sitzen.

Die wichtigste Art der Belastung durch die Schule ist natürlich die geistige Arbeit. Sie wird zur Zeit von der Allgemeinheit stark unterbewertet. Tatsächlich ist es recht schwierig, die Höhe der geistigen Kraftleistung abzuschätzen. Vom ärztlichen Standpunkt muß man feststellen, daß geistige Arbeit nicht nur ebenso, sondern sogar noch stärker ermüdet als körperliche Arbeit. Allerdings führt die Ermüdung nach geistiger Arbeit nicht zu einer körperlichen Erschöpfung und damit zu einem erquickenden Schlaf, sondern ruft eher eine nervöse Belastung hervor.

Der Dortmunder Arbeitsphysiologe Otto Graf hat sich mit der nervösen Belastung oder Überbelastung eingehend beschäftigt. Nach seinen Untersuchungen gehen nervös belastende Situationen im Gemüts- und Gefühlsleben mit einer emotionalen Reizbarkeit oder Verminderung der Selbstbeherrschung einher. Sie entstehen, wenn eine wichtige Arbeit unter erheblichem Zeitdruck ausgeführt werden muß, wenn während einer Tätigkeit häufig Störungen und Ablenkungen auftreten oder wenn neben der Berufsarbeit Kummer und Sorgen persönlicher Art bestehen. Bei Kindern wird diese meist durch Angst ausgelöst. Und leider sind angstgeladene Situationen in unseren Schulen ja keine Seltenheit. Erhöhte Reizbarkeit oder stark verminderte Selbstbeherrschung sind häufig erste Anzeichen einer nervösen Belastung. Da diese Warnsignale aber allzuoft übersehen werden, kann der Arzt häufig erst die gefährlichen Folgen einer übermäßigen Beanspruchung feststellen.

Wie viele Stunden am Tag verbringen unsere Kinder in der Schule?

Wie lange werden die Schulkinder nun täglich dieser Belastung ausgesetzt? Die übermäßige zeitliche Beanspruchung der Kinder stieß in den vergangenen Jahren auf heftige Kritik in der Öffentlichkeit. Wir haben 1955 an der Universitäts-Kinderpoliklinik in München die tägliche Arbeitszeit der zehn- bis elfjährigen Oberschüler überprüft. Allen Eltern der Schülerinnen und Schüler der ersten Klassen der Höheren Schulen in

München wurden Fragebogen übersandt (Hellbrügge und Rutenfranz 1955, 1956; Rutenfranz 1957, 1958). Die Eltern wurden gebeten, zwei Wochen lang täglich einzutragen, zu welchen Zeiten ihr Kind arbeitete, schlief oder sich erholte. Die Formulare enthielten die gleichen Fragen wie das unten abgebildete Beispiel vom 28. Februar 1955:

Montag, den 28. Februar 1955

Mein Kind war in der Schule:	von .... Uhr bis ... Uhr	vormittags
	von .... Uhr bis ... Uhr	nachmittags
Mein Kind machte Schulaufgaben:	von .... Uhr bis ... Uhr	
Mein Kind hatte Freizeit:	von .... Uhr bis ... Uhr	
Mein Kind schlief:	von .... Uhr bis ... Uhr	

Die Beteiligung der angeschriebenen Eltern an unserer Untersuchung war erfreulich hoch. Von 3654 Elternpaaren schickten 2678 die ausgefüllten Fragebogen an uns zurück. Das sind 73,5 Prozent.
Wir erkundigten uns zusätzlich noch nach dem genauen Alter der Kinder und nach ihrem täglichen Schulweg. Außerdem fragten wir die Eltern, ob ihr Kind Nachhilfeunterricht erhielte und ob sie glaubten, daß es nervös sei.
Für unsere Umfrage wählten wir die Zeit nach Abschluß des Probehalbjahres. Die Kinder hatten also inzwischen Gelegenheit gehabt, sich an die neuen Bedingungen auf der Oberschule zu gewöhnen. Der Zeitraum war außerdem in keiner Weise durch Vorbereitungen auf eine Prüfung belastet und konnte deshalb als eine normale Schulperiode angesprochen werden. Diese Annahme wurde auch von den Eltern bestätigt, von denen 80 Prozent die zeitliche Beanspruchung ihrer Kinder durch die Schule für durchschnittlich hielten.
Und nun zu den Ergebnissen: Die Schüler und Schülerinnen der ersten Oberschulklasse in München erhielten täglich im Schnitt 4 Stunden 39 Minuten lang Schulunterricht. Das ergab bei den 1955 allgemein üblichen 6 Unterrichtstagen eine zeitliche Beanspruchung von 27 Stunden 54 Minuten in der Woche. Für die Mädchen ergab sich eine tägliche Mehrbelastung von rund 20 Minuten, da sie zusätzlich noch Handarbeitsunterricht erhielten. Wenn man nun die Pausen zu der täglichen Arbeitszeit in der Schule hinzurechnet, was auch Key tat, so kamen wir auf eine tägliche Unterrichtszeit von 5 Stunden 3 Minuten für Jungen und von 5 Stunden 23 Minuten für

Mädchen. Das Hinzuzählen der Pausen scheint uns gerechtfertigt zu sein, denn sie sind kaum als echte Freizeit, sondern eher als arbeitsablaufbedingte Wartezeit zwischen den einzelnen Lektionen aufzufassen. Die wöchentliche Arbeitszeit der Zehn- bis Elfjährigen erhöhte sich dann auf 30 Stunden 18 Minuten bei den Jungen und auf 32 Stunden 18 Minuten bei den Mädchen.

Unsere Kinder werden durch zuviel Hausaufgaben überfordert

An einem Querschnitt von 1806 Tagesverläufen errechneten wir, wie viele Stunden die Kinder in der ersten Klasse der Oberschule im Schnitt täglich von Hausaufgaben in Anspruch genommen wurden. Wir stellten fest, daß alle Kinder an manchen Tagen weniger, an anderen extrem viel Zeit für Hausaufgaben benötigten. Der für Hausaufgaben notwendige Zeitaufwand hing also offensichtlich nicht von der Begabung der einzelnen Kinder ab.

Die Durchschnittszeit für Hausaufgaben betrug 2 Stunden 13 Minuten am Tag. 21,5 Prozent der Schüler machten bis zu 1 Stunde am Tag Schularbeiten, 36,3 Prozent bis zu 2 Stunden täglich, 26,2 Prozent bis zu 3 Stunden täglich, 11,6 Prozent bis zu 4 Stunden täglich und rund 4 Prozent bis zu 6 Stunden täglich (vgl. Abbildung 17).

Wir möchten ausdrücklich darauf hinweisen, daß die zulässige tägliche Höchstgrenze der Zeit für Hausaufgaben aufgrund pädagogischer und ärztlicher Erfahrungen wesentlich niedriger angesetzt wird: für die 1. und 2. Oberschulklasse etwa 3 bis 9 Stunden pro Woche. Diesen Zeiten wurden früher auch die amtlichen Verordnungen gerecht. So sah die Instruktion zur Schulordnung im Königreich Bayern von 1898 pro Tag höchstens 1 Stunde für Hausaufgaben vor. Auch der Erlaß des preußischen Kultusministeriums von 1882 bestimmte pro Woche höchstens 6 Stunden als Maximum an häuslicher Arbeitszeit für die 1. Oberschulklasse. Nach den derzeitigen Verordnungen ist eine doppelt so hohe maximale Belastungszeit durch Hausaufgaben erlaubt. Aber selbst diese vom ärztlichen Standpunkt bereits unzumutbare Höchstgrenze wird in der Praxis noch überschritten.

Wir wurden von philologischer Seite darauf aufmerksam gemacht, daß die Eltern nicht in der Lage seien, zu beurteilen, ob ihre Kinder in der angegebenen Zeit tatsächlich Hausauf-

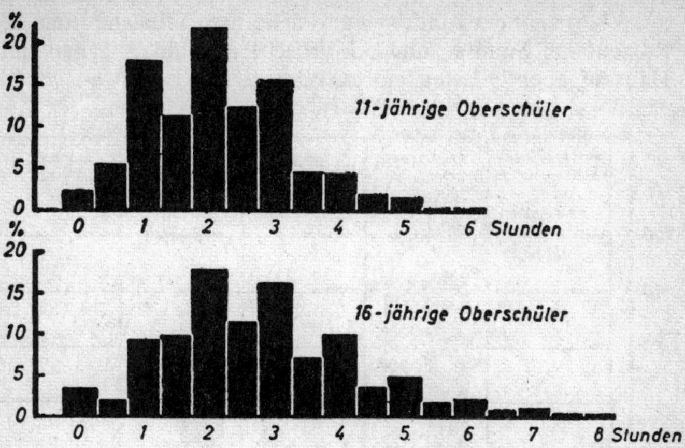

Abb. 17 Prozentuale Verteilung von Hausaufgabenzeiten bei Vormittagsunterricht elf- bzw. sechzehnjähriger Oberschüler (ermittelt aus 8874 bzw. 6846 Tagesverläufen).

gaben für die Schule machten. Vielleicht lasen sie statt dessen heimlich unter dem Tisch ein Buch oder träumten vor sich hin. Im Prinzip ist das für die Beanspruchung des Kindes gleichgültig. Entweder leistet es geistige Arbeit durch das Lösen der Hausaufgaben, oder es ist einer starken nervösen Belastung ausgesetzt, wenn es verbotenerweise statt dessen etwas anderes tut. Das heimliche Lesen eines Buches, verbunden mit ständiger Angst davor, ertappt zu werden, kann auf keinen Fall als Erholung angesehen werden.

Auch am Wochenende kommt die Erholung zu kurz

In Anbetracht der geringen Freizeit in der Woche kam der Erholung während des Wochenendes eine besondere Bedeutung zu. Hier hatten wir insofern einen gewissen Ausgleich erwartet, als offiziell über Sonnabend und Sonntag keine Hausaufgaben aufgegeben werden dürfen. Doch leider mußten wir feststellen, daß nicht weniger als 86 Prozent der elfjährigen Jungen und Mädchen auch am Wochenende für die Schule arbeiteten.
Für die Ermittlung der genauen Zahlen haben wir 4834 Wochenendverläufe nach den Angaben der Eltern ausgewer-

tet. 37 Prozent der Kinder waren am Sonnabendnachmittag, 14 Prozent am Sonntag und 35 Prozent an beiden Tagen mit Hausaufgaben belastet (vgl. Abbildung 18).

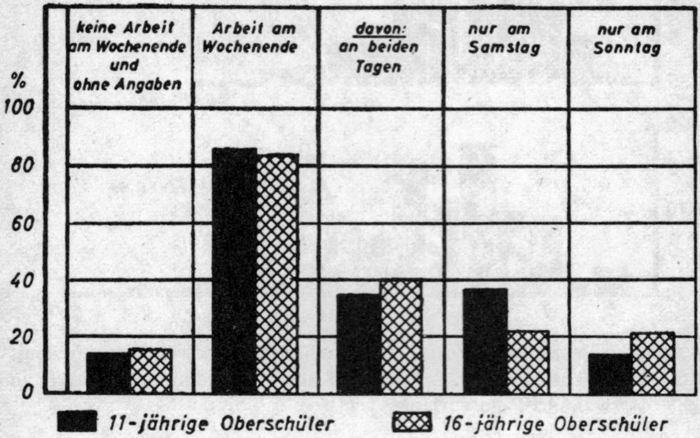

Abb. 18 Prozentuale Häufigkeit von Hausaufgaben am Wochenende bei elf- bzw. sechzehnjährigen Oberschülern, ermittelt aus 4834 bzw. 2562 Wochenendverläufen.

Die Kinder arbeiteten im Schnitt 2 Stunden 20 Minuten am Wochenende für die Schule. Offensichtlich handelt es sich hier um einen Nachholbedarf, da ja über das Wochenende keine Hausaufgaben erteilt werden sollten.

Dieses Ergebnis zeigt, daß unsere Kinder schon allzu früh regelrecht zur Wochenendarbeit erzogen werden. Diese Entwicklung ist äußerst bedenklich. Sie hat dazu geführt, daß der Erwachsene heute jeglichen Sinn für die Sonntagsruhe verloren hat. Er dehnt die hektische Betriebsamkeit der Wochentage auch noch auf das Wochenende aus. Mit seiner freien Zeit weiß er vielleicht kaum mehr etwas anzufangen.

Vor allem ihre Intelligenz steuert die Kinder schon in früher Jugend in eine negative Sonderstellung hinein. Das zeigt sich drastisch am Beispiel der ständigen Wochenendarbeit der Oberschüler. Manch einer mag hier vielleicht einwenden: Was ist schon dabei, wenn ein Kind sich frühzeitig daran gewöhnt, am Wochenende ein Buch in die Hand zu nehmen? Dazu muß man vom ärztlichen Standpunkt folgendes sagen: Das freiwillige Lesen eines Buches kann durchaus der Erholung und

Entspannung dienen. Eine zweckgerichtete geistige Arbeit aber kann niemals einen Erholungswert haben, schon gar nicht, wenn bereits in der nächsten Unterrichtsstunde überprüft wird, ob das Gelesene auch verstanden und behalten wurde.
Wie gefährlich der Verzicht auf Entspannung ist, zeigt sich in der Regel erst um die Mitte des Lebens. Es sollte allen Eltern zu denken geben, daß Akademiker und Männer in leitenden Positionen fast doppelt so häufig im Alter zwischen 35 und 45 Jahren an Herz- und Kreislauferkrankungen sterben als Arbeiter und Angestellte mit Grundschulbildung.

Die Schulwege sind zu lang und zu gefährlich

In weniger zivilisierten Zeiten mag der Schulweg ein Stück Erholung gewesen sein, in der Großstadt unserer Tage stellt er an das Kind ungeheure Anforderungen. Es wird ständig zur höchsten Aufmerksamkeit gezwungen, um den Gefahren des Großstadtverkehrs zu entgehen. Die nervöse Belastung ist außerordentlich hoch. Jeder aufmerksame Beobachter erkennt sofort, mit welcher Angst vor allem die jüngeren Schulkinder belebte Straßenkreuzungen überqueren. Dazu kommt noch die Angst, zu spät zum Unterricht zu kommen.
Schulkinder werden besonders häufig in einen Unfall verwikkelt. Heute sterben die meisten Kinder im Schulalter nicht mehr an gefährlichen Kinderkrankheiten, sondern an den Folgen eines Verkehrsunfalls. Nach den Angaben des Statistischen Landesamtes in Bayern kamen in der Zeit von 1956 bis 1962 allein 842 Kinder durch Straßenunfälle ums Leben. Alle diese Kinder befanden sich im schulpflichtigen Alter zwischen 6 und 15 Jahren. Im gleichen Zeitraum starben 64 Kinder an Tuberkulose, 36 an Diphtherie und 76 an Kinderlähmung.
Weit höher noch liegt die Zahl der bei Verkehrsunfällen verletzten Schulkinder. Von 1956 bis 1962 waren es allein in Bayern nicht weniger als 27 776 Kinder. Dagegen erkrankten nur 1305 Kinder an Diphtherie und 1266 an Kinderlähmung. Diese Zahlen beweisen eindringlich, welch schwerer Gefährdung unsere Kinder auf dem Schulweg ausgesetzt sind.
Die außergewöhnliche Belastung durch den Schulweg in der Großstadt wird noch deutlicher, wenn man die Weglängen betrachtet. Es ist ein großer Unterschied, ob jemand zehn Minuten lang einer Höchstspannung ausgesetzt wird oder über eine Stunde. Von den elfjährigen Oberschülern und -schülerin-

nen in München gingen nur 34 Prozent zu Fuß zur Schule. Ihr durchschnittlicher Schulweg betrug 31 Minuten. 1,8 Prozent von ihnen fuhren 34 Minuten lang mit dem Rad und 10,6 Prozent 89 Minuten lang mit der Eisenbahn. 48,2 Prozent benutzten die Trambahn; sie fuhren im Durchschnitt 61 Minuten lang. 5,4 Prozent schließlich mußten 98 Minuten lang mehrere Verkehrsmittel benutzen. Wer einwenden wollte, daß der Weg der Fahrschüler weniger anstrengend sei, dem sei empfohlen, sich einmal zu den Hauptverkehrszeiten die in überfüllten Trambahnen eingepferchten Schulkinder anzusehen.

Ähnliche Ergebnisse zeigten auch Untersuchungen von Graf und Rutenfranz bei sechzehnjährigen Oberschülern in Dortmund. Hier gingen nur rund 25 Prozent der Sechzehnjährigen zu Fuß zur Schule mit einer durchschnittlichen Dauer von fast einer halben Stunde. 31,4 Prozent fuhren fast 40 Minuten mit dem Fahrrad, fast 35 Prozent beinahe 80 Minuten mit der Straßenbahn und 8 Prozent hatten über Eisenbahn und andere Verkehrsmittel Schulweglängen zwischen 96 und 116 Minuten.

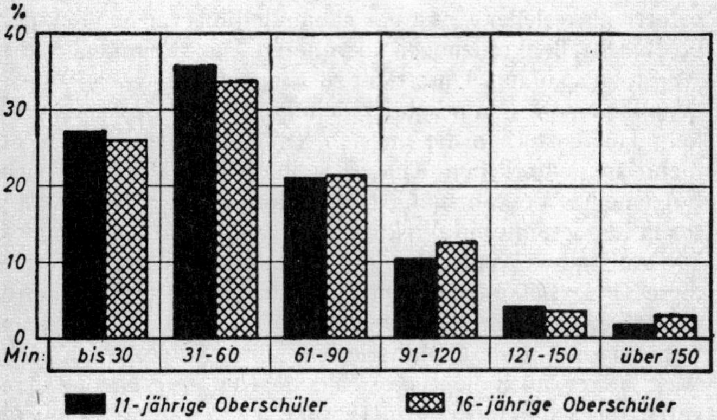

Abb. 19 Prozentuale Verteilung der Schulweglänge von 2544 elfjährigen und 1281 sechzehnjährigen Oberschülern auf Zeitzonen von 30 Minuten.

Die tägliche Zeit für den Schulweg aller Fahrschüler betrug im Mittel 75 Minuten. Das bedeutet, daß fast zwei Drittel der elfjährigen Oberschüler in der Woche etwa 8 Stunden lang dem Wirrwarr des Großstadtverkehrs ausgesetzt waren. Über 50 Prozent der Kinder fuhren mit der Trambahn zur Schule oder mußten mehrere Verkehrsmittel benutzen. Diese Kinder sind auf dem Schulweg der stärksten nervösen Belastung ausgesetzt (vgl. Abbildung 20). Unter diesen Umständen kann keine Rede davon sein, daß der Schulweg der Erholung unserer Kinder dient. Wir haben deshalb die Schulwege der zeitlichen Belastung der Kinder durch die Schule zugerechnet. Es ist unbedingt erforderlich, einen Ausgleich für die hohen Anforderungen des Schulwegs zu schaffen. Hierfür wäre eine tägliche Stunde Spielturnen, möglichst im Schulgarten, zu empfehlen, und vor allem aber ausreichende Freizeit am Nachmittag.

Schulwegart	11-jährige Oberschüler		16-jährige Oberschüler		Nervöse Belastungsmomente
	Prozent. Anteil	Weglänge	Prozent. Anteil	Weglänge	
	34,0	31 Min.	24,7	29 Min.	Unfallgefahr
	1,8	34 "	31,4	39 "	Reizüberflutung
	10,6	89 "	6,3	96 "	Gehetztheit Unruhe
umsteigen	5,4	98 "	1,2	116 "	Erwartungseffekt
	48,2	61 "	34,8	78 "	hohe Aufmerksamkeitsspannung

Abb. 20 Belastungsgrad und prozent. Verteilung verschiedener Schulwegarten von 2544 11jährigen Kindern Münchens.

Trotz des hohen Zeitaufwands brauchen viele Kinder die zusätzliche Hilfe Erwachsener

Über die Grenze des Erträglichen hinaus werden unsere Kinder durch die Schule in Anspruch genommen. Trotzdem kann ein großer Teil von ihnen die von der Schule gestellten Aufgaben nicht allein bewältigen. Nach den Angaben der von uns befragten Eltern benötigten schon nach einem halben Jahr Oberschule 14,5 Prozent ihrer Kinder Nachhilfeunterricht. Und 25,1 Prozent waren auf die ständige Hilfe der Eltern bei den Hausaufgaben angewiesen.

Außerdem waren die Kinder im Durchschnitt wesentlich älter, als man es im Durchschnitt bei der ersten Klasse der Oberschule erwartet. Normalerweise erfolgt der Übergang in die Oberschule nach 4 Volksschuljahren. Während unserer Untersuchungen hätten die Schüler und Schülerinnen also im Schnitt 10½ Jahre alt sein müssen. Tatsächlich lag das Durchschnittsalter bei den Jungen aber bei 11 Jahren und 4 Monaten und bei den Mädchen bei 11 Jahren und 3 Monaten. Wahrscheinlich gibt ein Großteil der Eltern ihre Kinder wegen der hohen Anforderungen erst nach 5 Volksschuljahren auf die Höhere Schule. Um so bedenklicher ist der hohe Prozentsatz an Kindern, die fremde Hilfe zur Erledigung ihrer Hausaufgaben brauchen. Denn Kinder, die rund ein dreiviertel Jahr älter sind, als es der Norm entspricht, sollten doch eigentlich geringere Schwierigkeiten bei der Bewältigung des Klassenpensums haben.

Beunruhigend viele Kinder leiden unter Nervosität

Alarmierend erscheint uns die Tatsache, daß nicht weniger als 60,9 Prozent der Jungen und 54,7 Prozent der Mädchen von ihren Eltern als nervös bezeichnet wurden. Wir brauchen hier auf den Begriff der Nervosität nicht näher eingehen. Es ist aber anzunehmen, daß die Eltern noch am besten beurteilen können, ob ihr Kind auffällig reizbar ist und leicht die Selbstbeherrschung verliert. Beides sind deutliche Anzeichen einer starken nervösen Belastung. Ein vergleichsweise hoher Prozentsatz an Nervosität unter den Erwachsenen wurde bisher nur bei Industriearbeitern nach mehrmonatiger Nachtschicht gefunden.
Ob der hohe Prozentsatz an nervösen Kindern im Alter von 11 Jahren ausschließlich durch die Überforderung in der Schule bedingt ist, vermögen wir nicht zu entscheiden. Ganz sicher spielt die hohe Beanspruchung unserer Kinder durch die Schule eine entscheidende Rolle. Zu der übermäßigen zeitlichen Belastung durch Unterricht und Hausaufgaben kommen noch die starke nervöse Beanspruchung durch den Schulweg, die beinahe obligate Wochenendarbeit und die äußerst dürftige Freizeit. Aber natürlich trägt auch die allgemeine Reizüberflutung in der Großstadt zur Nervosität unserer Schulkinder bei. Die fortschreitende Auflösung der Familie und der Mangel an Geborgenheit wirken sich gleichfalls äußerst ungünstig auf das seelische Gleichgewicht unserer Kinder aus. All diese Faktoren

zusammen bedingen eine mehrfache Belastung, die nicht nur bei Kindern, sondern auch bei Erwachsenen zu Nervosität und zu neurotischen Reaktionen führen muß.

Die Achtundvierzig-Stunden-Woche für elfjährige Kinder

Die Gesamtarbeitszeit unserer Kinder setzt sich zusammen aus den Zeiten für den Schulunterricht, für den Schulweg und für die Hausaufgaben. Die Schüler und Schülerinnen in München aus den ersten Oberschulklassen kamen schon 1955 nach unseren Untersuchungen auf einen Arbeitstag von mehr als 8 Stunden: Die tägliche Beanspruchung der Jungen betrug im Schnitt genau 8 Stunden 9 Minuten, bei den Mädchen waren es sogar 8 Stunden 35 Minuten. Dabei sind alle sonstigen Verpflichtungen der Kinder wie Mitarbeit im Haushalt, Musikunterricht und anderes noch nicht einmal berücksichtigt worden.

Der Achtstundentag, den die Erwachsenen mit Recht für sich in Anspruch nehmen, bleibt für unsere Kinder also ferne Utopie. Die weit geringere Belastungsfähigkeit eines Kindes wird nicht nur ignoriert, sondern man mutet ihm sogar einen längeren Arbeitstag zu als einem Erwachsenen. Die gegenwärtige zeitliche Beanspruchung unserer Kinder durch die Schule ist aus ärztlicher Sicht unverantwortlich. Die Gesundheit und Leistungsfähigkeit der kommenden Generation wird unbedacht aufs Spiel gesetzt. Kein Staat und keine Gesellschaft kann sich ein derartiges Vabanquespiel leisten.

Bei der Erholung unserer Kinder spielt der Schlaf die Hauptrolle. Nach den Angaben der Eltern schliefen die Kinder im Durchschnitt 10½ Stunden am Tag. Es ist erfreulich, daß diese Zeit wenigstens den ärztlichen Vorschlägen für Zehn- bis Elfjährige entsprach. Aber zur Erholung gehört ausreichende Freizeit. Und da kamen unsere Schulkinder erheblich zu kurz. Die tägliche Freizeit der Kinder betrug nach unseren Untersuchungen im Schnitt 2 Stunden 11 Minuten pro Tag. Das ist bei weitem nicht ausreichend für diese Altersstufe. Nach unserer Ansicht ist eine tägliche Freizeit von 4 Stunden auch heute noch das notwendige Minimum für die Schüler und Schülerinnen der ersten Oberschulklasse. Es ist äußerst bedenklich, daß ihnen tatsächlich nur etwas mehr als die Hälfte dieser Mindestzeit gewährt wird.

Der Schichtunterricht ist beseitigt, aber der Nachmittagsunterricht kommt mit der Ganztagsschule wieder

Eine weitere schwere Schulbelastung mußten wir bei unseren Untersuchungen feststellen. Diese Belastung entstand nach dem Kriege hauptsächlich durch Schulraumnot. Die meisten Schulen waren zerstört, der wenige vorhandene Schulraum mußte rationell ausgenutzt werden durch Schichtunterricht, d. h. durch Unterricht am Nachmittag. 1955 und 1956 hatten in München 71 Prozent und in Dortmund 78 Prozent der Oberschüler Schichtunterricht, wobei der Unterricht unregelmäßig zwischen Vor- und Nachmittagsunterricht wechselte.

Die schädigenden Einflüsse eines solchen Unterrichts werden deutlich, wenn man die tageszeitlichen Änderungen der »physiologischen Leistungsbereitschaft« betrachtet. Sie stellt nach eingehenden Untersuchungen des Dortmunder Arbeitsphysiologen Otto Graf den »Grenzwert einer Arbeitsleistung dar, die ohne besondere Willensanstrengung bewältigt werden kann und mit geringer Ermüdung einhergeht«. Aus der Arbeitsphysiologie ist bekannt, daß die physiologische Leistungsbereitschaft zu den verschiedenen Tag- und Nachtstunden schwankt.

Graf hat aus den Untersuchungen der schwedischen Arbeitsmediziner Bjerner, Holm und Svensson den Tagesgang der physiologischen Leistungsbereitschaft berechnet. Das Ergebnis ist in Abb. 21 in der Mitte dargestellt. Danach liegt das Minimum der physiologischen Leistungsbereitschaft in den Nachtstunden zwischen 2 und 4 Uhr, das Maximum in den Vormittagsstunden und in den späten Nachtstunden.

Abb. 21 zeigt ebenfalls die damaligen Ergebnisse über die tageszeitliche Lage bei Vormittagsunterricht (Ia und b) und

Abb. 21 Tageszeitliche Lage von Beanspruchung (Schulzeit, Schulweg und Haus- bzw. Schulaufgaben) und Erholung (Freizeit und Schlaf) bei Schichtunterricht. I. Darstellung bei Vormittagsunterricht: a) elfjährige Kinder in München (7834 Tagesverläufe), b) sechzehnjährige Jugendliche in Dortmund (6846 Tagesverläufe). II. Tagesverlauf der physiologischen Leistungsbereitschaft, errechnet aus 75 000 Fehlleistungen nach Angaben von Bjerner, Holm und Svensson (aus O. Graf, 1953, »Krankheit der Verantwortlichen«). III. Darstellung bei Nachmittagsunterricht: a) elfjährige Kinder in München (4804 Tagesverläufe), b) sechzehnjährige Jugendliche in Dortmund (3599 Tagesverläufe).

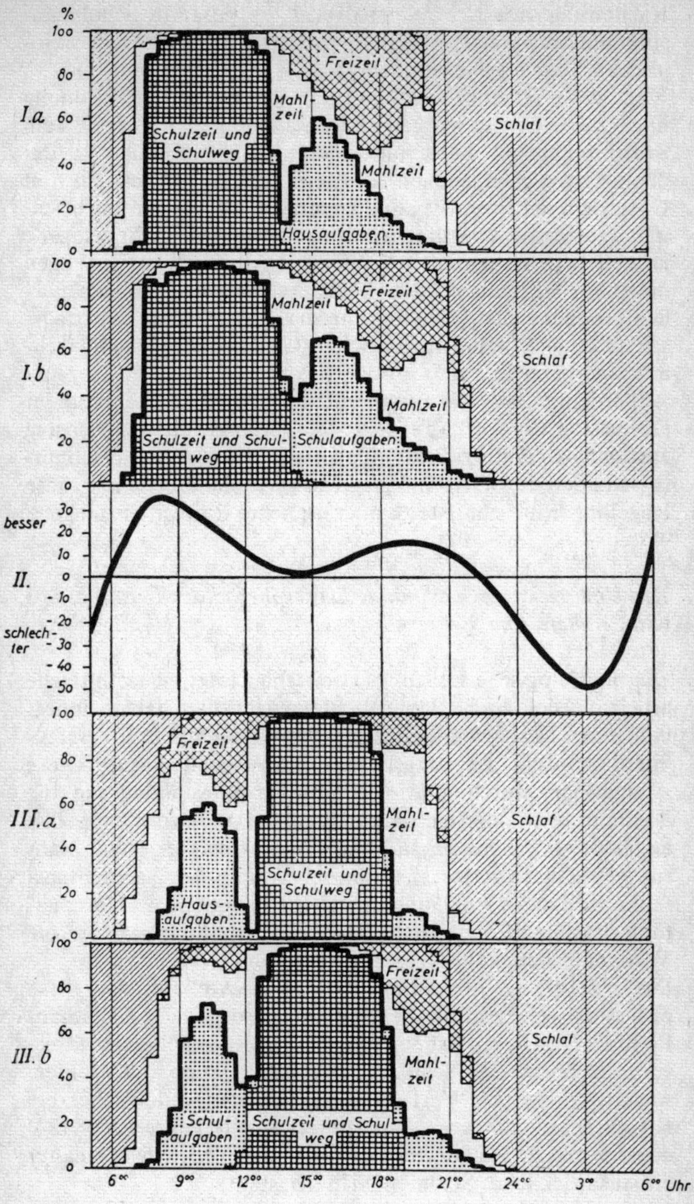

%
I.a
Freizeit
Mahl
zeit
Schulzeit und
Schulweg
Mahlzeit
Schlaf
Hausaufgaben
I.b
Freizeit
Mahlzeit
Schlaf
Mahlzeit
Schulzeit und Schul-
weg
Schulaufgaben
II.
besser
schlech-
ter
III.a
Freizeit
Mahl-
zeit
Schlaf
Schulzeit und
Schulweg
Haus-
aufgaben
III. b
Freizeit
Schlaf
Mahl-
zeit
Schul-
aufgaben
Schulzeit und Schul
weg
6⁰⁰ 9⁰⁰ 12⁰⁰ 15⁰⁰ 18⁰⁰ 21⁰⁰ 24⁰⁰ 3⁰⁰ 6⁰⁰ Uhr

Nachmittagsunterricht. Damals lag die gesamte Schulbeanspruchung am Nachmittag in der negativen Phase der physiologischen Leistungsbereitschaft.
Über diese Ergebnisse könnte man heute zur Tagesordnung übergehen. Es wurden genügend Schulen gebaut, so daß kein Schichtunterricht mehr stattfinden müßte. Außerdem ist der damals in verschiedenen Ländern geteilte Unterricht mit Unterricht am Vormittag und Unterricht am Nachmittag beseitigt. Trotzdem ist die in jedem Nachmittagsunterricht gelegene erhebliche gesundheitliche Gefährdung durch Belastung gegen die innere Uhr leider wieder hochaktuell geworden. Die neuerlich erhobene pädagogische Forderung nach einer Ganztagsschule schließt nämlich gleichzeitig die Forderung nach Nachmittagsunterricht ein.
Außerdem wurde von verschiedensten Seiten im Rahmen der Diskussion um die 5-Tage-Woche verlangt, die am Samstag ausfallenden Unterrichtsstunden in die Mittags- oder Nachmittagsstunden der übrigen 5 Tage zu verlegen. Gegen alle diese Regelungen ist schärfster kinderärztlicher Protest einzulegen.

Der Unterricht am Nachmittag liegt während des Leistungstiefs von Schülern und Lehrern

Die physiologische Leistungsbereitschaft folgt, wie zahlreiche arbeitsphysiologische Untersuchungen gezeigt haben, innerhalb eines Tages einem Grundrhythmus, der von Otto Graf als »physiologische Leistungskurve« beschrieben wurde. Diese zweigipflige, durch eine sattelförmige Einsenkung um die Nachmittagsstunden getrennte Wachkurve wurde lange Zeit als Äußerung eines physiologisch bedingten Reizes zur Nahrungsaufnahme gedeutet, denn der Termin der Nachmittagssenke wird meist von Hungergefühl begleitet und als Umschaltung des Organismus nach Einnahme der Mahlzeiten auf die Verdauungstätigkeit angesehen.
Die biologische Rhythmusforschung deckte auf, daß diese physiologische Leistungsbereitschaft Ausdruck der Circadian-Periodik ist. Hierzu haben wir in München eingehende Untersuchungen für das Schulalter angestellt. Schon die Untersuchungen über die Verteilung von Schlafen und Wachen bei Kleinkindern, jüngeren und älteren Schulkindern (Abb. 22) deckten auf, daß in der Zeit um 14 Uhr auch noch im Schulalter ein ausdrückliches Schlafbedürfnis besteht.

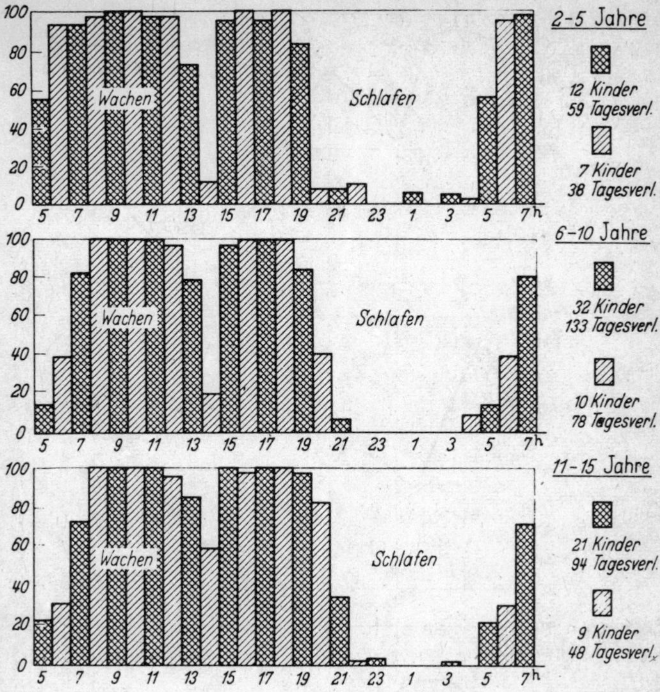

Abb. 22 Schlafen und Wachen bei Klein- und Schulkindern. Verteilung von Wachen (schwarze bzw. graue Säulen) und Schlafen (weiße Felder) im Kleinkindes- und Schulalter nach Th. Hellbrügge, J. Lange und J. Rutenfranz. Beachte: Das Schlafbedürfnis gegen 14 Uhr sowie die verschiedenen Aufwach- und Einschlafzeiten bei Klein- und Schulkindern.

Weitere Untersuchungen meiner Doktoranden über das Verhalten der Pulsfrequenz (J. Lange), der Körpertemperatur (E. Seidl), der Atmung (R. Krug), des Blutdrucks (P. Oberhoff), des elektrischen Hautwiderstandes (W. Niggeschmidt und S. Stotz) und des Blutzuckers (G. Schießl) zeigten immer wieder, daß die meisten physiologischen Funktionen im Schulalter einen gleichartigen Verlauf haben. Die Ergebnisse sind in vorausgehender Abb. 23 für Pulsfrequenz, Hautwiderstand, Blutdruck und Blutzucker schematisch dargestellt. Man erkennt, daß in den Vormittagsstunden und den späten Nachmittagsstunden jeweils erhöhte Werte, in den Mittagsstunden jeweils niedrigere Werte liegen.

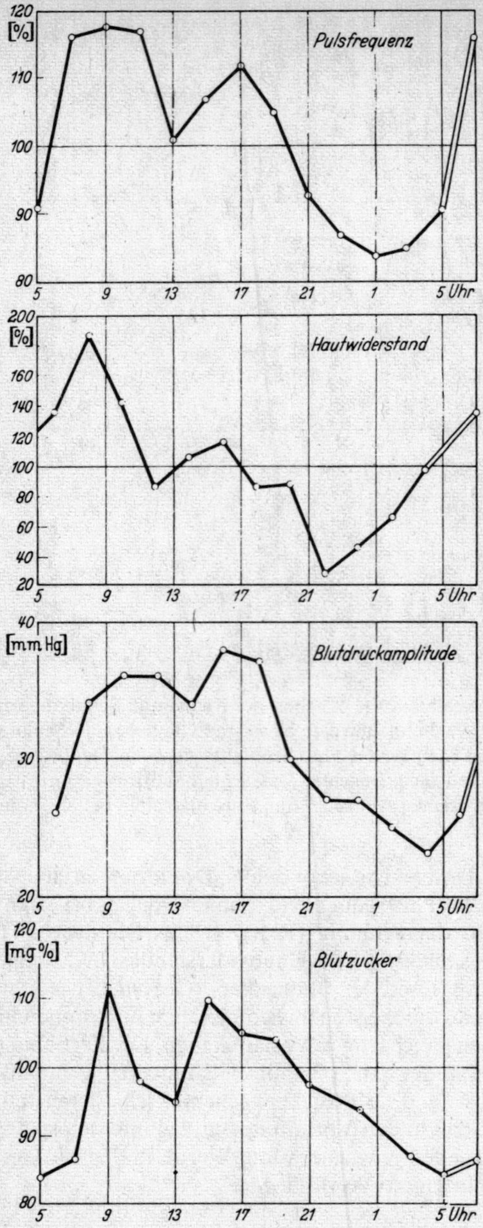

Pulsfrequenz
[%]
120
110
100
90
80
5
9
13
17
21
1
5 Uhr
Hautwiderstand
[%]
200
160
140
120
100
80
60
40
20
5
9
13
17
21
1
5 Uhr
Blutdruckamplitude
[mm Hg]
40
30
20
5
9
13
17
21
1
5 Uhr
Blutzucker
[mg %]
120
110
100
90
80
5
9
13
17
21
1
5 Uhr

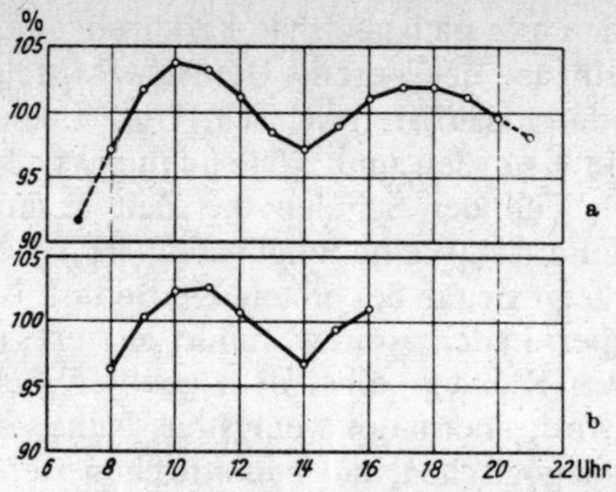

Abb. 24a u. b Tagesschwankungen der Rechengeschwindigkeit im Schulalter. Die in a dargestellte Mittelkurve der Rechengeschwindigkeit bei Volksschülern und Oberschülerinnen im Alter von 11 Jahren zeigt zwei Tagesgipfel: Vormittags zwischen 9 Uhr und 12 Uhr und nachmittags zwischen 16 Uhr und 19 Uhr. Zwischen 13 Uhr und 15 Uhr besteht ein ausgesprochenes Leistungstief. In b ist die von Baade 1907 an 7 Kindern in 56 Tagesverläufen ermittelte Kurve der Rechengeschwindigkeit zwischen 8 Uhr und 16 Uhr dargestellt; sie läuft dem von uns ermittelten Tagesgang der Rechengeschwindigkeit bei 11jährigen Kindern weitgehend parallel (aus: J. Rutenfranz und Th. Hellbrügge 1957).

Diese Ergebnisse fanden ihre Bestätigung in Untersuchungen über Tagesschwankungen der Rechengeschwindigkeit, die wir gemeinsam mit Rutenfranz bei elfjährigen Kindern nachweisen konnten. Abb. 24a und b zeigen das Ergebnis der Tagesschwankungen der Rechengeschwindigkeit im Schulalter. Die im oberen Teil dargestellte Mittelwertkurve wurde bei Volks- und Oberschülern ermittelt. Sie zeigt zwei Tagesgipfel: vormittags zwischen 9 und 12 Uhr und nachmittags zwischen 16 und 19 Uhr. Ab 20 Uhr bestand ebenso wie zwischen 13 und 15 Uhr eine deutliche Verminderung der Rechengeschwindigkeit. Dies bestätigte frühere Untersuchungsbefunde des Pädagogen W. Baade (im unteren Bereich der Abbildung dargestellt). Er fand gegen 14 Uhr ein ausgesprochenes Tief der Rechengeschwindigkeit und erst nach 16 Uhr wieder über dem Tagesdurchschnitt liegende Werte.

Abb. 23 Tageszeitliche Veränderungen verschiedener physiologischer Funktionen im Schulalter nach Untersuchungen von Hellbrügge u. Mitarb. Beachte: Die deutlich erniedrigten Werte gegen 14 Uhr.

Hiermit wurden alte pädagogische Erfahrungen bestätigt, wie sie in einer Eingabe des Vereins Deutsche Mittelschule schon 1889 in Prag durch das österreichische Unterrichtsministerium zusammengefaßt worden sind: »Die Schulpraxis lehrt, daß bei einem großen Teil der Schulen die Zeit unseres obligaten Nachmittagsunterrichts eine ungünstige ist... Eine gewisse Schläfrigkeit zeigt sich in der ersten, ein Bedürfnis nach Bewegung des Körpers in der zweiten Stunde, letzteres oft so, daß es in den unteren Klassen selbst dem geübten Lehrer äußerst anstrengend wird, überhaupt wenigstens Ruhe zu halten.«

Alle diese pädagogischen und pädiatrischen Befunde zeigen, daß es kein Fortschritt sein kann, wenn wir Kinder ohne Not in den Mittagsstunden und in den Nachmittagsstunden in der Schule halten. Der im deutschen Sprachraum übliche Vormittagsunterricht kommt den physiologischen Bedürfnissen des Kindes, insbesondere des jungen Kindes, weit eher entgegen als der in manchen anderen Ländern praktizierte Ganztagsunterricht.

KAPITEL 14

Die Schule mißversteht ihre Aufgabe – zum Schaden unserer Kinder

Die Schule soll keine Spezialisten ausbilden, sondern zum kritischen Denken erziehen. Diese Auffassung wurde schon vor rund hundert Jahren von dem bekannten Münchener Hygieniker Max von Pettenkofer vertreten, der sagte: »Wenn die Gymnasien eine geist- und herzgesunde, frische und tätige Jugend ohne alle Vorkenntnisse in den meisten Spezialfächern an die Universitäten abliefern, so haben sie reichlich ihre Bestimmung erfüllt.«

Das Abitur konkurriert mit dem Staatsexamen

Leider sieht die herrschende Praxis in den meisten Schulen – insbesondere in den Oberschulen – ganz anders aus. Schauen wir uns zum Beispiel einige Abiturfragen an, die 1957 an einer Höheren Mädchenschule in Nordrhein-Westfalen gestellt wurden. Wir beschränken uns auf Themen aus der Biologieprüfung, deren Schwierigkeitsgrad ein Arzt wohl am besten beurteilen kann: »Bestimmen Sie Ihre Blutgruppe und die Blutgruppe Ihrer Nachbarin«, hieß es da. »Was versteht man unter den Blutfaktoren M, N und Rh? Welche Bedeutung hat der Rh-Faktor?« Und schließlich: »Was ist eine Erythroblastose?« Solche Fragen konnten noch zehn Jahre vorher nicht einmal im Medizinischen Staatsexamen gestellt werden.
Die Kinder werden mit einer Überfülle von Unterrichtsstoff so vollgepackt, daß ihnen keine Gelegenheit mehr zu eigener schöpferischer Leistung bleibt. Dieses Einpauken von Spezialwissen steht in schärfstem Gegensatz zu einem alten pädagogischen Grundsatz, der von Gregorius Horst schon 1650 verkündet wurde: Um mit Liebe und Nutzen zu lernen, müsse man nur wenig hören und sehen.

Der Unterrichtsstoff muß drastisch gekürzt werden

Die Krise der heutigen Oberschulbildung macht es dringend erforderlich, daß die Fülle des Unterrichtsstoffes drastisch eingeschränkt wird. Die Konzentration des Kindes sollte besser auf einige wichtige Bildungsfragen gelenkt werden. Nur dann wird der einzelne Schüler in der Lage sein, das Gelernte zu durchdenken und damit Besitz von ihm zu ergreifen. Gegen eine solche Forderung wird häufig eingewendet, daß eine Kürzung des Unterrichtsstoffes den Anforderungen der Hochschule zuwiderlaufe. Wir glauben, gerade das Gegenteil ist der Fall. Kein Geringerer als Wilhelm Konrad von Röntgen erklärte schon 1909: »Den jungen Leuten, welche auf die Universität kommen, fehlt vor allem die Beobachtungsgabe. Nicht darum handelt es sich, daß das Zeichnen geübt wird, sondern darum, daß die Schüler beobachten können wie das Kind. Bei den jetzigen Schülern verkümmert diese Gabe infolge übermäßiger Belastung durch die Schule.« Und der »Papst der Psychiatrie«, Emil von Kraepelin, behauptete, daß die rein mechanische Aneignung irgendwelchen Lehrmaterials ohne innere Verarbeitung nicht nur unnütz und wertlos sei, sondern geradezu ein Hindernis für die höhere geistige Ausbildung darstelle.

Die Kürzung des Unterrichtsstoffes muß sich vor allem auf die Fächer beziehen, nicht so sehr auf den Unterrichtsstoff. Vor allem die Oberschule muß wieder den Auftrag erfüllen, den Alexander von Humboldt dem Humanistischen Gymnasium gegeben hat: das Lernen zu lehren.

Gegen die Ausdehnung und die Vielfältigkeit der Unterrichtsgegenstände hat der Münchner Hygieniker Max von Pettenkofer schon vor 100 Jahren gewarnt: »Es wird übersehen, daß mit der Vermehrung und Abwechslung der Gegenstände nichts für die wissenschaftliche Gymnastik des Geistes gewonnen werden kann, weil man jeden Gegenstand von vorne anfangen, sich also immer nur mit Anfangsgründen befassen muß, in keinen Gegenstand tiefer eindringen kann. Zum Meister kann nicht die Mannigfaltigkeit, sondern nur die Einförmigkeit des Denkens und Tuns, nicht die Zerstreuung, sondern nur die Sammlung der Kräfte erziehen.

Wer etwas Besonderes leisten will, darf nicht nach allem, sondern er muß nach etwas ganz Besonderem streben lernen. Bei einem Gegenstande ausharren, immer wieder auf ihn zurückkommen, ihn stufenweise, jahrelang fortentwickeln, das schult für die Wissenschaften, das ist die Art, wie die Wissenschaften selbst sich entwickelt haben und vermehren, nicht aber dadurch, daß man bald dies und jenes treibt und lernt und versucht und, wenn es schwierig oder langweilig zu werden anfängt, wieder fallenläßt. Im Wissen und Können entscheidet nicht die Quantität, sondern die Qualität, und wehe der Jugend, deren Wissensquantum man auf Kosten der Qualität steigern wollte. Es liegt eine praktische Wahrheit in den abgedroschenen Redensarten: multum, non multa. In omnibus aliquid, in toto nihil.«

Max Planck und die gute alte Zeit

Unsere Kinder werden heute in der Oberschule gezwungen, ihre Aufmerksamkeit auf eine große Anzahl von Haupt-,

	1874	1894	1954	1956
Religion	16	18	18	18
Hauptfächer				
Deutsch	26	27	31	38
Latein	73	66	63	50
Griechisch	36	36	36	36
Französ. od. Englisch	8	10	13	12
Mathematik	29	30	31	32
	172	169	174	168
Nebenfächer				
Physik	2	3	6	8
Chemie	–	–	–	–
Biologie	–	5	10	14
Geschichte	16	16	18	15
Erdkunde	10	9	10	14
	28	33	44	51
Zusatzfächer				
Zeichn. u. Kunsterz.	–	4	6	8
Musik	–	–	–	–
Schreiben	9	4	3	2
Sozialkunde	–	–	–	2
Turnen	18	18	18	18
	27	26	27	42
Gesamtstundenzahl pro Woche für alle Klassen	243	246	263	279

Tab. 12 Verschiebungen der Unterrichtsgegenstände am Beispiel des Humanistischen Gymnasiums an Hand der amtlichen Bayerischen Lehrpläne.

Neben- und Zusatzfächern zu zerstreuen, von denen jedes Höchstanforderungen an sie stellt. Früher lag an Humanistischen Gymnasien das Hauptgewicht auf den beiden alten Sprachen. Deutsch und Mathematik kamen hinzu, unter den Nebenfächern besaßen eigentlich nur Geschichte und Erdkunde größere Bedeutung.
In unserer Zeit fand eine starke Verschiebung der Unterrichtsfächer statt. Die Gesamtstundenzahl blieb in den Hauptfächern zwar im wesentlichen konstant, wuchs aber in den Neben- und Zusatzfächern auf jeweils fast das Doppelte an. Ein Vergleich der amtlichen bayerischen Lehrpläne für Humanistische Gymnasien aus den Jahren 1874, 1894, 1954 und 1956 zeigt diese Entwicklung im einzelnen (vgl. Tabelle 12). Die Stunden für das Kernfach Latein wurden in diesem Zeitraum von 73 auf 50, also um ein Drittel, reduziert. Die Nebenfächer aus den Naturwissenschaften aber haben sich gleichzeitig von 28 auf 51 Stunden vermehrt, also um fast 100 Prozent.
Tatsächlich betrifft die allgemeine Zunahme der Unterrichtsstunden ausschließlich die sogenannten Neben- und Zusatzfächer. Anläßlich des 100. Geburtstages von Max Planck hatte ich Gelegenheit, Einsicht in dessen Schulzeugnisse zu nehmen. Planck war seinerzeit Schüler des Maximilian-Gymnasiums zu München. Mit Überraschung stellte ich fest, daß der Schüler Planck in den Unterklassen nur 4 benotete Fächer gehabt hatte. An ihre Stelle sind bis 1956 in den Unterklassen 11 benotete Fächer getreten. Für unsere Kinder bedeutet das: fast dreimal soviel Anstrengung und nervöse Belastung, um eine möglichst gute Zensur zu erreichen.

Wissenschaft sogar im Musikunterricht

Nun ist es natürlich zu begrüßen, wenn in der Schule mehr Wert auf die musische Erziehung gelegt wird. Musikunterricht, Zeichnen und Kunsterziehung sind als Zusatzfächer auf dem Stundenplan der Oberschule durchaus zu begrüßen. Leider bedeuten aber auch diese musischen Fächer in der Praxis eine weitere Belastung unserer Kinder, weil sie viel zu wissenschaftlich abgehandelt werden.
Sehen wir uns einmal die Fragen schriftlicher Prüfungen in der Musikstunde an. Sie wurden zehn- und elfjährigen Mädchen in den Höheren Schulen in München gestellt. Da wird zum Beispiel gefragt, was eine Ober- oder Unterdominante sei und

woraus ein Dreiklang bestehe. Die Kinder sollen »die leiteigenen Dreiklänge von F-Dur und D-Moll« aufzeichnen und die »Kadenzverbindungen bzw. deren Umkehrungen« bestimmen. Sie haben die Dominantseptakkorde sowie die erweiterten Kadenzen von Haupt- und Nebendreiklängen aufzuschreiben und so weiter. Dieselben Kinder können aber von einem deutschen Volkslied kaum mehr als die erste Strophe singen.
Die ehemals vorhandene Konzentration auf wenige Bildungsgegenstände mußte in der modernen Schule einer fortschreitenden Differenzierung, vor allem der naturwissenschaftlichen Fächer, weichen. Die hiermit verbundene Zerstreuung stellt für unsere Kinder eine starke nervöse Belastung dar. Das gilt besonders für die Jahrgänge vor der Pubertät. Diese nervöse Belastung wird noch gesteigert durch den ständigen Wechsel von Unterrichtsperson und Unterrichtsmethode.
Vor einer derartigen Entwicklung warnte Max von Pettenkofer schon vor über hundert Jahren: »Mit der Vermehrung und Abwechslung der Gegenstände wird nichts für die wissenschaftliche Gymnastik des Geistes gewonnen.« Und: »Die Spezialfächer der Universitäten können unmöglich jedes für seinen Stoff schon Ansprüche an die Gymnasien erheben. Es würde dadurch eine so erdrückende Konkurrenz entstehen, daß der aufkeimende wissenschaftliche Geist der Jugend nicht entwickelt und gekräftigt würde, sondern früh- und vorzeitig verflacht und aufgerieben werden müßte.«

Humanistische Bildung – einst und heute

Das heutige Humanistische Gymnasium hat mit seinem Vorgänger, der einstigen Gelehrtenschule, außer dem Namen höchstens noch die Tatsache gemeinsam, daß auf dem Lehrplan die beiden alten Sprachen stehen. Welche Ziele vertrat das Humanistische Gymnasium in früherer Zeit? Drei Ziele waren es, sagte der deutsche Historiker Franz Schnabel: die pietas, die sapientia und die eloquentia – die Frömmigkeit, die Weisheit und die Beredsamkeit. Schnabel hielt im Dezember 1955 die Festrede in der öffentlichen Sitzung der Bayerischen Akademie der Wissenschaften in München. Sein Thema hieß: »Das humanistische Bildungsgut im Wandel von Staat und Gesellschaft«. Wir entnehmen dieser ausgezeichneten Rede folgende Gedankengänge:
»Neben der Religion sind es die drei Hauptfächer, auf die sich

der ganze Unterricht konzentriert – Latein, Griechisch und Mathematik. Erst im Aufschwung unserer klassischen Literatur ist noch der Deutschunterricht hinzugekommen. Neben dem Latein gilt als gleich wichtig das Griechische, und zwar nicht nur, weil es die Sprache des Neuen Testamentes und deshalb notwendig und nützlich ist, sondern weil es die Sprache Homers, Pindars, des Thukydides und des Aristoteles ist. Das dritte wissenschaftliche Hauptfach ist die Mathematik. Denn die Mathematik ist diejenige Wissenschaft, wo nicht diktiert, sondern bewiesen wird: die Kinder sollen sich ja gewöhnen an das Denken nach Vernunftgründen. Der Diktator diktiert, der Mathematiker beweist.

Latein, Griechisch, Mathematik und die Muttersprache – daneben gibt es nur noch ›Nebenfächer‹. Sie werden erteilt vom Ordinarius der alten Sprachen oder dem der Mathematik. Und gegen alle Anforderungen haben die führenden Humanisten ihr Prinzip verteidigt, daß es unmöglich die dringendste Aufgabe der Schule sein könne, den Blick des Kindes auf die Erde zu lenken. Eindrücke, Bilder, Tatbestände bringt das Leben mehr als genug, dazu bedarf es der Schule nicht. Aber zum begrifflichen Denken und zur inneren Anschauung muß das Kind allerdings erzogen werden, wenn es über das kreatürliche Dasein hinauswachsen soll. Die Zeit, in der die Menschheit im Menschen gebildet wird, darf den Kindern nicht geraubt werden, um ihr jugendliches Gemüt mit allem Tand der Erde zu füllen.«

Von diesem Grundprinzip des alten Humanistischen Gymnasiums ist in unseren modernen Schulen wenig zu spüren. Früher konnte sich das Kind auf einige wenige Fächer konzentrieren, die ihm noch dazu aus der einheitlichen Sicht seines Ordinarius dargeboten wurden. Heute dagegen unterliegt es einem ständigen Wechsel von Unterrichtsstoff, Unterrichtsmethode und Lehrperson. Bei dem heutigen Fachlehrersystem ist es häufig nicht einmal möglich, daß die verschiedenen Fachlehrer die Unterrichtsgestaltung einer einzelnen Klasse miteinander besprechen und so den Lehrstoff aufeinander abstimmen.

Die Krise der heutigen Höheren Schule wurde zumindest teilweise hervorgerufen durch das Nützlichkeitsprinzip der öffentlichen Meinung. Angeblich leisteten die alten Gymnasien erstaunlich wenig, nicht nur für das Leben, sondern auch für die weitere Ausbildung an den Universitäten. Deshalb wurde das alte Bildungsideal des Gymnasiums immer mehr ersetzt durch ein Mosaik verschiedener »kleiner Wissenschaften«. Die immer noch fortschreitende »Verwissenschaftlichung« der einzelnen Unterrichtsfächer führt zwangsläufig zu einer Zunahme des gesamten Unterrichtsstoffes. Jeder Fachlehrer setzt selbstverständlich seine gesamte Lebensleistung in sein Unterrichtsfach – der Altphilologe ebenso wie der Neuphilologe und Germanist, der Mathematiker ebenso wie der Biologe, Chemiker und Physiker. Und selbst die Kunsterzieher und Musiklehrer wollen nicht zurückstehen.

Unsere Kinder haben Angst vor dem Leben

Die oben geschilderten Zustände an den modernen Schulen stellen eine schwere nervöse Beanspruchung unserer Kinder dar. Leider werden die Folgen dieser Dauerbelastung meistens erst dann erkannt, wenn es zu völliger Erschöpfung oder allgemeinem Kreislaufversagen kommt. Den frühen Symptomen der Überforderung wird häufig viel zuwenig Beachtung geschenkt. Viele Eltern und Lehrer klagen: »Unsere Kinder sind nervös, konzentrationsunfähig, zappelig und nicht imstande zuzuhören.« Das sind bereits erste Alarmzeichen. Kommen weitere Symptome hinzu wie Mattigkeit, Lustlosigkeit, erhöhte Reizbarkeit und schnelle Ermüdbarkeit, so ist es bereits höchste Zeit, einen Arzt zu Rate zu ziehen. In diesem Stadium bilden sich nicht selten organische Störungen, die sich in Schädigungen am Kreislaufsystem äußern.
Die Kinder reagieren dann bei geringster Anstrengung mit Durchblutungsstörungen, Ohnmachtsanfällen oder Schweißausbrüchen. Als Folgen können sogar Schäden am Skelettsystem auftreten. Die frische, straffe Haltung eines gesunden Kindes wird schlaff. Es ist sicher kein Zufall, daß nach ärztlichen Untersuchungen immer mehr Schulkinder unter Haltungsfehlern leiden. Sie sind nicht allein auf den Mangel an Bewegung zurückzuführen, sondern sind oft auch ein Ausdruck des gesamten Ermüdungszustandes.
Vor allem aber äußert sich die Überbelastung unserer Kinder als Angst. Da ist nicht nur die Angst, den Anforderungen der Schule nicht gewachsen zu sein, sondern außerdem noch eine tiefer verwurzelte Angst: 1954 wurden in Düsseldorf 800 Jungen und Mädchen im Alter von 11 bis 18 Jahren gefragt, ob sie Angst vor dem Leben hätten. Das Ergebnis war erschreckend: 799 Kinder und Jugendliche antworteten mit »ja«.
Diese extreme Belastung unserer Schulkinder ist eine Anklage

gegen unsere Zeit. Es ist dringend notwendig, den Lehrstoff von all jenem Ballast zu befreien, der lediglich der Verbreiterung des Wissens dient, aber keiner echten Bildung.

Die Rationalisierung in der Schule ist eine ärztliche Forderung

Wie können wir einen Ausweg aus dieser Schulmisere finden? Gewiß, der Gedanke, das Leistungsniveau unserer Kinder rigoros herabzusetzen, läge nahe. Aber damit wäre niemandem gedient. Das Leben des modernen Menschen verlangt nun einmal einen wesentlich größeren Einsatz als vor dreißig oder fünfzig Jahren. Unsere Kinder müssen aber für dieses Leben gewappnet sein. Besser wäre es deshalb, nach neuen Methoden zu suchen. Ein möglichst hohes Maß an geistiger Arbeit in der Schule sollte sich auch mit einem geringeren Zeitaufwand erreichen lassen. Dann bliebe unseren Kindern mehr Spielraum für Erholung und Bewegung. Emil von Kraepelin sagte schon 1894: »In einer halben Stunde scharfer Arbeit auf der Höhe der geistigen Leistungsfähigkeit wird mehr und vor allem Besseres geschafft als in der doppelten Zeit bei vorgeschrittener Ermüdung.« Was wir brauchen, sind neue Lernmethoden, die den Schüler nicht vorzeitig ermüden, sondern seine geistige und körperliche Frische möglichst lange erhalten.
Die Arbeitsphysiologie hat seit langem untersucht, welche Vorteile eine Rationalisierung der Arbeit zum Beispiel durch zweckmäßige Gestaltung der Arbeitsgeräte für den Industriearbeiter bedeutet. Aber auch auf diesem Gebiet dringen moderne Gesichtspunkte erst allmählich durch. Vor dem Kriege gab es allein in Deutschland etwa 12 000 verschiedene Schaufeln, die in deutschen Fabriken hergestellt wurden. Diese Vielfalt an Formen wurde natürlich nicht aus zweckmäßigen Erwägungen fabriziert, sondern weil sie ortsüblich waren. Durch systematische Untersuchungen konnte herausgefunden werden, daß sich die Anstrengung der Schaufelarbeit wesentlich herabsetzen läßt, wenn zweckmäßige Formate benutzt werden. Vielleicht ließen sich durch wissenschaftliche Untersuchungen ebenfalls exakte Unterlagen für eine rationelle Arbeitsmethode in der Schule gewinnen. Es kommt darauf an, unseren Kindern bei größtmöglicher Schonung ein hohes Maß an geistiger Arbeit zu ermöglichen. Dieses Ziel müßte sich durch eine intensive Zusammenarbeit von Ärzten und Pädagogen erreichen lassen.

Schulbücher sollen dem Kind das Lernen erleichtern – nicht erschweren

Häufig wird der Lehrstoff in den modernen Schulbüchern in völlig unkindlicher Weise dargestellt. Wir wissen zum Beispiel, daß die Mehrheit der Zehn- bis Elfjährigen ihre Umgebung rein flächenmäßig aufnimmt. Räumliches Denken ist den Kindern in diesem Alter meist noch fremd. Man kann das am besten erkennen, wenn man Kinderzeichnungen betrachtet. Ich erinnere mich da deutlich an eine Weihnachtsszene: Der Schüler hatte die Verkündigung des Engels an die Hirten wiedergegeben. Der Stern ist ebenso groß wie die Hirten, und das Gatter für die Schafherde ist ohne jeden Versuch perspektivischer Gestaltung dargestellt.
Diesem Kind wird nun in seinem Erdkundebuch das Firmament in »besonders plastischer Weise« dargeboten, um den Lauf der Sonne in den verschiedenen Jahreszeiten räumlich zu verdeutlichen. Aber leider kann das Kind in diesem Alter mit einer so großartigen räumlichen Abbildung kaum etwas anfangen. Diese Darstellung hilft ihm nicht, die Zusammenhänge zu begreifen, sondern ist ihm weitgehend unverständlich. Um den Anforderungen des Unterrichts trotzdem gerecht zu werden, bleibt ihm nichts anderes übrig, als alles mechanisch auswendig zu lernen. Für das spätere Leben hat es davon kaum einen Nutzen, denn mechanisch Eingepauktes gerät nur allzu leicht wieder in Vergessenheit. Sollte es wirklich nicht möglich sein, unseren Kindern den Lehrstoff in den Schulbüchern so darzulegen, daß sie zu eigenem Durchdenken des Themas angeregt werden?
Noch ein Beispiel aus dem Biologieunterricht: Da gibt es für die Unterklassen der Höheren Schule ein Biologielehrbuch, dessen Titel lauten könnte: »Vergleichende Anatomie der Wirbeltiere«. Bereits auf der dritten Seite wird das komplette menschliche Skelettsystem mit sämtlichen Knochen abgebildet. Auf den weiteren Seiten folgen dann die Schädel des Hundes, der Katze und der verschiedensten Tiere. Dann werden die Zahnformeln von Mensch und Tier nebeneinandergestellt, weiter die Fußknochen von Mensch und Tier und andere morphologische Details. Das alles ist sicherlich von wissenschaftlichem Interesse, aber dem Vorstellungsvermögen eines zehnjährigen Kindes dürfte es wohl kaum entsprechen. Es scheint, daß unsere Kinder für manche Schulbücher geradezu einen Übersetzer benötigen, der ihnen die »wissenschaftlichen Schilderungen« in kindgerechter Weise darstellt.

In den letzten Jahrzehnten ist der Lehrstoff insbesondere in den naturwissenschaftlichen Fächern ständig angewachsen. Eine Reihe von Philologen ist allerdings der Meinung, daß der Unterrichtsstoff insgesamt trotzdem nicht zugenommen habe. Sie weisen darauf hin, daß die Anforderungen in den Humanistischen Gymnasien in Latein, Griechisch und Deutsch wesentlich geringer geworden seien. Auf den ersten Blick stimmt das tatsächlich: Die Bücher sind dünner und die einzelnen Lehrstücke kürzer geworden. Es fehlt allerdings jede exakte Untersuchung darüber, ob auch die lateinischen Abituraufgaben heute wirklich leichter zu lösen sind als vor dreißig Jahren. Sicher ist aber, daß in den naturwissenschaftlichen Fächern vor dreißig Jahren im Abitur auch nicht annähernd die gleiche Leistung verlangt wurde wie heute.

Nun ist eine Überforderung auch schon dann gegeben, wenn man verlangt, daß jemand einen gleichbleibenden Weg in einer kürzeren Zeitspanne zurücklegt. Stellen Sie sich vor, Sie sollten einen Weg von sechs Kilometern in zwei Stunden zurücklegen. Sie haben genügend Zeit für einen gemütlichen Spaziergang. Sie können die Umgebung beobachten und werden zu Hause gewiß ein paar kleine Erlebnisse zum besten geben. Dieser Spaziergang wäre eine Erholung. Wenn man nun von Ihnen verlangt, den gleichen Weg in einer halben Stunde zurückzulegen, so kann von einer Erholung wohl nicht mehr die Rede sein. Sie werden erschöpft zurückkommen, für Beobachtungen am Rande blieb Ihnen gar keine Zeit, und so gibt es auch daheim nichts zu erzählen. Der Weg war der gleiche, aber aus dem erholsamen Spaziergang wurde ein anstrengender Marsch.

Übertragen wir dieses Beispiel auf die Schule, so heißt das: Wenn für die gleiche geistige Anforderung innerhalb einer bestimmten Zeit eine geringere Stundenzahl angesetzt wird als früher, dann bedeutet das eine echte Mehrbelastung. Das Kind hat Mühe, sein Pensum auswendig zu lernen. Es bleibt ihm keine Zeit, das Gelernte zu überdenken.

Im Interesse unserer Kinder ist es unbedingt erforderlich, unsere Schulen zu reformieren. Der Unterrichtsstoff muß von allem überflüssigen Ballast befreit werden. Die jeweiligen Anforderungen an das Kind müssen genau auf sein Alter abgestimmt werden. Durch bessere pädagogische Maßnahmen und dem kindlichen Verständnis angepaßte Schulbücher sollte das Lernen erleichtert werden. Nur eine fruchtbare Zusammenarbeit von Ärzten und Pädagogen vermag hier einen Wandel zu schaffen. Man kann es bestenfalls als ein Kuriosum bezeichnen, daß die letzten wissenschaftlichen Untersuchungen über die Hygiene des Unterrichts nunmehr siebzig Jahre alt sind. Sie wurden 1902 in einem Handbuch von Burgerstein und Netolitzky veröffentlicht. Das allein sollte Grund genug sein, dieses dringende Problem endlich ernsthaft in Angriff zu nehmen. Wir brauchen einen Unterricht, der unseren Kindern bei geringerer Beanspruchung eine intensivere geistige Leistung ermöglicht. Dem Schulkind muß ausreichend Zeit für Spiel und Erholung bleiben. Nervosität und Erschöpfungszustände im Kindesalter sollten wieder Ausnahmeerscheinungen werden. Gerade in unserer hektischen Leistungsgesellschaft ist die Gesundheit unserer Jugend von unschätzbarer Bedeutung.

Es gibt international eine kindgerechte ärztliche Pädagogik

Daß diese ärztlichen Anforderungen an die Schule realisierbar sind, beweist die aus der Medizin heraus entwickelte Pädagogik der italienischen Ärztin und späteren Pädagogin Maria Montessori. Diese Pädagogik ist international am weitesten verbreitet. Sie wurde nur am Kind entwickelt und ist frei von pädagogischen Theorien, erst recht von Ideologien. Im Mittelpunkt des pädagogischen Geschehens steht das Kind. Die Aufgabe des Lehrers ist so formuliert: »Hilf mir, es selbst zu tun.«
Die Montessori-Pädagogik, welche eine Fortentwicklung der von den französischen Ärzten Eduard Séguin und Jean Itard begründeten »physiologischen Erziehung« darstellt, geht aus von der Sinnesphysiologie des Kindes. Sie ist rein empirisch am Kind entstanden und entspricht unseren ärztlichen Vorstellungen. Sie ist auch nach modernsten lerntheoretischen Grundlagen gut begründet, weil sie weitgehend auf Imitationslernen beruht. Das einzelne Kind imitiert das Vorbild des tätigen (nicht sprechenden) Lehrers, ein anderes Kind imitiert ein tätiges Kind etc. In dieser Pädagogik darf jedes Kind seinen Arbeitsrhythmus selbst bestimmen und sich so lange auf eine Aufgabe konzentrieren, wie es will.
Das Montessori-Material ist autodidaktisches Material, d. h., jedes Kind lernt selbst im Umgang mit dem Material durch Erfahrung und Irrtum. Positive Erfahrungen, also gekonnte Lernprozesse, werden sofort durch das Material belohnt, falsche Ergebnisse einfach nicht beachtet. Der Pädagoge ist in der

Montessori-Pädagogik angewiesen, jede, auch die kleinste Leistung des Kindes durch freundliche Zuwendung zu verstärken, d. h. zu belohnen. Falsche Lernprozesse werden durch konsequentes Nichtbeachten gelöscht.

Aufbauend auf dieser Pädagogik gelang es uns in München mit Hilfe der »Aktion Sonnenschein«, einen Schulversuch* durchzuführen,

in dem gesunde mit mehrfach und verschiedenartig behinderten Kindern gemeinsam in einer Klasse unterrichtet werden,

in dem es keine Angst vor Noten gibt, weil keine Noten gegeben werden,

in dem kein Kind Angst haben muß, am Morgen zu spät zu kommen, weil der Unterricht flexibel beginnt,

in dem kein Kind Angst haben muß, sitzenzubleiben, weil es keine Jahrgangsklassen gibt und niemand sitzenbleiben kann,

in dem die Schule mit 5 Tagen Vormittagsunterricht bei 3 Stunden intensiven Lernens pro Tag auskommt,

in dem kein Kind Angst haben muß, seine Hausaufgaben nicht fertig zu bekommen, weil die Kinder wohl eine bestimmte Zeit Hausaufgaben machen sollen, aber kein festes Pensum erledigen müssen,

in dem über viele Unterrichtsstunden zum Teil mehr als 50 Kinder – darunter über 15 behinderte Kinder – gemeinsam in einem Raum Unterricht erhalten.

Unsere Montessori-Schule in München hat insgesamt 8 »Klassen«. Jede Klasse hat bis 24 Kinder verschiedener Jahrgangsstufen, davon jeweils 8 zum Teil schwerbehinderte Kinder. Im Mittelpunkt der Lernprozesse steht das soziale Lernen, d. h. »Hilfegeben« und »Sichhelfenlassen«. Das Montessori-Material ermöglicht es, daß jedes Kind entsprechend seinen Fähigkeiten Fortschritte macht. Gesunde, intelligente Kinder können zum Teil bereits in der 3. Klasse in Potenzen rechnen, geistig behinderte Kinder ihren Namen schreiben.

Inzwischen wurde die 1. Klasse nach vier Jahren Schulzeit in die Sekundarstufe entlassen. Alle Kinder zeigten gute Leistungen. 10 Kindern gelang der Übergang in das Gymnasium. 2 Kinder haben in der Hauptschule eine Klasse übersprungen. Man sieht, es geht mit einer guten Pädagogik auch ohne Noten, ohne Angst und ohne großes Hausaufgabenpensum.

* Dieser Schulversuch wird von der Alfred-Krupp-von-Bohlen-und-Halbach-Stiftung und vom Bundesministerium für Bildung und Wissenschaft unterstützt.

KAPITEL 15

Auswege aus der Schulkrise

»Auf Grund der neueren Erkenntnisse und Erfahrungen auf allen Gebieten des Lebens, der Wissenschaften, der Technik usw. glaubte jedes Jahrzehnt und Jahrhundert zum Unterrichtsstoff Neues hinzufügen zu müssen, und nun seufzen die Schüler, aber auch die Lehrer unter dem untragbaren Ballast, und Schule und Lehrer haben nicht den Mut, ihn abzuwerfen und auch hier von den Kräften des Kindes und Jugendlichen her zu denken, nicht von der Tradition auszugehen«, sagte der Münchener Pädagoge Martin Keilhacker bereits 1950. Dieser für unsere Kinder gefährliche Standpunkt der Schule muß endlich überwunden werden.
Von ärztlicher Seite müssen wir von der Schule eine weit stärkere Differenzierung der Beanspruchung nach den verschiedenen Altersklassen fordern. Die Leistungs- und Erholungsfähigkeit des Schulkindes ändert sich beinahe mit jedem Lebensjahr. Es ist deshalb unverantwortlich, wenn zehnjährige Kinder zeitlich fast ebenso von der Schule beansprucht werden wie sechzehnjährige. Nach unseren Untersuchungen fehlt vor allem den jüngeren Schulkindern ausreichend Zeit für Spiel und Erholung. Dies sollte bereits bei der Gestaltung der Unterrichtspläne berücksichtigt werden.

Erholung in der Pause

Die Pause wird oft als unliebsame Unterbrechung der Arbeit, als Verlust an Arbeitszeit und als Verlustquelle für die Leistung angesehen. Diese weitverbreitete Meinung ist grundfalsch. Umfangreiche arbeitsphysiologische Untersuchungen haben ergeben, daß Pausen keineswegs nur eine unproduktive Unterbrechung des Arbeitsprozesses darstellen, sondern im Gegenteil die Arbeitsleistung sogar steigern können.
Vor allem ist darauf zu achten, rechtzeitig eine Pause einzulegen. Sowohl bei geistiger als auch bei körperlicher Arbeit steigt die Ermüdung nämlich nicht gleichmäßig mit der Arbeitsdauer an. Ist vielmehr erst einmal eine gewisse Ermüdung eingetreten, so nimmt sie bei fortdauernder Arbeit sehr viel rascher zu. Deshalb genügt bei einer doppelt so langen Arbeits-

zeit eine entsprechend doppelt so lange Pause nicht mehr, um den alten Leistungsstand wiederherzustellen. Die Pause müßte dann bereits drei- oder viermal so lang sein, um die entstandene Ermüdung zu beseitigen. Die beste Erholung bietet eine Pause, die so früh eingelegt wird, daß noch keine größere Ermüdung eingetreten ist.
Auf der anderen Seite ist es nicht notwendig, sehr lange Pausen einzulegen. Sie haben keinen wesentlich größeren Erholungswert als kurze Pausen. Bereits im ersten Viertel der Pause erfolgt nämlich schon die größte Erholung. Eine weitere Erholung ist noch im zweiten Viertel der Pause zu beobachten. Im dritten und letzten Viertel nimmt dagegen die Erholung kaum noch zu.
Man sollte die Pausenzeiten unbedingt von vornherein genau festlegen und auch einhalten. Solche »organisierten Pausen« dienen der Erholung mehr als willkürlich eingelegte Pausen. Das hängt offenbar mit der Einstellung des Menschen zur Verteilung seiner Arbeitsreserven zusammen. So wird vor Beginn einer Pause die Arbeitskraft noch einmal verstärkt eingesetzt. Hier spielt gewiß die Vorfreude auf die erwartete Ruhepause eine Rolle. Deshalb wirkt sich die Pause sogar schon vor ihrem Beginn leistungsfördernd aus. Aber gerade diese Wirkung tritt nur bei organisierten Pausen ein, nicht bei willkürlich gewählten.
Will man diese Beobachtungen in der Praxis auswerten, so ergibt sich folgendes: Viele kurze Pausen verhindern eine fortschreitende Ermüdung besser als wenige längere Pausen. In der Schule sollte deshalb die Gesamtpausenzeit in möglichst viele kurze Pausen aufgeteilt werden. Die Pausenzeiten sollten genau festgelegt und nicht willkürlich abgeändert werden.

Vorschläge zur Verteilung der Schulpausen

Aufgrund langjähriger guter Erfahrungen wurde in den meisten Ländern die 60-Minuten-Stunde in der Schule abgeschafft und statt dessen eine 45- oder 50-Minuten-Stunde eingeführt. Aber selbst diese Lösung war bis vor kurzem noch umstritten. So konnte in Bayern in den Volksschulen erst 1963 die 60-Minuten-Stunde durch die 45-Minuten-Stunde ersetzt werden, und zwar gegen den Protest der Lehrerschaft. Sie fürchtete nämlich, die »erhebliche Verkürzung der Unterrichtszeit« müsse sich auf das Leistungsniveau negativ auswirken.

Leider besitzen wir keine wissenschaftlichen Untersuchungen, die es uns ermöglichen, die Dauer der einzelnen Unterrichtsstunden für jede Altersklasse festzusetzen. So können wir nur eine Abgrenzung nach oben vornehmen und sagen, eine Schulstunde sollte nicht länger als 45 Minuten dauern. Sehr wahrscheinlich aber wären für die jüngeren Kinder noch kürzere Unterrichtszeiten vorzuziehen.
Hierauf deuten insbesondere Untersuchungen des Instituts für Schulhygiene in Sofia hin. Die bulgarischen Wissenschaftler fanden heraus, daß das Optimum einer Schulstunde im Interesse der Kinder etwa bei 25 Minuten liegt. Sobald die Schulstunde länger dauerte, gingen die Leistungen erheblich zurück.
Auf jede 45-Minuten-Stunde sollte eine Pause folgen, die durch optische oder akustische Signale deutlich vom Unterricht getrennt wird. Die Kinder sollten im Schnitt fünf Unterrichtsstunden täglich erhalten. Dazwischen liegen vier Pausen. Mindestens zwei von ihnen sollten lang genug sein, um dem Kind Gelegenheit zu Spiel und Bewegung zu bieten. In einem Gutachten zur Frage der Unterrichtszeit an bayerischen Volksschulen habe ich deshalb 1965 folgende Stunden- und Pauseneinteilung vorgeschlagen:

1. Std	45 min	8.00 Uhr bis 8.45 Uhr
1. Pause	5 min	8.45 Uhr bis 8.50 Uhr
2. Std	45 min	8.50 Uhr bis 9.35 Uhr
2. Pause	20 min	9.35 Uhr bis 9.55 Uhr
3. Std.	45 min	9.55 Uhr bis 10.40 Uhr
3. Pause	5 min	10.40 Uhr bis 10.45 Uhr
4. Std	45 min	10.45 Uhr bis 11.30 Uhr
4. Pause	20 min	11.30 Uhr bis 11.50 Uhr
5. Std	45 min	11.50 Uhr bis 12.35 Uhr
5. Pause	5 min	12.35 Uhr bis 12.40 Uhr
6. Std	45 min	12.40 Uhr bis 13.25 Uhr

Auf diese Weise wäre der Unterricht nach fünfstündiger Dauer am Vormittag um 12.35 Uhr beendet. Er fände also ausschließlich in dieser Zeit statt, in der das Kind seine volle Leistungsfähigkeit besitzt. In den Oberklassen (7. und 8. Schuljahr) könnte man bei Bedarf noch eine sechste Unterrichtsstunde anfügen. In dieser letzten Stunde sollte aber nach Möglichkeit kein wissenschaftlicher Unterricht stattfinden, sondern Unterweisung in musischen Fächern und in Leibeserziehung.
Diese Einteilung gewährleistet, daß die Leistungsfähigkeit des Kindes erhalten wird. Es sind genügend Pausen vorgesehen, um

einer stärkeren Ermüdung vorzubeugen. In den beiden großen Spielpausen wird den Kindern ein Ausgleich zu der körperlichen Belastung durch das Sitzen geboten. Aber auch in den kurzen Pausen sollten die Kinder auf keinen Fall im Klassenzimmer bleiben. Die Räume müssen gründlich gelüftet werden, und die Kinder sollten wenigstens ein paar Minuten im Schulhof oder Schulgarten herumtollen und »Sauerstoff tanken«.
Für die Einhaltung dieser notwendigen Erholungspausen in den Schulen sind natürlich in erster Linie die Lehrer und die Schulleitung verantwortlich. Aber auch die Eltern sollten sich darum kümmern, ob ihr Kind in der Schule nicht durch zuwenig Pausen oder durch zu lange Unterrichtsstunden übermäßig belastet wird. Im Interesse unserer Kinder darf es hier keine Gleichgültigkeit und kein blindes Vertrauen auf die Autorität der Schule geben.

Die Fünftagewoche in der Schule

In der letzten Zeit hat sich die Fünftagewoche in allen Bereichen der Wirtschaft und Verwaltung immer mehr durchgesetzt. Selbst in Krankenhäusern, die für eine solche Umstellung ganz ungeeignet sind, ist die Fünftagewoche schon zur Regel geworden. In den Schulen wurde und wird dagegen bei ihrer Einführung häufig gezögert. Vermutlich muß man aber auch hier dem Drängen der Öffentlichkeit bald nachgeben.
Vom ärztlichen Standpunkt aus liegt der notwendige Ausgleich zwischen Beanspruchung und Erholung allerdings grundsätzlich nicht in einer vermehrten Arbeit an den fünf Wochentagen und mehr freier Zeit am Wochenende. Weit wirksamer wäre eine gleichmäßige Verteilung von Übung und Schonung an jedem Tag der Woche. Das kindliche Gehirn ist keine Maschine, die man nach Belieben auf höheren Touren laufen lassen kann. Und es ist auch kein Fließband, das man nach Bedarf schneller oder langsamer schaltet. Trotzdem erhält aber die Einführung der Fünftagewoche in der Schule heute aus verschiedenen Gründen eine besondere Dringlichkeit.
In erster Linie führte die fast obligate Arbeit am Wochenende dazu, daß wir heute eine solche Neuregelung des Schulbetriebes begrüßen. Darin liegt vielleicht die letzte Chance, daß das Kind in jungen Jahren lernt, das Wochenende als echte Freizeit anzusehen, als Zeit für Muße, Spiel und Erholung. Weiter bringt die Fünftagewoche in der Schule den Vorteil, die Familie

wenigstens an zwei Tagen der Woche wieder zusammenzuführen. Das ist heute wichtiger denn je. Das Kind braucht dringend den engen Kontakt, das Gespräch mit den Eltern. Aber hierfür bleibt im hektischen Alltagsleben kaum noch Zeit. Ein verlängertes Wochenende könnte die Bindung zwischen Kindern und Eltern wieder vertiefen. Besonders günstig wäre eine solche Lösung für die bedauernswerten Schlüsselkinder. Sie könnten sich wenigstens an zwei Tagen der Woche wieder innerhalb der Familie geborgen fühlen. Aus diesen Gründen stellt die Einführung der Fünftagewoche in der Schule auch vom pädiatrischen Standpunkt aus eine Verbesserung der Situation unserer Kinder dar.

Verlängertes Wochenende – ja, mehr Unterricht an den übrigen Tagen – nein

Die Durchführung eines verlängerten Wochenendes in der Schule stößt auf große Schwierigkeiten. Wollte man nämlich den gesamten Ballast an Lehrstoff auf die übrigen fünf Wochentage verteilen, so müßte die Ärzteschaft dagegen ein entschiedenes Veto einlegen. Statt dessen ist es dringend erforderlich, den Unterrichtsstoff erheblich zu kürzen. Diese Alternative findet allerdings auf schulischer Seite nur wenig Beachtung. Man versucht vielmehr, die am Sonnabend fehlenden Unterrichtsstunden auf die übrigen Wochentage zu verteilen. Hierzu wurden bereits verschiedene Möglichkeiten zum Teil diskutiert, zum Teil auch schon praktisch ausprobiert.

In einigen Schulen wurden zum Beispiel die am Sonnabend ausfallenden Schulstunden auf ein oder zwei Nachmittage in der Woche verteilt. Diese Regelung kann vom ärztlichen Gesichtspunkt aus nicht gutgeheißen werden. Allein schon der Schulweg mit seiner extremen Unfallgefährdung und der hohen nervösen Belastung spricht dagegen. Es ist keinesfalls zu rechtfertigen, die Kinder wegen ein oder zwei Unterrichtsstunden am Nachmittag viermal täglich einer solchen Gefahr auszuliefern.

Außerdem wurde versucht, die Stunden vom Sonnabend auf den Vormittagsunterricht zu verteilen. Dabei fängt der Schultag entweder früher an, oder ein Teil der Schulstunden wird an den bisherigen Unterrichtsschluß angehängt. Manchmal ging man auch dazu über, die Pausen zu verkürzen. Auch eine solche Regelung ist äußerst bedenklich. Ein früherer Beginn des

Unterrichts ist wegen der oft sehr langen Schulwege nicht zu empfehlen. Die Kinder müßten auf einen Teil ihres notwendigen Schlafs verzichten, um pünktlich in die Schule zu kommen. Die Pausen zu verkürzen, ist gleichfalls nicht ratsam. Darunter müßte vor allem die Leistungsfähigkeit unserer Kinder leiden. Und gegen eine Verlängerung des Unterrichts spricht, daß sich gegen 14 Uhr bei allen Kindern und Jugendlichen das deutliche Leistungstief bemerkbar macht. Zu diesem Zeitpunkt schaltet der jugendliche Organismus auf Ruhe und Erholung um. Eine gewaltsame Beanspruchung um diese Zeit kann auf die Dauer gefährliche Folgen mit sich bringen.

Die Reformen der Schule haben unseren Kindern wenig genützt

Mit der Forderung nach mehr frei verfügbarer Zeit für unsere Kinder und weniger Schulzeit soll aber keineswegs Freizeit im Sinne der derzeitig praktizierten »Freizeitgestaltung« gemeint sein. Es ist aber notwendig, daß unsere Schule nicht nur die nachschöpfend Begabten fördert, d. h. praktisch nur die Gedächtnisleistungen unserer Kinder anregt und mit fragwürdigen Noten belohnt.

Viel wichtiger ist es, die kreativen Leistungen unserer Kinder anzuregen und ihnen Zeit zu lassen, sie zu vertiefen. Das bedeutet aber, daß in der Schule nicht der Lehrstoff und seine Verabfolgung durch den Lehrer (sogen. Curriculumforschung) im Mittelpunkt zu stehen hat, sondern ausschließlich das Kind und seine Bedürfnisse.

Hier ist vom kinderärztlichen Standpunkt aus zu rügen, daß sich die wissenschaftliche Pädagogik (von pais = Kind und agein = führen) fast ausschließlich an theoretischen Konzepten orientiert und sich ihre Theorien durch die Schulpraxis bestätigen läßt – oder nicht. Praktisch sind alle sogenannten Reformen, die in den vergangenen Jahren in der Schule stattfanden, immer zum Nachteil unserer Kinder ausgegangen. Das beginnt mit der Ganzheitsmethode, die bei einem relativ hohen Prozentsatz unserer Kinder, die dazu disponiert sind, zur sogenannten »Legasthenie« führt, bis zur Mengenlehre, die bereits ein Jahr nach Einführung auf Protest der Eltern wieder modifiziert werden mußte, bis hin zu verfehlten Schulorganisationsformen, wie Blockstunden, Schwerpunktschulen, Mammut-Gesamtschulen und Ganztagsschulen.

Systematische, jahrelange Untersuchungen, ob und welche

neuen Lehrmethoden bzw. Lehrziele einzuführen sinnvoll sind bzw. ob sie den Kindern womöglich nicht schaden, finden so gut wie überhaupt nicht statt. Selbst sogenannte Schulversuche haben – soweit sich erkennen läßt – praktisch keine wissenschaftliche Kontrolle durch Forschungsinstitute oder pädagogische Lehrstühle.
Wo ist je der Beweis erbracht worden, daß die »Zwerg-Schulen« schlechtere pädagogische Leistungen erbrachten als Schwerpunktschulen? Millionen Kinder werden mit Millionenaufwand per Schulbus herumgefahren, nur um sie in Jahrgangsklassen unterbringen zu können, deren pädagogischer Vorzug – gemessen an den Forderungen einer ärztlichen Pädagogik – auch nicht im geringsten erwiesen ist. Der pädagogische Fortschritt wird zum Unfug an unseren Kindern, wenn pädagogische Vorstellungen schließlich zum Bau von fensterlosen Schulen führen, um eine bessere Konzentration der Schüler zu garantieren!

Die Zahl der Schulversager wird immer größer

Wir haben heute in der Bundesrepublik Deutschland pro Jahr fast 450 000 Sitzenbleiber. Da ein Schulkind pro Jahr im Durchschnitt etwa 3000,– DM kostet, bedeutet dies eine unnötig ausgegebene Summe von rund 1,3 Milliarden DM, ganz zu schweigen von dem Kinderelend und der Familiennot, die hinter einer solchen Zahl steckt.
Die Zahl unserer lernbehinderten Schüler steigt von Jahr zu Jahr an. Immer mehr Sonderschulen müssen eingerichtet werden. Die Legasthenie, ein Begriff, der für die Schule besagt, daß das Kind nicht richtig lesen und schreiben lernt, hat sich wie eine Seuche ausgebreitet. In den Vereinigten Staaten und in unserem Land trat die Legasthenie-Epidemie (mit bis zu 15% legasthenischen Kindern) ziemlich genau zwei Jahre nach Einführung der sogenannten Ganzheitsmethode ein. Für die Kinderheilkunde kam nicht nur der Begriff Legasthenie überraschend, sondern vor allem auch die mit der Schreib-Lese-Schwäche verbundene Not der Kinder. Daß es sich dabei um ein »modernes« Problem handelt, mag man daran ersehen, daß die Zeitschrift für Gesundheitspflege in den Bänden von 1888 bis 1930 nicht einmal den Begriff Legasthenie erwähnt.
Systematische Untersuchungen am Münchener Kinderzentrum

deckten auf, daß es sich bei den »Legasthenikern« in erster Linie um Kinder handelt, die bei Schuleintritt allerdings noch nicht bekannte leichte Störungen haben wie Hörfehler, Sehfehler, leichte Koordinationsstörungen, Störungen der Hand-Augen-Koordination usw. Mit der alten Synthesemethode, bei der Buchstabe für Buchstabe erlernt und geschrieben wurde, kam es bei den Kindern nicht zur Legasthenie. Sie hatten Zeit, während des ganzen 1. Schuljahres allmählich Lesen und Schreiben zu begreifen.
Die Ganzheitsmethode ermöglicht es völlig gesunden Kindern – insbesondere solchen mit optischer Begabung – innerhalb kurzer Zeit lesen zu lernen. Dies können die leicht gestörten Kinder nicht so schnell. Sie werden deshalb innerhalb weniger Monate zu Legasthenikern und bleiben es dann auch unter falschen pädagogischen Methoden.
Statt ständig neue Organisationsformen einzuführen, wäre es besser, die Pädagogik würde sich mehr um ihre Mißerfolge kümmern. Das Ziel der »Reformbestrebungen« in den letzten Jahren bestand darin, 25 Prozent der Kinder eines Jahrgangs unseres Gymnasialsystems mit dem Abschluß der Reife zu entlassen. Das Ergebnis unserer Reformbestrebungen ist aber fast gegensätzlich, denn beinahe 23 Prozent unserer Hauptschüler haben zur Zeit überhaupt keinen abgeschlossenen Schulabschluß mehr.
Als Kinderärzte müssen wir fordern, daß nur empirisch gesicherte neue Erkenntnisse Eingang in die Schulpraxis finden dürfen. Wir müssen darauf dringen, daß es endlich aufhören muß, neue pädagogische Theorien aufzustellen und sie ohne systematische pädagogische Untersuchungen, ohne den Beweis, daß sie den Kindern Hilfe und nicht Not bringen, in der Schule zur Anwendung zu bringen. Dabei können wir als Kinderärzte berechtigt darauf hinweisen, daß es weltweit eine aus der Medizin heraus entwickelte Pädagogik gibt, deren Vorläufer die französischen Ärzte Itard und Séguin waren und deren Praxis von der italienischen Ärztin Maria Montessori geschaffen wurde. Diese »physiologische Erziehung« ermöglicht eine Schule ohne Angst, ohne Noten, ohne Sitzenbleiben, ohne den Zwang zu einem bestimmten Hausaufgabenpensum. In dieser Pädagogik hat der Lehrer ein Maximum an Freiheit und der Schüler ein Optimum an Lernfähigkeiten. Welche Vorteile diese kindgerechte Pädagogik, die deswegen auch den Namen Pädagogik verdient, bringt, haben wir in den vergangenen Jahren in der von mir gegründeten Montessori-Schule in

München einer breiten Öffentlichkeit aufzeigen können. Die Leistungen unserer Kinder können sich gut mit denen aus anderen Schulen messen!

Die Ganztagsschule hat viele Gefahren für unsere Kinder

Als günstigster Ausweg für die Fünftagewoche in der Schule wird vielfach die Einführung der Ganztagsschule angesehen. Die Pädagogen sehen darin viele Vorteile, vor allem, weil so bessere erzieherische Einwirkungsmöglichkeiten auf die Kinder erwartet werden. Der Pädiater aber hat erhebliche Bedenken anzumelden. Wir haben an anderer Stelle bereits ausführlich über das Deprivationssyndrom gesprochen. Wenn man berücksichtigt, welch schwere Schäden jede Massenpflege für die betroffenen Kinder mit sich bringt, ist die Einführung der Ganztagsschule entschieden abzulehnen. Es spricht gegen jede Vernunft, jüngere Kinder aus normalen Familien den ganzen Tag herauszunehmen und in einem Kollektiv aufzuziehen. Die Heimat des Kindes liegt im Kreise seiner Familie, nicht bei Lehrern und Klassenkameraden in der Schule. Es besteht die ernste Gefahr, daß am Ende einer derartigen Fehlentwicklung unseres Erziehungswesens schließlich eine große Anzahl schwer geschädigter Kinder in die Arbeitswelt entlassen würde. Aus diesem Grunde lehnten alle deutschen Ordinarien der Kinderheilkunde die Tagesschule ab. Dieses Ergebnis brachte eine vom Deutschen Medizinischen Informationsdienst veranstaltete Umfrage über die Fünftagewoche in der Schule.
Um den Gefahren eines Deprivationssyndroms jüngerer Schüler vorzubeugen, muß deshalb in allen Ganztagsschulen unbedingt gefordert werden, daß die Lehrer, insbesondere die Klassenlehrer, während des ganzen Tages bei ihren Kindern bleiben. Pläne, die Kinder etwa am Nachmittag anderen »pädagogischen Kräften« zu überlassen, zeugen von geringem Verständnis für die Bedürfnisse unserer Kinder!
Darüber hinaus ist es auch ganz unphysiologisch, insbesondere für jüngere Kinder eine Ganztagsschule ohne Not einzurichten. Wir haben bereits erläutert, daß etwa im siebten Lebensjahr eine »Arbeitszeit und andere Zwangszeit in Schule und Haus« von 2 bis 3 Stunden das äußerste ist, was täglich von einem Kind verlangt werden soll, daß im achten Lebensjahr diese Zeit 3 bis 4 Stunden und im neunten Lebensjahr 4 bis 5 Stunden betragen

darf. Es zeugt von wenig Verständnis, wenn heute Pädagogen glauben, durch längere Unterrichtszeiten mehr zu erreichen.
Hier sind offensichtlich ältere pädagogische Erfahrungen in Vergessenheit geraten, die der Wiener Peter Burgerstein um die Jahrhundertwende geäußert hat: »Man kann Sitzen und Stillesein bei Kindern erzwingen, man täusche sich aber nicht, sie werden doch in vielen Fällen geistig ausruhen bzw. sich selbst Wechsel verschaffen und dem Gang des Unterrichts nicht folgen, wenn sie ermüdet sind.«
Gegen die Ganztagsschule sprechen insbesondere auch unsere eingehenden Untersuchungen über den Tagesgang der physiologischen Leistungsbereitschaft im Schulalter (s. Seite 192). Es ist einfach sinnlos, Kinder über die Mittagsstunden, insbesondere in der Zeit zwischen 14 und 16 Uhr in der Schule, gleich in welcher Form, gegen ihre innere Uhr zu unterrichten, in einer Zeit, in der sie auf Ruhe und Erholung eingestellt sind.
Allenfalls könnte eine Ganztagsschule für Jugendliche jenseits der Pubertät Vorteile haben. Mit Hilfe neuer pädagogischer Erziehungsformen könnte man hier den Jugendlichen in seiner sozialen Entwicklung fördern. Aber die Erfahrung lehrt leider, daß viele bereits vorhandene Einrichtungen ähnlicher Art – zum Beispiel Lehrlingsheime oder den Berufsschulen angegliederte Institute – die Jugendlichen eher negativ beeinflussen.

Die Verlängerung der Schulzeit ist unbiologisch

Manche Vorstellungen für die Fünftagewoche gehen in die Richtung, der Ausfall der Stunden am Sonnabend ließe sich auch durch eine Verlängerung der Schulzeit um ein Sechstel ausgleichen. Für Volksschüler ist diese Lösung durchaus zu begrüßen. Erst mit etwa 16 Jahren erreichen die Jugendlichen heute die Berufsreife. Bei einem früheren Schulabschluß haben sie bei der Umstellung aufs Berufsleben große Schwierigkeiten. Deshalb ist die Verlängerung der Schulzeit für sie sehr vorteilhaft.
Anders sieht es dagegen in der Oberschule aus. Durch den Wehrdienst und die Tendenz, das Hochschulstudium zu verlängern, wird der Start in die akademischen Berufe ohnehin schon unerwünscht lange hinausgezögert. Es erscheint deshalb wenig sinnvoll, die Schulzeit der Oberschüler zu verlängern. Der deutsche Pädiater C. Bennholdt-Thomsen sagte einmal tref-

fend zu diesem Thema, »daß wir dadurch junge Menschen zu lange in einer Situation halten, die an sich unbiologisch ist«. Allzuwenig ist offenbar bekannt, daß vom Standpunkt eines optimalen Fortpflanzungsalters aus gesehen die derzeitig lange Schul- und Berufsausbildung vor allem der Akademiker für die Geburt gesunder Kinder geradezu gefährlich ist. Seit langem ist bekannt, daß die Chance, ein Kind mit angeborenen Mißbildungen, z. B. Mongolismus-Syndrom, zu gebären, mit zunehmendem Alter der Mutter ansteigt. Aber auch ein überhöhtes Fortpflanzungsalter des Vaters kann für einige Mutationen und die durch sie hervorgerufenen Mißbildungen gefährlich sein.
Aus diesem Grunde muß alles getan werden, um jungen Akademikern rechtzeitig eine Familiengründung zu ermöglichen. Die Zeit der Oberschule sollte um ein Jahr gekürzt werden, die Dienstpflicht sollte möglichst mit der Berufsausbildung gekoppelt sein und in jedem Falle wären die akademischen Ausbildungszeiten zu verkürzen. Zur Weiterbildung bleibt noch Zeit nach dem Staatsexamen.

Die beste Lösung für die Fünftagewoche ist eine Konzentration des Unterrichts

Alle oben skizzierten Regelungen zur Einführung der Fünftagewoche in der Schule bringen für unsere Kinder erhebliche Nachteile mit sich. Der beste Weg ist dagegen die Kürzung des Lehrstoffes und eine rationellere Einteilung des Vormittagsunterrichtes.
Am Alten Realgymnasium in München wurde ein solcher Versuch über zwei Jahre mit bestem Erfolg durchgeführt. Der Unterrichtsstoff wurde gekürzt, die Stunden wurden neu aufgeteilt und zum Teil gleichfalls gekürzt. Entgegen anfänglicher Befürchtungen stellten die Pädagogen fest, daß die Schüler gute Leistungen aufwiesen. Nach den zwei freien Tagen am Wochenende kamen sie spürbar besser erholt zur Schule. Nach der Hälfte der Zeit, also nach einem Jahr, wurden die Eltern nach ihren Erfahrungen mit der neuen Regelung befragt. Der überwiegende Teil, 81 Prozent, reagierte positiv.
Die Eltern betonten vor allem, daß diese Lösung zu einer Verbesserung des Familienlebens geführt hätte. Sie erklärten ferner, daß ihre Kinder die vermehrte Freizeit sinnvoll genutzt hätten.
Die Ergebnisse dieses interessanten Experiments zeigen, daß

die Fünftagewoche in der Schule sich durchaus positiv auf die Entwicklung unserer Kinder auswirken kann. Das verlängerte Wochenende gibt ihnen endlich Gelegenheit, sich körperlich ausreichend zu betätigen und frei gewählten Beschäftigungen nachzugehen. Damit dient es sowohl ihrer Gesundheit als auch der Entwicklung ihrer Persönlichkeit. In einer Zeit, in der Freizeit schon im Kindesalter klein geschrieben wird, kann das von Zwang und Hektik freie Wochenende einen wirksamen Ausgleich schaffen. Bei Diskussionen um die Fünftagewoche in der Schule sollte jeder Erzieher daran denken: Das Kind braucht Freizeit – heute mehr denn je.

TEIL V
Das Kind braucht den Kinderarzt

KAPITEL 16
Die Entwicklung der Kinderheilkunde

Für uns ist es heute selbstverständlich, daß unsere Kinder eine sorgfältige ärztliche Betreuung erhalten. In Kinderkliniken, von praktischen Kinderärzten und Schulärzten wird die Gesundheit unserer Kinder in allen Altersklassen ständig überwacht. Aber all diese Einrichtungen zum Wohle der heranwachsenden Jugend sind verhältnismäßig jung. Im Altertum zum Beispiel war das Leben eines Kindes kaum etwas wert. Das lag nicht etwa an dem geringen wissenschaftlichen Rang der damaligen Medizin, sondern vielmehr an der Einstellung der gesamten Gesellschaft zum Kind.

Die Tötung von Neugeborenen gehörte einst zur Tagesordnung

»Die Neugeborenen galten nicht als Personen, sondern als Sache von Liebhaberwert. Wie der Vater sie in die Welt gesetzt, ihnen das Leben gewissermaßen aufgenötigt hatte, so stand es in seiner Macht, sie aus dem Leben auch wieder hinauszuschaffen. Dies Recht war ursprünglich auch bei den Hebräern dem Vater durch göttliche Ordnung eingeräumt... Gleich der in der germanischen Munt (Handgewalt) beschlossenen väterlichen Gewalt enthielt auch die patria potestas des altrömischen Rechtes die Verfügungsmacht des Vaters über das Schicksal des Kindes, das Recht über Leben und Tod.« Diese Sätze des deutschen Sozialwissenschaftlers Max Rehm zeigen, wie recht- und schutzlos ein Kind bei den alten Kulturvölkern noch war.
Die Tötung von Neugeborenen war im alten Indien ebenso gebräuchlich wie im alten Ägypten. Aber selbst Griechenland machte keine Ausnahme. Nicht nur in Sparta, sondern auch in Athen durften neugeborene Kinder kurz nach der Geburt unter bestimmten Voraussetzungen wieder getötet werden. Das galt nicht etwa nur für geschädigte, mißgebildete oder uneheliche Kinder, sondern auch für gesunde eheliche Kinder. Besonders Mädchen waren davon betroffen.
Bei den alten Persern hatte auch das Leben eines bereits älteren Kindes keinen Wert. Das kann man aus den überlieferten Honorarforderungen der persischen Ärzte ablesen: Für geheilte Männer und Tiere verlangten sie genau festgesetzte

Naturallieferungen, für behandelte Frauen wurden wesentlich geringere Zahlungen angesetzt, für Kinder gar nichts. Vermutlich hielt der Vater es nur selten für notwendig, ein erkranktes Kind überhaupt in ärztliche Behandlung zu geben.

Erst Kaiser Konstantin verbot im Jahre 318 n. Chr. die Kindestötung

Das Christentum brachte, wie vorher schon die jüdische Religion, allmählich einen Wandel in der öffentlichen Einstellung zum Leben des Kindes mit sich. So verbot der christliche Kaiser Konstantin im Jahre 318 n. Chr. für das ganze Römische Reich die Tötung von Kindern unter Androhung der Todesstrafe.
Im 5. Jahrhundert gab es bereits eine planmäßige Fürsorge für Findelkinder von seiten der Kirche. Damals wurden in Trier, Arles, Rouen und anderen rheinischen und gallischen Städten an den Kirchentüren Marmorwannen angebracht. Sie waren zur Aufnahme der ausgesetzten Kinder bestimmt. Der Küster hatte die Verpflichtung, die Kinder herauszunehmen und geeignete Pflegeeltern für sie zu suchen.
Wenig später wurden bereits die ersten Findelanstalten gegründet. Als sicheres Datum ist uns das Jahr 787 n. Chr. bekannt: Damals wurde in Mailand eine Findelanstalt errichtet, die den unmittelbaren Anstoß zur Gründung anderer gab. Gegen Ende des Mittelalters gab es in den romanischen Ländern Italien, Frankreich, Spanien und Portugal eine bedeutende Anzahl von Findelhäusern. In Deutschland waren sie dagegen noch selten anzutreffen. Auch Waisenhäuser entstanden zur gleichen Zeit an verschiedenen Orten. In Deutschland soll als eines der ersten das Waisenhaus im Kloster Weißenburg während des 9. Jahrhunderts gestiftet worden sein.
Am Ausgang des Mittelalters entstanden die ersten wissenschaftlichen Schriften, die sich ausschließlich mit Kinderkrankheiten beschäftigten. Zwei der wichtigsten Autoren waren Bartholomeus Metlinger aus Augsburg und Girolamo Mercuriale aus Oberitalien.
Während sich bis zum 16. Jahrhundert vorwiegend die Kirche der verwaisten und anderweitig benachteiligten Kinder angenommen hatte, übernahmen nun die bürgerlichen Gemeinden diese Aufgaben. Das war auch in Deutschland der Fall. Hier wurde eine große Anzahl von Waisenhäusern gegründet. Unter den ersten war das Nürnberger Waisenhaus, das 1562 entstand,

unmittelbar nach dem Wüten einer Pestepidemie, in der viele Kinder ihre Eltern verloren hatten. Vierzehn Jahre später wurde in Würzburg das Juliusspital mit einer Waisenanstalt errichtet.

Noch im 18. Jahrhundert starb fast die Hälfte aller Kinder vor der Pubertät

Im 18. Jahrhundert waren es dann vor allem drei große Mediziner, die mit vollem Recht als Wegbereiter der sozialen Pädiatrie bezeichnet werden: der Engländer Edward Jenner und die beiden Deutschen Johann Peter Frank und Christoph Wilhelm Hufeland.
Frank forderte in seinem Werk *System einer vollständigen medicinischen Polizey* zum ersten Male eine umfassende öffentliche Gesundheitspflege. Als erster befaßte er sich ausführlich mit den Problemen der Fürsorge vor der Geburt, der Sorge für uneheliche Kinder, der Überwachung der Findelhäuser, der Pflege von Ziehkindern und der Schul- und Arbeitshygiene. Seine Abhandlung gilt als die wichtigste Schrift des Jahrhunderts auf diesem Gebiet.
Schon sechzehn Jahre vor Jenner forderte Frank die Pockenschutzimpfung für alle Kinder, die in Waisenhäusern aufgenommen werden sollten. Als Professor für praktische Medizin suchte er neue Wege für den Universitätsunterricht in Kinderheilkunde für alle angehenden Ärzte: »Es bleibt immer ein Fehler auf Universitäten, daß man junge Ärzte approbiert, ehe sie noch Gelegenheit gehabt haben, Erfahrungen über Kinderkrankheiten zu sammeln. Gewiß, die Sterblichkeit dieser Kleinen würde nicht so groß sein, wenn unwissende Ärzte nicht den Wahn hätten, als wenn die Krankheiten derselben selten glücklich zu heben wären.«
Diese Mahnung gewinnt größeres Gewicht, wenn man an anderer Stelle bei Frank liest, daß am Ende des 18. Jahrhunderts die Kindersterblichkeit »418 bis 460 pro mille in den ersten zehn Lebensjahren« betrug. Fast die Hälfte aller Kinder starb also noch vor der Pubertät.

Die Einführung der Pockenimpfung war eine Wende in der Medizin

Dem englischen Arzt Edward Jenner verdanken wir die Einführung der Pockenschutzimpfung in vielen europäischen Ländern. Er empfahl zum erstenmal eine neue Impfmethode, die sogenannte Vaccination, die »eine nur kurzdauernde leichte und gefahrlose Erkrankung erzeugt, die Personen der Umgebung der Ansteckung nicht aussetzt und gleichwohl einen nicht geringeren Schutz gegen das Erkranken an Blattern gewährt als die Einpfropfung echten Blatternstoffes«. Die Erfolge mit Jenners Impfungen ermöglichten endlich eine wirksame Bekämpfung der Pocken, die bis dahin als eine der »Geißeln der Menschheit« betrachtet wurden. In vielen Ländern wurden die Massenimpfungen gesetzlich festgelegt. Als erster Staat in Deutschland erließ Bayern 1807 ein Impfgesetz.

Vorbeugen ist besser als Heilen

Der bedeutende deutsche Arzt Christoph Wilhelm Hufeland erklärte einmal: »Es herrscht bei vielen – nicht nur bei Müttern und Ammen – der höchst nachteilige Glaube, als sei bei Kinderkrankheiten nicht viel zu tun, der Natur alles zu überlassen.« Diese fatalistische Einstellung bekämpfte Hufeland energisch. 1799 veröffentlichte er ein Buch, das für die Pflege des gesunden Kindes richtungweisend wurde: *Guter Rat an Mütter über die wichtigsten Punkte der physischen Erziehung der Kinder in den ersten Jahren.* Dieses Buch enthielt viele für die damalige Zeit geradezu revolutionierende Anregungen, so zum Beispiel kaltes Waschen, tägliches Luftbad, Vermeiden von Federbetten und diätetische Vorschriften mit der Empfehlung von Obst- und Gemüsesäften.
Viele Mütter nahmen die Anregungen Hufelands begeistert auf. Zur dritten Auflage seines Buches konnte der Autor in seiner Vorrede feststellen: »Es sind nun dreißig Jahre her, daß dieses Büchlein zum ersten Male erschien, und die Vorsehung hat sein Wirken gesegnet. Die darin empfohlene, einfache und naturgemäße Behandlung der Kinder und besonders, was ich als die Hauptsache betrachte, die dadurch mehr in Gebrauch genommene Benutzung der zwei Grundelemente des Lebens, Luft und Wasser, haben seitdem Tausenden von Kindern ein kräftigeres Leben geschenkt und eine dauerhafte Gesundheit begründet.«

Geringere Sterblichkeit unter den jüdischen Kindern

Die Wirksamkeit ähnlicher hygienischer Vorschriften, wie Hufeland sie den Müttern gab, zeigt sich auch in der Geschichte der jüdischen Gemeinden in Deutschland. Aufgrund der mosaischen Gesetze, die Esra und Nehemia bis ins einzelne fixierten, wurde die Pflege der Gesundheit aus der Pflicht der Gottesverehrung hergeleitet. Die Befolgung dieser Gesetze führte dazu, daß jüdische Gemeinden in Seuchenzeiten oftmals verschont blieben. Aber sie hatten auch einen unmittelbaren Einfluß auf die Säuglingssterblichkeit. Der deutsche Arzt L. Pfeiffer veröffentlichte 1881 seine Untersuchungen über die *Kindersterblichkeit in den Städten.* Er konnte nachweisen, daß die Säuglingssterblichkeit bei den Israeliten mit 17,1 Prozent weniger als die Hälfte der der katholischen Bevölkerung mit 40,1 Prozent betrug (vgl. Tabelle 13):

Von den:	im 0.–1. Monat	im IV.–VI. Monat	im VI.–XII. Monat	im 1. Jahr insgesamt
Israeliten	10,8	1,8	3,6	17,1
Protestanten	11,5	5,9	6,9	30,8
Katholiken	15,8	8,1	6,7	40,1

Tab. 13 Kindersterblichkeit in München in der Zeit von 1867–1875 aufgegliedert nach Religionszugehörigkeit der Säuglinge. Nach Mayr (zitiert nach Pfeiffer).

Kinderkliniken sind eine Errungenschaft des 19. Jahrhunderts

Erst im 17. und 18. Jahrhundert wurden kranke Kinder häufiger in Kliniken eingeliefert, und zwar zunächst in Erwachsenenspitäler. Für die gesundheitliche Für- und Vorsorge im Kindesalter ist die Einrichtung von Kinderkliniken höchst bedeutsam geworden. Das erste uns bekannte Kinderkrankenhaus war das Hôpital des Enfants Malades in Paris. Es wurde 1802 gegründet. Zuvor waren Kinder und Erwachsene zusammen im Hôtel Dieu behandelt worden. Die dort herrschenden Mißstände schilderte der russische Kinderarzt C. Rauchfuss mit eindringlichen Worten: »Die Kranken lagen zu Hunderten in einem Saal, die an ansteckenden Krankheiten Leidenden, an

Masern, Pocken, bösartiger Ruhr und Scabies, Bett an Bett mit anderen Kranken, viele solcher Kranken in einem Bett gehäuft, Kinder und Erwachsene in demselben dicht überfüllten Saal mit einer schrankenlosen Verbreitung ansteckender Krankheiten.«

Die erste deutsche Kinderklinik entstand 1830 in der Charité in Berlin, 1846 folgten die ersten Kinderkrankenhäuser in München, Hamburg und Bremen. Ohne die in diesen Kliniken erarbeiteten Grundlagen wären die Errungenschaften der sozialen Pädiatrie nicht denkbar. Dort wurden die grundlegenden Erkenntnisse für die Bekämpfung der Ernährungsstörungen bei Säuglingen und der Rachitis gewonnen. Auch heute noch spielt die klinische Forschung eine entscheidende Rolle, zum Beispiel bei der vorbeugenden Beeinflussung angeborener Stoffwechselkrankheiten.

An der drastischen Verringerung der Säuglingssterblichkeit lassen sich die Auswirkungen der systematischen Bekämpfung der Ernährungsstörungen bei Säuglingen am besten ablesen: Noch 1900 starben im ehemaligen deutschen Reichsgebiet von 1000 lebendgeborenen Säuglingen nicht weniger als 225. Mehr als ein Drittel all dieser Todesfälle war auf Magen- und Darmkrankheiten zurückzuführen. 14,2 Prozent der Kinder starben an angeborener Lebensschwäche, 9,5 Prozent an Erkrankungen der Atmungsorgane einschließlich Tuberkulose und 5 Prozent an akuten Zivilisationsseuchen wie Diphtherie, Keuchhusten, Masern und Scharlach. Ein halbes Jahrhundert später hatte sich das Bild völlig gewandelt: 1951 starben in der Bundesrepublik von 1000 Säuglingen nur noch 52. Unter den Todesursachen stand nun die angeborene Lebensschwäche an erster Stelle. Es folgten Erkrankungen der Atmungsorgane, an denen 13,2 Prozent der Säuglinge starben, dann erst kamen die einstmals so gefürchteten Ernährungsstörungen.

Der Kampf gegen die Rachitis

Es ist heute weithin unbekannt, daß es im 19. Jahrhundert überall in Europa eigene Heilanstalten für schwer rachitische Kinder gab, so in München die Landesanstalt für krüppelhafte Kinder. Und noch um die Jahrhundertwende belegten im Haunerschen Kinderspital in München die rachitischen und siechen Kinder die meisten Betten. 1896 litten etwa 80 Prozent der kranken Kinder in dieser Klinik an schwerer Rachitis.

Noch wenige Jahre vor der Entdeckung des Vitamins D war die Rachitis außerordentlich verbreitet. Die beiden deutschen Ärzte St. Engel und G. Katzenstein führten am Ende des Ersten Weltkrieges eine interessante Untersuchung durch: Sie registrierten die an der englischen Krankheit verstorbenen Kinder in 750 Dortmunder Familien. Diese Familien bestanden aus insgesamt 4136 Personen. Fast ein Drittel von ihnen, nämlich 1384, waren Kinder im Alter von 2 bis 10 Jahren. Nicht weniger als 242 von ihnen, das waren 17,6 Prozent, litten an mittlerer, schwerer und schwerster Rachitis. Wenn man diesen Prozentsatz auf die Stadt Dortmund übertrug, so hätte es dort damals 9000 rachitische Kinder gegeben.
Diese Zahlen machen deutlich, wie stark die Kinder noch vor rund fünfzig Jahren von dieser heimtückischen Krankheit gefährdet wurden. Die Entdeckung des Vitamins D als wirksames Mittel zur Vorbeugung gegen Rachitis bedeutete einen Sieg der Kinderheilkunde. Ihr verdanken wir es, daß wir heute kaum noch rachitische Krüppel sehen.

Der Schutz des Kindes wurde Gesetz

Rund eineinhalb Jahrtausende nach dem Verbot der Kindestötung durch Kaiser Konstantin wurde bei uns in Deutschland der Kinderschutz gesetzlich fixiert. Der erste Paragraph dieser Verordnung im BGB aus dem Jahre 1900 lautet: »Die Rechtsfähigkeit des Menschen beginnt mit der Vollendung der Geburt.« Das Kind hat seither einen gesetzlichen Anspruch darauf, daß seine Rechte respektiert werden. Zu diesen Rechten gehört die Sicherung seines Lebens ebenso wie die Betreuung bei Krankheit und Behinderungen. Aber auch der Schutz vor körperlicher Schädigung durch vorzeitige Arbeit und die Förderung durch Erziehung in der Gesellschaft wurden festgelegt.
Alle Kinderschutzbestimmungen fanden ihre Krönung in dem Reichsjugendwohlfahrtsgesetz aus dem Jahre 1922. Dieses Gesetz wurde in aller Welt als mustergültig anerkannt. In einigen Punkten wurde es durch das Jugendwohlfahrtsgesetz von 1961 noch verbessert. Hier wurden vor allem die Bestimmungen über den Aufbau und die Zuständigkeit der Jugendämter niedergelegt.
Es ist viel zuwenig bekannt, wie vielfältig die Aufgaben der Jugendämter sind. Dazu gehört zum Beispiel die Beratung in

Fragen der Erziehung, aber auch die Hilfe für Mutter und Kind vor und nach der Geburt. In den Bereich des Jugendamtes fällt auch die Förderung von Einrichtungen für Pflege und Erziehung von Säuglingen, Kleinkindern und Schulkindern außerhalb der Schule. Die Jugendämter kümmern sich um den Aufbau von Erholungseinrichtungen für Kinder, um die Betreuung der Kinder im Rahmen der Familienerholung, sie leisten Freizeithilfe, Erziehungshilfe während der Berufsvorbereitung und fördern die Einrichtungen und Veranstaltungen der Jugendverbände.
Die Gesetze für Kinder- und Jugendschutz bedeuten somit einen wichtigen Schritt vorwärts zum Wohle unserer Kinder. Von außerordentlicher Tragweite war die Entwicklung des Kinderarbeitsschutzes; denn noch im vorigen Jahrhundert wurden zahllose Kinder als spottbillige Arbeitskräfte gewissenlos ausgenutzt.

Kinder als Arbeitssklaven des 19. Jahrhunderts

Bald nach dem Beginn des Industriezeitalters wurde der wachsende Bedarf an billigen Arbeitskräften immer mehr durch Frauen- und Kinderarbeit gedeckt. Die Berichte über Kinderarbeit gegen Ende des 18. und zu Beginn des 19. Jahrhunderts klingen für unsere Begriffe heute fast unglaublich. Eine zwölf- bis achtzehnstündige Beschäftigung von Sechsjährigen war durchaus keine Einzelerscheinung. Die Kinder arbeiteten vorwiegend in Spinnereien, in Tabak- und Glasfabriken. Sie wurden auch zur Nachtarbeit herangezogen.
Peiper hat in seiner Chronik der Kinderheilkunde einige zeitgenössische Berichte wiedergegeben. Sie stellen eine schwere Anklage gegen die Ausbeutung der kindlichen Arbeitskraft dar:
»In den Fabriken und Manufakturen beginnen Kinder gelegentlich schon mit drei bis vier Jahren zu arbeiten, beinahe sind sie ebenso lange wie die Erwachsenen tätig; manchmal sechzehn, selbst achtzehn Stunden. Meistens sind die Arbeitsstellen, was Abzugsgräben, Lüftung und gehörige Wärmeregelung angeht, höchst schlecht bestellt. Auf Reinlichkeit wird wenig oder gar nicht geachtet.
Nach einem amtlichen Bericht von 1843 arbeiten in dem Maschinenspitzengewerbe vierjährige Kinder täglich zwölf und Sechsjährige täglich fünfzehn Stunden. Es wird sogar die

regelmäßige Beschäftigung eines zweijährigen Kindes nachgewiesen. Ebenso sind in der Strumpfwirkerei und Kattundruckerei fünf- und selbst vierjährige Kinder zu finden. In dem Papiergewerbe ist das jüngste Kind neun Jahre alt.
Nur mit Gewalt konnten die Kinder zu solcher Arbeit gezwungen werden. Es ist schwer zu verstehen, daß sie sie aushielten. Taten sie dies nicht, so taumelten sie in die Maschine. Glücklich, wer nicht wieder erwachte.«
Einer der ersten Versuche zur Einschränkung der Kinderarbeit wurde 1819 unternommen, als man die Beschäftigung von Kindern unter 9 Jahren in Textilfabriken verbot. Sie durften nicht länger als 12 Stunden täglich arbeiten, und man genehmigte ihnen eine Frühstückspause von ½ und eine Mittagspause von 1 Stunde.
Aber selbst diese dürftigen Verbesserungen wurden weithin nicht eingehalten. Deshalb wurde 1833 ein Ausschuß zur Untersuchung der Kinderarbeit eingesetzt. Seine alarmierenden Untersuchungsergebnisse führten zur Einrichtung einer staatlichen Gewerbeaufsicht. Die maximale Arbeitszeit für Kinder wurde auf 9 Stunden täglich für Neun- bis Dreizehnjährige und 12 Stunden täglich für Dreizehn- bis Achtzehnjährige festgelegt. Die Kinder bekamen acht halbe Tage im Jahr frei, als arbeitsfreie Feiertage gab es nur den ersten Weihnachtstag und den Karfreitag.

Der König brauchte Soldaten

In Deutschland begann die Kinderschutzgesetzgebung in den dreißiger Jahren des vorigen Jahrhunderts. Humanitäre Bedenken gegen die unmenschlichen Arbeitsbedingungen der Kinder mögen dabei auch eine Rolle gespielt haben, aber den Ausschlag gab etwas ganz anderes. Der preußische General von Horn machte König Friedrich Wilhelm III. 1828 darauf aufmerksam, daß nicht mehr genügend Nachwuchs für das Heer vorhanden wäre. In den Industriegegenden fehle es, »wohl infolge der Nachtarbeit der Fabrikkinder«, an Rekruten. Daraufhin befahl der König die Beseitigung der Mißstände.
Das »Preußische Regulativ über die Beschäftigung jugendlicher Arbeiter« verbot die Arbeit von Schulkindern unter 9 Jahren. Die Arbeitszeit von »Jugendlichen« zwischen 9 und 16 Jahren wurde mit 10 Stunden täglich festgesetzt. Als Voraussetzung für die Erlaubnis von Kinderarbeit sollte ein dreijäh-

riger Schulbesuch nachgewiesen werden. Höchst sonderbar aber mutet uns Paragraph 9 dieses Gesetzes an: Er schrieb vor, »daß die Stunde für den Schulbesuch so eingerichtet werden müßte, daß der Betrieb der Fabrik so wenig wie möglich gestört wurde«.

Der Nutzen dieses Gesetzes war wegen mangelnder Beaufsichtigung nicht besonders groß. Deshalb kam es 1853 zu einem generellen Verbot der Arbeit von Kindern unter 12 Jahren. Die Internationale Arbeitsschutzkonferenz legte schließlich 1890 das Zulassungsalter zur Fabrikarbeit auf das zwölfte Lebensjahr fest, und zwar für alle Kulturländer. Damit war ein wichtiger Meilenstein zur gesetzlichen Regelung der Kinderarbeit erreicht.

Die Charta des Kindes

Ein weiter Weg führte von diesen zaghaften Anfängen im vorigen Jahrhundert zur Erklärung der Rechte des Kindes. Auf der Generalversammlung der Vereinten Nationen am 20. November 1949 wurde die Charta des Kindes ohne Gegenstimme angenommen. Sie gilt für alle Kinder, unabhängig von Rasse, Hautfarbe, Geschlecht, Sprache und Religion.

In Grundsatz 2 heißt es: »Das Kind genießt besonderen Schutz, ihm werden Gelegenheiten und Erleichterungen durch Gesetz und auf andere Weise gegeben, sich gesund und natürlich in Freiheit und Würde körperlich, geistig, moralisch, seelisch und sozial zu entwickeln. Das Beste des Kindes ist für diese Gesetzgebung bestimmend.«

Diese Grundrechte des Kindes wurden in einer Reihe weiterer Bestimmungen verankert. In unserem Zusammenhang ist der Grundsatz 4 von besonderem Interesse: »Das Kind erfreut sich der Wohltaten der sozialen Sicherheit. Es ist berechtigt, in Gesundheit heranzuwachsen und zu reifen, deshalb werden ihm und seiner Mutter besondere Fürsorge und Schutz gewährt, einschließlich angemessener Pflege vor und nach der Geburt. Das Kind hat das Recht auf ausreichende Ernährung, Wohnung, Erholung und ärztliche Betreuung.«

Diese Charta des Kindes bedeutet für uns alle eine ernste Verpflichtung. Es kommt darauf an, die Entwicklung des Kindes in der Gesellschaft mit allen Mitteln zu fördern. Und dabei entsteht die Frage, wieweit die Kinderheilkunde heute in unserem Lande für diese großen Aufgaben gerüstet ist.

KAPITEL 17

Ärztliche Fürsorge im Säuglingsalter

Das Leben des Säuglings ist außerordentlich gefährdet. In keiner anderen Altersklasse bis zum siebzigsten Lebensjahr gibt es eine so hohe Sterblichkeit wie unter den Säuglingen. Unter der Säuglingssterblichkeit versteht der Arzt die Zahl der innerhalb der ersten 12 Monate sterbenden Kinder. Sie wird in Bezug gesetzt zu 1000 oder 100 lebendgeborenen Kindern der gleichen Zeitspanne und des gleichen Lebensraums.
Die Säuglingssterblichkeit verteilt sich nicht gleichmäßig auf alle 12 Monate des ersten Lebensjahres. Die Gefährdung des Kindes geht vielmehr von der Geburt an kontinuierlich zurück. Besonders viele Säuglinge sterben im ersten Monat ihres Lebens; dieser Prozentsatz sinkt zuerst rasch, dann allmählich weiter ab.
Durch die verbesserte ärztliche Betreuung aller Säuglinge ist es in den letzten achtzig Jahren gelungen, immer mehr Kinder am Leben zu erhalten. 1886 starben in Deutschland noch 25 Prozent aller Kinder im ersten Lebensjahr. 1972 waren es dagegen in der Bundesrepublik nur noch 2,2 Prozent.
Die Verminderung der Säuglingssterblichkeit betrifft Knaben und Mädchen in gleicher Weise. Allerdings kommen auf 100 Mädchen, deren Leben nicht zu retten war, immer noch 128 Knaben. Während früher auf dem Lande weniger Säuglinge starben als in den Städten, ist es heute umgekehrt. Hier zeigt sich deutlich der Segen moderner Kinderkliniken mit all ihren Einrichtungen, wie man sie vor allem in der Stadt findet.

Die Säuglingssterblichkeit ist der beste Maßstab für den Lebensstandard eines Volkes

Die großen Erfolge im Kampf um das Leben der Säuglinge sind in erster Linie der intensiven ärztlichen, hygienischen und sozialen Säuglingsfürsorge zu verdanken. Dabei spielt die Aufklärung der Mütter über die Grundregeln der Säuglingshygiene wohl die entscheidende Rolle.
Wie wichtig das Hygieneverständnis der Mütter für die Bekämpfung der Säuglingssterblichkeit ist, läßt sich auch heute noch an den unterschiedlichen Zahlen der Säuglingssterblich-

keit in Ländern mit hohem und Ländern mit niedrigem Lebensstandard ablesen. Die Kinderheilkunde in Indien beispielsweise hat keinen schlechteren Stand als die Kinderheilkunde in Schweden. Das Hygieneverständnis der Mütter in Indien ist aber mit Abstand weniger ausgeprägt als das in den europäischen Staaten. Aus diesem Grunde hat Indien heute noch eine extrem hohe Säuglingssterblichkeit, während die Säuglingssterblichkeit in europäischen Staaten erheblich zurückgegangen ist. Diese Verhältnisse führen dazu, daß man die Säuglingssterblichkeit als den feinsten Indikator für den Lebensstandard eines Volkes ansieht und daß Zeichen von Not sich automatisch in einer höheren Quote der Säuglingssterblichkeit widerspiegeln.
Am Ende des letzten Krieges kam es erneut zu einem hohen Anstieg der Säuglingssterblichkeit. Dafür waren vor allem Darmerkrankungen der Kinder verantwortlich. Dieser Rückfall ist ein Beweis dafür, wie sehr die Sterblichkeit im ersten Lebensjahr von den Einflüssen der Umwelt abhängig ist. Eine aufmerksame ärztliche Fürsorge ist also nach wie vor unerläßlich.
Im Vergleich zu anderen europäischen Ländern sterben aber in der Bundesrepublik immer noch zu viele Säuglinge. Bei einer gleich niedrigen Sterblichkeit wie in Holland oder Schweden hätten zum Beispiel bei uns 1962 rund 20 000 Kinder gerettet werden können (vgl. Tabelle 14). Dieses Verhältnis hat sich in der Zwischenzeit etwas zu unseren Gunsten verschoben. Aber immer noch sterben in der Bundesrepublik aus vermeidbaren Gründen rund 12 000 Säuglinge zuviel. Auf diesem Gebiet müssen wir noch erhebliche Anstrengungen unternehmen, die allerdings weniger unmittelbare ärztliche Maßnahmen als vielmehr gesundheitliche Aufklärung und sozialmedizinische Hilfen betreffen.

Auf 1000 Lebendgeborene

Land	Insgesamt	Totgeborene	Gestorbene im 1. Lebensjahr
	1	2	3
Schweden	19,5	8,4	11,1
Finnland	21,1	9,3	11,8
Niederlande	22,9	10,8	12,1

Auf 1000 Lebendgeborene

Land	Insgesamt	Totgeborene	Gestorbene im 1. Lebensjahr
	1	2	3
Schweiz	24,0	8,9	15,1
Südafrika	25,6	6,2	19,4
Frankreich	26,8	13,5	13,3
Australien	27,4	10,1	17,3
Japan	27,5	15,1	12,4
Deutsche Demokr. Rep.	27,8	9,8	18,0
Kanada	28,7	9,9	18,8
Tschechoslowakei	29,5	7,4	22,1
England u. Wales	31,2	13,2	18,0
Vereinigte Staaten	31,7	12,5	19,2
Bundesrep. Deutschl.	**31,8**[1]	**9,3**[1]	**22,5**
Belgien	32,0	12,2	19,8
Israel	34,1	11,1	23,0
Österreich	34,8	9,7	25,1
Italien	44,1	15,0	29,1
Jugoslawien	57,7	8,8	48,9
Rumänien	62,8	13,4	49,4
Portugal	71,4	23,8	47,6

Tab. 14 Feto-infantile Sterblichkeit in ausgewählten Ländern 1971.*

Vorsorgeuntersuchungen während der Schwangerschaft verhindern viele Störungen beim Neugeborenen

Von größter Wichtigkeit für Leben und Gesundheit von Mutter und Kind sind regelmäßige Vorsorgeuntersuchungen während der Schwangerschaft. 1966 wurden sie bei uns für alle versicherten Frauen ermöglicht. Diese Verordnung bedeutet einen entscheidenden Fortschritt in der Entwicklung der vorbeugenden Medizin in Deutschland, der zunächst nicht einmal in ärztlichen Kreisen voll erkannt wurde. In manchen Bereichen der Bundesrepublik wandten sich ganze Ärztegruppen zunächst gegen die Durchführung spezifisch programmierter Vorsorgeuntersuchungen.

* Quelle: Statistisches Jahrbuch für die BRD 1973; überwiegend vorliegende Zahlen von 1971 oder früher; Länder in aufsteigender Ordnung der Spalte I. –
[1] Auf 1000 Lebend- oder Totgeborene.

Große Erfolge mit der Durchführung derartiger Untersuchungen konnten in England erzielt werden. Dort gehen die Frauen während der Schwangerschaft im Durchschnitt etwa zehnmal zum Arzt. Das hängt vor allem damit zusammen, daß sie finanzielle Zuwendungen nur erhalten, wenn sie nachweisen können, daß sie sich regelmäßig untersuchen lassen. Es zeigte sich, daß die Säuglingssterblichkeit durch diese Maßnahmen stark gesenkt werden konnte (vgl. Tabelle 15). Daran erkennen wir, daß die Schwangerenvorsorge zugleich ein untrennbarer Bestandteil der Vorsorge für das Kind ist. Es ist deshalb außerordentlich wichtig, daß jede werdende Mutter von ihrem Recht auf regelmäßige Untersuchungen Gebrauch macht.

Zahl der ärztlichen Kontrollen in der Schwangerschaft	Neugeborenensterblichkeit in %
0	16,6
1	13,6
2	12,5
3– 4	10,5
5– 9	4,2
10–14	2,2
15–19	1,9

Tab. 15 Abhängigkeit der perinatalen Sterblichkeit von der Zahl der ärztlichen Schwangerschaftsvorsorgeuntersuchungen in England. (Nach Butler und Bonham, aus: Döring, Fortschr. Med. 83, 395 [1965].)

Die Notwendigkeit von Schwangeren-Untersuchungen ist der einzelnen Mutter nur schwer zu erklären, denn niemand kann im Einzelfall beweisen, daß eine Schwangeren-Untersuchung Einfluß auf die Gesundheit des Kindes hat. Große sozialmedizinische Statistiken haben indessen aufgedeckt, daß harmlose gesundheitliche Störungen bei der Mutter zu schweren Schäden beim Kind führen, ja, die kindliche Sterblichkeit, z. B. um die Geburt, maßgeblich beeinflussen. Die Engländer Butler und Bonham haben 1963 eine große Studie durchgeführt. Sie konnten zeigen, daß schon eine geringe Blutdruckerhöhung bei der Mutter einen entscheidenden Einfluß auf das Leben des Kindes haben kann. Bei einem diastolischen Blutdruck unter 90 mmhg lag die perinatale Sterblichkeit bei 2,7%, bei einem

Blutdruck über 110 mmhg aber bei 9,6%! Wenn der Blutfarbstoffgehalt der roten Blutkörperchen unter 60% lag, betrug die Kindersterblichkeit um die Geburt 6,3%, wenn er über 70% war, aber nur 3,2%.
Diese Beispiele zeigen, daß die immer noch überhöhte Säuglingssterblichkeit in unserem Land in erster Linie durch eine Verbesserung der Vorsorgeuntersuchungen während der Schwangerschaft bekämpft werden kann. Vielleicht wäre es nicht schlecht, wenn auch in unserem Land die Mütter eine finanzielle Zuwendung, z. B. während der Geburt im Krankenhaus oder in der Klinik, nur dann erhielten, wenn sie vorher regelmäßig zur Schwangeren-Vorsorge gegangen sind.

Kindervorsorgeuntersuchungen ermöglichen eine frühzeitige Diagnose angeborener Schäden oder Behinderungen

Je früher angeborene Schäden bei einem Kind erkannt werden, um so besser lassen sie sich beheben. Um eine rechtzeitige Diagnose zu garantieren, müssen die Kinder bis zum fünften Lebensjahr in regelmäßigen Abständen immer wieder untersucht werden.
Wie wichtig diese Aufgabe ist, kann man an der Zahl der behinderten Kinder in der Bundesrepublik ablesen. Nach zuverlässigen Schätzungen werden bei uns jährlich zwischen 100 000 und 120 000 behinderte Kinder geboren. Etwa 30 000 von ihnen sind mehrfach und schwer behindert. Diesen Kindern können wir nur helfen, wenn wir ihre Schäden so früh wie möglich erkennen.
Es ist deshalb sehr zu begrüßen, daß seit dem Jahre 1971 ärztliche Vorsorgeuntersuchungen für das Kindesalter zu einer Pflichtaufgabe der gesetzlichen Krankenversicherung geworden sind. Wir sind in München auf diese Einführung besonders stolz, weil wir schon vor über zehn Jahren die Einführung von Vorsorgeuntersuchungen im Kindesalter in aller Öffentlichkeit gefordert hatten.
Folgende Vorsorgeuntersuchungen werden amtlicherseits vorgeschrieben:
1. die Neugeborenen-Erstuntersuchung unmittelbar nach der Geburt
2. die Neugeborenen-Basisuntersuchung zwischen dem 5. und 10. Lebenstag
3. eine Untersuchung zwischen der 4. und 6. Lebenswoche
4. eine Untersuchung zwischen dem 4. und 6. Lebensmonat

4. eine Untersuchung zwischen dem 4. und 6. Lebensmonat
5. eine Untersuchung zwischen dem 9. und 12. Lebensmonat
6. eine Untersuchung zwischem dem 21. und 24. Lebensmonat
7. eine Untersuchung im 4. Lebensjahr

Bei der Neugeborenen-Erstuntersuchung hat der Arzt auf die Hautfarbe, die Atmung, den Muskeltonus, die Reflexe beim Absaugen und die Herztöne zu achten. Je nachdem, ob alles in Ordnung ist oder ob ein krankhafter Befund erhoben wird, trägt der Arzt eine Zahl ein. Daraus entsteht der sogenannte Asphyxie-Index. Säuglinge mit einem hohen Asphyxie-Index sind gesund, Säuglinge mit einem niedrigen Asphyxie-Index sind Risiko-Kinder.
Bei der Neugeborenen-Basisuntersuchung hat der Arzt den Gesamteindruck und Entwicklungsstand, die motorische Entwicklung, Herz und Lunge, Bauch, Geschlechtsorgane, Skelettsystem, Nervensystem und Sinnesorgane zu untersuchen. Außerdem hat er festzustellen, ob die Tuberkulose-Impfung durchgeführt und die Rachitis-Prophylaxe beim Neugeborenen gemacht wurde.
Bei der Untersuchung in der 4. bis 6. Lebenswoche hat der Arzt ebenfalls wieder über den Gesamteindruck und Entwicklungsstand, die motorische Entwicklung, Herz, Lunge, Bauch, Geschlechtsorgane, Skelettsystem und Sinnesorgane zu befinden.
Bei der Untersuchung zwischem dem 4. und 6. Lebensmonat sind ähnliche Untersuchungsprogramme vorgesehen, jedoch muß der Arzt hier auch die psychische Entwicklung des Kindes beobachten.
Das gleiche gilt für die Untersuchung zwischem dem 9. und 12. Lebensmonat und die Untersuchung zwischen dem 21. und 24. Lebensmonat.
Bei der Untersuchung im 4. Lebensjahr muß der Arzt auch eine Sehprüfung machen, das Sprachverständnis des Kindes prüfen und eine Urinuntersuchung durchführen.
Alle Untersuchungen sind kostenlos. Die Mutter bekommt bei der Geburt ein »Untersuchungsheft für Kinder«. In diesem Untersuchungsheft kann sie ablesen, wann sie mit ihrem Kind zum Arzt gehen soll und worauf der Arzt bei jeder Untersuchung zu achten hat.
Jede Mutter sollte darauf sehen, daß alle Untersuchungsbefunde in dem Untersuchungsheft für Kinder eingetragen werden. Nur so ist gewährleistet, daß bei späteren Erkrankungen

der Arzt die notwendigen Hinweise aus den Vorsorgeuntersuchungen ziehen kann.
Vorsorgeuntersuchungen sind jedoch keine klinischen Untersuchungen. Sie dienen nicht dazu, eine bestimmte Diagnose zu stellen, sondern ausschließlich der Fährtensuche. Am Ende einer Vorsorgeuntersuchung steht deswegen nur der Verdacht auf das Vorliegen einer Störung, nicht schon die Diagnose für eine bestimmte Krankheit.
Es ist aber selbstverständlich, daß, wenn durch die Vorsorgeuntersuchung der Verdacht auf das Vorliegen einer Erkrankung aufgetreten ist, der Arzt anschließend eine eingehende Untersuchung des Kindes veranlassen oder selbst durchführen wird.
Vorsorgeuntersuchungen sind ein wichtiges Instrument zur Frühdiagnostik von angeborenen oder früh erworbenen Schädigungen. Sie stellen die Weichen für die so bedeutsame Frühtherapie in den ersten kindlichen Lebenswochen und Lebensmonaten.

Risiko-Kinder müssen besonders intensiv untersucht werden

Der Begriff Risiko-Kind kommt aus dem Englischen (»high risk baby«). Er wurde geprägt, um alle Kinder, die vor, während oder nach der Geburt geschädigt wurden, so früh wie möglich einer systematischen ärztlichen Betreuung zuzuführen. Nach angelsächsischen Untersuchungen weisen 60 bis 70 Prozent aller Neugeborenen irgendein Risiko-Merkmal auf, wenn man alle nur denkbaren Faktoren berücksichtigt.
Bei allen Risiko-Kindern können Entwicklungsrückstände auftreten. Deshalb sollten diese Kinder in regelmäßigen Abständen von vier Wochen der Entwicklungsdiagnostik unterzogen werden. Die Gefahr, daß Ihr Kind ein Risiko-Kind ist, besteht unter anderen in folgenden Fällen: Wenn das Kind erheblich zu früh geboren wurde, wenn die Mutter während der Schwangerschaft krank war, wenn das Kind während der Geburt eine Gehirnblutung oder einen Atemstillstand mit drohender Erstickung erlitten hat und wenn in der Familie Erbkrankheiten aufgetreten sind.
Nach unserem Sprachverständnis bedeutet es eine gewisse seelische Belastung für die Eltern, wenn man ihr Baby als Risiko-Kind bezeichnet. Aus diesem Grund scheuen sich manche Kinderärzte vor dieser Bezeichnung. Sie möchten statt

dessen lieber den Begriff Überwachungskind oder etwas ähnliches einführen. Aufgrund unserer Erfahrungen im Münchener Kinderzentrum möchten wir aber darauf hinweisen, daß der Begriff Risiko-Kind auch erhebliche Vorteile hat. Aus Sorge um ihr gefährdetes Kind wird eine Mutter eher und regelmäßiger den Arzt aufsuchen, als wenn ein milderer Begriff verwendet wird. Manches Risiko-Kind wird nur deswegen nicht früh genug in Behandlung gegeben, weil der Arzt der Mutter den Schock ersparen möchte, daß sie möglicherweise ein behindertes Kind haben könnte. Um sie zu beruhigen, erklärt er ihr, die Entwicklungsstörung würde sich schon nicht so schlimm auswirken. Und manche Mutter blieb deshalb weitere Monate beruhigt und abwartend zu Hause, während wertvolle Zeit der Frühtherapie verlorenging.
Aus diesem Grunde möchte ich vorschlagen, den Begriff Risiko-Kind auch in der Bundesrepublik offiziell in der Geburtshilfe und Pädiatrie einzuführen. Man sollte den Eltern jedoch erklären, daß damit nicht unbedingt eine Erkrankung ihres Kindes bezeichnet wird. Es besteht vielmehr lediglich ein Risiko, das durch ständige Überwachung und geeignete Therapie wesentlich herabgemindert werden kann.

Mit Hilfe der Entwicklungsdiagnostik können Säuglinge getestet werden

Wir haben einen Test entwickelt, mit dessen Hilfe festgestellt werden kann, ob ein Säugling seinem Alter entsprechend entwickelt ist oder ob er irgendwelche Entwicklungsrückstände aufweist. Zu diesem Zweck haben wir ein Testbesteck in einem kleinen Koffer zusammengestellt. Dieses Testbesteck besteht aus verschiedenen Materialien:
Für die Beurteilung des Greifens und die Entwicklung der Handbeherrschung enthält es farbige Würfel, einen Beißring und kleine Knopfscheiben. Zur Beurteilung der Sozialentwicklung dienen ein Spiegel, eine Puppe und ein Verstecktuch. Die Entwicklung der Sinnesorgane wird mit Hilfe einer Uhr, einer Glocke und einer Rassel geprüft. Das Testmaterial ist normiert und sollte nur in dieser Form für die Entwicklungsdiagnostik angewandt werden.
Außerdem haben wir entwicklungsphysiologische Tabellen zusammengestellt. Dabei wurden die wichtigsten Grundfunktionen des Säuglings beachtet. Mittels dieser Tabellen werden

folgende Funktionen gemessen: Die Entwicklung der Körperdrehung und des Kriechens, die Entwicklung des Sitzens, die Entwicklung des Stehens und Gehens sowie die Entwicklung des Greifens und der Handbeherrschung. Alle diese Funktionen betreffen die motorische Entwicklung des Kindes.
Hierbei können die Eltern grundsätzlich von folgendem Anhaltspunkt ausgehen: Der Verdacht auf eine zerebrale Bewegungsstörung ist berechtigt, wenn schon in den ersten Lebenswochen Trinkstörungen auftreten, wenn die Entwicklung des Kriechens, Sitzens und Stehens deutlich verzögert ist und wenn das Kind beim Liegen eine sichtbare Seitenasymmetrie zeigt. In diesen Fällen sollte man sofort einen Arzt zu Rate ziehen.
Ferner lassen sich mit unserem Test auch die Entwicklung der Sinnesorgane und des Spielverhaltens erfassen, ebenso die Sprachentwicklung und die Sozialentwicklung. Darunter verstehen wir die Entwicklung der Aufnahme zwischenmenschlicher Beziehungen des jungen Säuglings. Zunächst bestehen sie natürlich nur zur Mutter, später aber auch schon zu anderen Personen seiner Umgebung.
In den vergangenen Jahren wurde diese Entwicklungsdiagnostik im Säuglingsalter so vervollkommnet, daß sie als »Münchener Funktionelle Entwicklungsdiagnostik« auch international zu einem Begriff geworden ist. Routinemäßig kann mit dieser Diagnostik der Kinderarzt die genannten Funktionen messen. Er bestimmt dabei: das Krabbelalter, das Sitzalter, das Laufalter, das Greifalter, das Perzeptionsalter, das Sprachverständnisalter, das Sprechalter und das Sozialalter. Alle Werte sind auf einen bestimmten Lebensmonat bezogen, wobei als Normalwert gilt, was 90 Prozent der gesunden Säuglinge in einem bestimmten Lebensmonat können (Näheres siehe Hellbrügge, Menara, Schamberger und Lajosi 1975).

Einige Beispiele aus unserer Praxis

Daniel, 3½ Monate alt:
Der kleine Daniel ist ein normal entwickeltes Kind. Die Untersuchung soll das bestätigen. In der Bauchlage stützt Daniel sich auf die Unterarme, gelegentlich auch schon auf die Hände. Den Kopf hebt er hoch, so daß das Gesicht zur Unterlage einen Winkel von 90 Grad bildet. Wir heben die Plastikunterlage an, um das Gleichgewicht zu prüfen. Daniel

versucht, mit Händen und Beinen das Gleichgewicht zu halten, er zeigt die typische Amphibien-Reaktion.
Die Entwicklung des Sitzens wird geprüft, indem man das Kind an den Händen hält und langsam zum Sitzen hochzieht. Daniel hebt dabei die Beine angewinkelt hoch. Er bewegt den Kopf nicht für sich, sondern behandelt ihn wie eine Verlängerung der Wirbelsäule. Als er sitzt, bewegen wir seinen Körper nach allen Seiten. Dabei kann er den Kopf einigermaßen gerade halten.
Dann prüfen wir die Entwicklung des Gehens und Stehens. Wir halten den Jungen aufrecht und unter den Achseln. Daniel stemmt die Beine an, er übernimmt damit aber noch nicht sein eigenes Gewicht.
Die Entwicklung der Hand, der Sinnesorgane und des Spielverhaltens wird in diesem Alter zusammen beobachtet, und zwar mit Hilfe einer Rassel. Daniel nähert sich mit seiner Hand unsicher der Rassel und berührt sie. Er kann sie noch nicht ergreifen. Wenn man sie ihm in die Hand gibt, hält er sie fest und führt sie zum Mund. Er ist schon in der Lage, die Rassel in die Nähe der anderen Hand zu bringen, aber er kann sie noch nicht übergeben.
Die Sprachentwicklung und den sozialen Kontakt untersuchen wir in diesem Alter am besten mit Hilfe der Mutter. Mit Kehllauten, die man schon unterscheiden kann, plaudert Daniel mit seiner Mutter und lacht dabei.
Die Ergebnisse der entwicklungsphysiologischen Untersuchung werden in eine Tabelle eingetragen. Wir konnten feststellen, daß Daniel in allen Punkten weiter ist, als es seinem Alter entspricht.

Annemarie, 4 Monate alt:
Annemarie ist zwei Wochen älter als Daniel und ein behindertes Kind. In Bauchlage stützt Annemarie sich auf beide Unterarme, das Gesicht senkrecht zur Unterlage. Bei seitlichem Anheben der Unterlage kann sie noch nicht das Gleichgewicht halten. Sie rollt passiv aus der Bauch- in die Rückenlage.
Dann ziehen wir Annemarie an den Händen zum Sitzen hoch. Sie hilft mit Armen und Beinen nicht mit. Der Kopf bleibt noch zurück, die Kopfkontrolle ist schlechter als bei Daniel. Im Lendenbereich ist die Wirbelsäule noch rund, nur im Halswirbelbereich ist sie schon gestreckt. Diese Haltung entspricht einem Säugling von drei Monaten, Annemarie ist aber schon vier Monate alt.
Um die Entwicklung des Laufalters zu untersuchen, halten wir

das Kind in aufrechter Haltung unter den Achseln. Annemarie stemmt ihre Beinchen noch nicht ein und bleibt in Hüfte und Knie gestreckt. Sie übernimmt auch nicht ihr eigenes Körpergewicht.
Als wir ihr die Rassel hinhalten, schaut sie das Spielzeug interessiert an. Sie strampelt dabei symmetrisch mit den Beinen. Aber die Arme kommen dem Gegenstand noch nicht entgegen. Wir geben ihr die Rassel in die Hand. Sie führt sie zum Mund, aber vom Auswechseln der Rassel von einer Hand in die andere sind noch keine Anzeichen zu erkennen.
Einen deutlichen Rückstand zeigt Annemarie in der Sprach- und Sozialentwicklung. Es gelingt uns nicht, sie zum Lachen und zum »Plaudern« zu bewegen.
Das Entwicklungsprofil von Annemarie liegt in allen Punkten unterhalb ihrer Altersnorm. In der Sprachentwicklung ist sie sogar um drei Monate im Rückstand.

Stefanie, 7½ Monate alt:
Stefanie ist ein gesundes Familienkind. In Bauchlage stützt sie sich nur noch mit einer Hand ab. Sie versucht, robbend einen Gegenstand zu erreichen. Dabei bewegt sie sich rückwärts.
Stefanie kann sich schon selbst aufsetzen, wenn man ihr die Finger als Stütze hinhält. Sie sitzt sicher mit gerader Wirbelsäule. Als wir sie zum Stehen hochgezogen haben, macht sie bereits ihre ersten Schritte. Sie hält sich dabei nur an einer Hand fest.
Die Entwicklung der Sinnesorgane und des Spielverhaltens untersuchen wir mit Hilfe einer Glocke. Stefanie läutet die Glocke und untersucht sie mit einem Finger der anderen Hand.
Zur Beurteilung des Greifalters benutzen wir kleine Knopfscheiben, sogenannte Schnipper. Stefanie ergreift sie mit der ganzen Hand, man erkennt jedoch schon die beginnende Daumen-Opposition.
Sprachentwicklung beobachten wir in diesem Alter während der ganzen Untersuchung. Die Kinder erzählen am meisten, wenn sie allein im Bettchen liegen. Zur Prüfung der Sozialentwicklung verwenden wir einen Spiegel. Stefanie nimmt sofort lebhaften Kontakt mit ihrem Spiegelbild auf.
Stefanies Entwicklungsprofil verhält sich ähnlich wie das von Daniel: Sie beherrscht alle Funktionen ihrem Alter entsprechend und besser.

Marc-Oliver, 8 Monate alt:
Marc-Oliver ist vierzehn Tage älter als Stefanie und ein behindertes Kind. In Bauchlage robbt er zu einer Puppe hin und erreicht sie. Gelegentlich kommt er dabei schon auf alle viere und schaukelt vor und zurück. Das Kind ist in seinem Krabbelalter altersgemäß entwickelt.
Als wir ihn zum Sitzen hochziehen, hebt er die Beine gestreckt an und nimmt den Kopf gut mit. Er kann sich aber nicht allein aufsetzen. Er sitzt noch mit rundem Rücken da und nicht aufrecht, wie Stefanie es bereits konnte. Wenn ihn niemand festhält, stützt er sich beim Sitzen nach vorn mit beiden Händen ab.
Er hilft noch nicht mit, wenn wir ihn zum Stehen hochziehen. Als er auf den Füßen steht, stemmt er nur für kurze Zeit die Beine ein. Marc-Oliver macht noch keine Schrittbewegungen.
Er greift sicher nach der Glocke, die wir ihm hinhalten. Aber er sitzt dabei noch nicht. Er wechselt die Glocke zwischen beiden Händen aus, doch er untersucht sie nicht mit den Fingern der anderen Hand. Beim Ergreifen der kleinen Schnipper ist noch keine Daumen-Opposition zu erkennen.
Marc-Oliver betrachtet sein Spiegelbild nur kurz und lächelt es noch nicht an. Er nimmt keinen Kontakt mit seinem Spiegelbild auf.
Das Entwicklungsprofil zeigt einen deutli.chen Abfall gegenüber der Altersnorm. Marc-Oliver ist vor allem in der Handbeherrschung, im Spielverhalten und in der Sozialentwicklung zurückgeblieben.

Markus, 11½ Monate alt:
Markus ist ein gesundes Kind. Bei der Untersuchung verhält er sich Fremden gegenüber kritisch. Er ist an allen Gegenständen interessiert, untersucht sie und spielt mit ihnen.
Er krabbelt sicher und viel auf allen vieren herum. Aus der Krabbelhaltung kann er sich ohne Hilfe aufsetzen. Er zieht sich an einem Möbelstück hoch und steht sicher da. Dabei hält er sich nur mit einer Hand fest, die andere Hand spielt mit einem kleinen Auto. Wenn man ihn an einer Hand festhält, geht er breitbeinig durchs Zimmer. Für einen Augenblick kann er auch schon frei stehen.
Reicht man dem Jungen einen Würfel, so ergreift er ihn sicher. Er hantiert mit zwei Würfeln gleichzeitig und schlägt sie auf den Tisch. Bietet man ihm einen dritten Würfel an, so nimmt er ihn

sofort, wobei er den zweiten in den Mund steckt. In diesem Alter dient der Mund den Kindern als dritte Hand.
Markus müßte eigentlich seinem Alter entsprechend schon zwei angebotene Würfel mit einer Hand ergreifen. Das lehnt er aber noch ab. Dafür greift er aber schon gezielt mit jeder Hand nach einem Würfel. Er beachtet auch bereits Vorgänge, die sich aus seinem Gesichtskreis entfernen, so zum Beispiel einen hinuntergefallenen Würfel.
Kleine Knopfscheiben holt er aus einem Becher heraus. In diesem Alter ist die Daumen-Opposition bereits abgeschlossen. Er stopft die Schnipper sofort in den Mund.
Markus ahmt Handspiele nach und macht »winke-winke«. Er kann schon aus einer Tasse trinken und selbständig einen Keks essen. Diese Funktionen zeigen uns die Sozialentwicklung des Kindes.
Markus' Entwicklungsprofil liegt über dem, was die meisten seiner Altersgenossen können, er ist gesund.

Sonja, 13 Monate alt:
Sonja ist eineinhalb Monate älter als Markus und ein gesundes, aber entwicklungsbehindertes Kind. Ihre Reaktionen erfolgen oft verzögert. Sie braucht mehrfach Hilfe, bevor sie sich einer gestellten Aufgabe zuwendet.
Sonja krabbelt auf allen vieren herum, aber sie kann sich aus der Krabbelhaltung noch nicht allein aufsetzen. Sie zieht sich allein an einem Möbelstück auf, steht dann aber sehr unsicher und muß sich mit beiden Händen festhalten. Wenn man sie an einer Hand festhält, läuft sie unsicher und schwankend ein paar Schritte und versucht immer wieder, sich hinzusetzen.
Sonja ergreift einen Würfel noch mit der ganzen Handöffnung und schlägt ihn nur ein paarmal auf den Tisch. Wenn man ihr einen weiteren Würfel anbietet, ergreift sie ihn zwar, läßt aber den ersten hinfallen. Sie gebraucht ihren Mund noch nicht als dritte Hand. Als wir ihr zwei Würfel anbieten, erfaßt sie zufällig beide gleichzeitig, doch einer fällt sofort hinunter.
Sonja holt sich einen Würfel aus einem Becher, gibt ihn aber noch nicht wieder hinein. Sie kann noch nicht willentlich einen Gegenstand loslassen, der Würfel fällt ihr zufällig aus der Hand.
Ihr Interesse gilt nur Gegenständen in ihrem unmittelbaren Gesichtskreis. Als wir vor ihren Augen einen Gegenstand verstecken, findet sie ihn nicht wieder.
Handspiele ahmt Sonja nicht nach. Sie schaut zwar interessiert

auf die Hände der Erwachsenen, doch weiß sie noch nichts damit anzufangen. Einen Keks führt sie zwar zum Mund, beißt aber noch nicht hinein. Auch aus einer Tasse kann Sonja noch nicht trinken. Sie beißt nur auf den Tassenrand.
Sonjas Entwicklungsprofil zeigt in der statisch-motorischen Entwicklung einen Rückstand von etwa zwei Monaten. In der Sinnes-, Sprach- und Sozialentwicklung ist sie bis zu sieben Monate zurück. Bei Sonja liegt keine Bewegungsstörung vor, sondern eine rein umweltbedingte Entwicklungsverzögerung. Sonja wächst seit Monaten in einem Heim auf.

Diese Beispiele zeigen deutlich, wie genau sich jeder Entwicklungsschaden durch unsere Diagnostik auffinden läßt. Alle Kinder, die in den einzelnen Funktionen etwa zwei Monate zurück sind, müssen als entwicklungskrank angesehen werden. Sie sollten so bald wie möglich behandelt werden. Mit Hilfe einer gezielten Therapie kann der Schaden in vielen Fällen schon bald wieder behoben werden. Als »Entwicklungstherapie« hat sich folgender Weg gut bewährt: Wir trainieren mit dem Kind immer die Fähigkeiten, die es unter normalen Umständen in den folgenden Wochen und Monaten von selbst erwerben würde. Dabei ist die Hilfe der Mutter von größter Wichtigkeit. Leider ist es für uns wesentlich schwieriger, dieses Training auch bei Heimkindern erfolgreich durchzuführen. Den überlasteten Pflegerinnen und Schwestern fehlt einfach die Zeit, täglich mit den Kindern zu üben.
Keine Mutter sollte zögern, ihr entwicklungsgestörtes Kind unverzüglich in Behandlung zu geben. Je eher der Schaden erkannt wird, desto wirkungsvoller können wir dem Kind helfen. Nicht behandelte Entwicklungsschäden dagegen vertiefen und summieren sich im Laufe der Zeit. Eine zu spät einsetzende Behandlung ist wesentlich langwieriger und besitzt außerdem weniger Aussicht auf Erfolg. Um die Gesundheit unserer Kinder wäre es wesentlich besser bestellt, wenn keine Mutter mehr den Weg zum Arzt scheute, sobald ihr irgend etwas in der Entwicklung ihres Kindes nicht völlig normal zu verlaufen scheint.

KAPITEL 18

Verbesserung der Fürsorge für Kleinkinder

Die regelmäßige ärztliche Überwachung der Kleinkinder ist von großer Bedeutung. Gerade in diesem Alter werden entscheidende Weichen für die gesamte spätere Entwicklung gestellt. Doch unsere Einrichtungen für die Kleinkinderfürsorge lassen noch vieles zu wünschen übrig. Zur Zeit sollen die Kleinkinder ebenso wie die Säuglinge in den Mütterberatungsstellen untersucht werden. In der Praxis werden dort aber fast nur Säuglinge vorgestellt. Gelegentlich einmal bringt eine Mutter auch ihr Kleinkind mit, wenn sie wegen des jüngeren Säuglings zur Mütterberatung kommt. Tatsächlich gibt es eine ganze Reihe von Gründen dafür, daß so wenige Mütter von dieser Möglichkeit der ärztlichen Vorsorge Gebrauch machen.

Kleinkinder sind schwierige Patienten

Es ist nicht ganz einfach, Kleinkinder in der ärztlichen Sprechstunde zu untersuchen. Sie befinden sich in einer Entwicklungsphase, in der eine außerordentlich starke Bindung an die Mutter vorherrscht. Jede Begegnung mit einer fremden Person in einer fremden Umgebung empfindet das Kleinkind zunächst als Bedrohung. Das gilt ganz besonders für den Besuch bei einem Arzt. Es reagiert mit heftiger Abwehr, deren Ursache in der Angst vor dem Fremden liegt.

Die Untersuchung eines Kleinkindes in der Sprechstunde stellt deswegen hohe Anforderungen an die Geduld des Arztes. Mit Hilfe der Mutter muß er behutsam die rebellische Haltung des Kindes überwinden und sich bemühen, nach und nach sein Vertrauen zu gewinnen. Viele Kinder wehren sich erbittert dagegen, im Sprechzimmer ausgezogen zu werden oder gar eine Untersuchung im Liegen über sich ergehen zu lassen. Deshalb wird eine systematische Untersuchung oft erst bei der zweiten oder dritten Begegnung mit dem Arzt möglich.

Aus diesem Grunde sind Massenuntersuchungen im Kleinkindesalter höchst problematisch. Es ist verständlich, daß die meisten Mütter solchen Untersuchungen instinktsicher aus dem Wege gehen. Häufig genügt ihnen bereits der Eindruck des

ersten Impftermins, bei dem die Massierung vieler Kleinkinder auf einen Raum in der Regel zu einem Massengeschrei führt.
Aus diesem Grunde bevorzugen Kinderärzte für die Vorsorgeuntersuchungen bei Kleinkindern eigene Spezialsprechstunden. Achten Sie darauf, wann Ihr Kinderarzt solche Vorsorgeuntersuchungen bei Kleinkindern durchführt.

Das gesunde Kleinkind lernt täglich etwas Neues hinzu

Nun vollziehen sich aber gerade in diesem Alter Entwicklungsprozesse, die für die spätere Lebenstüchtigkeit entscheidend sind. Verläuft die körperliche Entwicklung eines Kindes normal, so erwirbt es zwischen 1 und 5 Jahren folgende Fähigkeiten:
Etwa mit 1 Jahr kann das Kind für einen Augenblick allein stehen. Mit 1½ Jahren läuft es nach vieler Übung allein herum und kann schon auf einen Stuhl klettern. Mit 2 Jahren fällt es beim Herumlaufen nicht mehr hin. Es geht allein die Treppe hinauf, zieht dabei aber noch ein Bein nach. Mit 2½ Jahren rennt es beim Spaziergang von der Mutter fort und kann schon auf Zehenspitzen gehen. Mit 3 Jahren steht das Kind allein auf einem Fuß und steigt mit beiden Beinen die Treppe hinauf. Mit 4 Jahren springt es von einem Mäuerchen hinunter, und mit 5 Jahren ist die Entwicklung zum aufrechten Gang vollständig abgeschlossen.
Aber auch die entscheidenden geistigen Fähigkeiten reifen in dieser Altersstufe:
Mit 1½ Jahren kann das Kind 10 bis 20 Wörter sprechen. Mit 2 Jahren verfügt es bereits über einen Wortschatz von 100 bis 200 Wörtern. Mit 3 Jahren interessiert es sich bereits für neue Wörter. Und mit 4 Jahren kann es mit einem Wortschatz von etwa 1500 Wörtern kleine Geschichten erzählen. Das Fragealter der Kleinen liegt zwischen dem 4. und 5. Lebensjahr. Jetzt fragen sie unermüdlich nach dem »Wie« und »Warum«. Am Ende des Kleinkindesalters, also etwa im 5. Lebensjahr, ist die Sprachentwicklung bereits weitgehend abgeschlossen.
Auch das Wahrnehmungsvermögen entwickelt sich bei unseren Kleinkindern außerordentlich stark. Man kann das an der wachsenden Kontaktaufnahme mit der Umwelt erkennen:
Mit 1 Jahr beobachtet das Kind vom Wagen aus alles, was sich bewegt: Hunde, Fußgänger, Radfahrer und Autos. Bereits mit 1½ Jahren interessiert sich das Kind auch aktiv für seine

weitere Umgebung. Mit 2 Jahren freut es sich über Gegenstände, die sich bewegen. Es bemüht sich, Bilder in einem Buch wiederzufinden. Mit 2½ Jahren hat das Kind gelernt, Autos, Eisenbahnzüge und Flugzeuge auch aus der Ferne wahrzunehmen. Mit 3 Jahren ist die Kontaktaufnahme zur Umwelt so weit entwickelt, daß das Kind Feinheiten im Spiel und Einzelheiten in den Büchern beachtet. Mit 5 Jahren kann es schon vier Farben erkennen und nimmt vollen Kontakt mit seiner Umwelt auf.
Leider können aber selbst relativ geringe körperliche Mängel diese normale Entwicklung schon beträchtlich stören. Werden diese Behinderungen nicht rechtzeitig erkannt, so entstehen oft Schädigungen, die sich später nicht mehr beseitigen lassen.
Es ist deshalb eine der wichtigsten Aufgaben des Kinderarztes, alle Entwicklungsstörungen im Kleinkindesalter möglichst früh zu erkennen. Nur dann können die Kinder noch rechtzeitig durch eine entsprechende Behandlung so gefördert werden, daß der vorliegende Schaden weitgehend wieder wettgemacht werden kann. Selbst in extrem ungünstigen Fällen kann eine rechtzeitige Therapie zu erstaunlichen Fortschritten führen.

Die rechtzeitige Hilfe für hörgeschädigte Kinder ist dringend

Besonders dringlich zeigt sich am Beispiel hörgeschädigter Kinder, wie notwendig generelle Vorsorgeuntersuchungen im Kleinkindesalter sind. Wir wissen heute, daß die Mehrzahl aller sogenannten Taubstummen Hörreste besitzt. Diese Reste sind jedoch so gering, daß die Taubstummen als Kleinkinder von sich aus keinen Zugang zur Welt der Töne und Geräusche finden können. Jedem Kind wohnt zwar ein natürlicher Lauschtrieb inne. Findet dieser Trieb aber im Kleinkindesalter keine Befriedigung, so erlischt er schon im Verlauf der ersten drei Lebensjahre wieder.
Wir haben bereits erwähnt, daß die menschliche Sprache sich in den ersten drei Lebensjahren entwickelt. Voraussetzung hierfür ist jedoch eine Mindestfunktionstüchtigkeit des Hörorgans. Mit dem Ohr nimmt das Kind die ersten Laute – auch das menschliche Wort – auf. Das Ohr wirkt gleichzeitig als notwendiges Kontrollorgan für die eigene Sprachentwicklung. Ein Kind, das gar nicht oder nur sehr schlecht hört, kann nicht sprechen lernen; es bleibt stumm. Jedes Kind, dessen Hörfunktion eingeschränkt ist, hat deshalb das schwere Schicksal eines

Taubstummen vor sich, wenn es nicht bereits als Säugling eine spezifische Behandlung erhält.

Nun macht man sich aber nicht einmal in ärztlichen Kreisen immer genügend klar, wie arm an Eindrücken und Inhalt das Leben der Taubstummen verläuft. Die Entwicklung der menschlichen Persönlichkeit ist nämlich weit mehr an die akustische als an die optische Sphäre gebunden. Erst die Sprache befähigt den Menschen, folgerichtig zu denken. Deshalb sind Taubstumme dazu verurteilt, zeitlebens auf einem niederen intellektuellen und geistigen Niveau zu bleiben. Sie können nicht einmal eine Tageszeitung lesen, weil die meisten darin vorkommenden Begriffe einer Vorstellungswelt angehören, die ohne die Sprache nicht erschlossen werden kann. Sie können nur einfache dingliche Begriffe erfassen, die visuell wahrnehmbar sind: Hund, Baum, Tisch und Blume.

Deshalb ist es so wichtig, dem Kleinkind eine Mindesthörfähigkeit zu sichern, die es zum Erlernen der Sprache befähigt. Mit Hilfe einer spezifischen Spracherziehung ist es heute möglich geworden, auch scheinbar tauben Kindern zu einer Sprache zu verhelfen.

Nur in der kurzen Spanne des Kleinkindesalters können wir hörgeschädigten Kindern wirksam helfen. Etwa 80 Prozent der Insassen unserer Taubstummenanstalten brauchten weder stumm noch taub zu sein, wenn sie früh genug einer spezifischen ärztlichen Behandlung zugeführt worden wären. Sie alle wären dann auch in ihrem Denkvermögen vollwertige Menschen geworden. Wie wichtig die Frühdiagnostik einer Hörstörung ist, mag man daran ersehen, daß erfahrene Sprecherzieher nur die Diagnostik im ersten Lebensjahr für eine Frühdiagnostik halten.

Aber auch nach den ersten drei Lebensjahren ihres Kindes sollten alle Eltern noch sorgfältig beobachten, ob es nicht plötzlich Hörschwierigkeiten bekommt. Denn selbst Kinder, die im frühen Kindesalter bereits sprechen gelernt haben, können diese Fähigkeit schon im Schulalter wieder vollständig eingebüßt haben, wenn sie in der Zwischenzeit taub oder stark schwerhörig werden. Durch entsprechende ärztliche Hilfe aber kann ihnen der Kontakt mit der Sprachwelt erhalten werden.

Nur etwa 5 bis 10 Prozent aller Taubstummen müssen auch größten Lautstärken gegenüber als völlig taub angesehen werden. Alle anderen besitzen einen Hörrest. Bei einer frühzeitigen ärztlichen Diagnose und Behandlung hätten sie wirksame Hilfe erhalten können.

Der richtige Zeitpunkt zur Behebung von Sehstörungen

Weit größer noch als die Anzahl der hörgeschädigten Kinder ist die Anzahl der sehbehinderten Kinder. Nach zuverlässigen mitteleuropäischen Statistiken ist damit zu rechnen, daß etwa 3 bis 4 Prozent der Bevölkerung schielen. Etwa 20 Prozent von ihnen sind einseitig hochgradig schiel-schwachsichtig. Alle Störungen des Sehvorgangs zwischen dem sechsten Lebensmonat und dem achten Lebensjahr können zum Schielen führen. Am größten ist die Gefahr im dritten Lebensjahr. Nach Untersuchungen der Mainzer Augenklinik läßt sich das Schielen der Sehschwachen in fast 95 Prozent während der ersten vier Lebensjahre feststellen.
In der Praxis werden diese Sehstörungen leider oft erst bei der Untersuchung der Schulanfänger bemerkt. Der deutsche Schularzt K. Schneider untersuchte eine große Anzahl von Schulanfängern in Köln. Bei 10 Prozent der Kinder stellte er dabei Sehstörungen fest. Bei über der Hälfte von ihnen wurden diese Fehler erstmalig aufgedeckt. Aber in diesem Alter ist es meistens schon zu spät, um viele Mängel noch weitgehend beseitigen zu können.
In den ersten Lebensjahren ist die Chance einer erfolgreichen Behandlung dagegen noch außerordentlich groß. Das kindliche Auge kann sich nämlich in dieser Zeit noch leicht umstellen. Deshalb genügt es oft, wenn der Arzt eine leichte Minderung der Sehschärfe des gesunden Auges vornimmt, um dadurch das schiel-schwachsichtige Auge wesentlich zu bessern. Werden die Kinder dagegen nicht rechtzeitig behandelt, so bleiben die Schielenden funktionell oft ihr ganzes Leben lang praktisch einäugig. Deshalb sollten alle Eltern ihr Kind sofort zum Arzt bringen, wenn sich auch nur ganz schwache Anzeichen eines Schielens bemerkbar machen.

So können Sie Schwierigkeiten in der Schule rechtzeitig vorbeugen

Es ist für jedes Kind von großem Vorteil, daß etwaige Mängel schon vor Beginn der Schulzeit erkannt und möglichst behoben werden. Es liegt auf der Hand, daß ein Kind mit Seh- oder Hörstörungen es in der Schule schwer haben wird, dem Unterricht zu folgen. Schlechte Schulleistungen sind dann die notwendige Folge. Nur durch regelmäßige ärztliche Untersuchun-

gen im Kleinkindesalter ist die Garantie gegeben, daß jede Behinderung Ihres Kindes rechtzeitig erkannt wird. Je früher die Therapie einsetzt, um so besser und wirkungsvoller kann Ihrem Kind geholfen werden. Und viel unnötiger Ärger in der Schulzeit läßt sich so vermeiden.
Auch die geistig behinderten Kinder können durch rechtzeitige Vorsorgeuntersuchungen wesentlich besser gefördert werden. Das läßt sich besonders gut am Beispiel der Sonderschüler erkennen: Der Anteil der Sonderschüler an der Gesamtzahl der schulpflichtigen Kinder ist relativ hoch. Die Deutsche Vereinigung für die Gesundheitsfürsorge des Kindesalters rechnet mit 3,5 bis 4 Prozent, in manchen Großstädten sind es sogar bis zu 8 Prozent.
Heute ist es oft noch so, daß geistig behinderte Kinder zunächst in reguläre Schulen kommen. Erst wenn ihre Schwierigkeiten dort allzu groß werden, überweist man sie aufgrund eines pädagogischen Gutachtens oder einer schulärztlichen Untersuchung auf die Sonderschule. Für die Entwicklung dieser Kinder ist diese Regelung außerordentlich schädlich. Für die Familie und nicht zuletzt für das betroffene Kind selbst bedeutet die Umschulung oft einen schweren Schock. Es wäre für alle Beteiligten wesentlich leichter, wenn das Kind von vornherein in eine Sonderschule gekommen wäre.
Besonders schwierig ist die Situation derjenigen Kinder, die in der Volksschule bleiben, obwohl sie mehrmals eine Klasse wiederholen müssen. Am Ende besitzen sie keinerlei abgeschlossene Schulbildung. Solche Kinder gleiten meist in Resignation, Opposition und Schwererziehbarkeit ab und fallen später häufig der öffentlichen Fürsorge zur Last. Die Lebens- und Erwerbstüchtigkeit ehemaliger Sonderschüler ist dagegen in den meisten Fällen wesentlich besser.

Sollen unsere Fünfjährigen in die Vorschule?

Das Kind befindet sich zwischen dem 3. und 6. Lebensjahr noch in einer Phase stärkeren Wachstums und entsprechend in einem intensiven Stadium der körperlichen, geistigen, vor allem aber der sozialen Entwicklung. In diesem Alter muß es lernen mit anderen Kindern, auch fremden Kindern, positiven Kontakt aufzunehmen. Daraus resultiert, daß die Erziehungsprozesse im Kindergarten in erster Linie die sogenannte »Phase der sekundären Sozialisation« der kindlichen Sozialentwicklung

durch Förderung des Spielverhaltens, insbesondere des Gruppenspiels, berücksichtigen müssen.
Die Gruppenfähigkeit, d.h. das soziale Orientierungs- und Lernvermögen des Kindes, ist eine mit dem Alter wachsende Leistung. Kleinkinder brauchen dementsprechend kleinere Gruppen, wie sie nur der Kindergarten bietet. Dabei ist es z. B. nach den Erfahrungen des Münchener Kinderzentrums – auch des Mainzer Kinderneurologischen Zentrums – für die Förderung des Sozialverhaltens notwendig, daß die Kinder unterschiedlich alt sind, ja, daß zweckmäßigerweise gesunde und verschiedenartig behinderte Kinder im Verhältnis von 3:1 gemeinsam gefördert werden.
Dem kleinkindlichen Bewegungsdrang als eine der entscheidenden Voraussetzungen des Wachstums muß im Kindergarten genügend Rechnung getragen werden. Außerdem ist im Rahmen der Kindergarten-Pädagogik der sensomotorische Erfahrungserwerb wichtiger als das verbale Lernen, wie es in der Schule praktiziert wird.
Aus alledem folgt, daß eine Vorverlegung der bisherigen Schulpflicht auf 5jährige – auch als Vorschulklasse –, wie sie der Strukturplan für das Bildungswesen für eine reformierte Grundschule vorsieht, ein Unglück für unsere Kinder wäre. Die Deutsche Gesellschaft für Sozialpädiatrie hat festgestellt, daß die Schule bisherigen Verständnisses und Lehrer bisheriger Ausbildung nach dem ärztlichen Eindruck zu stark von Bildungszielen für Gruppen und nicht von dem jeweils ganz unterschiedlichen psychophysiologischen Entwicklungsstand des Kindes ausgehen. Die Diskrepanz zwischen der Natur des Kindes und dem System der Schule wird bei der Vorverlegung einer nur etwas modifizierten Schule (andere Tische und Materialien) zum Schaden der Kinder vergrößert.
Vom ärztlichen Standpunkt aus ist es wichtig für die Eltern zu betonen, daß im Kleinkindesalter die Sozialentwicklung eine größere Beachtung verdient als die Förderung der kognitiven Entwicklung, d.h., Lesen, Schreiben und Rechnen. Nicht umsonst liegen z.B. in der Schweiz und in Schweden die Schuleintrittstermine erst im 8. Lebensjahr. Für den Kindergartenbesuch ist aber vorauszusetzen, daß das Kind die »Phase der primären Sozialisation« abgeschlossen haben muß, d. h., es muß so weit sozial stabil sein, daß es ohne die Nähe der Mutter für wenige Stunden am Tag selbständig ist. Dies ist aber erst jenseits des 3. Lebensjahres bei den meisten Kindern der Fall.

Ganztagseinrichtungen für Kleinkinder vor dem 6. Lebensjahr sind in jedem Falle Notbehelfseinrichtungen, welche die Entwicklung der Kinder eher beeinträchtigen als fördern.

Nicht alle gesunden Kleinkinder sind wirklich gesund

1956 und 1957 wurden in Kiel systematische Vorsorgeuntersuchungen von vierjährigen Kleinkindern durchgeführt. Insgesamt wurden etwa 2900 Eltern von Kleinkindern angeschrieben. 1332 von ihnen machten freiwillig Gebrauch von der Vorsorgeuntersuchung, das sind etwa 45 Prozent. An der Untersuchung beteiligten sich 142 praktische Ärzte und 11 Kinderärzte. Sie schickten ihren Untersuchungsbericht zur Auswertung an das Gesundheitsamt ein.
Die Ergebnisse zeigten, daß jedes zweite Kind behandlungsbedürftig war. Davon waren die Kinder aller sozialen Schichten in gleicher Weise betroffen. Dieses Resultat sollte jedem die Augen dafür öffnen, wie wichtig die regelmäßige ärztliche Überwachung unserer Kleinkinder ist. Einen Überblick über die bei den Kindern festgestellten Erkrankungen gibt Tabelle 16:

Behandlungsgrund (in ‰ der untersuchten Kinder)	
Orthopädische Leiden	271
HNO-Krankheiten	110
Chirurgische Befunde	53
Lungenkrankheiten	56
Verhaltensstörungen	26
Hautkrankheiten	23
Anämie	31
Augenkrankheiten	21
Seelische Krankheiten	3
Erziehungsschwierigkeiten	2
Sprachstörungen	6
Cerebrale Krampfleiden	3
Herzkrankheiten	4
Sonstige Krankheiten	51

Tab. 16 Behandlungsbedürftigkeit wegen krankhafter Störungen bei der »Kieler Vierjährigenuntersuchung«. (Nach Jantzen, Schlesw.-Holst. Ärztebl. 1964, 132.)

Systematische Untersuchungen über die Gesundheit des Vorschulkindes haben wir in München bei vermeintlich gesunden Kindern in verschiedenen Modell-Kindergärten sowie bei gesunden Kindern in einer Münchener Vorstadtgemeinde durchgeführt. Auch hier fiel der ungewöhnlich hohe Prozentsatz von 22% Kinder mit Schädigungen auf. Offensichtlich ist ein so hoher Prozentsatz nichts Ungewöhnliches, wenn man genügend genau untersucht. Dies geht aus verschiedenen ähnlichen Studien in den Vereinigten Staaten hervor. Tabelle 17 zeigt die bei unseren Münchener Untersuchungen im einzelnen gefundenen Störungen.

Störungen in der körperlichen Entwicklung	6 %
Sehstörungen (Strabismus, Visusfehler)	9 %
Hörstörungen	3 %
Sprachstörungen	2,8%
Zahn- und Kieferschäden	1,7%
Störungen im Abdominal- und Genitalbereich	1,9%
Krankheiten der inneren Organe	1 %
Abnormes und pathologisches EEG	3 %
Störungen im Bewegungs- und Skelettsystem	10,8%
Störungen in der Bewegungsgeschicklichkeit	11 %
Geschädigte Kinder insgesamt	22 %

Tab. 17 Ergebnisse der ärztlichen Untersuchungen an 391 Kindergarten-Kindern im Alter von 3,3 bis 7,5 Jahren in München 1971.*

Bei der Kleinkinderuntersuchung in dem Münchener Vorort wiesen allein 15% von 325 Kindern pathologische Auffälligkeiten in den neurologischen und motoskopischen Befunden auf, ohne daß dies den Eltern bekannt war. Bei 3% der Kleinkinder wurden bis dahin unbekannte Hörstörungen, bei 10% bis dahin unbekannte Sehstörungen festgestellt.
Aus diesen Untersuchungsergebnissen ist für die Eltern die Schlußfolgerung zu ziehen, ihr Kind in jedem Falle vor Aufnahme in die Schule einer eingehenden ärztlichen Untersuchung zuzuführen, welche insbesondere die Bewegungsgeschicklichkeit des Kindes mituntersucht und einen Seh- und Hörtest einschließt.

* Die Prozentzahlen der einzelnen Störungen ergeben mehr als 22%, da sich bei 8% aller untersuchten Kinder Mehrfachbehinderungen (z. B. Seh-, Hör- und Sprachstörungen) nachweisen ließen.

KAPITEL 19

Die Gesundheit unserer Schulkinder

Der Eintritt in die Schule stellt an jedes Kind große Anforderungen. Bisher durfte es zu Hause oder im Kindergarten ungestört spielen und herumtollen, jetzt soll es für längere Zeit stillsitzen und sich auf den Lehrstoff konzentrieren. Deshalb soll ein Kind, das eingeschult werden soll, die sogenannte Schulreife besitzen. Der Begriff Schulreife wird in der schulhygienischen Literatur nur extrem selten genannt. In der *Zeitschrift für Schulgesundheitspflege* taucht er in der Zeit von 1887 bis 1933 nur einmal auf, und zwar 1920 in einer Übersicht des Baseler Schularztes E. Villiger. Hier wird allerdings Schulreife nur »in intellektueller Hinsicht« erwähnt.

Nicht jedes schulpflichtige Kind ist auch schulreif

Über den Begriff Schulreife besteht tatsächlich so wenig Klarheit, daß er sich nicht einmal vom Beginn der Schulpflicht her definieren läßt. Die gesetzlich festgelegten Einschulungstermine weisen in vielen Ländern erhebliche Unterschiede auf. In den USA gibt es beispielsweise Schulen, in denen die Kinder bereits mit 4 Jahren unterrichtet werden, in anderen wird der Schulbesuch mit 5 oder 6 Jahren Pflicht und in wieder anderen erst mit 7 oder gar 8 Jahren.

Auch in Europa ist der Beginn der Schulpflicht keineswegs einheitlich geregelt. In der Bundesrepublik und der Schweiz liegen die Termine jedoch einheitlich zwischen dem vollendeten 6. und 7. Lebensjahr.

Schon diese wenigen Beispiele zeigen, daß der Begriff Schulreife außerordentlich problematisch ist. Es ist ja nicht möglich, daß ein Kind in dem einen Land mit 4 Jahren die gleiche Schulreife besitzt wie in einem anderen Land erst mit 7 oder 8 Jahren. Die Schulreife ist vielmehr entscheidend abhängig von den Anforderungen, die die betreffende Schule an das Kind stellen wird. Schulen mit höheren Anforderungen setzen daher eine andere Schulfähigkeit voraus als Schulen mit geringeren Anforderungen. Diese Tatsache wird in der gesamten Literatur, die sich insbesondere in den letzten Jahren mit den Fragen der Schulreife beschäftigte, viel zu wenig berücksichtigt. Häufig

wird die Schulreife als etwas ärztlich Bestimmbares angesehen und mit den Schulanforderungen gar nicht in Zusammenhang gebracht.
Damit weicht die derzeitige Praxis der Schulärzte wesentlich ab von Vorstellungen, wie sie schon 1913 von dem Dortmunder Schularzt Steinhaus entwickelt wurden. Damals spielte der Begriff Unterrichtsfähigkeit eine wichtige Rolle. Die Frage nach der Unterrichtsfähigkeit formulierte Steinhaus folgendermaßen: »Welche Summe von Vorstellungen muß ein Kind bei seinem Schuleintritt besitzen, um dem von Lehrkräften erteilten Unterricht folgen zu können, und welches allgemeine geistige Verhalten ist als der Norm entsprechend anzusehen?«
Zur Beurteilung der Unterrichtsfähigkeit eines Kindes wurden seine Gedächtnisleistung, die Begriffsbildung sowie die Urteils- und Kombinationsfähigkeit herangezogen.
Auch der deutsche Pädagoge Kern berücksichtigte bei seinen Untersuchungen der Schulreife des Kindes die schulischen Anforderungen. Die zweite Auflage seines Buches *Sitzenbleiberelend und Schulreife* erschien 1954. Darin macht er für das Sitzenbleiberelend im wesentlichen die Schulanforderungen bei mangelnder Anpassung des Kindes verantwortlich. Er vertritt die Ansicht, daß der Begriff Schulreife von zwei Seiten her aufgeklärt werden muß: einmal von seiten der Entfaltungsprozesse des Kindes und zum anderen von den schulischen Anforderungen.
Die wohl beste Zusammenfassung des Begriffes Schulreife stammt von dem Schweizer Arzt Tramer. Er stellte die Frage: »Ist die Entwicklung der Persönlichkeit des Kindes derart fortgeschritten, daß dieses die normierten Anforderungen der ersten Klasse der öffentlichen Schule zu erfüllen vermag, und zwar nicht nur ohne Schaden an seiner Gesundheit zu nehmen, sondern im Gegenteil Förderung seiner weiteren Entwicklung zu erfahren?«

Die Anforderungen an das Schulkind sind stark gewachsen

Die schulischen Anforderungen haben sich in den letzten Jahrzehnten erheblich geändert, wie wir in den früheren Kapiteln ausführlich dargelegt haben. Die Zahl der wöchentlichen Pflichtstunden ist angestiegen, der Unterrichtsstoff hat immer mehr zugenommen. So wurden die Kinder in den bayerischen Volksschulen 1877 nur in 5 Fächern unterrichtet: in Deutsch,

Rechnen, Religion, Singen und in dem Fach »Gemeinnützliche Gegenstände«. In der Lehrordnung des Jahres 1926 für die bayerischen Volksschulen ist der Unterrichtsbetrieb auf 11 Fächer erweitert worden. Das Fach der gemeinnützlichen Gegenstände wurde aufgegliedert auf die Einzelfächer Geschichte, Erdkunde, Naturkunde, Hauswirtschaft, Sozialkunde, Mädchenhandarbeit und andere mehr. Das ehemalige Kernfach Deutsch wurde dadurch stark in den Hintergrund gedrängt.

Die gleiche Tendenz zur Vermehrung der Unterrichtsstunden und des Lehrstoffes zeigt sich auch in den Höheren Schulen. An den bayerischen Gymnasien wurden im Zeitraum von 1874 bis 1956 die für Neben- und Zusatzfächer vorgesehenen Wochenstunden um fast 100 Prozent erhöht. Die Summe der Pflichtstunden für alle Klassen stieg pro Woche von 243 auf 279 Stunden. Diese erhöhten Anforderungen der Schule wirken sich naturgemäß auch auf die Schulleistungen aus. Wenn heute ein Kind sitzenbleibt, so ist die Ursache nicht allein in der Schulreife des Kindes zu suchen, sondern vor allem in der veränderten Schulbeanspruchung.

Zu den Anforderungen, die heute an das Kind gestellt werden, gehören auch die oft extrem großen Belastungen des Schulwegs. Weiter sind zu nennen die gefährliche Einschränkung des kindlichen Lebensraums in der Großstadt und der Mangel an Nestwärme in so vielen nicht intakten Familien. All diese kindfeindlichen Umwelteinflüsse tragen dazu bei, die Leistungs- und Konzentrationsfähigkeit des Kindes herabzumindern.

Wenn man all diese Faktoren berücksichtigt, so stellt sich heraus, daß die Schulreife oder Schulfähigkeit des Kindes ein äußerst vielschichtiges Problem darstellt. Dieses Problem kann nicht allein vom ärztlichen Standpunkt beurteilt werden. Es muß vielmehr gleichfalls vom pädagogischen, psychologischen und vom sozialen Bereich her betrachtet werden.

Wir müssen dem Kind den Übergang in die Schule erleichtern

Die veränderten Lebensbedingungen des Schulkindes und die erhöhten Anforderungen der Schule erklären, warum so viele Schulanfänger heute erhebliche Schwierigkeiten haben. Der Übergang vom Spiel im Elternhaus oder Kindergarten zum Ernst der Schule ist besonders in unserer Zeit für das Kind so

belastend, daß es vielfach zu schwerwiegenden Verhaltensstörungen kommt. Schon nach wenigen Wochen setzt oftmals ein voller Unterrichtsbetrieb mit 4 Stunden Unterricht und zusätzlichen Hausaufgaben ein. Nicht wenige Kinder reagieren auf diese Umstellung mit ausgesprochenen Angstsyndromen.
Wegen dieser ganz neuen Leistungsforderung ist die Frage nach dem richtigen Schulalter außerordentlich wichtig. Während die Ärzte den Beginn der Schulpflicht meist erst mit vollendetem 7. Lebensjahr festsetzen wollen, weisen die Pädagogen auf die damit verbundene Überalterung des Kindes hin. Man hat sich darauf geeinigt, den Beginn der Schulpflicht an die Vollendung des 6. Lebensjahres zu koppeln und gelegentliche Ausnahmen zuzulassen.
Leider wurden aber in der Literatur über das Schuleintrittsalter fast immer nur das Kind und seine Entwicklung berücksichtigt, ganz selten aber die Beanspruchung durch die Schule. Bei den heutigen schulischen Anforderungen scheint das sechsjährige Kind häufig überfordert. Es wäre dringend wünschenswert, wenn mehr noch als bisher die Schule für die ersten Schuljahre Programme des Kindergartens übernehmen und praktizieren würde. Das schließt – wie insbesondere die Montessori-Pädagogik beweist – nicht aus, daß Kinder in aller Freiheit auch Lesen, Schreiben und Rechnen lernen. Das Unglück für unsere Kinder liegt darin, daß sie es in einem bestimmten Zeitraum alle gleichzeitig lernen müssen.

Der erste Gestaltwandel des Kindes und das Philippinermaß sind keine Maßstäbe für die Schulreife

Der sogenannte erste Gestaltwandel des Kindes spielt in der schulhygienischen Literatur der letzten Jahrzehnte bei der Bestimmung der Schulreife eine große Rolle. Der deutsche Schularzt Zeller hat diesen Gestaltwandel folgendermaßen beschrieben: »Im Verlauf des sechsten Lebensjahres, meist um die Mitte, zuweilen etwas früher, setzt nun der große Entwicklungsprozeß ein, den wir als den ersten Gestaltwandel des Kindes bezeichnen. Bis zu diesem Zeitabschnitt hat sich die Gestaltform, die das Kleinkindalter beherrscht, die Kleinkindform in ihrer besonderen Qualität und Harmonie bis zu einem gewissen Höhepunkt entwickelt.
Nun beginnt langsam sowohl der Gesamteindruck wie das Verhältnis der einzelnen Körperpartien sich zu verändern. Die

Kinder werden magerer und scheinbar schmaler. Arme und Beine wachsen beschleunigt, die Konturen der Gliedmaßen verändern sich in dem Sinne, daß die Fettbedeckung geringer wird, die Muskeln stärker hervortreten und die Gelenke in der Kontur sich stärker abzeichnen. Der Rumpf scheint im Wachstum stehenzubleiben. Der große vorstehende Bauch des Kleinkindes scheint sich zu verkleinern und abzuflachen. Die Taille bildet sich aus.«

Auch der Laie wird in jedem Lebensjahr einen Gestaltwandel feststellen können, und zwar um so stärker, je jünger das Kind ist. Das Neugeborene besitzt eine ganz andere Gestaltform als der drei Monate alte Säugling. Der sechs Monate alte Säugling hat ein ganz anderes Erscheinungsbild als das Kleinkind, das zweijährige Kind eine andere Gestalt als das drei- oder vierjährige Kleinkind. Zwischen dem fünften und siebten Lebensjahr verschieben sich die Körperproportionen nur noch wenig, so daß das fünfjährige Kind in seinem ganzen Habitus kaum anders aussieht als das siebenjährige Kind. Selbst in den älteren Altersstufen kann der Erfahrene noch subtile Änderungen auch innerhalb eines Jahres feststellen.

Wir halten deshalb die Unterscheidung zwischen Kleinkind und Schulkind im Hinblick auf die damit verbundene Schulreife für ausgesprochen unsicher. Die Beurteilung des Gestaltwandels hängt doch in erster Linie von der subjektiven Schau des Betrachters ab. Deshalb erscheinen uns hier die Fehlerquellen zu groß, als daß der Gestaltwandel als ein Maß für die Schulreife angesehen werden könnte.

Das sogenannte Philippinermaß ist ein Kriterium dafür, ob ein Kind etwa die Körperproportionen eines Sechsjährigen erreicht hat. Unter dem Philippinermaß versteht man die Fähigkeit des Kindes, mit der rechten Hand über den Kopf mit dem Finger bis zur linken Ohrmuschel zu gelangen. Im Gegensatz zum fünf- bis siebenjährigen Kind besitzt das Vierjährige diese Fähigkeit in der Regel noch nicht. Das hängt in erster Linie mit den relativen Größenverschiebungen der Kopfhöhe und den Breitenmaßen des Rumpfes zusammen, weniger mit den Veränderungen der Armlänge. Über die Schulreife eines Kindes sagt das Philippinermaß natürlich ebensowenig aus wie der »Gestaltwandel«.

Die ärztliche Beurteilung der Schulreife richtet sich vor allem danach, ob das Kind in seiner Entwicklung der Altersstufe entspricht, in der die Schulpflicht beginnt. Darüber hinaus hat der Arzt Kinder mit Entwicklungsstörungen und gesundheitlichen Mängeln auszulesen. Da bei uns die Schulpflicht im 6. oder 7. Lebensjahr beginnt, muß der Arzt alle Kriterien heranziehen, die uns zur Diagnose der normalen Entwicklung in diesem Lebensalter zur Verfügung stehen.

Das Längenalter: Im Alter von 6 Jahren beträgt die durchschnittliche Körpergröße bei Knaben 116 cm und bei Mädchen 115 cm. Diese Mittelwerte können bei Knaben nach oben und unten um jeweils 8 cm variieren und bei Mädchen sogar um jeweils 9 cm. Im Alter von 6 Jahren sind also alle Knaben, die zwischen 108 und 124 cm, und alle Mädchen, die zwischen 106 und 124 cm groß sind, normal gewachsen.

Im Alter von 7 Jahren beträgt die durchschnittliche Körpergröße bei Knaben 121 cm und bei Mädchen 120 cm. Normal gewachsen sind also alle siebenjährigen Knaben, die zwischen 112 und 130 cm groß sind, und alle gleichaltrigen Mädchen, die zwischen 110 und 130 cm groß sind. Bei allen größeren, vor allem aber bei allen kleineren Kindern besteht der Verdacht auf eine Entwicklungsstörung. Sie sollten deshalb einer speziellen Untersuchung zugeführt werden.

Das Zahnalter: Besonders aufschlußreich für die Entwicklung eines Schulkindes ist das Zahnalter. Zwischen dem 5. und 7. Lebensjahr findet der Zahnwechsel statt. Er verläuft in der Regel in folgender Reihenfolge: Zuerst beginnt der Durchbruch des ersten Backenzahns am Unterkiefer, dann am Oberkiefer. Anschließend erfolgt der Durchbruch der mittleren Schneidezähne am Unterkiefer, dann am Oberkiefer. An dritter Stelle steht der Durchbruch der seitlichen Schneidezähne am Unterkiefer, dann am Oberkiefer. Bei Mädchen findet der Zahnwechsel grundsätzlich eher statt als bei Knaben.

1960 untersuchte der Kinderarzt Hans Oster den Zahnwechsel bei Nürnberger Kindern. Er kam zu folgenden Ergebnissen: Bei 3,2 Prozent der Knaben waren die ersten 6 Backen- bzw. Schneidezähne zwischen dem 4. und 5. Lebensjahr durchgebrochen, bei 39 Prozent zwischen dem 5. und 6. Lebensjahr, bei 88 Prozent zwischen dem 6. und 7. und bei fast 100 Prozent zwischen dem 7. und 8. Lebensjahr. Bei Mädchen gelten für das 4. bis 5. Lebensjahr ähnliche Werte. Zwischen dem 5. und

6. Lebensjahr hat sich aber schon bei 53 Prozent der Mädchen der Durchbruch von 6 Zähnen vollzogen, zwischen dem 6. und 7. Lebensjahr sind es bereits 90 Prozent.
Liegt der Schulbeginn bei vollendetem 6. Lebensjahr, so ist zu erwarten, daß über die Hälfte der Kinder bereits mit dem Zahnwechsel begonnen hat. Ist der Schulbeginn auf das vollendete 7. Lebensjahr festgesetzt, so hat der Zahnwechsel schon bei fast 100 Prozent der Knaben und Mädchen eingesetzt.
Das Knochenalter: Wohl das genaueste Kriterium für die Beurteilung der kindlichen Entwicklung stellt das Knochenalter dar, für dessen Bestimmung uns verschiedene Kriterien zur Verfügung stehen:

1. das Auftreten neuer Knochenkerne,
2. die Größenzunahme einzelner Knochenkerne und
3. die Größe und das Ausmaß der knorpeligen Wachstumszone der Knochen, der sogenannten Epiphysenfugen.

Im Handskelett sind im Alter von 4 Jahren zum Beispiel erst 6 Handwurzelkerne vorhanden, mit 5 Jahren sind dagegen schon 9 Handwurzelkerne nachzuweisen. Und im Alter von 7 Jahren ist zusätzlich noch ein weiterer Handwurzelkern zu erkennen.
Das fünfjährige Kind unterscheidet sich vom sechsjährigen also in seinem Handwurzelbild nicht durch die Zahl, sondern lediglich durch die Größe der einzelnen Knochen.

Die körperliche Entwicklung sagt noch nichts über die Schulreife aus

Ein normaler körperlicher Entwicklungsstand ist eine wesentliche Voraussetzung für die Schulfähigkeit. Verschiedene Untersuchungen zeigten aber, daß ein Teil der Kinder in der Schule gut mitkam, obwohl sie aufgrund der vorher geschilderten Kriterien als nicht schulreif angesehen wurden.
Die Entscheidung darüber, ob ein Kind die Schule besuchen kann oder zurückgestellt werden muß, sollte daher mehr von seinen psychischen, intellektuellen und sozialen Fähigkeiten abhängig gemacht werden. Für die Beurteilung dieser Fähigkeiten wurden in den vergangenen Jahrzehnten verschiedene Tests entwickelt.
Eine umfassende Übersicht über die verschiedenen Tests verdanken wir der Schweizer Psychologin G. Strebel. Eine Reihe

dieser Tests wird in den ersten Schultagen bei Schulanfängern durchgeführt. Nach den Worten Strebels beziehen sich diese Tests auf »die charakterlich-soziale Schulreife und die intellektuelle Schulreife«. Um die charakterlich-soziale Schulreife zu beurteilen, prüft man »die Realitätserfassung und sachliche Einstellung zur Umwelt, die Werkreife und Aufgabewilligkeit, das Verlangen nach Gesellschaft und die Fähigkeit zur Einordnung in die Gemeinschaft«. Die intellektuelle Schulreife umfaßt die »Entwicklung des Kausaldenkens und des Symbolverständnisses, die Differenzierung des Gedächtnisses und die willensmäßig gesteuerte Aufmerksamkeit, Konzentration und Ausdauer«.
In einem Zeichentest läßt Strebel die Kinder eine Kirche, eine Tanne und ein Tischchen nachzeichnen. In der Auswertung dieses Tests wird zwischen den positiven oder Plus-Lösungen und den negativen oder Minus-Lösungen unterschieden (vgl. die Beispiele in Abbildung 25).

Abb. 25 Beispiel aus dem Schulreifetest für Schweizer Kinder: Nachzeichnen schematischer Darstellungen einer Kirche, einer Tanne, eines Tischchens.

Wann sollte Ihr Kind sich selbst an- und auskleiden können?

Einige dieser Tests kann der Kinderarzt in vereinfachter Form auch in seiner Praxis durchführen.
Aufgaben für das 5. Lebensjahr:
Schuhe zuschnüren, Knöpfe zumachen, eine Treppe hinaufgehen mit nicht mehr nachgezogenen Füßen, vier Zahlen nachsprechen, einfaches Rechnen bis vier.
Einen Auftrag ausführen, zum Beispiel die Tür aufmachen, einen Schlüssel auf eine Schachtel legen usw.

Situationsfragen beantworten: Wohin gehst du, wenn du den Heimweg nicht mehr findest? Was tust du, wenn die Wohnungstür verschlossen ist?
Benennen von Farben. Dabei ist besonders auf Farbenblindheit zu achten.
Ein Quadrat abzeichnen.
Zehn Sekunden lang mit offenen Augen auf den Fußspitzen stehen.

Aufgaben für das 6. Lebensjahr:
Das Kind soll sich selbständig an- und auskleiden können.
Zählen bis zehn. Senkrechte Linien zeichnen.
Nachzeichnen einer Vorlage (vgl. Abbildung 26).
Mit offenen Augen zehn Sekunden lang auf dem rechten und dem linken Bein abwechselnd stehen.
Mit einem Hämmerchen mehrfach auf einen Tisch schlagen.
Einen Vers mit sechzehn Silben nachsprechen (z. B. »Der Peter schreit ganz laut hurra, denn der Osterhas' ist da«).
Geduldspiel: zwei Mäuse in eine kleine Falle hineinbringen.
Ein Bild mit einfachen Zusammenhängen beschreiben.
Aufgaben für das 7. Lebensjahr:
Auf den Fußspitzen stehen mit offenen Augen und gebeugtem Rumpf.
Augenbrauen heben ohne Kopfbewegung.
Zahlenbilder nach Vorlage ordnen (z. B. 3, 6, 4, 7, 5).
Drei Zahlen rückwärts wiederholen.
Aus drei Wörtern einen Satz bilden (z. B. Kind, Blume, Wiese).
Einen Rhombus von vier Zentimeter Seitenlänge nachzeichnen.

Die Schulanforderungen müssen dem Alter des Kindes entsprechen

Die Beurteilung der Schulfähigkeit kann nur in enger Zusammenarbeit von Pädagogen, Psychologen und Pädiatern erfolgen. Die ersten Schuluntersuchungen sollten nicht erst zu Beginn der Schulpflicht stattfinden, sondern schon ein Jahr vorher durchgeführt werden. Dabei sollten die gesamte vorherige Entwicklung des einzelnen Kindes berücksichtigt und die Erfahrungen des Hausarztes ausgewertet werden. Aber der Hausarzt benötigt hierfür konkrete Unterlagen, etwa in der

Abb. 26 Beispiele für Plus- und Minus-Lösungen. Die Aufgabe ist dem Entwicklungstest nach Bühler-Hetzer, die Beispiele sind dem Buch von Strebel, Schulreifetests, entnommen (Plus-Lösungen links, Minus-Lösungen rechts).

Art, wie wir sie bei unseren Untersuchungen über das Jugendarbeitsschutzgesetz erarbeitet haben.

Ein solcher Plan bringt gewisse organisatorische Schwierigkeiten mit sich. Er läßt sich aber leichter durchführen, wenn dem Schulbeginn eine Kindergartenzeit vorgeschaltet wurde. Vielleicht könnte man alle Kinder im Alter von fünfeinhalb Jahren einen Kindergarten besuchen lassen. In diesem halben Jahr im Kindergarten könnte dem Kind der Übergang in die Pflichten des Schullebens schrittweise erleichtert werden. Ein besserer Weg wäre es, das erste Schuljahr mehr dem Kindergartenstil anzugleichen.

Vor allem aber ist es notwendig, das Problem der Schulreife von seiten der Schulanforderungen neu zu überdenken. Schulreife ist nicht so sehr eine Frage nach dem kindlichen Entwicklungsstand, sondern vielmehr eine Frage nach den Anforderungen, welche die Schule an das Kind stellt. Es ist im Interesse des Kindes und seiner Leistungen unbedingt erforderlich, daß die Schule mehr als bisher die verschiedenen kindlichen Entwicklungsstufen berücksichtigt. Grundsätzlich muß die tägliche Beanspruchungszeit bei jüngeren Kindern geringer sein als bei älteren. Die jüngeren Kinder benötigen nämlich zu ihrer gesunden Entwicklung jeweils mehr Zeit zum Spielen als die älteren.

Auch die qualitativen Anforderungen zu Beginn der Schulpflicht müssen sich dem Alter der Kinder anpassen. Man darf von einem Sechsjährigen nicht die gleichen Leistungen erwarten wie von einem Sieben- oder gar Achtjährigen. Ansätze hierzu hat die moderne Pädagogik bereits entwickelt. Aber das zentrale Problem der Schulreife wurde noch nicht zufriedenstellend gelöst: die rechte Beziehung zwischen dem Einschulungsalter und den Schulanforderungen.

Die Einschulungsschwierigkeiten vieler Kinder machen es notwendig, die Anforderungen von seiten der Schule gerade im ersten Halbjahr herabzusetzen. Die Rekordleistungen, die mancher Lehrer zum Beispiel im Lesenlernen mit seiner Klasse vollbringt, gehen letztlich auf Kosten der kindlichen Entwicklung. Die Schule sollte berücksichtigen, daß schon die vielfältigen Eindrücke und Einflüsse der industrialisierten Gesellschaft das Kind viel stärker belasten, als dies in früheren Zeiten der Fall war.

Das Schulalter ist der gesündeste Lebensabschnitt, aber nicht der leistungsfähigste

Gemessen an der Sterblichkeit darf das Schul- und Jugendalter als der gesündeste Lebensabschnitt überhaupt angesehen werden. Während die Sterblichkeit beim Säugling noch extrem hoch ist, geht sie vom Kleinkind- zum Schulalter kontinuierlich immer mehr zurück. Zwischen dem 10. und 15. Lebensjahr erreicht sie die niedrigsten Werte während des ganzen Lebens.
Der Grund hierfür liegt in der außergewöhnlichen An- und Umpassungsfähigkeit im Schulalter. Der jugendliche Organismus kann alle Umwelteinflüsse wesentlich besser auffangen als der erwachsene und ist daher in der Lage, etwaige Schäden wenigstens vorübergehend besser kompensieren zu können. Deswegen treten im Schul- und Jugendalter erworbene Gesundheitsschädigungen meist nicht als Krankheit oder gar als Todesursache in Erscheinung. Sie machen sich vielmehr erst später bemerkbar, wenn die Anpassungs- und Kompensationsfähigkeit des Organismus geringer geworden ist.
Im Gegensatz zur Anpassungsfähigkeit erreicht aber die körperliche Leistungsfähigkeit im Schulalter noch nicht ihren Höhepunkt. Sie ist vielmehr an das Wachstum und an die geschlechtsspezifische Entwicklung gekoppelt. Bei den jungen Männern ist diese Entwicklung im allgemeinen mit dem achtzehnten Lebensjahr beendet, bei jungen Mädchen mit dem sechzehnten Lebensjahr. Vor Abschluß des Wachstums sind die körperliche Leistungsfähigkeit und auch die Erholungsfähigkeit bei jüngeren Kindern jeweils geringer als bei älteren. Während jüngere Kinder sich zum Beispiel bei sportlichen Leistungen instinktiv gegen Überanstrengung wehren, ist der Jugendliche allzu leicht geneigt, sich aus Ehrgeiz oder Gewinnstreben überfordern zu lassen. Darauf sollte vom Pubertätsalter an Rücksicht genommen werden. Denn der Jugendliche hat jetzt zwar sein Lebensoptimum in der biologischen Anpassung erreicht, nicht aber in der körperlichen Leistungsfähigkeit.

Welche Aufgaben der Schularzt hat

Der leitende Amtsarzt des Gesundheitsamtes ist jeweils auch der verantwortliche Schularzt in seinem Bezirk. Ihm zur Seite stehen hauptamtliche oder nebenamtliche Schulärzte. Auf

jeweils 8000 bis 10 000 Kinder kommt ein hauptamtlicher Schularzt, auf jeweils 2000 bis 3000 Kinder ein nebenamtlicher Schularzt. Ihre Tätigkeit beginnt mit der eingehenden Einschulungsuntersuchung. In Anwesenheit ihrer Mütter werden alle Schulanfänger auf ihre Größe, ihr Gewicht, ihren allgemeinen Ernährungs- und Entwicklungsstand sowie auf körperliche Fehler untersucht. Besondere Aufmerksamkeit gilt dabei den Seh- und Hörstörungen, den Haltungsschäden, der muskulären Unterentwicklung und den neurologischen Ausfallerscheinungen. Ferner werden Herz- und Kreislauferkrankungen festgestellt und natürlich auch Infektionskrankheiten, insbesondere Tuberkulose.
Das Ergebnis wird im Schulgesundheitsbogen festgelegt. Dort werden auch die Befunde der weiteren Reihenuntersuchungen eingetragen. Diese haben mindestens im 4. und im 8. Schuljahr zu erfolgen. Die Behandlung der aufgetretenen Erkrankungen ist nicht Sache des Schularztes. Ein- bis zweimal im Jahr überprüft er die baulichen und Betriebseinrichtungen der Schule, die Belegung und Reinlichkeit der Räume sowie den hygienischen Zustand der Installationen. Sehr wichtig wäre es darüber hinaus, wenn er die Unterrichtshygiene beobachten und den notwendigen körperlichen Ausgleich in den Pausen und durch Sport kontrollieren würde; ferner sollte er für die Erziehung zu einer gesunden Lebensführung Sorge tragen.

Turnen und Spielturnen beugt Haltungsschäden vor

Nach verschiedenen Untersuchungen treten Haltungsschäden von der ersten bis zur letzten Schulklasse immer häufiger auf. Deshalb muß größerer Wert auf den körperlichen Ausgleich zu der einseitigen Belastung des Stillsitzens in der Schulbank gelegt werden. Turnen ist zwar in allen deutschen Schulen im Lehrplan enthalten, wegen Mangel an Turnsälen und Lehrpersonal wird es aber nicht überall durchgeführt. Außerdem sind zwei Wochenstunden für den körperlichen Ausgleich zuwenig. Zusätzliche Haltungs- und Entspannungsübungen zwischen den einzelnen Unterrichtsstunden könnten wesentlich zur Auflockerung beitragen.
Die Anlage eines Spielturngartens hat sich vielerorts bewährt. Einfache Geräte zum Springen, Hängen und Klettern laden die Kinder während der Pause und nach Schulschluß zum Üben ein. Entgegen allen Befürchtungen erwies sich die Unfallgefahr

als unwesentlich. Das Kind pflegt bei spontanen Übungen nämlich seine Kräfte nicht zu überschätzen. Neben den Leibesübungen in der Schule sollte eine sportliche Betätigung außerhalb der Schulzeit immer wieder empfohlen werden. Besonders geeignet sind Wandern und Schwimmen.

Die Gesunderhaltung der Zähne

Die Zahnpflege ist im Schulalter besonders wichtig, weil in dieser Zeit der Zahnwechsel stattfindet. Gleichzeitig besteht eine erhöhte Bereitschaft zu Zahnerkrankungen. Untersuchungen haben ergeben, daß bis zu 90 Prozent der Schulkinder Karies haben.
Zur Verhütung und rechtzeitigen Beseitigung eingetretener Schäden am Gebiß finden regelmäßige Untersuchungen durch den Schulzahnarzt statt. Er überweist die Kinder an freipraktizierende Zahnärzte oder an sogenannte Schulzahnkliniken. Ferner belehrt er die Kinder über eine sachgerechte individuelle Zahnpflege.
Die Anreicherung des Trinkwassers mit Fluor zur Vorbeugung gegen Karies brachte in vielen Städten beste Erfolge. Ersatzweise können statt dessen auch regelmäßig fluorhaltige Tabletten an die Kinder ausgegeben werden.
Auch seitens der Weltgesundheitsorganisation ist die Fluoridierung des Trinkwassers inzwischen als die Methode der Wahl zur Verhütung von Zahnkaries anerkannt. Eine Zusammenfassung von 10 000 Arbeiten, die sich mit diesem Thema beschäftigen, hat gezeigt, daß die Methode völlig unschädlich ist und beste Resultate bringt.

Die ärztliche Betreuung des körperbehinderten Kindes

Die Fürsorge für das körperbehinderte Kind war früher Gegenstand karitativer Einrichtungen oder privater Hilfe. 1920 wurde sie mit dem Krüppelfürsorgegesetz auf eine gesetzliche Ebene gehoben. Dieses Gesetz ermöglichte erstmalig eine frühzeitige Diagnose und Behandlung. Außerdem stellte es eine den Fähigkeiten des behinderten Kindes entsprechende Berufsausbildung sicher. Für besonders schwere Fälle wurde die Unterbringung in einer Anstalt gewährleistet.
Auf der Grundlage des Gesetzes von 1920 entstand das groß-

zügigere Bundessozialhilfegesetz von 1961. Es soll den Betroffenen zu einem Leben verhelfen, das der Würde des Menschen entspricht. Aus diesem Grunde wurde es auch auf andere sozialbedürftige Gruppen ausgedehnt: Blinde beziehungsweise von Blindheit Bedrohte, Gehörgeschädigte und in ihrer Hörfähigkeit Bedrohte, in ihrer Sprachfähigkeit Beeinträchtigte sowie Hirngeschädigte.
Die ärztlichen Aufgaben des Gesetzes werden in erster Linie vom Landesarzt wahrgenommen. Er sorgt für die ambulante oder stationäre Behandlung und leitet die Kinder einer angemessenen Schul- und Berufsausbildung zu. Er hilft ihnen bei der Umschulung in Sonderanstalten, versorgt sie mit orthopädischen Hilfsmitteln und gibt sie, wenn notwendig, in Anstaltspflege. Die Behandlung schließt alle Maßnahmen ein, die dazu dienen, Schäden zu beseitigen oder zumindest zu lindern. In den Landesanstalten für körperbehinderte Kinder gibt es Ausbildungsmöglichkeiten in Hilfsschulen, Volksschulen und Oberschulen.

Sehbehinderte Kinder können in die Normalschule gehen

Kinder mit einem Sehvermögen am besseren Auge von weniger als 1/20 gelten in der Praxis als blind. Die Fürsorge für das blinde Kind setzt zur Zeit erst im Schulalter ein. Wir haben bereits ausführlich dargelegt, daß eine aussichtsreiche Besserung in diesem Alter meist nicht mehr zu erwarten ist. In Blindenschulen bzw. Blinden-Studien-Anstalten (z. B. in Marburg an der Lahn) werden die Kinder mit Hilfe bestimmter Blindenhilfsmittel soweit wie möglich gefördert. Daneben gibt es Sehbehindertenschulen. Hier werden im allgemeinen Kinder mit einem Sehvermögen zwischen 5/20 und 1/20 aufgenommen. Diese Schulen sollen alle Kinder, deren Augenleiden abgeklungen ist oder deren Sehschärfe sich gebessert hat, nach Möglichkeit wieder an die Normalschulen überweisen.
International gilt es, insbesondere nach den sonderpädagogischen Erfahrungen zum Beispiel in Kopenhagen und Paris, nicht mehr als der Weisheit letzter Schluß, blinde und sehbehinderte Kinder in eigenen Sonderschulen zu isolieren. Die über 20jährige Praxis einer gemeinsamen Erziehung gesunder mit blinden Kindern hat gezeigt, daß die gemeinsam unterrichteten blinden Kinder sich wesentlich besser mit nichtblinden Kindern verständigen konnten, daß die sehbehinderten Kinder viel

besser und schneller Normalschrift neben der Blindenschrift lernten und daß alle Schädigungen, wie sie auch bei gesunden Kindern in früher Internatserziehung auftreten, bei ihnen nicht festzustellen waren.

Auch das sprach- und hörgeschädigte Kind wird unter sprechenden Kindern besser gefördert

Am Beispiel des hörgeschädigten Kindes läßt sich erkennen, daß die menschliche Sprache sich in den ersten vier Lebensjahren entwickelt. Hörbehinderte Kinder können mit Hilfe von Hörgeräten und einer geeigneten Sprachtherapie sprechen lernen. Wenn die gleichen therapeutischen Programme aber erst nach dem 4. oder 5. Lebensjahr durchgeführt werden, werden diese Kinder taubstumm.

Da die Frühdiagnostik des hörbehinderten Kindes zur Zeit noch keineswegs ausreichend ist, dürfte es in der Bundesrepublik etwa 30 000 Taubstumme zuviel geben. Sie werden in Taubstummenanstalten gefördert. Wichtiger wäre jedoch eine frühe Spracherziehung und ein geeignetes Hörtraining in den ersten drei Lebensjahren und nach dem vollendeten vierten Lebensjahr zum Beispiel in Sonder-Kindergärten.

Wenn die Schwerhörigkeit vom Lehrer berücksichtigt wird, können intelligente Kinder mit bis zu 45 Dezibel Hörverlust durchaus in einer normalen Schule bleiben. Natürlich sollten sie ein Hörgerät haben. Bei 45 bis 80 Dezibel Hörverlust müssen sie in eine Schwerhörigen-Schule aufgenommen werden, bei noch größerer Schwerhörigkeit in eine Gehörlosen-Schule.

Der Landesarzt sorgt dafür, daß hörbehinderten Kindern auf Kosten des Bundessozialhilfegesetzes Hörgeräte angepaßt oder notwendige Operationen vorgenommen werden. In Landeskindergärten oder Spezialschulen werden die Kinder sprachlich geschult. In besonders gelagerten Fällen wird auch die Ausbildung in diesen Schulen vom Gesetzgeber finanziert.

Auch beim hör- und dadurch sprachbehinderten Kind besteht international heute kein Zweifel mehr, daß eine gemeinsame Erziehung mit gesunden Kindern mehr Sprachimpulse bietet als die Erziehung in einer Gehörlosen-Schule. In Heidelberg und Zürich beispielsweise hat sich herausgestellt, daß hörbehinderte Kinder in ihrer Sprachentwicklung weit besser waren, wenn sie mit gesunden Kindern gemeinsam in die Schule gingen. Voraussetzung war selbstverständlich, daß ihnen die nötigen apparativen und auch sonderpädagogischen Hilfen gegeben wurden.

Selbst das geistig behinderte Kind sollte weitgehend gemeinsam mit gesunden Kindern erzogen werden

Nach zuverlässigen Schätzungen sind jeweils 2 bis 3 Prozent der Kinder eines Jahrganges geistig behindert. Der Anteil der völlig Bildungsunfähigen beträgt aber nur 0,1 Prozent der Gesamtbevölkerung. Deshalb gewinnt die Fürsorge für das geistig behinderte Kind zunehmend an Bedeutung. Nach dem Grundsatz des Bundessozialhilfegesetzes soll das hirngeschädigte Kind nicht als leistungsschwach betrachtet werden und Hilfebedürftigenpflege oder finanzielle Unterstützung erhalten. Man sollte vielmehr zunächst versuchen, es als noch leistungsfähigen Menschen in das Gesellschafts- und Berufsleben einzugliedern. Das Ziel liegt darin, die Unterbringung in einer Anstalt soweit wie möglich zu vermeiden.

Die Erkenntnisse auf dem Gebiet der Kinderpsychiatrie, der Sozial- und Heilpädagogik haben gezeigt, daß auch nur rudimentär vorhandene geistige Fähigkeiten durchaus geweckt und gefördert werden können. Hierzu ist eine frühzeitig einsetzende kombinierte medizinische, psychologische und heilpädagogische Behandlung erforderlich. Durch langjährige Übung des Wahrnehmungs- und Auffassungsvermögens sowie der manuellen Geschicklichkeit gelingt es, die Kinder zumindest einfache Arbeiten zu lehren. Damit erhalten sie das Gefühl, etwas wert zu sein. Das ist von großer Bedeutung, weil so viele neurotische Nebenreaktionen ausgeschaltet werden, die sonst das gesamte Krankheitsbild zusätzlich erschweren.

Auch geistig behinderte Kinder können – wie unsere Münchener Erfahrungen bewiesen haben – sowohl im Kindergarten als auch in der Schule gemeinsam mit gesunden Kindern pädagogisch gefördert werden. Hier ist vielleicht der Hinweis interessant, daß es in den Vereinigten Staaten so gut wie keine Sonderschulen auch für geistig behinderte Kinder gibt, sondern daß lernbehinderte Kinder oder geistig behinderte Kinder in speziellen Klassen zusammengefaßt in die Normalschule gehen. Das verhindert jene Schäden, welche die Sozialentwicklung der Kinder treffen, wenn sie frühzeitig um einer Behinderung willen in Sonderschulen oder Internaten erzogen werden.

Nach dem vorbildlichen Muster holländischer Einrichtungen wurden auch bei uns geschützte Werkstätten eröffnet, in denen die Behinderten produktive Arbeit leisten. Diese Einrichtungen wurden möglich durch die verdienstvolle Unterstützung der internationalen Organisation »Lebenshilfe für das geistig behinderte Kind«. Der deutsche Bundesverband hat seinen Sitz in Marburg an der Lahn.

Das anfallskranke Kind gehört in die normale Schule

Die Epilepsie ist kein geheimnisvolles Leiden, sondern kann durch eine ärztliche Therapie durchaus günstig beeinflußt werden. Im Gegensatz zum geistig behinderten Kind ist das anfallskranke Kind primär nicht hirngeschädigt und braucht deshalb bei ärztlicher Überwachung nur in den seltensten Fällen in eine Anstalt überwiesen zu werden. Anfallskranke Kinder sollten deshalb grundsätzlich die normalen Schulen besuchen, selbst wenn es notwendig ist, sie für eine befristete Zeit vom Schulunterricht zu befreien.
Die Fürsorge für das anfallskranke Kind muß in erster Linie aufklärend wirken. Die Eltern müssen davor gewappnet werden, das Kind aus übergroßer Ängstlichkeit mit allzuviel Fürsorge zu umgeben. Lehrern und Mitschülern sollte man praktische Hinweise für Hilfeleistungen bei einem Anfall geben.
Bei der Berufsauswahl ist darauf zu achten, daß eine Reihe von Berufen für das anfallskranke Kind nicht in Frage kommt. Dazu gehören alle Berufe, die mit Schwindelfreiheit verbunden sind und die Gefahr eines Absturzes mit sich bringen, ferner Berufe, die ein gefährliches Hantieren mit Maschinen erfordern. Trotzdem ist es möglich, durch eine geeignete Berufsberatung die Kinder ihren Fähigkeiten entsprechend in das Gesellschafts- und Arbeitsleben einzugliedern.
Hilfe für das anfallskranke Kind gewährt die Deutsche Sektion der Internationalen Liga gegen Epilepsie. Die Geschäftsstelle befindet sich in Heidelberg. Dort sind unter anderem auch Broschüren zu erhalten.

Die Fürsorge für das mehrfach behinderte Kind ist derzeit noch kaum geregelt. Die Anzahl der mehrfach behinderten Kinder ist unbekannt. Das ist um so bedauerlicher, als der größte Teil aller behinderten Kinder nicht einfach, sondern mehrfach behindert ist. Die mangelnde Fürsorge für mehrfach behinderte Kinder liegt zum Teil daran, daß die behinderten Kinder jeweils medizinisch und fürsorgerisch von den einzelnen Fachdisziplinen der modernen Medizin betreut werden. So gibt es Verbände für spastisch gelähmte und für geistig behinderte Kinder. Eine wirksame Hilfe für mehrfach behinderte Kinder ist dagegen kaum vorhanden.

Deshalb wurde in München die »Aktion Sonnenschein – Hilfe für das mehrfach behinderte Kind e. V.« gegründet. Sie will die Frühdiagnostik, die Frühtherapie und die frühe soziale Eingliederung des mehrfach behinderten Kindes fördern. Hier werden bestehende Programme für behinderte Kinder koordiniert und neue Möglichkeiten der frühzeitigen Hilfe für das mehrfach behinderte Kind erforscht. Das Schwergewicht der Tätigkeit liegt in der frühen Kindheit. In dieser Zeit bietet die Entwicklung des Zentralnervensystems eine einzigartige Chance, die Frühtherapie mit Hilfe der Mutter erfolgreich durchzuführen.

Systematische Studien bei gesunden, mehrfach und verschiedenartig behinderten Kindern an dem von mir geleiteten Institut für Soziale Pädiatrie und Jugendmedizin der Universität München haben in den vergangenen Jahren gezeigt, daß nicht nur bei mehrfach behinderten Kindern, sondern auch bei sogenannten einfach behinderten Kindern – letztlich auch bei gesunden Kindern – die Sozialentwicklung die allergrößte Beachtung verdient.

Um die Sozialentwicklung der gesunden und behinderten Kinder zu fördern, haben wir im Kinderzentrum München schon im Kindergarten ganz systematisch gesunde mit behinderten Kindern zusammengebracht. Dies hat sich so bewährt, daß daraus unsere Schule entstanden ist, in der – erstmalig auch für die internationale Montessori-Pädagogik – gesunde, mehrfach und verschiedenartig behinderte Kinder gemeinsam gefördert werden.

Es ist hier nicht der Ort, um auf die Probleme und Erfolge unseres Schulversuches einzugehen. Der interessierte Leser sei hierzu auf folgende Veröffentlichungen hingewiesen:

»Probleme des behinderten Kindes«, *Fortschritte der Sozialpädiatrie*, Band 1, Verlag Urban & Schwarzenberg, 1973
»Kindliche Sozialisation und Sozialentwicklung«, *Fortschritte der Sozialpädiatrie*, Band 2, Verlag Urban & Schwarzenberg, 1974
»Integrierte Erziehung«, *Fortschritte der Sozialpädiatrie*, Band 3, Verlag Urban & Schwarzenberg, 1975
»Integrierte Erziehung bei gesunden mit mehrfach und verschiedenartig behinderten Kindern im Schulversuch nach Maria Montessori der Aktion Sonnenschein in München«, Klett Verlag.

Ein paar Ratschläge zum Schluß

Die Menschheit hat einen weiten Weg zurückgelegt – von der Tötung sogar gesunder neugeborener Kinder in der Antike bis zu unseren Kinderkliniken, in denen unseren kleinen Patienten mit allen Mitteln der modernen Medizin geholfen wird. Die Kinder- und insbesondere die Säuglingssterblichkeit ging in den letzten hundert Jahren immer weiter zurück. Einige Krankheiten, die noch vor ein und zwei Generationen zahllose Kinder bedrohten und der Schrecken aller Eltern waren, sind fast gänzlich verschwunden, so etwa die Rachitis. All diese großen Erfolge verdienen unsere Bewunderung und unseren Dank.
Aber wir dürfen nicht übersehen, daß unsere Kinder heute von neuen Gefahren für ihre Gesundheit bedroht werden, Gefahren, die unsere Eltern und Großeltern noch kaum kannten. Das hektische Leben in der hochzivilisierten Großstadt belastet die Kinder aller Altersstufen schwer und gefährdet ernstlich ihre gesunde Entwicklung. Die fortschreitende Auflösung der Familie nimmt dem Kind die Sicherheit und Geborgenheit, die es in den Jahren des Heranwachsens unbedingt benötigt. Der Mangel an Spielplätzen nimmt ihm die Möglichkeit zu unbeschwertem Spiel. Es ist nicht so, daß die Kinder dabei nur auf eine zusätzliche Annehmlichkeit verzichten müßten, wie mancher Erwachsene vielleicht denken mag, vielmehr führt der Mangel an körperlicher Bewegung im Freien tatsächlich zu ernsten Störungen der kindlichen Entwicklung. Die Anforderungen schließlich, die Schule und Umwelt heute an unsere Kinder stellen, sind zu groß.
Mehr als bisher müssen die Gefahren beachtet werden, die

durch Grausamkeit und Brutalität im Fernsehen auf unsere Kinder einwirken. Die Eltern sollten sich dieser Gefahren bewußt sein. Alle für das Fernsehen verantwortlichen Journalisten sind aufgerufen, sich mit den Ergebnissen der vielfältigen Untersuchungen zu beschäftigen, nachdem jede Grausamkeitsszene im Fernsehen aggressives Verhalten unserer Kinder zu erzeugen vermag.

Viele Kinder reagieren auf diese ständige Überbeanspruchung mit Verhaltensstörungen. Häufig kommt es in der Folge zu ernsten Schwierigkeiten mit der Gesellschaft, weil das Kind seine soziale Anpassungsfähigkeit verliert. Die große Anzahl von verhaltensgestörten Kindern in der heutigen Praxis der Kinderärzte ist außerordentlich bedenklich. Aber auch die körperliche Entwicklung unserer Kinder ist gefährdet: Das zeigt sich deutlich am Anstieg von Herz- und Kreislauferkrankungen sowie von Haltungsschäden.

Ärzte, Pädagogen und Psychologen müssen in Zukunft im Interesse des Kindes wesentlich enger als bisher zusammenarbeiten. Aber auch das Verständnis und die Initiative aller Eltern, ja, aller Bürger sind dringend notwendig, um unseren Kindern zu helfen. Es geht in erster Linie darum, ihnen einen gesunden Ausgleich zu den Belastungen des modernen Lebens in der Großstadt zu schaffen. Überall in der Bundesrepublik müssen deshalb endlich ausreichend viele Spielplätze und Spielturngärten errichtet werden. Die Schule sollte Rücksicht darauf nehmen, daß vor allem jüngere Kinder nicht auf Kosten ihrer Gesundheit überfordert werden dürfen. Sie benötigen unbedingt mehr Zeit und Gelegenheit zu Spiel und Erholung.

Trotz des großen Bedarfs an Arbeitskräften in unserer industrialisierten Gesellschaft sollten die Mütter den Kindern erhalten bleiben. Die Einführung eines Erziehungs- oder Müttergeldes, wie es in einigen europäischen Ländern bereits üblich ist, würde vielen Kindern das schwere Schicksal eines Waisenkindes der modernen Technik ersparen.

Eine sinnvolle Vorbereitung auf das Leben in Beruf und Gesellschaft ist das Ziel jeder Erziehung. Hierzu ist es aber weder erforderlich noch überhaupt möglich, den Kindern bereits in der Schule eine Unmenge an Spezialwissen einzutrichtern. Es ist nicht erforderlich, weil die Berufsausbildung heute wie früher erst nach Schulabschluß beginnt – und es besteht kein Grund, daran etwas zu ändern. Und es ist auch gar nicht möglich, weil niemand heute wissen kann, welche Kenntnisse der Berufstätige von morgen tatsächlich benötigen wird. Wir glauben vielmehr, daß Eltern und Erzieher ihre Aufgabe hervorragend gelöst haben, wenn sie eine geistig und körperlich gesunde, aufnahmefähige und bewegliche Jugend heranbilden. Zu diesem Ziel möchten die in diesem Buch niedergelegten Erfahrungen und Ratschläge beitragen.

Nachwort

Dieses Buch entstammt einer Anregung des Verlegers Herrn Helmut Kindler. Er meinte, daß einige meiner über Jahre in verschiedensten wissenschaftlichen Veröffentlichungen niedergelegten Beobachtungen und Ergebnisse es verdienten, im Rahmen einer kleinen Monographie zusammengefaßt zu werden, um sie einem breiteren Bevölkerungskreis, insbesondere den Eltern, zugänglich zu machen.

So sind in diesem Buch ältere und neuere Ergebnisse über einige Gesetzmäßigkeiten der Entwicklung gesunder Kinder und die Voraussetzungen für ihre Erziehung zu finden, wie sie in den letzten 25 Jahren zunächst an der Kinderpoliklinik, dann an der Forschungsstelle für Soziale Pädiatrie, jetzt Institut für Soziale Pädiatrie und Jugendmedizin der Universität München, von meinen Mitarbeitern und mir erarbeitet wurden. Einzelheiten mögen den Originalarbeiten entnommen werden. Hinweise hierzu finden sich im Literaturverzeichnis.

Es ist mir an dieser Stelle ein Bedürfnis, meiner langjährigen Mitarbeiterin Frau Anna Wolf sehr herzlich zu danken. Sie hat über Jahre stets hilfsbereit die Ergebnisse nicht nur im Stenogramm festgehalten und niedergeschrieben, sondern auch miterlebt.

Ein Dank gilt ferner dem Redakteur dieses Bandes, Herrn Manfred Kluge, vor allem Frau Dr. Bulla, die im Auftrag des Verlegers die an verschiedenen Stellen verstreuten wissenschaftlichen Ergebnisse zusammenstellte, und nicht zuletzt dem Verleger Herrn Kindler, der die Herausgabe dieses Buches nicht nur anregte, sondern auch ermöglichte.

München, Mai 1975 Prof. Dr. Theodor Hellbrügge

Literaturverzeichnis

Literatur zu Teil I:

Baade, W., »Experimentelle und kritische Beiträge zur Frage nach den sekundären Wirkungen des Unterrichts insbesondere auf die Empfänglichkeit des Schülers«, in: *Paedag. Monogr.*, Bd. III, Leipzig 1907

Baust, W., »Die Phänomenologie des Schlafes«, in: Baust (Hrsg.), *Ermüdung, Schlaf und Traum*, Stuttgart 1970

Bennholdt-Thomsen, C., »Das gesunde Kind und sein Wachstum«, in: Opitz, H. und B. de Rudder, *Pädiatrie*, Berlin 1957

Bühler, Ch., H. Hetzer und B. Tudor-Hart, *Soziologische und psychologische Studien über das erste Lebensjahr*, Jena 1927

Bühler, Ch. und H. Hetzer, *Inventar der Verhaltungsweisen des ersten Lebensjahres,* Jena 1927

Cretius, K., »Gemeinsame Unterbringung von Mutter und Neugeborenem auf der Wochenstation?«, in: *Geburtsh. Frauenheilk.* 15, 712, 1955

Cretius, K., H. J. Gailer und H. Krieg, »Erfahrungen mit einer Modifikation der sogenannten Rooming-in-Methode«, in: *Zbl. Gynäk.* 87, 17, 1965

Cretius, K., H. J. Gailer und H. Krieg, »Zur Frage der gemeinsamen Unterbringung von Müttern und Neugeborenen«, in: *Dtsch. med. Wschr.* 90, 162, 1965

Czerny, A., »Beobachtungen über den Schlaf im Kindesalter unter physiologischen Verhältnissen«, in: *Jahrb. d. Kinderhk.* 33, 1, 1892

Dales, R. J., »Afternoon Sleep in a Group of Nursery School Children«, in: *J. Genet. Psychol.* 58, 161, 1941

Damborska, M., »Deprivation und Mikrodeprivation«, in: *Das Deprivationssyndrom in Prognose, Diagnose und Therapie*, Frankfurt/M. 1969

Davison, C. W., *The Compleat Pediatrician – Practical Pediatrics*, Durham 1949

Dement, W. C., und N. Kleitman, »Cyclic variations in EEG during sleep and their relation to eye movements, body motility and dreaming«, in: *Electroenceph. Clin. Neurophysiol.* 9, 673, 1957

Engel, R., *Abnormal EEG in the neonatal period*, Springfield/Ill.

Erwin, D., »An Analytical Study of Children's Sleep«, in: *J. Genet. Psychol.* 45, 199, 1934

Garvey, R. C., »An Experimental Study of the Sleep of Pre-School Children«, in: Ninth Intern. Congr. of Psychol., Yale Univ. Sept. 1929, 176 f.

Gesell, A. L., und F. Ilg, *Feeding Behavior of infants. A pediatric Approach to the Mental Hygiene of early life*, Philadelphia 1937
Gesell, A. L., und C. Amatruda, *The embryologie of behavior. The beginnings of the human mind*, New York 1945
Gesell, A., *Säugling und Kleinkind in der Kultur der Gegenwart*, Bad Nauheim 1952
Graf, O. und J. Rutenfranz, »Zur Frage der Belastung von Jugendlichen«, in: *Forschungsber. Nr. 619 des Wirtschafts- und Verkehrsministeriums des Landes Nordrhein-Westfalen* 1958
Halberg, F., »Periodicity Analysis. A Potential Tool for Biometeorologists«, in: *Int. J. Biometeor.* 7, 167, 1963
Hamburger, F., *Über den Umgang mit Kindern*, Salzburg 1958
Hassauer, W., »Die Mutter-Kind-Beziehung während Schwangerschaft, Geburt und Wochenbett, mit besonderer Berücksichtigung des Rooming-In«, in: Biermann, G., *Jahrbuch der Psychohygiene*, München 1974
Hellbrügge, Th., J. Lange und J. Rutenfranz, »Schlafen und Wachen in der kindlichen Entwicklung«, in: *Beiheft zum Archiv f. Kinderheilkunde*, 39. Heft, Stuttgart 1959
Hellbrügge, Th. und J. Lange, »Über das Verhalten der Motilität in den frühen kindlichen Entwicklungsstufen«, in: *Med. Klin.* 54, 946, 1959
Hellbrügge, Th., »Über Eigenheiten des kindlichen Schlafes«, in: *Med. Klin.* 54, 954, 1959
Hellbrügge, Th., »The Development of Circadian Rhythms in Infants«, in: *Cold Spring Harbor Symposia on Quantitative Biology* 25, 311, 1960
Hellbrügge, Th., »Die Bedeutung von Umweltfaktoren für Schlafen und Wachen im Säuglingsalter«, in: *Mschr. Kinderhk.* 108, 100–102, 1960
Hellbrügge, Th., J. Ehrengut-Lange, J. Rutenfranz und K. Stehr, »Circadian Periodicity of physiological functions in different Stages of Infancy and Childhood«, in: *Ann. N. Y. Acad. Sci.* 117, 361–373, 1964
Hellbrügge, Th., »Zeitliche Strukturen in der kindlichen Entwicklung«, in: *Mschr. Kinderhk.* 113, 252–262, 1965
Hellbrügge, Th., »Chronophysiologie des Kindes«, in: Verhandlungen der Deutschen Gesellschaft für Innere Medizin. 73. Kongreß, Wiesbaden 1967
Hellbrügge, Th., »Ontogenèse des rythmes circadiaires chez l'enfant«, in: *Cycles biologiques et psychiatriques*, Genf 1968
Hellbrügge, Th., *Physiologische Zeitgestalten in der kindlichen Entwicklung*, Nova Acta Leopoldina, Halle 1975
Illingworth, R. S., et al., »Self-demand feeding in a maternity unit«, in: *The Lancet* 5, April 1952
Irwin, O. C., »The Amount of Motility of Seventy-three Newborn Infants«, in: *J. Comp. Psychol.* 14, 415, 1932

Irwin, O. C., »The Distribution of the Amount of Motility in Young Infants between two Nursing Periods«, in: *J. Comp. Psychol.* 14, 429, 1937

Irwin, O. C., L. B. A. Weiss und E. M. Stubbs, *Univ. Iowa Stud., Stud. in Child Welf.* 9, Nr. 4, 1934. – I. »Differential Variations in the Amount of Activity of Newborn Infants under Continuous Light and Sound Stimulation.« (By L. B. A. Weiss). – III. »Differential Variations in the Activity and Crying of the Newborn Infant under Different Intensities of Light: a Comparison of Observational with Polygraph Findings.« (By O. C. Irwin and L. B. A. Weiss, S. 139–149.) – IV. »The Effect of Clothing on the General and Vocal Activity of the Newborn Infant.« (By O. C. Irwin and L. B. A. Weiss, S. 151–162.)

Jouvet, M., »Neurophysiologische Mechanismen im Schlaf«, in: Jovanovic, U. J. (Hrsg.), *Der Schlaf*, München 1969

Karger, P., »Über den Schlaf des Kindes«, in: *Beitr. Jb. Kinderheilkunde*, Heft 5, S. 1 ff., Berlin 1925

Key, A., *Schulhygienische Untersuchungen*, in deutscher Bearbeitung von L. Burgerstein, Hamburg/Leipzig 1889

Klaus, M., und J. Kenell, »Auswirkungen früher Kontakte zwischen Mutter und Neugeborenem auf die spätere Mutter-Kind-Beziehung«, in: Biermann, G., *Jahrbuch der Psychohygiene*, München 1974

Kleitman, N., und Th. G. Engelmann, »Sleep Characteristics of Infants«, in: *J. Appl. Physiol.* 6, 269, 1953

Krasnogorski, N., »Die letzten Fortschritte in der Methodik der Erforschung der bedingten Reflexe an Kindern«, in: *Jb. Kinderheilkunde* 114, 255, 1926

Krasnogorski, N. L., zit. nach L. S. Bogatschenko, *Erfahrungen mit der Schlafverlängerung bei Kindern in der pädiatrischen Klinik*, Verlag Volk und Gesundheit, Berlin, Heft 23

Lind, J., »Die Geburt der Familie in der Frauenklinik«, in: Biermann, G., *Jahrbuch der Psychohygiene*, München 1974

Marquis, D. P., »Can Conditioned Responses be Established in the Newborn Infant?« in: *J. Genet. Psychol.* 39, 479, 1931

Marquis, D. P., »Learning in the Neonate: The Modification of Behavior under Three Feeding Schedules«, in: *J. of Exper. Psychol.* 29, 263, 1941

Moore, T., und L. Ucko, »Night waking inearly infancy«, Part. I., in: *Arch. Dis. Child* 32, 333–342, 1957

Oswald, J., *Sleeping and Waking*, Amsterdam 1962

Papoušek, H., »Soziale Interaktion als Grundlage der kognitiven Frühentwicklung«, in: *Kindliche Sozialisation und Sozialentwicklung*, Fortschritte der Sozialpädiatrie, Bd. II, München–Berlin–Wien 1975

Parmelee, A. H. Jr., »A Study of One Infant from Birth to Eight Months of Age«, in: *Acta Paed.*, 50, 160, 1961

Payne, G. S., und L. M. N. Bach, »Perinatal Sleep-Wake-Cycles«, in: *Biol. Neonat.* 8, 308, 1965
Peiper, A., *Die Eigenart der kindlichen Hirntätigkeit,* Leipzig 3. Auflage 1961
Pfaundler, M. v., »Physiologie des Neugeborenen«, in: *Handbuch der Geburtshilfe,* Wiesbaden 1915
Pfaundler, M. v., *Biologische Allgemeinprobleme der Medizin – Konstitution, Diathese, Disposition,* Berlin–Heidelberg 1947
Ravenhill, A., »Some Results of an Investigation into Hours of Sleep among Children in the Elementary Schools of England«, in: *Internat. Arch. Schulhyg.*, Leipzig 1908
Reding, G. R., H. Zepelin, J. E. Robinson Jr., S. O. Zimmermann und V. H. Smith, »Nocturnal teeth-grinding: Allnight psycho-physiologic studies«, in: *J. dent. Res.* 47, 786, 1968
Roffwarg, H. P., J. N. Muzio und W. C. Dement, »Ontogenetic development of human sleep-dream cycle«, in: *Science* 152, 604, 1966
Rowan-Legg, C. K., »Self demand feeding of infants«, in: *Canad. Med. Assoc. J.* 60, 388, 1949
Simsarian, F. P., und P. A. McLendon, »Feeding behavior of an infant during the first twelve weeks of life on a self-demand schedule«, in: *J. Pediat.* 20, 93–103, 1942
Szymansky, J. S., »Versuche über Aktivität und Ruhe bei Säuglingen«, in: *Pflügers Archiv. f. d. gesamte Physiol.* 172, 424–489, 1918
Szymansky, J. S., »Aktivität und Ruhe bei Tieren und Menschen«, in: *Zschr. Allg. Physiol.* 18, 105–162, 1920
Terman, L. M., und A. Hocking, »The Sleep of School Children: Its Distribution According to Age, and its Relation to Physical and Mental Efficiency«, in: *J. Educ. Psychol.* 4, 138, 1913
Zipperling, W., »Über eine besondere Form motorischer Reizzustände bei Neugeborenen (sogenannter Stäupchen)«, in: *Zeitschr. f. Kinderheilkunde* 5, 31, 1913

Literatur zu Teil II:

Aschoff, J., »Physiologie biologischer Rhythmen«, in: *Praxis* 18, 1569 und 1593–1597, 1966
Aserinsky, E., und N. Kleitman, »A motility cycle in sleeping infants as manifested by occular and gross bodily activity«, in: *J. Appl. Physiol.* 8, 11–18, 1955
Ashton und Connolly, »The relation of respiration rate and heart rate to sleep states in the human newborn«, in: *Develop. Med. Child Neurol.* 13, 180, 1971
Bennholdt-Thomsen, C., »Das Kind und die Zivilisation«, in: *Münch. med. Wschr.* 99, 503 ff., 1957
Bobath, B., *Abnorme Haltungsreflexe bei Gehirnschäden,* Stuttgart 1968

Busse, M., *Über den Aufbau circametrischer Prozesse des Schlaf-Wach-Verhaltens bei zu früh und reif geborenen Kindern*, Diss. München 1971

Halberg, F., »Temporal Coordination of Physiologic Functions«, in: *Biological Clocks Cold spring Harber Symp.* 25, 289 (1960)

Halberg, F., et al., »Computer Techniques in the study of biologic rhythms«, in: *Ann. N. Y. Acad. Sci.* 115, 695–720, 1964

Halberg, F., »Protection by Timing Treatment According to Bodily Rhythms«, in: *Chronobiologia* 1, 27 (1974)

Hellbrügge, Th., »Über Eigenheiten des kindlichen Schlafes«, in: *Med. Klin.* 54, 954, 1959

Hellbrügge, Th., und J. Lange, »Über das Verhalten der Motilität in den frühen kindlichen Entwicklungsstufen«, in: *Med. Klin.* 54, 946, 1959

Hellbrügge, Th., et al., »Über das Entstehen einer 24-Stunden-Periodik physiologischer Funktionen im Säuglingsalter«, in: *Fortschr. Med.* 81, 19–26, 1963

Hellbrügge, Th., *Kindliche Entwicklung und Sozialumwelt*, Don Bosco Verlag 1964

Hellbrügge, Th., *Chronophysiologie des Kindes,* Verhandlungen der Deutschen Gesellschaft f. innere Medizin, 73. Kongreß 1967

Hellbrügge, Th.: »Bewegung und Spiel als Grundelemente der kindlichen Entwicklung«, in: *Sport und Leibeserziehung*, München 1967

Hellbrügge, Th., »Sport im Kindesalter«, in: *Bayer. Ärzteblatt* 23, 178, 1968

Hellbrügge, Th., und J. Pechstein, »Entwicklungsphysiologische Tabellen für das Säuglingsalter«, in: *Fortschr. Med.* 86, 481, 607, 1968

Hellbrügge, Th., D. Menara, R. Schamberger und S. Stünkel, »Funktionelle Entwicklungsdiagnostik im 2. Lebensjahr«, in: *Fortschr. Med.* 89, 558–562, 1971

Irwin, O. C., »The Amount and Nature of Activities of Newborn Infants under Constant External Conditions during the First Ten Days of Life«, in: *Genet. Psychol. Monogr.* 8, 1, 1930

Kellog, W. N., in: *J. Genet. Psychol.* 58, 307, 1941

Kleitman, N., und Th. G. Engelmann, »Sleep Characteristics of Infants«, in: *J. Appl. Physiol.* 6, 269, 1953

Kleitman, N., »Development of circadian rhythm in the infant«, in: Foman, S. J., *Circadian Systems,* Minneapolis 1961

Kleitman, N., *Sleep and Wakefulness*, University of Chicago Press 1939, 2. Auflage 1963

Lenz, W., »Wachstum und körperliche Entwicklung«, in: *Handbuch der Kinderheilkunde*, Band I/1, Berlin–Heidelberg–New York 1971

Marquis, D. P., »Can Conditioned Responses be Established in the Newborn Infant?« in: *J. Genet. Psychol.* 39, 479, 1931

Peiper, A., *Die Eigenart der kindlichen Hirntätigkeit*, Leipzig 1949

Rudder, B. de, »Die Gesundheit unserer Schuljugend«, in: Theopold, W.: *Das Kind und die Zivilisation*, Köln 1960

Stirnimann, F., *Das Kind und seine früheste Umwelt*, Basel 1947
Szymansky, J. S., »Die Verteilung von Ruhe und Aktivitätsperioden bei einigen Tierarten«, in: *Pflügers Arch. Physiol.* 172, 430, 1918
Szymansky, J. S., »Bericht über die Untersuchungen der Aktivität und Ruhe bei Tieren und Menschen« (1), in: *Riv. di Biol.* 2, 60, 1920
Szymansky, J. S., »Versuche über Aktivität und Ruhe bei Säuglingen«, in: *Pflügers Arch. Physiol.* 172, 424, 1918
Ungethüm, W., *Zur Entwicklung von Schlafen und Wachen junger Säuglinge bei Pflege nach dem Prinzip des self-demand-feeding*, Diss. München 1969
Vojta, W., *Die cerebralen Bewegungsstörungen im Säuglingsalter. Frühdiagnose und Frühtherapie*, Stuttgart 1974

Literatur zu Teil III:

Biermann, G., »Die Mutter-Kind-Situation im Krankenhaus in aller Welt«, in: *Psyche* 21, 57, 1967
Bowlby, J., *Maternal care and mental health,* World Health Org. Monogr. Ser. No 2, 1951; dt.: *Mütterliche Zuwendung und geistige Gesundheit,* Kindler Taschenbücher Geist und Psyche, Bd. 2106
Bowlby, J., »Some pathological processes set in train by early mother-child separation«, in: *J. ment. Sci* 99, 265 ff., 1953 b
Brückner, H., »Die Reaktion der Elternschaft auf ein sexualpädagogisches Merkblatt in Leipzig«, in: *Ärztl. Jugendkunde*, 56, 98 ff., 1965
Burlingham, D., und A. Freud, *Kriegskinder*, London 1949
Busch, C., *Geschlechtliche Probleme der heutigen Jugend*, 2. Sonderheft der Landesarbeitsgemeinschaft zur Bekämpfung der Geschlechtskrankheiten, Köln 1952
Deutsche Bundesregierung, *Situation der Kinder in Deutschland,* Dtsch. Bundestag, 7. Wahlperiode, Drucksache 7/3340
Deutscher Bundestag, 7. Wahlperiode, *Außerhäusliche Unterbringung von Kindern berufstätiger Eltern* – Antwort der Bundesregierung auf die Kleine Anfrage der Abgeordneten Rollmann etc., Drucksache 7/3516 vom 16. 4. 1975
Dührssen, A., *Heimkinder und Pflegekinder in ihrer Entwicklung,* Göttingen 1958
Dunovsky, J., »Die soziale Stellung von Kindern, die seit frühester Kindheit in Kinderheimen aufwuchsen«, in: *Unsere Jugend* 21, 549, 1969
Einsele, H., und H. Dupuis, »Die Mutter-Kind-Beziehung im Frauengefängnis«, in: Biermann, G., *Handbuch der Psychohygiene*, München 1974
Harnack, G. H. v., »Die Bedeutung der Mutter für die seelische Entwicklung des Kindes«, in: *Dtsch. med. Wschr.* 90, 1221, 1965
Hellbrügge, Th., *Kindliche Entwicklung und Sozialumwelt*, München 1964

Hellbrügge, Th., »Das elternarme Kind«, in: *Das behinderte Kind,* Heft 9/10, 1965
Hellbrügge, Th., »Warnung vor einem mehrmonatigen Aufenthalt in Säuglingsheimen«, in: *Münch. ärztl. Anzeigen* 53, IX, 1965
Hellbrügge, Th., »Zur Entwicklungsprognose hospitalisierter Säuglinge«, in: *Unsere Jugend* 17, 280 ff., 1965
Hellbrügge, Th., »Zur Problematik der Säuglings- und Kleinkinderfürsorge in Anstalten – Hospitalismus und Deprivation«, in: *Handbuch der Kinderheilkunde,* Bd. III, Berlin 1966
Hellbrügge, Th., und J. Pechstein, »Grundlagen und Ziele der Sozialen Pädiatrie«, in: *Handbuch der Kinderheilkunde,* Bd. III, Berlin 1966
Hellbrügge, Th. und J. Pechstein, »Die allgemeine Säuglingsfürsorge (Entwicklung, Prinzipien und Durchführung)«, in: *Handbuch der Kinderheilkunde,* Bd. III, Berlin 1966
Hellbrügge, Th., »Soziologische Gesichtspunkte des Schulalters unter besonderer Berücksichtigung der sogenannten ›Frühsexualität‹«, in: *Österr. Ärztezeitg.,* 22, 1559, 1967
Hellbrügge, Th. und J. Pechstein, »Pädiatrische Merksätze zur Situation der Säuglingsheime«, in: *Fortschritte der Medizin* 85, 1, 1967
Hellbrügge, Th., und J. Pechstein, »Über die Not in den Säuglingsheimen«, in: *Gesundheitsfürsorge* 1, 17. Jg., 1967
Hellbrügge, Th., »Soziale und prophylaktische Pädiatrie«, in: Keller/Wiskott, *Lehrbuch der Kinderheilkunde,* Stuttgart 1969
Hellbrügge, Th., »Deprivations-Syndrom bei Familien-Kindern«, in: *Tatsachen und Berichte,* 23. Universitätstage der Stadt Hamm, 1973
Hellbrügge, Th., und D. Menara, »Die Bedeutung der frühkindlichen Sozialentwicklung«, in: *kinderarzt,* 4, 836–839, 1973
Hellbrügge, Th., I. Becker-Freyseng, D. Menara und R. Schamberger, »Deprivations-Syndrom im Säuglingsheim«, in: *Münch. med. Wschr.* 115, 1753–1760, 1973
Hellbrügge, Th., G. Bartl, U. Brack, J. Wittrock und H. Schuh, »Häufigkeit, Art und soziale Bedingtheit von Verhaltensstörungen im Vorschulalter«, in: *Mschr. Kinderheilk.* 122, 532, 534, 1974
Hellbrügge, Th., und H. v. Wimpffen, *Die ersten 365 Tage im Leben eines Kindes – Die Entwicklung des Säuglings,* München 1974
Hellbrügge, Th., »Kindliche Sozialentwicklung und ihre sinnesphysiologischen Grundlagen«, in: *Kindliche Sozialisation und Sozialentwicklung,* München–Berlin–Wien 1975
Jonsson, in: Undeutsch, U., *Die psychische Entwicklung der heutigen Jugend,* 1966
Kinsey, A. C., u. a., *Das sexuelle Verhalten der Frau,* Berlin–Frankfurt/M. 1954
Kinsey, A. C., u. a., *Das sexuelle Verhalten des Mannes,* Berlin–Frankfurt/M. 1965
Köttgen, U., »Verkümmerung als Folge von Pflegeschäden beim Kind«, in: *Med. Klin.* 1958, 1 ff.

Loeber, D., »Das von der Mutter getrennte Kind in der heutigen Sicht des Kinderarztes«, in: *Jb. d. Kinderpsychiat.* 2, 121, 1963
Matějček, J., »Die langfristige Beobachtung der Entwicklung von Kleinkindern in den Heimen der CSSR«, in: Biermann, G., *Handbuch der Psychohygiene*, München 1974
Mehringer, A., »Zur Situation der Heime für familienlose Kinder«, in: *Unsere Jugend*, Heft 5, 1966
Mehringer, A., »Neue Wege der Waisenhauserziehung«, in: Biermann, G., *Handbuch der Psychohygiene*, München 1974
Meierhofer, M., »Entwicklungsprobleme bei sozial benachteiligten Kindern in den ersten Lebensjahren«, in: Biermann, G., *Handbuch der Psychohygiene*, München 1974
Menara, D., »Soziale Eingliederung sozial behinderter Kinder am Beispiel der Adoptionsbetreuung«, in: *Kindliche Sozialisation und Sozialentwicklung*, München–Berlin–Wien 1975
Pechstein, J., und M. Krause-Lang, »Das elternlose und elternarme Kind in der Statistik«, in: *Handbuch der Kinderheilkunde*, Bd. III, Berlin–Heidelberg 1966
Pechstein, J., »Zeitfaktor und Anfälligkeit in der ersten Lebenszeit«, in: *Consilium Paedopsychiatricum*, Verh. 3. Europ. Kongr. Pädopsychiat., Wiesbaden 1967
Pechstein, J., »Frühkindliche Deprivation durch Massenpflege«, in: *Fortschr. Med.* 86, 409, 1968
Pechstein, J., »Entwicklungsphysiologische Untersuchungen an Säuglingen und Kleinkindern in Heimen – Beitrag zur Frage der frühkindlichen Deprivation«, in: *Mschr. Kinderheilk.* 116, 6, 372/3, 1968
Pechstein, J., »Ärztliche Aufgaben bei der Adoption«, in: *Fortschr. Med.* 88, 17, 1970
Pechstein, J., »Zur Situation der Kinder in den Säuglingsheimen der Bundesrepublik«, in: Schriftenreihe der Deutschen Zentrale für Volksgesundheitspflege, Heft 17, 1970
Pechstein, J., »Frühadoption oder Frühestadoption?«, in: *Mschr. Kinderheilk.* 119, 87–92, 1971
Pechstein, J., *Über Umweltabhängigkeit der frühkindlichen zentralnervösen Entwicklung*, Stuttgart 1974
Pechstein, J., »Frühadoption und ›soziale‹ Elternschaft«, in: Biermann, G., *Handbuch der Psychohygiene*, München 1974
Pechstein, J., »Sozial behinderte Kinder«, in: *Kindliche Sozialisation und Sozialentwicklung*, München–Berlin–Wien 1975
Pfaundler, M. v., »Physiologie des Neugeborenen«, in: A. Döderlein, *Handbuch der Geburtshilfe*, Wiesbaden 1915
Pfaundler, M. v., »Über Anstaltsschäden an Kindern«, in: *Mschr. Kinderheilkunde* 29, 661, 1924
Pfaundler, M. v., *Klinik und Fürsorge. Gesundheitsfürsorge für das Kindesalter*, Berlin 1925
Portmann, A., *Zoologie und das neue Bild vom Menschen*, Hamburg 1956

Schaffer, H. R., »Objective observations of personality development in early infancy«, in: *Brit. J. med. Psychol.* 31, 174 ff., 1958
Schofield, W. A., »Primary and secundary sexual characteristics«, in: *Amer. J. Dis. Child* 65, 535, 1943
Scholz, D., »Die jugendliche Mutter und ihr Kind in Westberlin«, in: *Gesundheitsfürsorge* 16, 135, 1966
Silbermann, A., H. Heinrichs, R. M. Liebert, Th. Hellbrügge und U. Undeutsch, *Aggression und Fernsehen*, Tübingen 1974
Speck, O., *Kinder erwerbstätiger Mütter. Ein soziologisch-pädagogisches Gegenwartsproblem*, Stuttgart 1956
Spitz, R. A., »Hospitalism«, in: *Psychoanal. Stud. Child* 1, 53, 1945, evd. 2, 113, 1946
Spitz, R. A., *Vom Säugling zum Kleinkind, Naturgeschichte der Mutter-Kind-Beziehungen im ersten Lebensjahr*, 3. Aufl. Stuttgart 1972
Undeutsch, U., »Somatische Akzeleration und psychische Entwicklung der Jugend der Gegenwart«, in: *Studium Generale* 5, 286 ff., 1952
Vodak, P. und Z. Matějček, »Langfristige Ergebnisse bei der Adoptionsvermittlung«, in: *Zschr. f. Jugenderziehung u. Jugendförderung* ..., 17, 8, 1969
Wiele, E. F., und J. Richter, »Untersuchungen über sexuelle Einstellungen und Erfahrungen Jugendlicher«, in: *Ärztl. Jugendkunde 56,* 27, 1965

Literatur zu Teil IV:

Baade, W., »Experimentelle und kritische Beiträge zur Frage nach den sekundären Wirkungen des Unterrichts insbesondere auf die Empfänglichkeit des Schülers«, in: *Paedag. Monogr.* Bd. III, Leipzig 1907
Bennholdt-Thomsen, C., »Das Großstadtkind«, in: *Studium Generale*, 8, 127, 1955
Bennholdt-Thomsen, C., »Das Kind und die Zivilisation«, in: *Münch. med. Wschr.* 99, 503 ff., 1957
Burgerstein, L., und A. Netolitzky, *Handbuch der Schulhygiene*, Jena 1902
Frank, J. P., *System einer vollständigen medicinischen Polizey*, Mannheim 1780
Graf, O., »Physiologische Leistungsbereitschaft und nervöse Belastung«, in: *Jb. Max-Planck-Ges.* 1954, S. 97
Hellbrügge, Th., und J. Rutenfranz, »Schule und Erholung im Leben des Großstadtkindes«, in: *Deutsch. med. Wschr.* 80, 1909, 1955
Hellbrügge, Th., »Die derzeitige Beanspruchung durch die Schule in kinderärztlicher Sicht«, in: *Bayer. Äbl.* 11, 1956
Hellbrügge, Th., und J. Rutenfranz, »Was meinen die Eltern zum Schichtunterricht und den heutigen Schulverhältnissen?«, in: *Unsere Jugend*, 8, 1956 B

Hellbrügge, Th., und J. Rutenfranz, »Schichtunterricht und Leistungsbereitschaft«, in: *Münch. med. Wschr.* 8, 1713, 1956

Hellbrügge, Th., »Über Schulbeanspruchung und kindliche Leistungsbereitschaft«, in: *Mitt. des Niedersächs. Landesgesundheitsrates,* Heft 13, 1956

Hellbrügge, Th., J. Lange und J. Rutenfranz, »Über die Entwicklung von tagesperiodischen Veränderungen der Pulsfrequenz im Kindesalter«, in: *Zschr. Kinderheilk.* 78, 1956

Hellbrügge, Th., »Arbeit, Pausen, Freizeit und Schlaf im Schulalter«, in: *Beih. Dtsch. Ges. f. Schulgesundheitspflege,* 6, 1957

Hellbrügge, Th., »Zur altersspezifischen Überforderung des Schulkindes«, in: *Ärztebl. Baden-Württemberg* 13, 3, 1958

Hellbrügge, Th., »Kindlicher Bewegungsdrang und statische Schulbelastung«, in: *Landarzt,* 24, 1958

Hellbrügge, Th., »Die Belastung des Kindes durch den Schulbesuch«, in: *Kind und Schule,* Deutsche Vereinig. f. d. Gesundheitsfürsorge des Kindesalters 1958

Hellbrügge, Th., »Kinderärztliche Gesichtspunkte zur Frage der 5-Tage-Woche in der Schule«, in: *Münch. med. Wschr.* 20, 826, 1958

Hellbrügge, Th., »Zur Problematik des Nachmittagsunterrichtes«, in: *Ärztl. Mitt.* 44, 1612, 1959

Hellbrügge, Th., »Über tageszeitliche Veränderungen der physiologischen Leistungsbereitschaft bei Schulkindern«, in: *Fortschr. d. Med.* 78, 41, 1960

Hellbrügge, Th., »Zur Frage der 5-Tage-Woche in der Schule«, in: *Landarzt* 36, 298 ff., 1960

Hellbrügge, Th., »Alterskonstitutionell bedingte Veränderungen der Leistungs- und Erholungsfähigkeit bei Heranwachsenden«, in: *Zeitschr. f. ärztl. Fortbildung,* 55, 1412 ff., 1961

Hellbrügge, Th., »Gutachten zur Frage der Unterrichtszeit an bayerischen Volksschulen«, in: *Bayerische Schule* 18, 357 ff., 1965

Hellbrügge, Th., »Zeitliche Strukturen in der kindlichen Entwicklung, in: *Mschr. Kinderheilkunde* 113, 252 ff.; 1965

Hellbrügge, Th., »Zur Problematik des Sonderkindergartens unter Berücksichtigung erster Erfahrungen in einem Montessori-Kindergarten für gesunde und behinderte Kinder«, in: Matthiaß, H.-H., H. Th. Brüster und H. von Zimmermann, *Spastisch gelähmte Kinder,* Stuttgart 1971

Hellbrügge, Th., »Pädiatrie und Pädagogik«, in: *Kinderarzt* 6, 109, 1975

Hellbrügge, Th., und J. Pechstein, »Sozialpädiatrische Thesen für den Kindergarten und gegen die Vorverlegung der Schulpflicht«, in: *Fortschr. Med.* 93, 851, 1975

Hellbrügge, Th., et al., »Integrierte Erziehung gesunder mit mehrfach und verschiedenartig behinderten Kindern – im Schulversuch nach

Maria Montessori der Aktion Sonnenschein in München«, in: *Materialienband des Dtsch. Bildungsrates Bonn,* Klett-Verlag
Hellbrügge, Th., und J. Rutenfranz, »Die Bedeutung der Alterskonstitution für Beanspruchung und Erholung im Kindes- und Jugendalter«, in: *Dtsch. med. Wschr.* 84, 827, 1959
Hellbrügge, Th., J. Rutenfranz und O. Graf, *Gesundheit und Leistungsfähigkeit im Kindes- und Jugendalter,* Stuttgart 1960
Hufeland, C. W.. *Guter Rat an Mütter über die wichtigsten Punkte der physischen Erziehung der Kinder in den ersten Jahren nebst einem Unterricht für junge Eheleute betr. die Vorsorge für Ungeborene,* 4. Aufl., Berlin 1835
Keilhacker, M., *Erziehungsformen,* Stuttgart 1950
Key, A., *Schulhygienische Untersuchungen,* in deutscher Bearbeitung von L. Burgerstein. Hamburg/Leipzig 1889
Kraepelin, E. v., »Über psychische Disposition«, in: *Arch. Psychiat. Nervenkr.* 23, 573, 1893
Kraepelin, E. v., *Über geistige Arbeit,* Jena 1894
Kraepelin, E. v., »Über Ermüdung und Erholung«, in: *Psychol. Arbeiten* 1, 4
Kraepelin, E. v., *Zur Überbürdungsfrage,* Jena 1897
Krug, R. M., *Über tagesrhythmische Veränderungen der Atemfrequenz im Kindesalter,* Diss. München 1958
Lange, J., *Über die Entwicklung einer Tagesperiodik verschiedener Körperfunktionen unter besonderer Berücksichtigung der Pulsfrequenz, der Schlaf-Wach-Verteilung und der Körpertemperatur,* Diss. München 1957
Niggeschmidt, W., *Über die Tagesrhythmik des elektrischen Widerstandes der Haut bei Kindern,* Diss. München 1958
Oberhoff, P., *Über den Blutdruck im Kleinkindes- und Schulalter und seine tagesperiodischen Veränderungen,* Diss. München 1958
Pettenkofer, M. v., »Wodurch die humanistischen Gymnasien für die Universität vorbereiten«, Rektoratsrede München, vom 4. 12. 1869
Rutenfranz, J., Th. Hellbrügge und W. Niggeschmidt, »Über die Tagesrhythmik des elektrischen Hautwiderstandes bei 11jährigen Kindern«, in: *Zschr. Kinderheilk.* 78, 144–157, 1956
Rutenfranz, J., und Th. Hellbrügge, »Über Tagesschwankungen der Rechengeschwindigkeit bei 11jährigen Kindern«, in: *Zschr. Kinderheilk.* 80, 65–82, 1957
Rutenfranz, J., »Die Belastung des Großstadtkindes durch Schule und Schichtunterricht in ärztlicher Sicht«, in: *Westfäl. Ärztebl.* 11, 1957
Rutenfranz, J., »Formen der Überforderung von Jugendlichen und Kindern«, in: *Das öffentliche pädagogische Gespräch* 4/5, 1958
Rutenfranz, J., »Physiologische Gesichtspunkte zur Überforderung der Jugend«, in: *Kulturarbeit* 10, 104, 1958
Rutenfranz, J., »Schichtunterricht und kindliche Leistungsbereitschaft«, in: *Äbl. Württemberg* 13, 1958

Rutenfranz, J., »Physiologische Gesichtspunkte zur Erwerbstätigkeit Jugendlicher«, in: *Arbeitsschutz* 9, 181, 1958
Rutenfranz, J., »Über das Verhalten der Pulsfrequenz bei Arbeit unter Zeitdruck«, in: *Internat. Zschr. Physiol. einschl. Arbeitsphysiol.* 18, 264, 1960
Rutenfranz, J., »Die Entwicklung der körperlichen Leistungsfähigkeit«, in: *Handbuch der Kinderheilkunde,* Bd. III, Berlin–Heidelberg 1966
Schießl, G., *Über die Tagesperiodik des Blutzuckers im Kindesalter,* Diss. München 1959
Séguin, E., *Die Idiotie und ihre Behandlung nach physiologischer Methode,* bearbeitet und herausgegeben von S. Krenberger, Wien 1912
Seidl, E. C., *Über tagesrhythmische Veränderungen der Körpertemperatur im Kindesalter*, Diss. München 1958
Stotz, S., *Über die Entwicklung tag-nacht-rhythmischer Veränderungen des elektrischen Hautwiderstandes im Kindesalter*, Diss. München 1960

Literatur zu Teil V:

Burandt, R., *5-Tage-Woche und Schulreform,* Herford 1974
Butler, N. R., und Bonham, D. C., *Perinatal Mortality*, Livingstone, Edinbourgh/London 1963
Ehrengut-Lange, J., »Pflege und Betreuung des gesunden Säuglings«, in: *Handbuch der Kinderheilkunde,* Bd. 3, Berlin 1966
Engel, St., und G. Katzenstein, »Versuch einer Morbiditätsstatistik der Rachitis«, in: *Arch. f. Kinderheilk.* 70, 198, 1922
Frank, J. P., »Entwurf zur Einrichtung einer klinischen Schule oder über die Art und Weise, die practische Medicin in einem academischen Hospitale zu lehren«, in: *Drey zum Medicinalwesen gehörige Abwandlungen*, Leipzig 1794
Hänsel, D., *Die physiologische Erziehung der Schwachsinnigen (Eduard Séguin 1812–1880),* Freiburg 1974
Hellbrügge, Th., J. Lange und J. Rutenfranz, »Über die Entwicklung von tagesperiodischen Veränderungen der Pulsfrequenz im Kindesalter«, in: *Zschr. Kinderheilk.* 78, 703, 1956
Hellbrügge, Th., »Die Kinderkrankheiten in der Massenzivilisation«, in: *Universitas*, 14. Jahrgang, Heft 11, Nov. 1959
Hellbrügge, Th., und J. Rutenfranz, »Die Bedeutung der Alterskonstitution für Beanspruchung und Erholung im Kindes- und Jugendalter«, in: *Deutsch. med. Wschr.* 17, 827, 1959
Hellbrügge, Th., »Waisenkinder der Technik«, in: Demoll. *Im Schatten der Technik*, München 1960
Hellbrügge, Th., »Kinder ohne Raum und Zeit«, in: Demoll, *Im Schatten der Technik,* München 1960

Hellbrügge, Th., O. Graf und J. Rutenfranz, *Gesundheit und Leistungsfähigkeit im Kindes- und Jugendalter*, Stuttgart 1960
Hellbrügge, Th., »Über den sogenannten ersten Gestaltwandel als Ausdruck der körperlichen Schulreife«, in: *Med. Klin.* 58, 501 ff., 1963
Hellbrügge, Th., »Kindliche Entwicklung und Schulreife«, in: *Pädag. Rdsch.* 18, 629 ff., 1964
Hellbrügge, Th., »Das kranke Kind«, in: *Leib und Leiblichkeit in der Erziehung. Sozialpädagog. Beiträge der Zeitschrift Jugendwohl*, Bd. 4, 256 ff., 1964
Hellbrügge, Th., »Über die Notwendigkeit von Vorsorgeuntersuchungen im Kleinkindesalter«, in: *Deutsches Ärztebl.* 62, 1539 ff., 1965
Hellbrügge, Th., »Prophylaktische und soziale Pädiatrie«, in: Keller Wiskott, *Lehrbuch der Kinderheilkunde*, 2. Aufl. Suttgart 1966
Hellbrügge, Th., »Grundlagen einer kindgerechten Unterrichtshygiene«, in: *Handbuch der Kinderheilkunde*, Bd. 3, Berlin 1966
Hellbrügge, Th., »Später ist es zu spät«, in: *Südd. Ztg.*, Nr. 96 vom 22. 4. 1966
Hellbrügge, Th., und J. Pechstein, »Ärztliche Kleinkinderfürsorge«, in: *Handbuch der Kinderheilkunde,* Bd. 3, Berlin 1966
Hellbrügge, Th., und J. Pechstein, »Morbidität und Mortalität als biologische Phänomene des Kindes- und Jugendalters«, in: *Handbuch der Kinderheilkunde*, Bd. 3, Berlin 1966
Hellbrügge, Th., und J. Pechstein, »Rachitis-Prophylaxe«, in: *Handbuch der Kinderheilkunde*, Bd. 3, Berlin 1966
Hellbrügge, Th., J. Pechstein und D. Vogt, »Grundbegriffe der sozialen und medizinischen Statistik«, in: *Handbuch der Kinderheilkunde*, Bd. 3, Berlin 1966
Hellbrügge, Th., und J. Rutenfranz, »Probleme der Schul- und Berufsreife«, in: *Handbuch der Kinderheilkunde,* Bd. 3, Berlin 1966
Hellbrügge, Th., »Programme für Vorsorgeuntersuchungen im Kindesalter«, in: *Früherkennung von Krankheiten als methodisches Problem,* Stuttgart 1967
Hellbrügge, Th., »Frühdiagnostik und Frühtherapie im Kinderzentrum der Aktion Sonnenschein«, in: *Kurz und gut* 10, 11, 1968
Hellbrügge, Th., und J. Pechstein, »Die ›Große Neugeborenenuntersuchung‹. FdM-Tabellen für die Praxis«, in: *Fortschr. d. Med.* 86, 1041 ff., 1968
Hellbrügge, Th., und J. Pechstein, »Entwicklungsphysiologische Tabellen für das Säuglingsalter. Folge I: Diagnostik der statisch-motorischen Entwicklung. Folge II: Diagnostik der Sinnes-, Sprach- und Sozialentwicklung. FdM-Tabellen für die Praxis«, in: *Fortschr. d. Med.* 86, 481 und 607, 1968
Hellbrügge, Th., »Zur Frühdiagnostik von Risiko-Kindern«, in: *Fortschritte der Medizin*, 88, 959–960, 1970
Hellbrügge, Th., D. Menara, E. Schmitz und S. Stünkel, »Hilfe für das

mehrfach behinderte Kind«, in: *Behinderte Kinder – Früherkennung, Behandlung, Rehabilitation*, Köln 1970
Hellbrügge, Th., »Gesundheit und Leistungsfähigkeit des Kleinkindes als Grundlage einer kindgerechten Kleinkinderziehung«, in: *Welt des Kindes* 49, 49–98, 1971
Hellbrügge, Th., »Das behinderte Kind aus der Sicht des Kinderzentrums«, in: *Probleme des behinderten Kindes,* Fortschr. Sozialpädiatrie, Bd. 1, München–Berlin–Wien 1973
Hellbrügge, Th., F. Pucher, H. Schirm und H. Schuh, »Ärztliche Gesichtspunkte zur Vorschulerziehung«, in: *Bayer. Ärztebl.* 3, 236–248, 1973
Hellbrügge, Th., »Funktionelle Entwicklungsdiagnostik und Entwicklungstherapie – ein neuer Weg der Behindertenhilfe«, Öffentl. Gesundheitswesen, 36, 858, 1974
Hellbrügge, Th. (Hrsg.): *Integrierte Erziehung,* München 1975
Hellbrügge, Th., »Sozialpädiatrische Grundlage für eine integrierte Erziehung behinderter Kinder«, in: Hellbrügge, Th., *Integrierte Erziehung,* Fortschr. Sozialpädiatrie, Bd. 3, München–Berlin–Wien 1975
Hellbrügge, Th., D. Menara, F. Lajosi und R. Schamberger, »Münchener ›Funktionelle Entwicklungsdiagnostik‹«, in: *Fortschr. Sozialpädiatrie,* Bd. 5, München–Berlin–Wien 1976
Hetzer, H., »Kinderspiel und seine Pflege im Kleinkindesalter«, in: *Handbuch der Kinderheilkunde,* Bd. 3, Berlin 1966
Hufeland, C. W., *Guter Rat an Mütter über die wichtigsten Punkte der physischen Erziehung der Kinder in den ersten Jahren nebst einem Unterricht für junge Eheleute betr. die Vorsorge für Ungeborene,* Berlin [4]1835
Kern, A., *Sitzenbleiberelend und Schulreife,* Freiburg 1954
Oster, H., »Liegen die Durchbruchszeiten der bleibenden Zähne heute anders als früher, und haben wir es dabei mit einem Symptom der Akzeleration zu tun?«, in: *Kinderärztl. Praxis* 28, 80, 1960
Pechstein, J. und Th. Hellbrügge, »Säuglingsfürsorge in Krippen, Mütterheimen und Pflegestellen«, in: *Handbuch der Kinderheilkunde,* Bd. 3, Berlin 1966
Pechstein, J., »Über die Notwendigkeit einer verbesserten ärztlichen Risikokind-Betreuung in den Säuglingsheimen«, in: *Gesundheitsfürsorge* 18, Heft 12, 1968
Pechstein, J., »Hilfe für das sozialbehinderte Kind«, in: Hellbrügge, Th., *Behinderte Kinder – Früherkennung, Behandlung, Rehabilitation,* Köln 1971
Peiper, A., *Chronik der Kinderheilkunde,* 3. Aufl., Leipzig 1958
Pfeiffer, L., »Die Kindersterblichkeit«, in: Gerhardt, C., *Handbuch der Kinderkrankheiten,* Bd. 1, 2. Abt. 205–354, 2. Aufl., Tübingen [3]1881
Pfeiffer, L., »Die Impfung«, in: Gerhardt, C., *Handbuch der Kinderkrankheiten,* Teil 1, 2. Abt., 335–435, 2. Aufl., Tübingen 1881

Rauchfuss, C., »Die Kinderheilanstalten«, in: Gerhardt, C., *Handbuch der Kinderkrankheiten*, Bd. 1, 2. Abt., 495–656, 2. Aufl., Tübingen 1881
Rehm, M., *Das Kind in der Gesellschaft*, München 1925
Schmidt, H. J., »Gibt es noch Einwände gegen die Trinkwasser-Fluoridierung?«, in: *Fortschr. Med.* 93, 41, 1975
Schneider, K., *Frühaufdeckung von Sehstörungen im Kleinkindesalter und Verhütung von Sehschäden in den Schulen*, Bundesausschuß für gesundheitliche Volksbelehrung
Steinhaus, »Welche Anforderungen sind in körperlicher und geistiger Beziehung an den Schulneuling zu stellen?« in: *Zeitschr. f. Schulgesundheitspflege*, Beiheft 1913
Stockhausen, J., *Vorsorgeuntersuchungen in der Krankenversicherung – Programmierte Krankheitsfrüherkennung*, Dtsch. Ärzteverlag 1973
Strebel, G., »Schulreifetests«, in: *Arbeiten zur Psychologie, Pädagogik und Heilpädagogik*, Bd. 7, 2. Aufl., Solothurn 1955
Tramper, M., *Schülernöte. Erkennung und Behandlung*, Basel 1951
Villiger, E., »Zur Feststellung der Schulreife«, in: *Zeitschr. f. Schulgesundheitspflege*, 33, 289, 1920
Wittrock, J., S. Gerstenmaier und W. Borst, »Die motoskopische Untersuchung im Vorschulalter«, in: *kinderarzt* 5, 292, 1974
Zeller, W., *Der erste Gestaltwandel des Kindes*, Leipzig 1936
Zeller, W., *Konstitution und Entwicklung*, Göttingen 1952

Personen- und Sachregister

Abendschläfer 45, 66
Abstraktionsfähigkeit 136
Abtreibung 149
Adoptivkinder 140, 158f.
Aggressionen, verdrängte 94
Aggressionsverhalten 124
Akademikerkinder 121f.
Aktion Sonnenschein 208, 274
Aktivitätszyklus 16, 76f.
–, monophasischer 17, 75, 80f.
–, polyphasischer 17, 75, 81
Aktiv-Schlaf-Phasen 25f.
Akzeleration (Wachstumsbeschleunigung) 97f., 143ff.
Alfred-Krupp-von-Bohlen-und-Halbach-Stiftung 208
Amphibien-Reaktion 242
Anfallskrankheit (Epilepsie) 273
Angst 47f., 141, 180, 203, 208
Anpassung 28, 120
Apathie 127, 129, 133, 135
Arbeitsphysiologie 47ff., 86, 190, 204, 209
Arbeitszeiten 170ff., 174ff., 180f., 189, 209, 230f.
Arteriosklerose 102
Aserinsky, E. 76f.
Asozialität 133, 141, 157
Asphyxie-Index 238
Atemfrequenz 16, 25, 193
Atmungsorgane, Erkrankung der 228f.
Audiometrie 26, 31
Aufklärung, sexuelle 153ff.

Baade, W. 48, 195
Bartl, U. 122
Baust, W. 25
bedingte Reflexe 29
Bennholdt-Thomsen, C. 43f., 91, 218
Berufsschulen 218
Beruhigungsmittel 22f., 72
Berührungsreize 161
Bettnässen 111
Bewegungsdrang, physiologischer 41, 46, 69ff., 74, 84ff., 89ff., 102f., 253
Bewegungshemmung 84, 86, 99f., 169, 179f.
Bewegungs-Inkoordination 26, 71
Bewegungsmangelkrankheit 100, 276
Bewegungsmuster 71f.
Bewegungsstörung, zerebrale 72
Blindenschulen 270
Blutdruck 193f., 236
Blutzucker 193f.
Bobath, B. 72
Bonham, D. C. 236
Bowlby, J. 113, 133
Brack, J. 122
Brendel, R. 140
Brückner, H. 154
Brustverbildungen 100f.
Bühler, C. 17, 24, 33f., 265
Bundessozialhilfegesetz 270f.
Burgerstein, L. 207
Burgerstein, P. 218
Burlingham, D. 142
Busch, C. 146
Butler, N. R. 236

Charta des Kindes 232f.
Circadian-Periodik 18, 78ff., 81, 192
Curriculumforschung 214
Czerny, A. 17

Dales, R. J. 40
Damborska, M. 23, 138
Dämmerzustand 24

Darmkrankheiten 228, 234
»Dauerschlaf« 26, 32f., 62, 71
Daumenlutschen 23, 121
–, pathologisches 122
Daumen-Opposition 245
Davison, C. W. 32
Depression 127, 133, 141
Deprivationssyndrom 113, 115, 130ff., 141, 217f.
Diphtherie 185, 228
Dührssen, A. 135
Dunovsky, J. 134
Durchblutungsstörungen 203
Dystonie, vegetative 121

EEG-Computer-Audiometrie 26
Eheschließungsalter 150f.
Einkoten 111
Einschlafmittel 22f., 37
Einschlafzeremonien 36f.
Einzelbewegungen 26, 71
Ein-Zimmer-Programm 15f., 64
Elektroencephalogramm 25, 31, 116f.
Embryonalentwicklung 69f., 80
Empfängnisverhütung 149
Engel, R. 31
Engel, St. 229
Engelmann, Th. G. 25, 33, 77
Entwicklungsdiagnostik 114ff., 240f.
Entwicklungsrückstände 132f., 135ff., 239ff.
Entwicklungsstörungen 111f., 114ff., 138, 240ff., 249, 261, 275
Epilepsie 273
Erbauswahl 141
Erbguteinflüsse 137ff.
Erbkrankheiten 239
Erholungsphase, ergotrope 81f.
–, trophotrope 81f.
Erholungszeiten 172f., 176f., 183f., 204, 210ff., 218
Ernährungsstörungen 228
Ersatzfamilien 158ff.
Erwin, D. 39
Erziehung, physiologische 207, 216

Farbenblindheit 264
Faulenzerherz 101
Fettsucht 102
Findelanstalten 224f.
Frank, J. P. 179, 225
Freud, A. 142
Frühadoption 159
Frühaufsteher 65
Frühdiagnostik 236ff., 250
Frühehen 150f.
Frühgeburten 71, 239
Frühsexualität 143ff.
Frühtherapie 239f., 249, 252
Fünftagewoche 212f., 218f.
Fürsorgeerziehung 109, 133, 138, 140
Fußgreifreflex 72
Fußverbildungen 100f.
Fütterungszeiten 20f., 27ff., 53ff.,

Ganzheitsmethode 214f.
Ganztagsschulen 162, 190, 192, 214, 217f.
Garvey, R. C. 41
Gedächtnisleistung 257, 263
Gefängnis-Kinder 137f.
Gehörlosen-Schule 271
Gesell, A. 17
Gestaltwandel, erster 259ff.
Gmeiner, H. 160
Graf, O. 47, 49, 175f., 180, 186
Greifentwicklung 115, 241
Grimassieren 19, 73
Grobmotorik 115
Großstadtkinder 83f., 90f., 97f., 120, 164, 275
Gruppenfähigkeit 253

Halberg, F. 17
Haltungsschäden 99ff., 203, 268f., 276
Hamburger, F. 36
Handbeherrschung 116, 240f.
Handgreifreflex 72

Harnack, G. H. v. 121f.
Hausaufgaben 43, 46f., 87, 170, 178, 182ff., 188f., 208
Hautkontakt 22, 161f.
Hautsinne 32f., 73, 161
Hautwiderstand, elektrischer 194
Heimkinder 51, 109ff., 115, 126ff., 130ff., 134ff., 139ff.
Heinrichs, H. 124f.
Hellbrügge, Th. 18, 50f., 114, 122, 125, 181, 193, 195, 241
Helligkeitswerte 31
Herzstörungen 101f., 268, 276
Heterosexualität 147ff.
Hetzer, H. 17, 24, 33f., 265
Hilfsschulen 270
Hirnschäden 270, 272f.
Hochschulstudium 218
Hocking, A. 45
Hôpital des Enfants Malades (Paris) 227
Hörfähigkeit 31, 71, 249, 271
Horst, G. 197
Hörstörungen 215, 249f., 254, 268, 271
Hospitalismus 113, 127ff.
Hufeland, C. W. 169, 225f.
Humanistische Gymnasien 175, 198ff., 201ff., 206
Humboldt, A. v. 198
Hungeraktivität 20, 27f., 54f., 63, 71
Hygiene 233f., 268

Imitationslernen 207
Infektionen 113, 127f., 268
innere Uhr 17f., 63, 76f., 192
Intelligenzentwicklung 141, 262ff.
Internationale Arbeitsschutzkonferenz 232
Internationale Liga gegen Epilepsie 274
Irwin, O. C. 28, 32, 71
Itard, J. 207, 216

Jenner, E. 225f.
Jonsson 146
Jovanovic, U. J. 25
Jugendämter 229f.
Jugendkriminalität 133, 141, 157
Jugendschutzgesetz 230, 266
Jugendwohlfahrtsgesetz 229
Juliusspital (Würzburg) 225

Kältereize 32, 73
Karger, P. 46
Karies 269
Katzenstein, G. 229
Keilhacker, M. 209
Kellog, W. N. 70
Kern, A. 257
Keuchhusten 228
Key, A. 44, 47, 170ff., 174ff.
Kinderarbeit 230f.
Kindergärten 162, 253ff., 266
Kinderkliniken 227f., 233, 275
Kinderlähmung 185
Kinderschutzgesetzgebung 229f., 231
Kindersterblichkeit 225ff., 236f.
Kindervorsorgeuntersuchungen 237ff.
kinesiologische Untersuchungen 71f.
Kinsey, A. C. 146ff.
Kinsey-Report 146ff.
Kleinkinderfürsorge 247ff.
Kleitman, N. 25, 33, 76
Klinikbetrieb 15, 51, 63f.
Knochenalter 262
Kopfrotieren 121
Kombinationsfähigkeit 257, 263
Kontakthemmung 141
Kontaktprogramm 16
Koordinationsstörungen 216
–, zentrale 72
Koordinationsvermögen 26, 71
Körperbehinderung 269f.
Körpertemperatur 193
Köttgen, U. 113
Kraepelin, E. v. 198, 202
Krämpfe 19
Krasnogorski, N. L. 29, 44

Kreislaufschäden 102f., 203, 268, 276
Krippenkinder 21f., 111, 157, 159f.
Krug, R. 193
Krüppelfürsorgegesetz 269
Kulturpessimismus 145

Lagereflexe 72
Lagewechselrezeptoren 23
Lähmungen, spastische 72
Lajosi, F. 241
Lange, J. 18, 49, 51, 193
Längenalter 261
Lebensangst 203f.
Lebenshilfe für das geistig behinderte Kind 273
Lebensschwäche 228f.
Legasthenie (Schreib-Lese-Schwäche) 214f.
Lehrlingsheime 163, 218
Leistungsbereitschaft, physiologische 49, 190ff., 218
Leistungsdruck 122
Leistungsfähigkeit 48f., 84ff., 189, 204, 207, 210ff., 257, 266f.
Lenz, W. 97
Lernprozesse 16, 27, 29, 64, 74, 82f., 89, 124, 161, 207f., 248f.
Lichtreize 31, 73, 161
Liebert, R. 125
Lispeln 121
Loeber, D. 136

Magenkrankheiten 228
Mahlzeitenverteilung 17f., 20, 27ff., 35, 53ff., 63, 77f., 170ff., 177
Marquis, D. P. 27, 29, 75
Masern 228
Massenbewegungen 26, 71
Massenpflegeschäden 128
Massenzivilisation 120ff., 134
Masturbation 147
Matějček, Z. 159
maternal deprivation (Mutter-Verkümmerung) 113
Mehrfachbehinderung 274f.
Mehringer, A. 160
Menara, D. 114, 241
Menarchealter 144, 153
Mengenlehre 214
Menstruation 144
Mercuriale, G. 224
Metlinger, B. 224
Milieueinflüsse 137ff.
Mittagsschlaf 15, 35, 40f., 48f., 65, 81f., 172
Mongolismus-Syndrom 219
monophasischer Aktivitätszyklus 17, 81
Montessori, M. 207f., 216
Montessori-Pädagogik 207f., 216, 259, 275
Moralbegriffe 146ff.
Morath 17
Morgenschläfer 46, 49, 66
Moro-Reflex 72
Motoskopie 72
Münchener Funktionelle Entwicklungsdiagnostik 114ff., 241
Musikunterricht 200f.
Muskelbewegungen 26, 36
Mutter-Ersatzperson 113, 117, 158
Müttergeld 276
Mutter-Kind-Beziehung 16, 110ff., 160
Mutterschaftsalter 150ff., 219
Mutter-Verkümmerung (maternal deprivation) 113, 130
Mutterverlust-Syndrom 113
Mutationen 219

Nachahmungstrieb 83
Nachhilfeunterricht 181, 187
Nachmittagsunterricht 190ff.
Nachtschlaf 15ff., 20f., 40f., 53, 64f., 78
Nägelkauen 121
Naßliegen 17, 22, 54
Nervosität 179ff., 185ff., 188, 203
Netolitzky, A. 207

Neurosen 37, 189
Niesen 16
Niggeschmidt, W. 193

Oberhoff, P. 193
Oberschulen 180ff., 197f., 219
Ohnmachtsanfälle 203
optische Tierarten 76
osmatische (taktile) Tierarten 76
Oster, H. 261

Pan, M. du 17
Papoušek, H. 29
Parmelee, A. 17
Pawlow, I. P. 29
Pechstein, J. 114, 116, 138, 159
Peiper, A. 19, 26, 30, 70, 73, 230
Perzeption 116, 241
Pettenkofer, M. v. 197f., 201
Pfaundler, M. v. 22, 43f., 117f., 128, 137
Pfeiffer, L. 227
Pferchungsschäden 89f.
Pflegefamilien 158f., 163, 224
Pflegekinder 139f., 142, 158f.
Philippinermaß 259f.
physilologische Erziehung 207, 216
Planck, M. 200
Pockenschutzimpfung 226
polygraphische Untersuchungen 25, 46
polyphasischer Aktivitätszyklus 17, 76, 78
Portmann, A. 119
Pubertät 97, 143ff., 153, 201, 225, 267
Pulsfrequenz 25, 123, 193f.

Rachitis 98, 228f., 238, 275
rapid-eye-movement (Schnelle-Augenbewegungen)-Schlaf 25
Rauchfuss, C. 227
Ravenhill, A. 44
Reaktionsvermögen 26, 29ff., 70ff., 74
Rechengeschwindigkeit 49, 195f.
Reding, G. R. 46
Reflexe 71ff.
–, bedingte 29
Rehm, M. 223
Reichsjugendwohlfahrtsgesetz 130, 229
Reifeentwicklung, psychisch-intellektuelle 114f.
Reizbarkeit, emotionale 180, 188, 203
REM-Schlaf (rapid-eye-movement) 25
Resignation 127, 129
Richter, J. 153
Risiko-Kinder 238ff.
Roffwarg, H. P. 25
Röntgen, W. K. v. 198
rooming-in (Einzimmer-Programm) 15f., 54
Rudder, B. de 90
Ruhe-Schlaf 25
Ruhezyklus 76
Rutenfranz, J. 18, 47ff., 51, 175, 181, 186, 193

Sattruhe 28
Säuglingshygiene 233f.
Säuglingssterblichkeit 112, 127f., 130ff., 137, 227f., 233ff.
Schaffer, H. R. 133
Schallreize 30, 70, 73, 161
Schamberger, R. 114, 241
Scharlach 228
Scheidung 149
Schichtunterricht 190ff.
Schielen 251
Schießl, G. 193
Schlafhaltung 23
Schlafrituale 36f.
Schlafstörungen 21, 28, 47f., 64, 121
–, pathologische 62
Schlaf-Wach-Periodik 17, 78f., 81f., 192f.
Schluckauf 16
Schlüsselkinder 107ff., 123, 162f.

Schnabel, F. 201
Schneider, K. 251
Schnuller 22f., 36
Schofield, W. A. 146
Scholz, D. 152
Schreckreaktionen 73, 123
Schreib-Lese-Schwäche (Legasthenie) 214f.
Schreien 19f., 27, 73
Schuh, H. 122
Schulalter 259, 267
Schulärzte 257, 267f.
Schulbücher 205
Schulkinderfürsorge 179
Schulpausen 209ff.
Schulreife 256ff., 259ff., 262ff., 269
–, charakterlich-soziale 262
Schulwege 170, 178, 185ff., 258
Schwangerschaftsvorsorgeuntersuchungen 236f.
Schweißausbrüche 203
Schwerhörigen-Schule 271
Schwerpunktschulen 215
Séguin, E. 207, 216
Sehbehindertenschule 270
Sehfähigkeit 32, 73, 270
Sehstörungen 216, 251, 254f., 268, 270
Seidl, E. 193
Seitenasymmetrie 241
Selbstbeherrschung 180, 188
self-demand-feeding 63
Sexualunterricht 155f.
Silbermann, A. 124
Sinnesphysiologie 207, 242
Sonderschulen 252, 270
SOS-Kinderdörfer 160
Sozialentwicklung 84, 88, 110, 116ff., 133f., 141, 240ff., 252f., 274f.
Sozialisation, primäre 253
–, sekundäre 252
Sozialmütter 162
spastische Lähmungen 72
Spielentwicklung 115, 121f., 243f., 253
Spielplätze 90f., 104, 162f., 275
Spieltherapie 94f.
Spielturnen 268
Spitz, R. 118, 126f., 128, 130ff.
Spontanaktivität 89
Sprachentwicklung 103, 112f., 115f., 133, 241ff., 248f.
Sprachtherapie 271
Staabs, (Frau) von 92
Stabilimeterpolygramme 27, 71
Stäupchen 19
Stillsitzen 169, 179f., 218
Stirnimann, F. 70
Stoffwechselkrankheiten 102, 228
Stottern 121f., 141
Stotz, S. 193
Strebel, G. 265
Streß 47f.
Stünkel 114
Synchronisatoren (Zeitgeber) 78
Szenotest 92ff.
Szymansky, J. S. 75f.

Tagesheimschulen 162
Tagesmütter 164f.
Tagesperiodik 18, 75, 78ff.
Tageswaisen 107f., 123, 162f.
Tag-Nacht-Periodik 80f.
taktile (osmatische) Tierarten 76
Taubstummheit 249f., 270f.
Terman, L. M. 45
Tragtücher 22
Tramer, M. 257
Traumphasen 25, 46
Trinkerkinder 137
Trinkwasser-Fluoridierung 269
trophotrope Erholungsphase 82
Trotzreaktionen 111, 121
Tuberkulose 228, 238, 268
Turnunterricht 85, 104, 268

Übersprunghandlungen 121
Ultradian-Periodik 80f.
Umweltanpassung 28, 120
Umweltreize 26, 30, 72f., 161, 172f.
Undeutsch, U. 125, 145, 147ff., 155

Unruhe, pathologische 129
Unterrichtshygiene 207
Unterrichtsstoff 197ff., 204, 206, 257
Urteilsfähigkeit 257

vegetative Dystonie 121
Verfall, körperlicher 127, 129f.
Verhaltensstörungen 91ff., 98f., 113f., 120ff., 136, 259, 276
Verkehrsunfälle 185
Verkümmerungserscheinungen 96
Villiger, E. 256
Vodak, P. 159
Vojta, V. 72
Vojta-Reflex 72
voreheliche Beziehungen 149
Vorschulen 253f.
Vorsorgeuntersuchungen 236ff., 254f.

Wachperioden 17, 78f.
Wachstumsbeschleunigung (Akzeleration) 97f., 143ff.
Wachstumshemmung 96
Wachstumsprozesse 86, 96
Wachzustand 24f., 54ff.
Wahrnehmungsvermögen 248
Waisenhäuser 224f.
Waisenhauskinder 51, 134, 157
Wärmereize 32, 73
Weltgesundheitsorganisation 113
Wiegenlied 37
Wiegen 22f.
Wiele, E. F. 153
Wirbelsäulenverkrümmungen 100f.
Wittrock, J. 122
Wochenendarbeit 183f.
Wochenendfamilien 164
Würgen 16
Wutreaktionen 111, 121f.

Zahnalter 261f.
Zähneknirschen 46
Zahnpflege 269
Zeitgeber (Synchronisatoren) 80
Zeller, W. 259f.
Zipperling, W. 19
Zivilisationsseuchen 228
Zuckungen 19, 25
Zuwendung, mütterliche 21f., 111ff., 118f., 127, 141, 156
Zwangsneurosen 37

Psychologische Ratgeber

Legasthenie
Herausgegeben von Michael Angermaier. Band 6306

George R. Bach / Herb Goldberg
Keine Angst vor Aggression
Band 3314

George R. Bach/Peter Wyden
Streiten verbindet
Spielregeln für Liebe und Ehe. Band 3321

Hellmuth Benesch/Walther Schmandt
Manipulation und wie man ihr entkommt
Band 3310

Dieter Boßmann
Die verdammten Hausaufgaben
Was können Eltern tun? Band 3012

Cliff Cunningham/Patricia Sloper
Hilfe für Ihr behindertes Baby
Früherkennung und Terapie. Band 3303

Ann Faraday
Deine Träume – Schlüssel zur Selbsterkenntnis
Ein psychologischer Ratgeber. Band 3306

Mechthild Firnhaber
Legasthenie
Wie Eltern helfen können. Band 3327

Otto F. Gmelin
Mama ist ein Elefant
Die Symbolwelt der Kinderzeichnungen. Band 3305

Rolf Grigat
Konflikte zwischen jung und alt
Ratschläge für den Umgang mit Jugendlichen. Band 3301

Klaus D. Heil/Hans Uwe Jaensch
Weniger Alkohol
Ein Programm zur Selbstkontrolle. Band 1921